俄 罗 斯 法 译 丛
主编 黄道秀　执行主编 王志华

俄罗斯联邦民法典
ГРАЖДАНСКИЙ КОДЕКС （全译本）
РОССИЙСКОЙ
ФЕДЕРАЦИИ

黄道秀 /译

北京大学出版社
PEKING UNIVERSITY PRESS

图书在版编目(CIP)数据

俄罗斯联邦民法典(全译本)/黄道秀译. —北京:北京大学出版社,2007.11
(俄罗斯法译丛)
ISBN 978-7-301-12909-8

Ⅰ.俄… Ⅱ.黄… Ⅲ.民法-法典-俄罗斯 Ⅳ.D951.23

中国版本图书馆 CIP 数据核字(2007)第 167873 号

书　　　名:	俄罗斯联邦民法典(全译本)
著作责任者:	黄道秀　译
责 任 编 辑:	孙战营
标 准 书 号:	ISBN 978-7-301-12909-8/D·1898
出 版 发 行:	北京大学出版社
地　　　址:	北京市海淀区成府路 205 号　100871
网　　　址:	http://www.pup.cn
电　　　话:	邮购部 62752015　发行部 62750672　编辑部 62752027
	出版部 62754962
电 子 信 箱:	law@ pup.pku.edu.cn
印 刷 者:	北京大学印刷厂
经 销 者:	新华书店
	730 毫米×980 毫米　16 开本　36 印张　646 千字
	2007 年 11 月第 1 版　2007 年 11 月第 1 次印刷
定　　　价:	68.00 元

未经许可,不得以任何方式复制或抄袭本书之部分或全部内容。
版权所有,侵权必究
举报电话:010-62752024　电子信箱:fd@ pup.pku.edu.cn

总　序

得知要出版《俄罗斯法译丛》时,心情是很高兴的,对于我们这一代人来说,尤其是对我来说,俄罗斯的法律是一种难以挥去的感情。半个世纪对于历史来说,只不过是短短的一瞬,但对于一个人来说,五十年几乎是人所能工作时间的全部。去年,为了纪念从莫斯科大学毕业五十年,我还特意自费去俄罗斯旧地重游,在旧地重游中力图将过去的影像再翻新重拍,重温青春年代在异乡的火热生活。

五十年前中国的法律一片空白,当时的社会科学,当然更包括法律学,都是"言必称苏联";五十年后中国的法律一片生机,早已无人谈苏联或俄罗斯了,却大有"言必称美、德"之势。"言必称苏、俄"也好,"言必称美、德"也好,都是一种片面性。《俄罗斯法译丛》的出版也算是对这种片面性的一种纠正吧!

苏联解体了,但俄罗斯的法律并没有解体,它仍然强有力地支撑着俄罗斯的国家、社会、经济的运作。即使是在苏联存在时,它的法律制度也始终受到重视,它没有受到"法律虚无主义"和"砸烂公检法"那样的冲击。法学教育更没有间断,法学著作络绎不绝,不时仍有学法律专业的人担任国家领导人,如今天的普京总统。法律是正常社会中不可或缺的制度和理念,我们需要从一个大国如何用法律维系它的制度生存学习到有益的东西。

苏联解体了,苏联的法律死亡了,但作为其继承主体的俄罗斯法律却重生了。死亡了的是过分僵化的意识形态上的东西,新生的是尊重人权及发扬民主的普世化的东西。俄罗斯的法律既有它继受神圣罗马帝国的历史传统一面,又有它接受国际共同生活准则的现代化一面。我们需要从一个大国的法律制度如何摒弃僵死的内核吸收现代理念中学习到有益的东西。

苏联解体了,俄罗斯经历了一个社会转轨的"痛苦"历程,人们为之付出巨大的代价。社会转轨使得原社会主义国家都面临这一问题,有的采取"休克疗法",有的采取"摸着石头过河"办法。社会经济生活转轨时必须借助法律调整的手段,大家都在实践生活中感受到法律制度和法治理念在社会经济制度改革和转轨中的巨大作用。我们更需要从原来与我们制度相同的国家如何运用法律实现改革和转轨中学到有益的东西。

苏联解体了,中国与苏联的恩恩怨怨也都随之进入历史了,中苏"蜜月时期"也好,中苏"论战时期"、"敌对时期"也好,都化成烟灰远去了。现在的俄罗斯依然是作为中国最大的邻国存在,中国和俄罗斯两大邻国的客观存在永远也改变不了。两国现在保持着最正常国家间最友好的关系。两国间的经济、文化交往有着很广阔前景,两国经济互补性很强。我们只有更深入了解我们最大的邻居的法律制度,才能更好地迎接和最大邻居(将来可能会是最富的邻居)更好、更多交往的时代。

中国政法大学俄罗斯法律研究中心有着雄厚的俄罗斯法研究力量,20世纪50年代末至60年代中我曾在外语教研室工作过,和黄道秀教授共事多年。她在苏联、俄罗斯刑法、民法、行政法、诉讼法多个领域均有译著和论文,是苏联和俄罗斯法律的权威,由她领衔这部译丛,肯定是有质量保证的。预祝《俄罗斯法译丛》成功问世,是为序!

江 平

2007年10月22日

目录

关于施行《俄罗斯联邦民法典》第一部分的联邦法律 / 1
关于施行《俄罗斯联邦民法典》第二部分的联邦法律 / 6
关于施行《俄罗斯联邦民法典》第三部分的联邦法律 / 10
关于施行《俄罗斯联邦民法典》第四部分的联邦法律 / 14

俄罗斯联邦民法典第一部分

第一编　总则

第一分编　基本规定 / 35

第一章　民事立法 / 35

第二章　民事权利和义务的产生,民事权利的实现与保护 / 38

第二分编　人 / 41

第三章　公民(自然人) / 41

第四章　法人 / 52

第一节　基本规定 / 52

第二节　商合伙与商业公司 / 60

第三节　生产合作社 / 76

第四节　国有和自治地方所有的单一制企业 / 78

第五节　非商业组织 / 80

第五章　俄罗斯联邦、俄罗斯联邦各主体、地方自治组织参加
民事立法所调整的关系 / 84

第三分编　民事权利的客体 / 86
　第六章　一般规定 / 86
　第七章　有价证券 / 90
　第八章　非物质利益及其保护 / 93

第四分编　法律行为与代理 / 95
　第九章　法律行为 / 95
　　第一节　法律行为的概念、种类和形式 / 95
　　第二节　法律行为的无效 / 98
　第十章　代理　委托书 / 103

第五分编　期限　诉讼时效 / 107
　第十一章　期限的计算 / 107
　第十二章　诉讼时效 / 109

第二编　所有权和其他物权
　第十三章　一般规定 / 112
　第十四章　所有权的取得 / 115
　第十五章　所有权的终止 / 121
　第十六章　共有 / 124
　第十七章　土地所有权和其他物权 / 129
　第十八章　住房的所有权和其他物权 / 136
　第十九章　经营权和业务管理权 / 138
　第二十章　所有权和其他物权的保护 / 140

第三编　债法总则
　第一分编　关于债的一般规定 / 142
　第二十一章　债的概念与债的当事人 / 142
　第二十二章　债的履行 / 143
　第二十三章　债务履行的担保 / 148
　　第一节　一般规定 / 148
　　第二节　违约金 / 148
　　第三节　抵押 / 149
　　第四节　留置 / 157
　　第五节　保证 / 158

第六节　银行保证 / 159

第七节　定金 / 161

第二十四章　债之移转 / 162

第一节　债权人债权的移转 / 162

第二节　债务的移转 / 164

第二十五章　违反债务的责任 / 165

第二十六章　债的终止 / 169

第二分编　关于合同的一般规定 / 172

第二十七章　合同的概念及条件 / 172

第二十八章　合同的签订 / 176

第二十九章　合同的变更和解除 / 181

俄罗斯联邦民法典第二部分

第四编　债的种类

第三十章　买卖 / 185

第一节　关于买卖的一般规定 / 185

第二节　零售买卖 / 196

第三节　供应 / 200

第四节　国家所需商品的供应 / 206

第五节　订购 / 209

第六节　电力供应 / 209

第七节　不动产买卖 / 212

第八节　企业的出卖 / 214

第三十一章　互易 / 218

第三十二章　赠与 / 219

第三十三章　年金和终身赡养 / 223

第一节　年金和终身赡养费的一般规定 / 223

第二节　永久性年金 / 224

第三节　终身年金 / 226

第四节　终身赡养 / 227

第三十四章　租赁 / 229

第一节　租赁的一般规定 / 229

第二节　动产租赁 / 235

第三节　交通工具的租赁 / 236

第四节　建筑物和构筑物的租赁 / 239

第五节　企业租赁 / 241

第六节　融资租赁 / 243

第三十五章　住房租赁 / 245

第三十六章　无偿使用 / 250

第三十七章　承揽 / 253

第一节　承揽的一般规定 / 253

第二节　日常生活承揽 / 261

第三节　建筑承揽 / 264

第四节　完成设计和勘察工作的承揽 / 269

第五节　国家所需的承揽工作 / 270

第三十八章　完成科学研究工作、试验设计和工艺工作 / 272

第三十九章　有偿服务 / 275

第四十章　运送 / 277

第四十一章　运输代办 / 282

第四十二章　借贷和信贷 / 284

第一节　借贷 / 284

第二节　信贷 / 287

第三节　商品信贷和商业信贷 / 287

第四十三章　财物代理 / 289

第四十四章　银行存款 / 292

第四十五章　银行账户 / 296

第四十六章　结算 / 301

第一节　结算的一般规定 / 301

第二节　委托付款结算 / 301

第三节　信用证结算 / 303

第四节　托收结算 / 305

第五节　支票结算 / 306

第四十七章　保管 / 309

第一节　保管的一般规定 / 309

第二节　商品仓储保管 / 314

第三节　特殊种类的保管 / 317

第四十八章　保险 / 321

第四十九章　委托 / 334

第五十章　未受委托为他人利益的行为 / 337

第五十一章　行纪 / 339

第五十二章　代办 / 344

第五十三章　财产的委托管理 / 347

第五十四章　商业特许 / 352

第五十五章　普通合伙 / 357

第五十六章　悬赏 / 361

第五十七章　公开竞赛 / 363

第五十八章　进行赌博和打赌 / 365

第五十九章　因损害发生的债 / 367

第一节　损害赔偿的一般规定 / 367

第二节　对公民的生命和健康造成损害的赔偿 / 372

第三节　因商品、工作或服务的瑕疵致人损害的赔偿 / 376

第四节　精神损害的补偿 / 377

第六十章　因不当得利而发生的债 / 379

俄罗斯联邦民法典第三部分

第五编　继承法

第六十一章　继承的一般规定 / 383

第六十二章　遗嘱继承 / 386

第六十三章　法定继承 / 395

第六十四章　遗产的取得 / 399

第六十五章　某些种类财产的继承 / 408

第六编　国际私法

第六十六章　一般规定 / 411

第六十七章　确定法律地位时应适用的法 / 414

第六十八章　对财产关系和人身非财产关系应适用的法 / 417

俄罗斯联邦民法典第四部分

第七编 智力活动成果和个别化手段的权利

第六十九章 一般规定 / 427
第七十章 著作权 / 443
第七十一章 邻接权 / 463
第一节 一般规定 / 463
第二节 演出权 / 465
第三节 录音作品的权利 / 469
第四节 无线和有线广播组织的权利 / 471
第五节 数据库制作人的权利 / 473
第六节 科学、文学或艺术作品发表人的权利 / 474

第七十二章 专利法 / 476
第一节 一般规定 / 476
第二节 专利权 / 480
第三节 发明、实用新型和外观设计专属权的处分 / 485
第四节 因履行职务或完成合同工作而完成的发明、实用新型、
外观设计 / 487
第五节 专利的取得 / 490
第六节 专利证书效力的终止和恢复 / 502
第七节 机密发明法律保护与利用的特点 / 504
第八节 作者和专利持有人权利的保护 / 506

第七十三章 育种成果的权利 / 507
第一节 一般规定 / 507
第二节 育种成果的智力权利 / 509
第三节 育种成果专属权的处分 / 512
第四节 因履行职务或完成合同工作而完成、提取和发现的育种成果 / 514
第五节 育种成果专利的取得 育种成果专利证书效力的终止 / 516
第六节 育种人和其他专利持有人权利的保护 / 520

第七十四章 对集成电路布局设计的权利 / 522
第七十五章 生产秘密(Know-How)权 / 528
第七十六章 法人、商品、工作、服务和企业个别化手段的权利 / 530

第一节　商业名称权／530
第二节　商标权和服务标志权／532
第三节　商品产地名称权／547
第四节　商业标识权／555

第七十七章　统一技术中的智力活动成果权／557

译后记／562

关于施行《俄罗斯联邦民法典》第一部分的联邦法律

国家杜马 1994 年 10 月 21 日通过

第 1 条

《俄罗斯联邦民法典》第一部分（下称"法典第一部分"）自 1995 年 1 月 1 日起施行，但本联邦法律规定有其他施行期限的除外。

第 2 条

以下自 1995 年 1 月 1 日起失效：

俄罗斯联邦苏维埃社会主义共和国（下称"苏俄"）1964 年 6 月 11 日《关于批准〈苏俄民法典〉的法律》批准的《苏俄民法典》序言、第一编"总则"、第二编"所有权"和第三编"债法"和第一分编"关于债的一般规定"（《苏俄最高苏维埃公报》1964 年第 24 期，第 406 号；1966 年第 32 期，第 771 号；1972 年第 33 期，第 825 号；1973 年第 51 期，第 1114 号；1974 年第 51 期，第 1346 号；1977 年第 6 期，第 129 号；1987 年第 9 期，第 250 号；1988 年第 1 期，第 1 号，第 16 期，第 476 号；1990 年第 3 期，第 78 号；《苏俄人民代表大会和苏俄最高苏维埃公报》1991 年第 15 期，第 494 号；《俄罗斯联邦人民代表大会和俄罗斯联邦最高苏维埃公报》1992 年第 29 期，第 1689 号，第 34 期，第 1966 号）；

苏俄最高苏维埃主席团 1964 年 6 月 12 日《关于施行〈苏俄民法典〉和〈苏俄民事诉讼法典〉的程序的命令》的第 4 条、第 5 条、第 6 条（《苏俄民法典》第 79 条规定的规则部分）、第 7 条至第 13 条（《苏俄最高苏维埃公报》1964 年第 24 期，第 416 号；1987 年第 9 期，第 250 号）；

苏俄 1990 年 12 月 24 日《苏俄所有权法》（《苏俄人民代表大会和苏俄最高

苏维埃公报》1990年第30期,第416号;《俄罗斯联邦人民代表大会和俄罗斯联邦最高苏维埃公报》1992年第34期第1966号);

苏俄最高苏维埃1990年12月24日《关于施行〈苏俄所有权法〉的决议》(《苏俄人民代表大会和苏俄最高苏维埃公报》1990年第30期,第417号);

苏俄1990年12月25日《苏俄企业与经营活动法》(《苏俄人民代表大会和苏俄最高苏维埃公报》1990年第30期,第418号;《俄罗斯联邦人民代表大会和俄罗斯联邦最高苏维埃公报》1992年第34期,第1966号;1993年第32期,第1231号和第1256号),但第34条和第35条除外。

第3条

以下自1995年1月1日起在俄罗斯联邦境内不再适用:

《苏联和各加盟共和国民事立法纲要》第一编"总则"、第二编"所有权和其他物权"和第三编"债法"的第八章"关于债的一般规定"(《苏联人民代表大会和苏联最高苏维埃公报》1991年第26期,第733号);

俄罗斯联邦最高苏维埃1993年3月3日《关于苏联立法在俄罗斯联邦境内适用的若干问题的决议》的第4项第3段和第5项(《俄罗斯联邦人民代表大会和俄罗斯联邦最高苏维埃公报》1993年第11期第393号)。

第4条

俄罗斯联邦境内现行的法律和其他法律文件在其修订使之与法典第一部分相一致之前,俄罗斯联邦的法律和其他法律文件,以及《苏联和各加盟共和国民事立法纲要》和按照俄罗斯联邦宪法、苏俄最高苏维埃1991年12月12日《关于批准成立独立国家联合体的决议》、俄罗斯联邦最高苏维埃1992年7月14日《关于调整经济改革时期民事法律关系的决议》和1993年3月3日《关于苏联立法在俄罗斯联邦境内适用的若干问题的决议》规定的范围和程序在俄罗斯联邦境内适用的苏联其他立法文件,在俄罗斯联邦境内的适用仅以其不与法典第一部分相抵触为限。

第5条

法典第一部分适用于在其开始施行之后产生的民事法律关系。

对于在法典第一部分施行之前产生的民事法律关系,法典第一部分适用于在其施行之后产生的权利和义务。

第 6 条

1. 法典第四章自法典第一部分正式颁布之日起施行。自该日起,商业组织只能以法典第四章为之规定的组织法形式设立。

在法典第一部分正式颁布后,法人的设立应依照法典第四章规定的程序进行,但本联邦法律第 8 条有不同要求的除外。

2. 对于法典第一部分正式颁布之前设立的无限公司、混合公司、有限责任公司、封闭性股份公司和开放性股份公司,相应地适用法典第四章关于无限公司(第 69 条至第 81 条)、两合公司(第 82 条至第 86 条)、有限责任公司(第 87 条至第 94 条)、股份公司(第 96 条至第 104 条)的规范。

这些商合伙和商业公司的设立文件在其修订使之与法典第四章相一致之前,仅适用于不与上述规范相抵触的部分。

3. 法典第一部分正式颁布之前设立的无限公司、混合公司的设立文件,应在 1995 年 7 月 1 日之前进行修订,使之与法典第四章的规范相一致。

4. 在法典第一部分正式颁布之前设立的有限责任公司、股份公司和生产合作社的设立文件,应分别按照通过有限责任公司法、股份公司法和生产合作社法时规定的程序和期限进行修订,使之与法典第四章关于有限责任公司、股份公司和生产合作社的规范相一致。

5. 个体(家庭)私营企业,以及商合伙和商业公司、社会团体和宗教团体、联合组织、慈善基金会建立的企业和其他非国家所有和自治地方所有的以完全经营权为基础的企业,应在 1999 年 7 月 1 日之前改组成为商合伙、商业公司或合作社,或者进行清算。逾期企业应该根据进行相关企业国家注册的机关、税务机关或检察长的要求按司法程序进行清算。

在上述企业改组或清算之前,对其适用法典关于以业务管理权为基础的单一制企业的规范(第 113 条、第 115 条、第 296 条、第 297 条),并应注意到这些企业的财产所有权人是其发起人。

6. 对于法典正式颁布之前设立的以完全经营权为基础的国有企业和自治地方所有企业,以及国库企业,分别适用法典关于以经营权为基础的单一制企业的规范(第 113 条、第 114 条、第 294 条、第 295 条、第 299 条、第 300 条)和关于以业务管理权为基础的单一制企业的规范(第 113 条、第 115 条、第 296 条、第 297 条、第 299 条、第 300 条)。

这些企业的设立文件应按照通过国有企业与自治地方企业法时规定的程序和期限进行修订,使之与法典第一部分的规范相一致。

7. 商业组织的联合组织,如不从事经营活动,并且系在法典第一部分正式颁布之前以合伙或股份公司的形式设立,则有权保留相应形式,也可以改组成为商业组织的协会或联合会(第121条)。

第7条

本联邦法律第6条第2款至第7款所指的法人以及农场(畜牧场),为与法典第一部分的规范相一致而在其法律地位上发生变更,此种变更在注册时免收注册费。

第8条

在法人注册法和不动产权利及与不动产有关的法律行为登记法施行之前,适用现行的法人注册办法和不动产权利及与不动产有关的法律行为登记办法。

第9条

如果关于确认法律行为无效和无效后果的请求在1995年1月1日以后由法院、仲裁法院或公断庭审理,则对这些法律行为适用法典关于法律行为无效的根据和后果的规范(第162条、第165条至第180条),而不论有关法律行为实施的时间如何。

第10条

法典第一部分规定的诉讼时效期限,适用于以前有效的立法所规定的提起诉讼的期限到1995年1月1日尚未届满的诉讼。

对法典第181条第2款规定的关于确认可撤销法律行为无效的诉讼,如果提起诉讼的权利产生于1995年1月1日之前,则适用以前有效的立法为相应诉讼规定的诉讼时效期限。

第11条

法典第234条(取得时效)的效力亦及于财产的占有开始于1995年1月1日之前并在法典第一部分生效之时尚在继续的情形。

第12条

法典第二十八章规定的订立合同和程序,适用于订立合同的要约在1995年1月1日后发出的合同。

第13条

法典第十七章自俄罗斯联邦联邦会议国家杜马通过的《俄罗斯联邦土地法

典》施行之日起施行。

第 14 条

农业合作社(生产合作社、加工合作社、为农业生产者服务的合作社)建立和活动的特点由农业合作社法规定。

俄罗斯联邦总统　Б.叶利钦
莫斯科,克里姆林宫
1994 年 11 月 30 日
第 52 号联邦法律

关于施行《俄罗斯联邦民法典》第二部分的联邦法律

国家杜马 1995 年 12 月 22 日通过

第 1 条

《俄罗斯联邦民法典》第二部分(下称"法典第二部分")自 1996 年 3 月 1 日起施行。

第 2 条

以下自 1996 年 3 月 1 日起失效:

苏俄 1964 年 6 月 11 日《关于批准〈苏俄民法典〉的法律》批准的《苏俄民法典》第三编"债法"(《苏俄最高苏维埃公报》1964 年第 24 期,第 406 号;1969 年第 32 期,第 783 号;1970 年第 26 期,第 511 号;1972 年第 33 期,第 825 号;1973 年第 51 期,第 1114 号;1977 年第 6 期,第 129 号;1985 年第 9 期,第 305 号;1986 年第 23 期,第 638 号;1987 年第 9 期,第 250 号;1988 年第 1 期,第 1 号;《俄罗斯联邦人民代表大会和俄罗斯联邦最高苏维埃公报》1992 年第 15 期,第 768 号,第 34 期,第 1966 号;1993 年第 4 期,第 119 号;《俄罗斯联邦法律汇编》1994 年第 32 期,第 3302 号);

苏俄最高苏维埃主席团 1964 年 6 月 12 日《关于施行〈苏俄民法典〉和〈苏俄民事诉讼法典〉的程序的命令》的第 3 条至第 7 条,以及第 15 条(《苏俄最高苏维埃公报》1964 年第 24 期,第 416 号);

俄罗斯联邦最高苏维埃 1992 年 2 月 13 日《关于施行支票条例的决议》(《俄罗斯联邦人民代表大会和俄罗斯联邦最高苏维埃公报》1992 年第 24 期,第 1283 号);

俄罗斯联邦最高苏维埃 1993 年 3 月 3 日《关于苏联立法在俄罗斯联邦境内适用的若干问题的决议》第 3 条至第 7 条，以及第 8 条（适用《苏联和各加盟共和国民事立法纲要》第 13 章规定的部分）（《俄罗斯联邦人民代表大会和俄罗斯联邦最高苏维埃公报》1993 年第 11 期，第 393 号；《俄罗斯联邦法律汇编》1994 年第 32 期，第 3302 号）。

第 3 条

以下自 1996 年 3 月 1 日起在俄罗斯联邦境内不再适用：

《苏联和各加盟共和国民事立法纲要》第三编"债法"（《苏联人民代表大会和苏联最高苏维埃公报》1991 年第 26 期，第 733 号）；1989 年 11 月 23 日《苏联和各加盟共和国租赁立法纲要》（《苏联人民代表大会和苏联最高苏维埃公报》1989 年第 25 期，第 481 号；1991 年第 12 期，第 325 号）；苏联最高苏维埃 1989 年 11 月 23 日《关于施行〈苏联和各加盟共和国租赁立法纲要〉的程序的决议》（《苏联人民代表大会和苏联最高苏维埃公报》1989 年第 25 期，第 482 号）。

第 4 条

俄罗斯联邦境内现行的法律和其他法律文件在其修订使之与法典第二部分相一致之前，俄罗斯联邦的法律和其他法律文件，以及按照俄罗斯联邦立法规定的范围和程序在俄罗斯联邦境内适用的苏联立法文件，在俄罗斯联邦境内的适用仅以其不与法典第二部分相抵触为限。

在法典第二部分施行之前颁布的俄罗斯联邦总统、俄罗斯联邦政府的规范性文件，以及在俄罗斯联邦境内适用的那些只能由联邦法律调整的问题所作的决议，直至有关法律生效之前，继续有效。

第 5 条

法典第二部分适用于在生效之后产生的债权债务关系。

对于 1996 年 3 月 1 日之前产生的债权债务关系，法典第二部分适用于在其生效之后产生的权利和义务。

第 6 条

法典第二部分关于各种合同的订立程序和形式的规范，以及关于对它们进行国家登记的规范，适用于订立合同的要约在法典第二部分生效之后发出的合同。对于订立的要约在 1996 年 3 月 1 日之前发出，而在 1996 年 3 月 1 日以后订立的合同,适用法典第二部分关于各种合同的形式以及关于合同国家登记的规范。直至关于不动产权利和与不动产有关的法律行为国家登记的联邦法律生效之前,适用现行的不动产法律行为登记办法。法典第二部分规定各种合同内容的规范,适用于在其生效之后订立的合同。

第7条

对于《俄罗斯联邦民法典》第550条、第560条和第574条规定的合同,法典第二部分施行之前立法为这种合同规定的强制公证规则,直至不动产权利和与不动产有关的法律行为国家登记法生效之时,继续有效。

第8条

法典第二部分中对合同双方均有强制力的关于解除合同的根据、后果和程序的规范也适用于法典第二部分生效之后继续有效的合同,而不论合同订立的日期为何时。法典第二部分中对合同双方均有强制力的关于违反合同债的责任的规范,如果有关违约行为发生在法典第二部分生效之后,应予适用,但1996年3月1日前订立的合同中规定了这种违约行为的不同责任的情形除外。

第9条

如果债的一方当事人是为个人需要使用、购买、定购或者具有购买或定购商品(工作、服务)意向的公民,则该公民依照《俄罗斯联邦民法典》享有债的一方当事人的权利,以及享有《俄罗斯联邦消费者权利保护法》和根据该法颁布的其他法律文件规定的消费者的权利。

第10条

在规定财务代理人活动许可证(《俄罗斯联邦民法典》第825条)的颁发条件之前,财务代理人活动的现行办法继续保留。

第11条

《俄罗斯联邦民法典》第835条第2款和第3款的效力亦及于与吸纳资金作为存款有关的关系发生在法典第二部分施行之前,而在法典第二部分施行之时仍然存在的情况。

第12条

《俄罗斯联邦民法典》第1069条和第1070条的效力亦及于对受害人的损害发生在1996年3月1日之前,但不早于1993年3月1日,并且所致损害仍然未得到赔偿的情况。

第 13 条

法典第二部分涉及与土地有关的法律行为的规范,在土地立法允许土地流通的范围内适用。

俄罗斯联邦总统　Б.叶利钦
莫斯科,克里姆林宫
1996 年 1 月 26 日
第 15 号联邦法律

关于施行《俄罗斯联邦民法典》第三部分的联邦法律

国家杜马 2001 年 11 月 1 日通过
联邦委员会 2001 年 11 月 14 日批准

第 1 条

《俄罗斯联邦民法典》第三部分(下称"法典第三部分")于 2002 年 3 月 1 日起施行。

第 2 条

以下自 2002 年 3 月 1 日起失效:

《苏俄民法典》第七编"继承法"和第八编"外国公民与无国籍人的权利能力,外国民事法律和国际条约的适用"(《苏俄最高苏维埃公报》1964 年第 24 期,第 406 号);

苏俄最高苏维埃主席团 1964 年 6 月 12 日《关于施行〈苏俄民法典〉和〈苏俄民事诉讼法典〉和程序的命令》第 16 条(《苏俄最高苏维埃公报》1964 年第 24 期,第 416 号);

苏俄最高苏维埃主席团 1974 年 12 月 18 日《关于因〈苏俄国家公证法〉的施行而修订和认定苏俄某些立法文件无效的命令》第 1 条和第 2 条第 9 款和第 10 款(《苏俄最高苏维埃公报》1974 年第 51 期,第 1346 号);

苏俄最高苏维埃主席团 1977 年 6 月 14 日《关于修订和增补〈苏俄民法典〉和〈苏俄民事诉讼法典〉的命令》第一编(《苏俄最高苏维埃公报》1977 年第 24 期,第 586 号);

苏俄最高苏维埃主席团 1987 年 2 月 24 日《关于修订和增补〈苏俄民法典〉和苏俄其他某些文件的命令》第一编第 74 条至第 76 条(《苏俄最高苏维埃公

报》1987年第9期,第250号);

俄罗斯联邦最高苏维埃1993年3月3日第4604-I号《关于俄罗斯联邦境内适用苏联立法的若干问题的决议》第9条(《俄罗斯联邦人民代表大会和俄罗斯联邦最高苏维埃公报》1993年第11期,第393号);

2001年5月14日第532条《关于修订和增补〈苏俄民法典〉的联邦法律》(《俄罗斯联邦立法汇编》2001年第21期,第2060号)。

第3条

自2002年3月1日起,《苏联和各加盟共和国民事立法纲要》第六编"继承法"和第七编"外国公民和法人的权利能力 外国民事立法和国际条约的适用"(《苏联人民代表大会和苏联最高苏维埃公报》1991年第26期,第733号)在俄罗斯联邦境内不再适用。

第4条

俄罗斯联邦境内现行法律和其他法律文件在根据法典第三部分进行修订以前,俄罗斯联邦的法律和其他法律文件以及俄罗斯联邦境内现行的苏联立法文件依照俄罗斯联邦立法规定的范围和程序,仅适用其不与法典第三部分相抵触的部分。

法典第三部分施行以前已经颁布的苏俄最高苏维埃、俄罗斯联邦最高苏维埃的不属于法律的规范性文件,苏俄最高苏维埃主席团、俄罗斯联邦总统和俄罗斯联邦政府的不属于法律的规范性文件以及在俄罗斯联邦境内适用的苏联最高苏维埃的不属于法律的规范性文件,苏联最高苏维埃主席团、苏联总统和苏联政府的规范性文件,如果所调整的问题依照法典第三部分只能是由联邦法律调整的问题,则适用至有关联邦法律生效为止。

第5条

法典第三部分适用于它生效之后产生的民事法律关系。

对于在法典第三部分生效之前产生的民事法律关系,第五编"继承法"适用于在它生效之后产生的权利和义务。

第6条

对于在法典第三部分开始生效之前的继承,如果截至法典第三部分生效之日接受遗产的期限尚未届满,或者上述期限虽已届满,但截至《苏俄民法典》第532条和第548条所列继承人中的任何人尚未接受遗产,继承权证明书又尚未颁发给俄罗斯联邦、俄罗斯联邦主体或地主自治组织或者遗产尚未依照法律根据移转给它们所有,则法定继承人的范围依照法典第三部分的规则确定。在这种情况下,依照《苏俄民法典》不能成为法定继承人而依照法典第三部分应为法定继承人的人(第 1142 条至第 1148 条),可以在法典第三部分生效之日起的 6 个月内接受遗产。

如果不存在《俄罗斯联邦民法典》第 1142 条至第 1148 条所列继承人,或者任何继承人都无权继承或所有继承人均被排除继承(《俄罗斯联邦民法典》第 1117 条),或者所有继承人均放弃遗产并且任何人均未指出是为他人的利益而放弃,则适用《俄罗斯联邦民法典》第 1151 条规定的关于无主财产继承的规则。

第 7 条

对于在法典第三部分生效之前订立的遗嘱,适用截至遗嘱订立之日适用的关于无效遗嘱的规则。

第 8 条

法典第三部分关于遗产中必继份额的规则,适用于 2002 年 3 月 1 日以后订立的遗嘱。

第 9 条

对 1994 年 11 月 30 日第 52 号《关于施行〈俄罗斯联邦民法典〉第一部分的联邦法律》(《俄罗斯联邦立法汇编》1994 年第 32 期,第 3302 号)进行如下修改:

第 4 条第 2 款修改为:

"在法典第一部分生效以前颁布的苏俄最高苏维埃、俄罗斯联邦最高苏维埃的不属于法律的规范性文件,苏俄最高苏维埃主席团、俄罗斯联邦总统和俄罗斯联邦政府的规范性文件,以及在俄罗斯联邦境内适用的苏联最高苏维埃的不是法律的规范性文件,苏联最高苏维埃主席团、苏联总统和苏联政府的规范性文件,如果所调整的问题只能由联邦法律调整,则适用至有关法律生效为止";

第 10 条第 1 款修改如下:

"法典第一部分所规定的诉讼时效期和时效期的计算规则,适用于以前有效的立法所规定的提出期限至 1995 年 1 月 1 日尚未届满的请求。"

第 10 条

对 1996 年 1 月 26 日第 15 号《关于施行〈俄罗斯联邦民法典〉第二部分的联邦法律》(《俄罗斯联邦立法汇编》1996 年第 5 期,第 411 号)进行如下修订和增补:

"在法典第二部分生效以前颁布的苏俄最高苏维埃、俄罗斯联邦最高苏维埃的不属于法律的规范性文件,苏俄最高苏维埃主席团、俄罗斯联邦总统和俄罗斯联邦政府的规范性文件,以及在俄罗斯联邦境内适用的苏联最高苏维埃的不是法律的规范性文件,苏联最高苏维埃主席团、苏联总统和苏联政府的规范性文件,如果所调整的问题依照法典第二部分只能由联邦法律调整,则适用至有关法律生效为止";

第5条增补以下内容一款:

"法典第二部分所规定的诉讼时效期和时效期的计算规则,适用于以前有效的立法所规定的提出期限至1996年3月1日尚未届满的请求。"

俄罗斯联邦总统　B.普京
莫斯科,克里姆林宫
2001年11月26日
第147号联邦法律

对《俄罗斯联邦民法典》第三部分生效之前产生的民事法律关系,第五编"继承法"适用于在其生效之后产生的权利和义务(2001年11月26日第147号联邦法律修订)。

关于施行《俄罗斯联邦民法典》第四部分的联邦法律

2006 年 11 月 24 日国家杜马通过
2006 年 12 月 8 日联邦委员会批准

第 1 条

《俄罗斯联邦民法典》第四部分（下称"法典第四部分"）自 2008 年 1 月 1 日起施行。

第 2 条

以下自 2008 年 1 月 1 日起失效：

（1）《苏俄民法典》（《苏俄最高苏维埃公报》1964 年第 24 期，第 406 号）；

（2）苏俄 1964 年 6 月 11 日《关于批准〈苏俄民法典〉的法律》（《苏俄最高苏维埃公报》1964 年第 24 期，第 406 号）；

（3）苏俄最高苏维埃主席团 1964 年 6 月 12 日《关于施行〈苏俄民法典〉和〈苏俄民事诉讼法典〉的程序的命令》（《苏俄最高苏维埃公报》1964 年第 24 期，第 416 号）；

（4）苏俄最高苏维埃主席团 1966 年 8 月 4 日《关于修订〈苏俄民法典〉第 16 条的命令》（《苏俄最高苏维埃公报》1966 年第 32 期，第 771 号）；

（5）苏俄 1966 年 8 月 17 日《关于批准苏俄最高苏维埃主席团〈关于修订〈苏俄民法典〉第 16 条的命令〉的法律》（《苏俄最高苏维埃公报》1966 年第 34 期，第 919 号）；

（6）苏俄最高苏维埃主席团 1969 年 5 月 30 日《关于增补〈苏俄民法典〉第 264 条的命令》（《苏俄最高苏维埃公报》1969 年第 21 期，第 783 号）；

（7）苏俄 1969 年 7 月 30 日《关于批准苏俄最高苏维埃主席团〈关于增补

〈苏俄民法典〉第 264 条的命令〉的法律》(《苏俄最高苏维埃公报》1969 年第 32 期,第 1091 号);

（8）苏俄最高苏维埃主席团 1970 年 6 月 22 日《关于修订〈苏俄民法典〉的命令》(《苏俄最高苏维埃公报》1970 年第 26 期,第 511 号);

（9）苏俄 1970 年 7 月 1 日《关于批准苏俄最高主席团〈关于修订〈苏俄民法典〉的命令〉的法律》(《苏俄最高苏维埃公报》1970 年第 28 期,第 585 号);

（10）苏俄最高苏维埃主席团 1972 年 8 月 15 日《关于修订和增补〈苏俄民法典〉和〈苏俄民事诉讼法典〉的命令》(《苏俄最高苏维埃公报》1972 年第 33 期,第 825 号);

（11）苏俄 1972 年 12 月 26 日《关于批准苏俄最高苏维埃主席团〈修订和增补苏俄现行立法的命令〉的法律》(《苏俄最高苏维埃公报》1972 年第 52 期,第 1346 号)中关于批准苏俄最高苏维埃主席团《关于修订和增补〈苏俄民法典〉和〈苏俄民事诉讼法典〉的命令》的部分;

（12）苏俄最高苏维埃主席团 1974 年 3 月 1 日《关于修订和增补〈苏俄民法典〉的命令》(《苏俄最高苏维埃公报》1974 年第 10 期,第 286 号);

（13）苏俄 1974 年 8 月 2 日《关于批准苏俄最高苏维埃主席团〈修订和增补苏俄现行立法的各项命令〉的法律》(《苏俄最高苏维埃公报》1974 年第 32 期,第 854 号)中关于批准苏俄最高苏维埃主席团 1974 年 3 月 1 日《关于修订和增补〈苏俄民法典〉的命令》的部分;

（14）苏俄最高苏维埃主席团 1974 年 12 月 18 日《关于因施行〈苏俄国家公证法〉而修订和认定苏俄某些立法文件失效的命令》(《苏俄最高苏维埃公报》1974 年第 51 期,第 1346 号);

（15）苏俄 1974 年 12 月 25 日《关于批准苏俄最高苏维埃主席团〈关于因施行〈苏俄国家公证法〉而修订和认定苏俄某些立法文件失效的命令〉的法律》(《苏俄最高苏维埃公报》1974 年第 52 期,第 1366 号);

（16）苏俄最高苏维埃主席团 1976 年 10 月 18 日《关于增补〈苏俄民法典〉第 492 条的命令》(《苏俄最高苏维埃公报》1976 年第 42 期,第 1270 号);

（17）苏俄 1976 年 11 月 19 日《关于批准苏俄最高苏维埃主席团〈关于增补〈苏俄民法典〉第 492 条的命令〉的法律》(《苏俄最高苏维埃公报》1976 年第 47 期,第 1357 号);

（18）苏俄最高苏维埃主席团 1977 年 2 月 3 日《关于修订和认定苏俄某些立法文件失效的命令》(《苏作最高苏维埃公报》1977 年第 6 期,第 129 号);

（19）苏俄 1977 年 7 月 20 日《关于批准苏俄最高苏维埃主席团〈关于修订

和增补苏俄现行立法的命令〉的法律》(《苏俄最高苏维埃公报》1977 年第 30 期,第 725 号)中关于批准苏俄最高苏维埃主席团 1977 年 2 月 3 日《关于修订和认定苏俄某些立法文件失效的命令》的部分;

(20)苏俄最高苏维埃主席团 1986 年 5 月 28 日第 3356-XI 号《关于修订和增补苏俄某些立法文件的命令》(《苏俄最高苏维埃公报》1986 年第 23 期,第 638 号);

(21)苏俄 1986 年 7 月 2 日《关于批准苏俄最高苏维埃主席团〈关于修订和增补苏俄某些立法文件的命令〉的法律》(《苏俄最高苏维埃公报》1986 年第 28 期,第 804 号)中关于批准苏俄最高苏维埃主席团 1986 年 5 月 28 日《关于修订和增补苏俄某些立法文件的命令》的部分;

(22)苏俄最高苏维埃主席团 1987 年 2 月 24 日第 5375-XI 号《关于修订和增补〈苏俄民法典〉和其他某些苏俄立法文件的命令》(《苏俄最高苏维埃公报》1987 年第 9 期,第 250 号);

(23)苏俄 1987 年 7 月 7 日《关于批准苏俄最高苏维埃主席团〈关于修订和增补苏俄某些立法文件的命令〉的法律》(《苏俄最高苏维埃公报》1987 年第 29 期,第 1061 号)中关于批准苏俄最高苏维埃主席团 1987 年 2 月 24 日《关于修订和增补〈苏俄民法典〉和其他某些苏俄立法文件的命令》的部分;

(24)苏俄最高苏维埃主席团 1988 年 1 月 5 日第 8066-XI 号《关于修订和增补苏俄某些立法文件的命令》第一部分第 1 条(《苏俄最高苏维埃公报》1988 年第 1 期,第 1 号);

(25)苏俄最高苏维埃主席团 1988 年 4 月 15 日第 8824-XI 号《关于修订和增补〈苏俄土地法典〉和〈苏俄民法典〉的命令》(《苏俄最高苏维埃公报》1988 年第 16 期,第 476 号);

(26)苏俄 1988 年 4 月 20 日《关于批准苏俄最高苏维埃主席团〈关于修订和增补苏俄某些立法文件的命令〉的法律》(《苏俄最高苏维埃公报》1988 年第 17 期,第 541 号)中关于批准苏俄最高苏维埃主席团 1988 年 4 月 15 日《关于修订和增补〈苏俄土地法典〉和〈苏俄民法典〉的命令》的部分;

(27)苏俄最高苏维埃主席团 1990 年 1 月 16 日第 13551-XI 号《关于修订和增补〈苏俄土地法典〉和〈苏俄民法典〉的命令》(《苏俄最高苏维埃公报》1990 年第 3 期,第 78 号);

(28)俄罗斯联邦 1992 年 6 月 24 日第 3119-I 号《关于修订和增补〈苏俄民法典〉、〈苏俄民事诉讼法典〉、〈苏俄最高苏维埃规约〉、〈苏俄犹他自治州法〉、〈苏俄人民代表选举法〉、〈向市场经济过渡条件下地方人民代表苏维埃补充权限法〉、〈农场(畜牧场)法〉、〈土地改革法〉、〈苏俄银行与银行活动法〉、〈苏俄中央银行(俄罗斯银行)法〉、〈所有权法〉、〈企业与经营活动法〉、〈苏俄国家税务法〉、〈商品市场竞争与限制垄断活动法〉、〈优先保障农工综合体物质资源供应法〉、〈苏俄地方自治法〉、〈苏俄国有企业和自治地方企业私有化法〉、〈苏俄预算结构与预算程序纲要法〉、〈国家规费法〉以及俄罗斯联邦〈边疆区、州人民代表苏维埃和边疆区、州行政机关法〉、〈商品交易所与交易所贸易法〉的法律》第1条(《俄罗斯联邦人民代表大会和俄罗斯联邦最高苏维埃公报》1992年第34期,第1966号);

(29) 俄罗斯联邦1992年6月24日第3119/I-I号《关于修订和增补〈苏俄民法典〉的法律》(《俄罗斯联邦人民代表大会和俄罗斯联邦最高苏维埃公报》1992年第29期,第1689号);

(30) 俄罗斯联邦最高苏维埃1992年6月14日第3301-1号《关于经济改革时期调整民事法律关系的决议》(《俄罗斯联邦人民代表大会和俄罗斯联邦最高苏维埃公报》1992年第30期,第1800号);

(31) 1992年9月23日第3517-I号《俄罗斯联邦专利法》(《俄罗斯联邦人民代表大会和俄罗斯联邦最高苏维埃公报》1992年第42期,第2319号);

(32) 俄罗斯联邦最高苏维埃1992年9月23日第3518-I号《关于施行〈俄罗斯联邦专利法〉的决议》(《俄罗斯联邦人民代表大会和俄罗斯联邦最高苏维埃公报》1992年第42期,第2320号);

(33) 1992年9月23日第3502-I号《俄罗斯联邦商标、服务标志和商品产地名称法》(《俄罗斯联邦人民代表大会和俄罗斯联邦最高苏维埃公报》1992年第42期,第2322号);

(34) 俄罗斯联邦最高苏维埃1992年9月23日第3521-I号《关于施行〈俄罗斯联邦商标、服务标志和商品产地名称法〉的决议》(《俄罗斯联邦人民代表大会和俄罗斯联邦最高苏维埃公报》1992年第42期,第2323号);

(35) 1992年9月23日第3523-I号《俄罗斯联邦电子计算机程序和数据库法律保护法》(《俄罗斯联邦人民代表大会和俄罗斯联邦最高苏维埃公报》1992年第42期,第2325号);

(36) 俄罗斯联邦最高苏维埃1992年9月23日第3524-I号《关于施行〈俄罗斯联邦电子计算机程序和数据库法律保护法〉的决议》(《俄罗斯联邦人民代表大会和俄罗斯联邦最高苏维埃公报》1992年第42期,第2326号);

(37) 1992年9月23日第3526-I号《俄罗斯联邦集成电路布局设计法律保护法》(《俄罗斯联邦人民代表大会和俄罗斯联邦最高苏维埃公报》1992年第42

期,第 2328 号);

(38)俄罗斯联邦最高苏维埃 1992 年 9 月 23 日第 3527-I 号《关于施行〈俄罗斯联邦集成电路布局设计法律保护法〉的决议》(《俄罗斯联邦人民代表大会和俄罗斯联邦最高苏维埃公报》1992 年第 42 期,第 2329 号);

(39)俄罗斯联邦 1992 年 12 月 24 日第 4215-I 号《关于修订和增补〈苏俄民法典〉的法律》(《俄罗斯联邦人民代表大会和俄罗斯联邦最高苏维埃公报》1993 年第 4 期,第 119 号);

(40)俄罗斯联邦最高苏维埃 1993 年 3 月 3 日第 4604-I 号《关于俄罗斯联邦境内适用苏联立法的某些问题的决议》第 1 条和第 2 条(《俄罗斯联邦人民代表大会和俄罗斯联邦最高苏维埃公报》1993 年第 11 期,第 393 号);

(41)1993 年 7 月 9 日第 5351-I 号《俄罗斯联邦著作权和邻接权法》(《俄罗斯联邦人民代表大会和俄罗斯联邦最高苏维埃公报》1993 年第 32 期,第 1242 号);

(42)俄罗斯联邦最高苏维埃 1993 年 7 月 9 日第 5352-I 号《关于施行〈俄罗斯联邦著作权和邻接权法〉的决议》(《俄罗斯联邦人民代表大会和俄罗斯联邦最高苏维埃公报》1993 年第 32 期,第 1243 号);

(43)俄罗斯联邦最高苏维埃 1993 年 7 月 14 日第 5438-I 号《关于修订俄罗斯联邦最高苏维埃〈关于施行俄罗斯联邦专利法的决议〉的决议》(《俄罗斯联邦人民代表大会和俄罗斯联邦最高苏维埃公报》1993 年第 30 期,第 1167 号);

(44)1993 年 8 月 6 日第 5601-I 号《俄罗斯联邦育种成果法》(《俄罗斯联邦人民代表大会和俄罗斯联邦最高苏维埃公报》1993 年第 36 期,第 1436 号);

(45)俄罗斯联邦最高苏维埃 1993 年 8 月 6 日第 5606-I 号《关于施行〈俄罗斯联邦育种成果法〉的决议》(《俄罗斯联邦人民代表大会和俄罗斯联邦最高苏维埃公报》1993 年第 36 期,第 1437 号);

(46)1995 年 7 月 19 日第 110 号《关于修订和增补〈苏俄刑事诉讼法典〉、〈苏俄行政违法行为法典〉和〈俄罗斯联邦著作权和邻接权法〉的联邦法律》(《俄罗斯联邦立法汇编》1995 年第 30 期,第 2866 号);

(47)2002 年 7 月 9 日第 82 号《关于修订和增补〈俄罗斯联邦集成电路布局设计法律保护法〉的联邦法律》(《俄罗斯联邦立法汇编》2002 年第 28 期,第 2786 号);

(48)2002 年 12 月 11 日第 166 号《关于修订和增补〈俄罗斯联邦商标、服务标志和商品产地名称法〉的联邦法律》(《俄罗斯联邦立法汇编》2002 年第 50 期,第 4927 号);

(49) 2002 年 12 月 24 日第 177 号《关于修订和增补〈俄罗斯联邦电子计算机程序和数据库法律保护法〉的联邦法律》(《俄罗斯联邦立法汇编》2002 年第 52 期,第 5133 号);

(50) 2003 年 2 月 7 日第 22 号《关于修订和增补〈俄罗斯联邦专利法〉的联邦法律》(《俄罗斯联邦立法汇编》2003 年第 6 期,第 505 号);

(51) 2004 年 7 月 20 日第 72 号《关于修订〈俄罗斯联邦著作权和邻接权法〉的联邦法律》(《俄罗斯联邦立法汇编》2004 年第 30 期,第 3090 号);

(52) 2004 年 8 月 22 日第 122 号《关于因通过〈关于修订和增补修订〈俄罗斯联邦各主体国家立法和行政权力机关组织原则法〉和〈俄罗斯联邦地方自治组织原则法〉〉而修订和认定俄罗斯联邦某些立法文件失效的联邦法律》第 18 条和第 19 条(《俄罗斯联邦立法汇编》2004 年第 35 期,第 3607 号);

(53) 2004 年 11 月 2 日第 127 号《关于修订〈俄罗斯联邦税法典第一部分和第二部分〉以及关于认定俄罗斯联邦某些立法文件(立法文件之规定)失效的联邦法律》(《俄罗斯联邦立法汇编》2004 年第 45 期,第 4377 条);

(54) 2006 年 2 月 2 日第 19 号《关于因通过〈关于为国家和自治地方需要供应商品、完成工作、提供服务的定购配置法〉而修订俄罗斯联邦某些立法文件和认定俄罗斯联邦某些立法文件规定失效的联邦法律》(《俄罗斯联邦立法汇编》2006 年第 6 期,第 636 号)。

第 3 条

自 2008 年 1 月 1 日起,俄罗斯联邦境内不再适用:

(1) 苏联中央执行委员会和人民委员会 1927 年 6 月 22 日《关于施行〈公司条例〉的决议》批准的《公司条例》(《苏联工农政府法律和指令汇编》1927 年第 40 期,第 395 号);

(2) 苏联中央执行委员会和人民委员会 1927 年 6 月 22 日《关于施行〈公司条例〉的决议》(《苏联工农政府法律和指令汇编》1927 年第 40 期,第 394 号);

(3)《苏联和各加盟共和国民事立法立法纲要》(《苏联人民代表苏维埃和最高苏维埃公报》1991 年第 26 期,第 733 号);

(4) 苏联最高苏维埃 1991 年 5 月 31 日第 2212-I 号《关于施行〈苏联和各加盟共和国民事立法纲要〉的决议》(《苏联人民代表苏维埃和最高苏维埃公报》1991 年第 26 期,第 734 号)。

第 4 条

俄罗斯联邦境内现行的法律和其他法律文件在依照法典第四部分修订以

前,俄罗斯联邦的法律和其他法律文件以及依照俄罗斯联邦立法规定的范围和程序俄罗斯联邦境内有效的苏联立法文件的适用,以不与法典第四部分相抵触为限。

第5条

法典第四部分适用于在它生效之后产生的法律关系。

对于在法典第四部分生效以前产生的法律关系,法典第四部分适用于其生效后产生的权利和义务。

智力活动成果和与之相当的个别化手段的权利截至法典第四部分生效之日受保护的,依照法典第四部分继续受到保护。

作品的作者和其他原始权利持有人依照作品创作完成之时有效的立法确定。

第6条

著作权和邻接权的50年有效期截至1993年1月1日尚未届满的,适用《俄罗斯联邦民法典》第1281条、第1318条、第1327条和第1331条规定的权利保护期。

法人的著作权,产生于1993年8月3日之前,即产生于1993年7月9日第5351-I号《俄罗斯联邦著作权与邻接权法》生效以前的,在合法公开发表之日起的70年期限届满时终止,作品没有公开发表的,则自作品创作完成之日起的70年期限届满之时终止。对相应的法律关系,类推适用法典第四部分的规则。在规则适用时,法人被视为作品的作者。

第7条

法典第四部分关于订立合同的程序及合同形式的规范,以及关于合同国家注册的规范,适用于在法典第四部分生效以后签订的合同,包括2008年1月1日前已经发出签订合同的要约而在2008年1月1日以后签订的合同。

第8条

法典第四部分中对合同双方当事人具有强制力的关于解除合同的根据、后果和程序的规范,亦适用于法典第四部分生效之后继续有效的合同,而不论合同签订的时间。

法典第四部分中对合同双方当事人具有强制力的关于违反合同义务的责任的规范,如果相应的违反行为为实施于法典第四部分生效之后,应予以适用,但2008年1月1日前签订的合同对此种违反行为规定了不同责任的情形除外。

第 9 条

科学、文学和艺术作品的作者身份权、作者姓名权和作品不受侵犯权,以及演出人的身份权、姓名权和演出不受侵犯权,依照《俄罗斯联邦民法典》第 1228 条、第 1267 条和第 1316 条受到保护,而不论在其创作完成之时这种智力活动成果是否受到法律保护。

如果侵害在法典第四部分生效之后发生,则科学、文学和艺术作品的作者身份权、作者姓名权和作品不受侵犯权以及演出人的身份权、姓名权和演出不受侵犯权,依照《俄罗斯联邦民法典》第 1228 条、第 1267 条和第 1316 条进行保护。

第 10 条

大地测量和地图绘制方面的智力成果,如果是使用苏俄的共和国预算资金或构成苏联联盟预算的苏联国家预算资金取得的,并且成果存在于俄罗斯联邦境内的,包括国家大地测量与地图绘制库的材料,只要专属权未移转给他人,依照俄罗斯联邦的立法也不属于他人,则专属权归俄罗斯联邦所有。

大地测量和地图绘制方面智力成果专属权的处分以俄罗斯联邦的名义依照俄罗斯联邦政府规定的程序进行。

第 11 条

对于苏联的发明证书,如果截至 1992 年 10 月 14 日即俄罗斯联邦 1992 年 9 月 23 日第 3517-I 号《专利法》施行前为止,自发明申请之日起的 20 年期限尚未届满,而苏联的外观设计专利证书自申请之日起的 15 年期限尚未届满的,以及以苏联国家发明基金会名义取得的专利证书,其申请人与作者共同有权申请终止上述受保护文件的效力并同时要求对剩余有效期颁发俄罗斯联邦的证书。

对于发明和外观设计的专利申请,如果已经作出决定以苏联发明基金会的名义取得专利证书,则申请人与发明人共同有权申请颁发俄罗斯联邦的专利证书,并要求在从发明和外观设计使用中取得收益之前缓交专利申请费,但缓交的期限不得超过 5 年。

依照本条第 1 款和第 2 款提出要求颁发俄罗斯联邦专利证书的申请之前,对已取得发明人证书的发明和外观设计已经开始合法使用的任何人,仍然有权使用该发明或外观设计,而不必再签订许可合同。在这种情况下,作者的报酬应分别按照对受保护的发明人证书和受保护的外观设计证书规定的报酬给付办法给付。

第 12 条

1991 年 5 月 31 日第 2213-I 号《苏联发明法》(《苏联人民代表大会和苏联最

高苏维埃公报》1991年第25期,第703号)第32条第1款、第3款和第5款、第33条和第34条的规定,1991年7月10日第2328-I号《苏联外观设计法》(《苏联人民代表大会和苏联最高苏维埃公报》1991年第32期,第908号)第21条第3款、第22条第1款和第3款和第23条关于优惠和物质鼓励的规定,在俄罗斯联邦境内适用至俄罗斯联邦关于发展发明与艺术设计创作的立法文件通过时止。

第13条

在前苏联进行的商标和服务标志的注册在俄罗斯联邦境内继续有效。如果违反了截至申请提出之日有效的立法规定的注册条件,则注册的效力可以依照《俄罗斯联邦民法典》第1513条规定的程序,以及在《俄罗斯联邦民法典》第1514条第1款规定的情况下并依照该条规定的程序,在俄罗斯联邦境内予以终止。

于后注册的商标之优先权日之前已经使用与该商标相同商标生产商品的人,仍有权按照无偿普通(非排他)许可条件将商标用于生产同类商品,其条件是此种使用系依照当时有效的立法进行并开始于1992年10月17日即俄罗斯联邦1992年9月23日第3520-I号《商标、服务标志与商品产地名称法》生效之前。上述权利只能按照权利概括继受程序移转给他人。

第14条

法人的商业名称,如不符合《俄罗斯联邦民法典》第七十六章第一节的规则的,则应在2008年1月1日后法人设立文件首次修订时按照这些规则变更。

第15条

对《银行与银行活动法》(1996年2月3日第17号联邦法律修订,见《苏俄人民代表大会和苏俄最高苏维埃公报》1990年第27期,第357条;《俄罗斯联邦立法汇编》1996年第6期,第492号;2002年第12期,第1093号;2003年第50期,第4855号)作如下修订:

(1)第7条改为:

第7条 信贷组织的名称

信贷组织的商业名称应该有俄语的全称和简称。信贷组织还有权使用俄罗斯联邦民族语言和(或)外国语的全称和简称。

信贷组织的俄语、俄罗斯联邦民族语言商业名称可以包含用俄语或用俄罗斯联邦民族语言拼写的外来语,但反映信贷组织的组织法形成的术语和缩略语除外。

信贷组织的商业名称应该使用"银行"或"非银行信贷组织"字样指明其活动性质。

对信贷组织商业名称的其他要求由《俄罗斯联邦民法典》规定。

俄罗斯银行在审理信贷组织要求进行国家注册的申请时,如果信贷组织提交的商业名称已经列入《信贷组织国家登记簿》,则必须禁止使用信贷组织的商业名称。只有按照联邦法律规定的程序,方可在信贷组织的商业名称中使用"俄罗斯"、"俄罗斯联邦"、"国家"、"联邦"和"中央"等字样以及使用以它们为基础构成的单词或词组。

除已经从俄罗斯银行取得从事银行业务执照的法人外,俄罗斯境内的任何法人均不得在自己的商业名称中使用"银行"、"信贷组织"等字样以及以其他方式表示该法人有权从事银行业务。

(2) 第10条第1款修改如下:

"(1) 商业名称"。

第16条

俄罗斯联邦1993年8月20日第5663-I号联邦法律《宇航活动法》第16条(《俄罗斯报》1993年10月6日;《俄罗斯联邦立法汇编》1996年第50期,第5609号)修改如下:

"第16条 智力活动成果的法律保护

对研制航天技术和航天工艺所取得的智力活动成果,依照《俄罗斯联邦民法典》提供法律保护。"

第17条

对《俄罗斯联邦民法典》第一部分(《俄罗斯联邦立法汇编》1994年第32期,第3301号;2002年第12期,第1093号;第48期,第4746号;2003年第52期,第5034号;2004年第27期,第2711号;第31期,第3233号;2005年第27期,第2722号;2006年第2期,第171号;第3期,第282号)作如下修订:

(1) 第2条第1款第1项修改为:

"民事立法规定民事流转参加者的法律地位,所有权和其他物权、智力活动成果和与之相当的个别化手段的专属权(知识产权)产生的根据和实现的程序,调整合同债和其他债权债务关系,以及调整基于其参加者平等、意思自治和财产自主而产生的其他财产关系和与之相联系的人身非财产关系。"

(2) 第11条第2款"向法院提出申诉"修改为"在法院提出争议"。

(3) 第35条第1款"向法院告诉"修改为"在法院提出争议"。

(4) 第 49 条第 2 款"法人向法院提出申诉"修改为"法人在法院提出争议"。

(5) 第 51 和第 1 款第 3 项"向法院起诉"修改为"在法院提出争议"。

(6) 第 54 条第 4 款修改如下：

第 2 项修改为：

"对商业名称的要求由本法典和其他法律规定。对商业名称的权利依照本法典的七编的规则规定。"

原第 3 项和第 4 项失效。

(7) 第 64 条第 1 款第 3 项中的"依著作权合同"修改为"向智力活动成果的作者"。

(8) 第 128 条修改如下：

"第 128 条 民事权利客体的种类

民事权利的客体包括：物，其中包括金钱和有价证券；其他财产，其中包括财产权利；工作和服务；受保护的智力活动成果和与之相当的个别化手段（知识产权）；非物质利益。"

(9) 第 129 条增补以下内容的第 4 款：

"4. 智力活动成果和与之相当的个别化手段（第 1225 条）不能转让或以其他方式从一人移转给另一人。但是对这些成果和手段的权利以及表现相应成果和手段的物质载体，在本法典规定的情况下和依照本法典规定的程序，可以进行转让或以其他方式从一人移转给另一人。"

(10) 第 131 条第 5 款"向法院提起诉讼"修改为"在法院提出争议"。

(11) 第 132 条第 2 款第 2 项中的"商业名称"修改为"商业标识"。

(12) 第 138 条和第 139 条失效。

(13) 第八章增补以下内容的第 1251 条：

"第 1251 条 公民形象的保护

发表和继续使用公民的形象（包括公民的照片以及有公民形象的录像或造型艺术作品）须经公民本人同意。公民死后，其形象只有经过其子女和在世的配偶的同意方能使用，而在没有子女和配偶时，须经其父母的同意方能使用。在下列情况下不需要此种同意：

（1）为国家利益、社会利益或其他公共利益而使用公民形象的；

（2）公民的形象是在公众自由出入场所或在公共活动（集会、代表大会、大会、音乐会、表演、体育比赛和类似活动）中拍摄到的，但形象为主要使用对象的情形除外；

(3)公民以收费方式摆出造型让人照相的。"

(14)第235条第2款第7项在"第282条、第285条、第293条"后增加"第1251条第4款和第5款"。

(15)第243条第2款中的"向法院提出申诉"修改为"在法院提出争议"。

(16)第256条第2款增补以下内容:

"属于作者的智力活动成果专属权(第1228条)不是夫妻共有财产。但是从这种成果的使用中取得的收入,为夫妻共同共有,但夫妻之间的合同有不同规定的除外。"

第18条

对1994年12月29日第77号联邦法律《文件必备份法》(《俄罗斯联邦立法汇编》1995年第1期,第1号;2002年第7期,第630号)修订如下:

(1)第1款中"《俄罗斯联邦著作权和邻接权法》"修改为"民事立法";

(2)第3款中"《俄罗斯联邦电子计算机程序与数据库法律保护法》"修改为"民事立法"。

第19条

对1995年8月3日第123号联邦法律《关于种畜培育的联邦法律》(《俄罗斯联邦立法汇编》1995年第32期,第3199号)中的"《俄罗斯联邦关于育种成果的立法》"修改为"民事立法"。

第20条

对1995年11月17日第169号《俄罗斯联邦建筑艺术活动法》(《俄罗斯联邦立法汇编》第47期,第4473号;2004年第35期,第3607号)修订如下:

(1)第四章失效;

(2)删除第21条第1款中",《俄罗斯联邦著作权和邻接权法》"等字样。

第21条

对1995年12月8日第193号联邦法律《农业合作社法》(《俄罗斯联邦立法汇编》1995年第50期,第4879号;1997年第10期,第1120号;1999年第8期,第973号;2006年第45期,第4635号)第3条修订如下:

(1)第3款增补以下内容:

"对农业或渔业劳动组合(农场、渔场)商业名称的其他要求由《俄罗斯联邦民法典》规定";

(2)第4款增补以下内容:

"对农场(渔场)商业名称的其他要求由《俄罗斯联邦民法典》规定。"

第 22 条

对 1995 年 12 月 26 日第 208 号联邦法律《商业公司法》(《俄罗斯联邦立法汇编》1996 年第 1 期,第 1 号;2001 年第 33 期,第 3423 号;2002 年第 12 期,第 1093 号)第 4 条第 1 款修订如下:

(1)第 3 项修改为:

"俄语和俄罗斯联邦民族语言的商业名称可以包含用俄语或俄罗斯联邦民族语言拼写的外来词或用俄罗斯联邦民族语言拼写的外来语,但反映公司组织法形式的术语和缩略语除外。"

(2)增补以下内容:

"对公司商业名称的其他要求由《俄罗斯联邦民法典》规定。"

第 23 条

对《俄罗斯联邦家庭法典》(《俄罗斯联邦立法汇编》1996 年第 1 期,第 16 号)第 36 条修订如下:

(1)该条标题:

"第 36 条 夫妻各人的财产";

(2)增补以下内容的第 3 款:

"3.夫妻一方的智力成果专属权属于该成果的作者所有。"

第 24 条

对 1995 年 12 月 26 日第 209 号联邦法律《大地测量与地图绘制法》(《俄罗斯联邦立法汇编》1996 年第 1 期,第 2 号;2003 年第 2 期,第 165 号)第 11 条修订如下:

"第 11 条 大地测量与地图绘制活动成果的专属权

大地测量与地图绘制活动成果的专属权予以承认并依照民事立法行使。"

第 25 条

对《俄罗斯联邦民法典》第二部分(《俄罗斯联邦立法汇编》1996 年第 5 期,第 410 号;第 34 期,第 4025 号;1997 年第 43 期,第 4903 号)修订如下:

(1)第 559 条第 2 款修改为:

"2.如果合同没有不同规定,企业、产品、工作或服务个别化手段(商业标识、商标、服务标志)的专属权,以及依照许可合同属于它的使用此类个别化手段的权利,均一并移转给买方。"

（2）对第772条修改如下：

第1款中删除"其中包括受法律保护的"字样；

第2款中删除"包括受法律保护的"字样；

增补以下内容的第3款：

"3. 执行人和定作人对作为智力活动成果受到法律保护的工作成果的权利，依照本法典第七编的规定确定。"

（3）第855条第2款第3项中"根据著作权合同"修改为"向智力活动成果的作者"。

（4）对第1027条修改如下：

第1款修改为：

"1. 依照商业特许合同，一方（权利人）应向另一方（使用人）提供在使用人的经营活动中定期或者不定期地使用属于权利人的专属权综合体的权利，包括权利人的商标权和服务标志权，以及合同规定的其他专属权客体，包括商业标识、生产秘密（KNOW-HOW）的权利。"

增补以下内容的第4款：

"4. 对商业特许合同相应地适用本法典第七编中关于许可合同的规则，但以不与本章的规定和商业特许合同的实质相抵触为限。"

（5）第1028条第2款修改如下：

"2. 商业特许合同应该在联邦知识产权行政管理机关进行国家登记。不遵守这一规定的合同自始无效。"

（6）对第1031条修订如下：

第1款修改如下：

"1. 权利人有义务向使用人转交商业文件，并向使用人提供实现商业特许合同所享有权利之其他必要信息，向使用人转交技术和商业文件，并向使用人及其工作人员就实现与该权利的有关问题进行指导。"

第2款第2项"登记"前增加"国家"字样。

（7）对第1032条修订如下：

第2段中的"商业名称和（或）商业标识"修改为"商业标志、商标、服务标志和其他个别化手段"。

第6段的"生产秘密"后增补"（KNOW-HOW）"字样。

（8）1036条修改如下：

"第1036条 商业特许合同的变更

1. 商业特许合同可依照本法典第二十九章的规定予以变更。

2. 商业特许合同的变更应依照本法典第1028条规定的程序进行国家登记。"

（9）对第1037条修订如下：

第2款"登记"前增补"国家"字样；

第3款修改如下：

"3. 在权利人的商标权、服务标志权或商业标识权终止的情况下，如果该权利包括在依照商业特许合同提供给使用人的专属权综合体之中，又未用新的类似权利替代已经终止的权利，则商业特许合同终止。"

（10）第1039条修改如下：

"第1039条　商业标识变更的后果

当权利人变更专属权综合体中依照商业特许合同提供给使用人的商业标识时，只要使用人不要求解除合同和赔偿损失，则该合同对权利人的新商业标识继续有效。在合同继续有效的情况下，使用人有权要求相应地减少应付给权利人的报酬。"

（11）第1040条第2款修改如下：

"在权利人对商标、服务标志或商业标识的专属权终止时，发生本法典第1037条第3款和第1039条规定的后果。"

第26条

1996年5月8日第41号联邦法律《生产合作社法》(《俄罗斯联邦法律汇编》1996年第20期，第2321号）第5条第2段增补以下内容：

"对合作社商业名称的其他要求由《俄罗斯联邦民法典》规定。"

第27条

对1998年2月8日第14号《俄罗斯联邦有限公司法》(《俄罗斯联邦立法汇编》1998年第7期，第785号；2002年第12期，第1093号）修订如下：

（1）第3段修改为：

"公司的俄语或俄罗斯联邦民族语言名称可以包含用俄语或用俄罗斯联邦民族语言拼写的外来语，但反映公司组织法形式的术语和缩略语除外。"

（2）增补以下内容：

"对公司商业名称的其他要求由《俄罗斯联邦民法典》规定。"

第28条

对1998年6月22日第86号联邦法律《药品法》(《俄罗斯联邦立法汇编》1998年第26期，第3006号；2004年第35期，第3607号）修订如下：

（1）第4条中：

第 7 段中的"俄罗斯联邦的专利立法"修改为"民事立法";

第 8 段中的"俄罗斯联邦的专利立法"修改为"民事立法";

(2) 第 13 条第 4 款中的"俄罗斯联邦专利立法,以及《俄罗斯联邦商标、服务标志和商品产地名称法》"修改为"民事立法";

(3) 第 35 条第 3 款中的"俄罗斯联邦专利立法和作罗斯联邦关于著作权和邻接权的立法"修改为"民事立法"。

第 29 条

1999 年 1 月 6 日第 7 号联邦法律《民间艺术作坊法》(《俄罗斯联邦立法汇编》第 2 期,第 234 号)第 2 条第 2 部分修改如下:

"民间艺术作坊涉及智力活动成果保护的关系,由民事立法调整。"

第 30 条

1999 年 2 月 25 日第 40 号联邦法律《信贷组织破产法》(《俄罗斯联邦立法汇编》1999 年第 9 期,第 1097 号;2001 年第 26 期,第 2590 号;2004 年第 41 期,第 3994 号)第 26 条第 3 款第 3 段中,"根据著作权合同"修改为"向智力活动成果的作者"。

第 31 条

《俄罗斯联邦民法典》第三部分(《俄罗斯联邦立法汇编》2001 年第 49 期,第 4552 号)第 1119 条第 1 款第 1 段修改如下:

"1. 立遗嘱人有权按照自己的意志通过立遗嘱将财产给予任何人,有权以任何方式确定继承人在遗产中的份额,有权剥夺一个、数个或者全部法定继承人的继承权,而无须说明剥夺的原因,而在本法典规定的情况下,有权在遗嘱中包括其他处分。立遗嘱人有权依照本法典第 1130 条废止可变更已经订立的遗嘱。"

第 32 条

对 2002 年 10 月 26 日第 127 号联邦法律《破产法》(《俄罗斯联邦立法汇编》2002 年第 43 期,第 4190 号;2003 年第 44 期,第 4471 号)修订如下:

(1) 第 8 条第 8 段中的"根据著作权合同"修改为"向智力活动成果的作者";

(2) 第 4 条第 2 款第 2 段中的"根据著作权合同"修改为"向智力活动成果的作者";

(3) 第 37 条第 2 款第 4 段中的"根据著作权合同"修改为"向智力活动成果的作者";

（4）第 63 条第 1 款第 4 段中的"根据著作权合同"修改为"向智力活动成果的作者"；

（5）第 68 条第 2 款中的"根据著作权合同"修改为"向智力活动成果的作者"；

（6）第 81 条第 1 款第 5 段中的"根据著作权合同"修改为"向智力活动成果的作者"；

（7）第 95 条第 2 款第 2 段和第 5 款中的"根据著作权合同"修改为"向智力活动成果的作者"；

（8）第 134 条第 4 款第 3 段中的"根据著作权合同"修改为"向智力活动成果的作者"；

（9）第 136 条第 1 款和第 2 款中的"根据著作权合同"修改为"向智力活动成果的作者"；

（10）第 211 条第 2 款第 3 段中的"根据著作权合同"修改为"向智力活动成果的作者"。

第 33 条

对 2002 年 11 月 14 日第 161 号联邦法律《国有和自治地方所有单一制企业法》(《俄罗斯联邦立法汇编》2002 条第 48 期，第 4746 号)第 4 条第 1 款修订如下：

（1）第 4 段修改如下：

"单一制企业的俄语和俄罗斯联邦民族语言商业名称可以包含用俄语或俄罗斯联邦民族语言拼写的外来语，但反映单一制企业组织法形式的术语和缩略语除外。"

（2）增补以下内容：

"对单一制企业商业名称的其他要求，由《俄罗斯联邦民法典》规定。"

第 34 条

对 2004 年 7 月 29 日第 98 号联邦法律《商业秘密法》(《俄罗斯联邦立法汇编》2004 年第 32 期，第 3283 号;2006 年第 6 期，第 636 号)修订如下：

（1）第 1 条第 1 款修改为：

"1. 本联邦法律调整在构成生产秘密（KNOW-HOW）的信息方面与商业秘密制度的确立、变更和终止有关的关系。"

（2）在第 3 条中：

第 1 款和第 2 款修改为：

"（1）商业秘密是能够使其持有人在现有的或可能的情况下增加收入、避免不合理开支、保持在商品、工作、服务市场上的地位或取得其他商业利益的机密信息；

（2）构成商业秘密（生产秘密）的信息是任何性质的（生产的、技术的、经济的、组织的和其他的）信息材料，包括关于科学技术领域中智力活动成果的信息材料，以及由于不为第三人所知悉、第三人也不具有了解的合法渠道而持有人对之实行商业秘密制度因而具有现实或潜在商业价值的关于从事职业活动方法的信息材料；"

第3款失效。

（3）第4条第2款失效。

（4）第7条、第8条和第9条失效。

（5）第11条第3部分第3项和第4项、第4部分、第5部分和第7部分失效。

（6）第12条失效。

第35条

2006年3月13日第38号联邦法律《广告法》(《俄罗斯联邦立法汇编》2006年第12期，第1232号)第5条第11款修改如下：

"11. 在制作、刊登和传播广告时应该遵守俄罗斯联邦立法的要求，包括俄罗斯联邦民事立法、国家语言立法的要求。"

第36条

1. 本联邦法律自正式公布之日起生效，但本联邦法律第4条至第12条、第14条至第16条、第17条第1款至第12款、第18条至第35条除外。

2. 本联邦法律第4条至第12条、第14条至第16条、第17条第1款至第12款、第18条至第35条自2008年1月1日起生效。

俄罗斯联邦总统　B.普京
莫斯科，克里姆林宫
2006年12月18日
第230号联邦法律

俄罗斯联邦民法典
第一部分

国家杜马1994年10月21日通过
1996年2月20日第18号联邦法律、
1996年8月12日第111号联邦法律、
1999年7月8日第138号联邦法律、
2001年4月6日第45号联邦法律、
2001年5月15日第54号联邦法律、
2002年3月21日第31号联邦法律、
2002年11月14日第161号联邦法律、
2002年11月26日第152号联邦法律、
2003年1月10日第15号联邦法律、
2003年12月23日第182号联邦法律、
2004年6月29日第58号联邦法律、
2004年7月29日第97号联邦法律、
2004年12月29日第192号联邦法律、
2004年12月30日第213号联邦法律、
2004年12月30日第217号联邦法律修订

第一编 总则·第一分编 基本规定

第一章　民事立法

第1条　民事立法的基本原则

1. 民事立法的基本原则是确认民事立法所调整的关系的参加者一律平等，财产不受侵犯，合同自由，不允许任何人随意干涉私人事务，必须无阻碍地行使民事权利，保障恢复被侵犯的权利及其司法保护。

2. 公民(自然人)和法人以自己的意志和为自己的利益取得和行使其民事权利。他们在根据合同确定自己的权利和义务方面及在规定任何不与立法相抵触的合同条件方面享有自由。

民事权利可以根据联邦的法律受到限制，但仅以为了维护宪法制度的基本原则、道德、健康、他人的权利和合法利益及保障国防和国家安全之必需为限。

3. 商品、服务和资金可以在俄罗斯联邦全境内自由流通。

如果为了保障安全、保护人们的生命和健康、保护自然环境和文化珍品的必需，可根据联邦法律实施对商品、服务流通的限制。

第2条　民事立法所调整的关系

1. 民事立法规定民事流转参加者的法律地位，所有权和其他物权、智力活动成果的专属权(知识产权)产生的根据和实现的程序，调整合同债和其他债权债务关系，以及调整基于其参加者平等、意思自治和财产自主而产生的其他财产关系和与之相联系的人身非财产关系。

民事立法所调整关系的参加者是公民和法人。俄罗斯联邦、俄罗斯联邦各主体和地方自治组织也可以参加民事立法所调整的关系(第124条)。

民事立法调整从事经营活动的人之间的关系或者有他们参加的关系，民事立法调整所依据的出发点是：经营活动是依照法定程序对其经营资格进行注册的人实施的，旨在通过使用财产、出售商品、完成工作和提供服务而不断取得利润,并由自己承担风险的独立自主的活动。

民事立法所确定的规则,适用于有外国公民、无国籍人和外国法人参加的关系,但联邦法律有不同规定的除外。

2. 人的不可转让的权利和自由及其他非物质利益,除非从这些非物质利益的实质中得出不同结论,均受民事立法的保护。

3. 民事立法不适用基于一方对另一方的行政从属关系或权力从属关系而产生的财产关系,其中包括不适用于税收关系及其他财政关系和行政关系,但立法有不同规定的除外。

第3条 民事立法和含有民法规范的其他文件

1. 依照俄罗斯联邦宪法的规定,民事立法归俄罗斯联邦管辖。

2. 民事立法由本法典和依照本法典通过的、调整本法典第2条第1款和第2款所规定关系的其他联邦法律(下称法律)组成。

包含在其他法律中的民事立法规范应与本法典相一致。

3. 本法典第2条第1款和第2款所规定的关系,也可由俄罗斯联邦总统的命令调整,但俄罗斯联邦总统的命令不得与本法典和其他法律相抵触。

4. 依照并为执行本法典和其他法律、俄罗斯联邦总统的命令,俄罗斯联邦政论政府有权通过含有民法规范的决议。

5. 在俄罗斯联邦总统的命令或俄罗斯联邦政府的决议与本法典或其他法律相抵触时,适用本法典或有关的法律。

6. 俄罗斯联邦总统命令和俄罗斯联邦政府决议(下称其他法律文件)所含民法规范的效力和适用,由本章的规则确定。

7. 各部和其他联邦行政机关可以颁布含有民法规范的文件,但以本法典、其他法律和其他法律文件规定的情况和范围为限。

第4条 民事立法的时间效力

1. 民事立法文件没有溯及力,仅适用于在其生效之后产生的关系。

法律的效力可扩大适用于在其生效之前产生的关系,但仅限于法律对此有明文规定的情况。

2. 对于民事立法文件生效前产生的关系,民事立法文件仅适用于在其生效之后产生的权利和义务。在民事立法文件生效之前订立的合同中的当事人之间的关系,依照本法典第422条进行调整。

第5条 交易习惯

1. 在经营活动的某一经营活动领域形成并广泛适用、立法并未作规定的行为规则,不论它是否在某个文件中固定下来,均被认为是交易习惯。

2. 交易习惯如与相应关系参加者必须执行的立法规定或合同相抵触,不得适用。

第6条 民事立法的类推适用

1. 如果本法典第2条第1款和第2款所规定的关系在立法中或当事人的协议中未作明文规定,并且不存在可对之适用的交易习惯,在不与其实质相抵触的情况下,对这样的关系适用调整类似关系的民事立法规范(法律类推)。

2. 如不能使用法律类推,则当事人的权利和义务根据民事立法的一般原则和精神及善意、合理、公正的要求予以确定(法的类推)。

第7条 民事立法与国际法规范

1. 依照《俄罗斯联邦宪法》,公认的国际法原则和准则以及俄罗斯联邦签署的国际条约是俄罗斯联邦法律体系的组成部分。

2. 俄罗斯联邦签署的国际条约直接适用于本法典第2条第1款和第2款规定的关系,但国际条约规定为其适用需要颁布国内法的情况除外。

如果俄罗斯联邦签署的国际条约规定了与民事立法不同的规则,则适用国际条约的规则。

第一编 总则・第一分编 基本规定

第二章 民事权利和义务的产生,民事权利的实现与保护

第8条 民事权利和义务产生的根据

1. 民事权利和义务由于法律和其他法律文件规定的根据而产生,也由于公民和法人的行为而产生,如果这种行为虽然未经立法或其他法律文件规定,但依照民事立法的一般原则和精神能产生民事权利和义务。

因此,民事权利和义务产生的根据是:

(1) 法律规定的合同和其他法律行为,以及虽未经法律规定,但不与法律相抵触的合同和其他法律行为;

(2) 国家机关和地方自治机关颁布的,法律规定作为民事权利和义务产生根据的文件;

(3) 规定民事权利和义务的法院判决;

(4) 按照法律准许的根据而取得财产;

(5) 科学、文学、艺术作品的创作,发明和其他智力活动的成果的创作;

(6) 给他人造成损害;

(7) 不当得利;

(8) 公民和法人的其他行为;

(9) 法律和其他法律文件规定能产生民事法律后果的事件。

2. 应进行国家登记的财产权利,自进行相应权利的登记之时起产生,但法律有不同规定的除外。

第9条 民事权利的实现

1. 公民和法人根据自己的意志实现属于他们的民事权利。

2. 公民和法人放弃实现属于他们的民事权利并不导致这些权利的终止,但法律有不同规定的情况除外。

第 10 条 民事权利实现的界限

1. 公民和法人不得实施仅以致人损害为目的的行为,也不得以其他形式滥用权利。

不准许为了限制竞争的目的而行使民事权利,也不准许滥用在市场上的优势地位。

2. 在本条第 1 款规定的要求未得到遵守的情况下,法院、仲裁法院或公断庭可以驳回当事人保护其权利的请求。

3. 如果法律规定民事权利的保护取决于这些权利的实现是否善意和合理,则推定民事法律关系参加者行为的合理和善意。

第 11 条 民事权利的司法保护

1. 法院、仲裁法院或公断庭(下称法院)依照诉讼立法规定的案件管辖范围,对受到侵犯的或有争议的民事权利进行保护。

2. 只有在法律规定的情况下,民事权利的保护才可以依照行政程序进行。对依照行政程序作出的裁决,可以向法院提出申诉。

第 12 条 民事权利保护的方式

民事权利的保护通过以下方式实现:

确认权利;

恢复侵权前存在的状态,制止侵权行为或造成侵权威胁的行为;

确认可撤销法律行为无效并适用法律行为无效的后果,适用法律行为自始无效的后果;

确认国家机关或地方自治机关的文件无效;

权利的自我保护;

判决用实物履行义务;

赔偿损失;

追索违约金;

补偿精神损失;

终止或变更法律关系;

法院不适用国家权力机关或地方自治机关的与法律相抵触的文件;

法律规定的其他方式。

第 13 条　确认国家权力机关或地方自治机关的文件无效

国家权力机关或地方自治机关的非规范性文件,以及在法律规定的情况下上述机关的规范性文件,如果与法律不一致并侵犯了公民或法人的民事权利和受法律保护的利益,可以由法院确认为无效。

在法院确认上述文件无效时,受到侵犯的权利应予以恢复或采用本法典第 12 条规定的其他方式予以保护。

第 14 条　民事权利的自我保护

允许民事权利的自我保护。

自我保护的方式应与受到侵犯的程度相当,并且不得超过为制止侵犯所必需的行为的界限。

第 15 条　赔偿损失

1. 被侵权人有权要求赔偿对他造成的全部损失,但法律或合同规定赔偿较少数额的除外。

2. 损失是指:被侵权人为恢复其遭到侵犯的权利而花费的或应该花费的开支,其财产的灭失或损坏(实际损害),以及被侵权人未能得到,而如其权利未受到侵犯时在民事流转通常条件下可能得到的收入(预期的利益)。

如果侵权人因侵权而得到收入,被侵权人在请求赔偿其他损失的同时,有权请求赔偿不少于上述收入的预期的利益。

第 16 条　国家权力机关和地方自治机关所造成损失的赔偿

由于国家权力机关或地方自治机关或这些机关的公职人员所实施的非法行为(不作为),其中包括颁布与法律或其他法律文件不一致的国家权力机关或地方自治机关文件而给公民或法人造成的损失,应由俄罗斯联邦、有关的俄罗斯联邦主体或地方自治组织予以赔偿。

第一编 总则 · 第二分编 人

第三章 公民（自然人）

第 17 条 公民的权利能力

1. 所有公民均被承认平等地具有享有民事权利和承担民事义务的能力（民事权利能力）。

2. 公民的权利能力自其出生之时产生，因其死亡而终止。

第 18 条 公民权利能力的内容

公民可以拥有归其所有的财产；继承财产和设立遗嘱处分财产；从事经营活动和法律不予禁止的任何其他活动；独立地建立法人或与其他公民或法人共同建立法人；实施任何不与法律相抵触的法律行为和参加债权债务关系；享有科学、文学和艺术作品、发明和其他受法律保护的智力活动成果的著作者权利；享有其他财产权利和人身非财产权利。

第 19 条 公民的姓名

1. 公民以自己的名义取得权利和义务并行使权利和承担义务。公民的姓名包括姓、名以及父名，但法律或民族习惯有不同规定的除外。

在立法规定的情况下并依照立法规定的程序，公民可以使用化名（假名）。

2. 公民有权依照法律规定的程序更改自己的姓名。公民姓名的变更不是终止或变更其在原名下所取得的权利和义务的根据。

公民有义务采取必要措施将自己更改姓名的情况通知其债务人和债权人，并承担由于其债务人和债权人不知悉其更改姓名而发生后果的风险。

已经更改姓名的公民，有权要求在按其原姓名办理的文件中做相应的变更，费用自负。

3. 公民在出生时获得的姓名以及姓名的变更，均应按户籍登记办法进行登记。

4. 不允许冒用他人姓名取得权利和义务。

5. 由于非法使用他人姓名而对他人造成的损害，应依照本法典予以赔偿。

在歪曲公民姓名或以损害公民名誉、人格、商业信誉的方式或形式使用公民姓名时，适用本法典第152条规定的规则。

第 20 条 公民的住所地

1. 公民的住所地是公民经常或主要居住的地点。

2. 不满14岁的未成年人的住所地或处于监护下的公民的住所地以其法定代理人——父母、收养人或监护人的住所地为准。

第 21 条 公民的行为能力

1. 公民自成年起，即年满18岁之时起，完全具有以自己的行为取得并行使民事权利，为自己建立义务并履行民事义务的能力（民事行为能力）。

2. 如果法律允许在年满18岁之前结婚，则未满18岁的公民自结婚之时起即取得完全的行为能力。

因结婚而获得的行为能力即使在年满18岁之前又离婚的情况下仍完全保留。

在法院确认婚姻无效时，法院可以判决未成年一方自法院确定的时间起丧失完全的行为能力。

第 22 条 不允许剥夺和限制公民的权利能力和行为能力

1. 除非在法律规定的情况下和依照法律规定的程序，任何人的行为能力和权利能力均不得受到限制。

2. 国家机关或其他机关限制公民行为能力及限制公民从事经营活动或其他活动权利的文件，如不遵守法律规定的作出有关限制的条件和程序，一律无效。

3. 公民全部或部分放弃权利能力或行为能力，以及旨在限制权利能力和行为能力的其他法律行为，自始无效，但法律允许这种法律行为的情形除外。

第 23 条 公民的经营活动

1. 公民有权不组成法人，而自作为个体经营者进行国家注册时起从事经营活动。

2. 不组成法人而从事经营活动的农场（畜牧场）主（第257条），自农场（畜牧场）进行国家注册之时起被认为是经营者。

3. 对于不组成法人的公民从事的经营活动,如果立法没有不同规定或从法律关系的实质中不能得出不同结论,则适用本法典中调整作为商业组织的法人活动的规则。

4. 不组成法人而从事经营活动的公民,如违反本条第 1 款的规定,对在这种情况下缔结的法律行为中产生的关系无权援引他不是经营者。法院可以对这样的法律行为适用本法典关于与从事经营活动有关的债的规则。

第 24 条　公民的财产责任

公民以属于他的全部财产对自己的债承担责任,但依法不得对之进行追索的财产除外。

对公民的哪些财产不得进行追索,由民事诉讼立法规定。

第 25 条　个体经营者的资不抵债(破产)

1. 个体经营者,如果不能满足与从事经营活动有关的债权人请求,可以依照法院的判决被确认为资不抵债(破产人)。自作出有关判决之时起,公民作为个体经营者的注册即丧失其效力。

2. 在确认个体经营者为破产人的程序中,与其从事经营活动无关的债权人也有权提出自己的请求。上述债权人的请求,即使他们未按此程序提出,在经营者破产程序办理完毕之后仍然有效。

3. 个体经营者被确认为破产人时,其债权人的请求应该以属于个体经营者的可以追索的财产按以下顺序予以满足:

第一顺序:满足其生命或健康受到损害而个体经营者应承担责任的公民的请求,其办法是一次给付应定期给付的金额,以及满足追索扶养费的请求;

第二顺序:给付退职金,给付按劳动合同和其他合同工作的人员的工资,以及依照著作权合同给付报酬;

第三顺序:满足以属于个体经营者的财产作抵押担保的债权人的请求;

第四顺序:偿还拖欠国家预算和非预算基金的欠款;

第五顺序:依法与其他债权人进行结算。

4. 在完成与债权人的结算之后,被确认为破产人的个体经营者免除履行其余与经营活动有关的债务,以及免除在确认经营者为破产人过程中要求他履行的和清理出的其他请求。

如被宣布为破产人的个体经营者对损害公民生命或健康应承担责任,则该公民的请求,以及其他人身性质的请求,仍然有效。

5. 法院确认个体经营者为破产人或者个体经营者宣告自己破产的根据和

程序,由破产法规定。

第 26 条 年满 14 岁不满 18 岁的未成年人的行为能力

1. 年满 14 岁不满 18 岁的未成年人,除本条第 2 款规定法律行为外,在实施法律行为时须有自己的法定代理人——父母、收养人或保护人的书面同意。

上述未成年人实施的法律行为,如事后得到其父母、收养人或保护人的书面赞同,亦属有效。

2. 年满 14 岁不满 18 岁的未成年人,有权独立地,即不经父母、收养人和保护人的同意:

(1) 处分自己的工资、奖学金和其他收入;

(2) 行使科学、文学或艺术作品、发明或其他受法律保护的智力活动成果的著作者的权利;

(3) 依照法律在信贷机构存款并处分这些存款;

(4) 实施小额的日常生活性法律行为和第 28 条第 2 款规定的其他法律行为。

未成年人自年满 16 岁时起还有权依照合作社法的规定成为合作社的成员。

3. 年满 14 岁不满 18 岁的未成年人对他们依照本条第 1 款和第 2 款实施的法律行为独立承担财产责任。上述未成年人依照本法典的规定对他们造成的损害承担责任。

4. 在有充分根据时,法院根据父母、收养人或保护人的申请及监护和保护机关的申请可以限制或剥夺年满 14 岁不满 18 岁的未成年人独立处分其工资、奖学金或其他收入的权利,但未成年人依照本法典第 21 条第 2 款或第 27 条完全获得行为能力的情形除外。

第 27 条 完全行为能力的取得

1. 年满 16 岁的未成年人,如果依照劳动合同工作,其中包括按其他合同工作,或经父母、收养人或保护人的同意从事经营活动,可以被宣告为具有完全的行为能力。

宣告未成年人为完全行为能力人(取得完全行为能力),经父母双方、收养人或保护人的同意时,根据监护和保护机关的决议进行;没有父母、收养人或保护人的同意时,须根据法院的判决进行。

2. 对已取得完全行为能力的未成年人的债务,其中包括致人损害而发生的债务,其父母、收养人或保护人不承担责任。

第 28 条　幼年人的行为能力

1. 除本条第 2 款规定的法律行为外,只有其法定代理人——父母、收养人或保护人才能以未满 14 岁的未成年人(幼年人)的名义代替他们实施法律行为。

对未成年人的法定代理人实施的涉及未成年人财产的法律行为,适用本法典第 37 条第 2 款和第 3 款规定的规则。

2. 年满 6 岁不满 14 岁的幼年人有权独立实施以下法律行为:

(1) 小额的日常生活性法律行为;

(2) 无须公证证明的或无须进行任何国家登记的旨在无偿获利的法律行为;

(3) 为了一定的目的或为了自由支配而处分由法定代理人提供的或经法定代理人同意由第三人提供的资金的法律行为。

3. 幼年人法律行为产生的财产责任,其中包括幼年人独立实施的法律行为产生的财产责任,如果不能证明债权债务关系的违反不是由于幼年人的过错,则由其父母、收养人或监护人承担。他们还应依法对幼年人造成的损害承担责任。

第 29 条　确认公民无行为能力

1. 由于精神病而不能理解自己行为的意义或不能控制自己行为的公民,可以由法院依照俄罗斯联邦民事诉讼立法规定的程序确认为无行为能力人。对他应设立监护。

2. 被确认为无行为能力人的公民的监护人以无行为能力人的名义实施法律行为。

3. 如果确认公民无行为能力的根据不复存在,法院应确认该公民具有行为能力。依照法院的判决撤销对他的监护。

第 30 条　限制公民的行为能力

1. 因酗酒或吸毒而使其家庭物质状况艰难的公民,可以由法院依照民事诉讼立法规定的程序限制其行为能力。对他应设立保护。

他有权独立实施小额的日常生活性法律行为。

只有取得保护人的同意,他才能实施其他法律行为,以及领取工资、赡养金和其他收入以及处分上述收入。但是,这样的公民应对其实施的法律行为和他造成的损害独立承担财产责任。

2. 如果限制公民行为能力的根据不复存在,法院应撤销对其行为能力的限制。依照法院的判决撤销对该公民设立的保护。

第 31 条　监护和保护

1. 监护和保护的设立是为了保护无行为能力的公民和不完全行为能力的公民的权利和利益。为了对未成年人进行教育也可以对未成年人设立监护和保护。监护人和保护人与此相关的权利和义务由婚姻与家庭立法规定。

2. 在与任何人的关系中,其中包括在法院,监护人和保护人应出面维护被监护人和被保护人的权利和利益,而无须专门的授权。

3. 在未成年人如果没有父母、收养人,或其父母被法院剥夺亲权以及由于其他原因而没有父母保护的情况下,其中在包括其父母逃避对未成年公民的教育和逃避保护其权利和利益时,对未成年人应设立监护和保护。

第 32 条　监护

1. 对幼年人和因精神病而被法院确认为无行为能力的人应设立监护。

2. 监护人依法为被监护人的法定代理人,以被监护人的名义和为了被监护人的利益实施一切必要的法律行为。

第 33 条　保护

1. 对年满 14 岁不满 18 岁的未成年人以及因酗酒或吸毒而被法院限制行为能力的公民应设立保护。

2. 保护人对处在保护下的公民无权独立实施的法律行为作出同意或不同意实施的决定。

保护人对被保护人在行使其权利和履行其义务方面给予协助,并保护其不受第三人的不法利用。

第 34 条　监护和保护机关

1. 监护和保护机关是地方自治机关。

2. 法院必须在确认公民无行为能力或限制公民行为能力的判决生效之时起的 3 日内将此情况通知该公民住所地的监护和保护机关,以便对他设立监护或保护。

3. 被监护人住所地的监护和保护机关对监护人和保护人的活动实行监督。

第 35 条　监护人和保护人

1. 监护人和保护人由需要监护或保护的人的住所地的监护和保护机关在获悉必须对公民实行监护或保护之时起的 1 个月内指定。如果存在正当理由,监护人或保护人可由监护人(保护人)住所地的监护和保护机关指定。如果对需要监护或保护的人在 1 个月内未指定监护人或保护人,则由监护和保护机关暂时履行监护人或保护人的职责。

对监护人或保护人的指定有不同意见时,利害关系人可以向法院告诉。

2. 只有具有行为能力的成年公民才能被指定为监护人和保护人。被剥夺亲权的公民不得被指定为监护人和保护人。

3. 监护人和保护人须经本人同意方能被指定。同时,还应考虑其道德品质和其他个人品质、履行监护人和保护人职责的能力、他与需要监护或保护的人之间存在的关系,在可能的情况下,还应考虑被监护人或被保护人的意愿。

4. 需要监护和保护的公民,如已被收入有关的教育机构、医疗机构、居民社会保护机构或其他类似机构,则上述机构为其监护人和保护人。

第 36 条 监护人和保护人职责的履行

1. 监护和保护职责无偿履行,但法律规定的情形除外。

2. 未成年公民的监护人和保护人必须与被监护人和被保护人共同居住。保护人与年满 16 岁的被保护人分开居住须经监护和保护机关批准,并且以不对被保护人的教育及其权利和利益的保护产生不利影响为条件。

监护人和保护人必须将变更住所地的情况通知监护和保护机关。

3. 监护人和保护人必须关心被监护人和被保护人的生活,保障其照顾和医疗,维护其权利和利益。

未成年人的监护人和保护人应关心未成年人的学业和品德教育。

4. 被法院限制行为能力的成年公民的保护人,不承担本条第 3 款规定的职责。

5. 如果公民被确认无行为能力或因酗酒、吸毒而被限制行为能力的根据不复存在,监护人或保护人有义务向法院提出申请,请求确认被监护人或被保护人具有行为能力并撤销其监护或保护。

第 37 条 被监护人和被保护人财产的处分

1. 被监护和被保护公民的收入,其中包括因管理其财产而应付给他的收入,除被监护人和被保护人有权独立处分的收入外,均由监护人或保护人开支,但只能是为被监护人和被保护人的利益并且必须事先得到监护和保护机关的批准。

监护人或保护人有权无须监护和保护机关的事先批准用应付给被监护人和被保护人的收入为维持其生活进行必要的开支。

2. 不经监护和保护机关的事先批准,监护人无权实施转让被监护人财产的法律行为,其中包括交换或赠与、出租、无偿使用或抵押被监护人财产的法律行为,无权实施导致放弃属于被监护人的权利、分割其财产或从中分出若干份额的法律行为以及导致被监护人财产减少的任何其他法律行为;而不经监护和保护机关的事先批准,保护人无权对实施上述法律行为表示同意。

被监护人和被保护人财产的管理办法由法律规定。

3. 监护人、保护人、他们的配偶和近亲属无权与被监护人或被保护人订立契约,但向被监护人或被保护人赠与财产或移交财产供其无偿使用的除外,也无权在被监护人或被保护人与监护人或保护人的配偶或其近亲属之间缔结契约时和进行诉讼案件时代表被监护人或被保护人。

第 38 条 被监护人和被保护人财产的委托管理

1. 在有必要对被监护人和被保护人的不动产和贵重的动产进行经常性管理时,监护和保护机关应同该机关确定的管理人签订该财产的委托管理合同。在这种情况下,监护人或保护人对未交付委托管理的被监护人和被保护人的财产仍保留自己的权能。

在管理人行使其对被监护人和被保护人财产的管理权限时,对管理人适用本法典第 37 条第 2 款、第 3 款规定的规则。

2. 对被监护人和被保护人财产的委托管理依照法律为终止财产委托管理合同规定的根据而终止,以及在监护或保护终止时终止。

第 39 条 免除和撤销监护人和保护人履行其职责

1. 监护和保护机关在将未成年人交还其父母时或未成年人被收养时免除监护人或保护人履行其职责。

在将未成年人安置在有关的教育机构、医疗机构、居民社会保护机构或其他类似机构时,只要不违背被监护人和被保护人的利益,监护和保护机关应免除原先指定的监护人或保护人履行其职责。

2. 在具有正当理由(疾病、财产状况的改变、同被监护人或被保护人缺少相互理解等)时,可以根据监护人或保护人的请求免除他们履行其职责。

3. 如果监护人或保护人未正确履行所担负的职责,其中包括利用监护和保护关系以达到私利的目的或对被监护人和被保护人不加监管或不给予必要的帮助,监护和保护机关可以撤销其职责并采取必要措施依法追究过错公民的法定责任。

第 40 条 监护和保护的终止

1. 对成年公民的监护和保护,在法院作出关于确认被监护人或被保护人具有行为能力或撤销对其行为能力限制的判决时,根据监护人、保护人或监护和保护机关的申请予以终止。

2. 在幼年被监护人年满 14 岁时,对他的监护即告终止,而行使监护人职责的公民无须有关的另外判决即成为未成年人的保护人。

3. 在未成年人年满 18 岁后,以及在他达到成年之前结婚或取得完全行为能力的其他情况下,对该未成年人的保护即告终止,而无须专门的判决(第 21 条第 2 款和第 27 条)。

第 41 条 对有行为能力公民的庇护

1. 对于因健康状况不能独立行使和保护自己权利和履行义务的具有行为能力的成年公民,可以根据其请求,对他设立庇护形式的保护。

2. 具有行为能力的成年公民的保护人(帮助人)由监护和保护机关指定,但必须征得该公民的同意。

3. 属于具有行为能力的成年被庇护人的财产,由保护人(帮助人)依照同被庇护人签订的委托合同或委托管理合同进行处分。

实施生活性法律行为主维持被庇护人的生活和满足其日常生活需要而实施其他法律行为,由保护人(帮助人)征得被庇护人的同意后进行。

4. 依照本条第 1 款对具有行为能力的成年公民设立的庇护,根据受庇护公民的要求予以终止。

被庇护公民的保护人(帮助人),在本法典第 39 条规定的情况下免除履行所担负的职责。

第 42 条 公民失踪的确认

如果在公民的住所地已逾一年没有关于他下落的消息,可以根据利害关系人的申请由法院确认该公民失踪。

在无法确定得到失踪人下落信息的最后日期时,则认为得到他最后下落信息之月的下个月的第一日为计算确认失踪的期限开始之时,而如果无法确定该月份,则认为下一年的 1 月 1 日为计算确认失踪的限期开始之时。

第 43 条 公民被确认失踪的后果

1. 被确认失踪的公民的财产,如果有必要对它进行经常性管理,则依照法院的判决交付给监护和保护机关确定的并依照与该机关签订的委托管理合同进行工作的人员实行委托管理。

从这些财产中应给付失踪人有义务供养的公民的生活费,以及清偿失踪人拖欠的其他债务。

2. 监护和保护机关也可以在自得到失踪人最后下落信息之日起尚不满 1

年时指定失踪人财产的管理人。

3. 本条未规定的确认公民失踪的其他后果,由法律规定。

第 44 条　关于确认公民失踪的判决的撤销

在被确认失踪的公民重新出现或发现其下落时,法院应撤销关于确认他失踪的判决。依据法院的判决,对该公民财产的管理亦予以撤销。

第 45 条　宣告公民死亡

1. 如果在公民的住所地已逾 5 年没有关于他下落的信息,可以由法院宣告他死亡,而如果他是在有死亡威胁的情况下失踪或者在有理由推断他由于某一不幸事故而死亡的情况下失踪,则过 6 个月没有其下落时可以由法院宣告其死亡。

2. 军人或其他因军事行动而失踪的公民,应在军事行动结束之日起至少满 2 年后,才能由法院宣告其死亡。

3. 法院宣告公民死亡的判决生效之日被认为是被宣告死亡的公民的死亡之日。对处于有死亡威胁的情况下失踪或在有理由推断他死于某一不幸事故的情况下失踪的公民,法院可以将推定他死亡的日期确认为其死亡日期。

第 46 条　被宣告死亡的公民重新出现的后果

1. 在被宣告死亡的公民重新出现或发现其下落时,法院应撤销关于宣告他死亡的判决。

2. 无论何时重新出现,该公民均有权要求在宣告他死亡后无偿得到他财产的任何人返还尚存在的财产,但本法典第 302 条第 3 款规定的情形除外。

根据有偿法律行为获得被宣告死亡公民财产的人,如果能够证明在取得财产时他明知被宣告死亡的公民尚在人世,则必须将财产返还原主。如不可能原物返还,则应照价赔偿。

第 47 条　户籍登记

1. 以下各项户籍状况应进行国家登记:

(1) 出生;

(2) 结婚;

(3) 离婚;

(4) 收养子女;

(5) 确定父亲身份;

(6) 变更姓名;

（7）公民死亡。

2. 户籍登记由户籍机关进行，办法是通过在户籍登记簿（户口簿）上做相应记载并根据这些记载给公民颁发户籍证件。

3. 户籍登记项目的更正和变更，在具备充分的理由而且利害关系人之间没有争议时，由户籍机关办理。

如果利害关系人之间存在争议，或者户籍机关拒绝更正或变更户籍登记项目时，争议由法院解决。

根据法院的判决，由户籍登记机关取消和恢复户籍登记项目。

4. 进行户籍登记的机关，户籍登记的程序，户籍登记项目的变更、恢复和取消办法，户口簿和户籍证件的形式，以及户口簿的保存办法和期限，由户籍法规定。

第一编 总则·第二分编 人

第四章 法　人

第一节　基 本 规 定

第48条　法人的概念

1. 凡对独立财产享有所有权、经营权或业务管理权并以此财产对自己的债务承担责任,能够以自己的名义取得和实现财产权利和人身非财产权利并承担义务,能够在法院起诉和应诉的组织,都是法人。

法人应具有独立的资产负债表或预算。

2. 法人的发起人(参加人)由于参与创立法人财产,能够对该法人享有债权或对其财产享有物权。

商合伙和商业公司、生产合作社和消费合作社,属于其参加人对其财产享有债权的法人。

国有或自治地方所有的单一制企业,以及由财产所有权人拨款的机构,属于其发起人对其财产享有所有权和其他物权的法人。

(2002年11月14日第161号联邦法律修订)

3. 社会团体和宗教团体(联合组织)、慈善基金会和其他基金会、法人的联合组织(协会和联合会),属于其发起人(参加人)对之不享有财产权利的法人。

第49条　法人的权利能力

1. 法人能够享有符合其设立文件所规定的活动宗旨的民事权利并承担与该活动有关的义务。

商业组织,除单一制企业和法律规定的某几种组织外,可以享有为进行法律不予禁止的任何种类的活动所必需的民事权利并承担民事义务。

对法律明文列出的某些种类的活动,法人须取得专门许可(执照)方能从事。

2. 只有在法律规定的情况下和依照法律规定的程序,法人的权利才能受到限制。对限制其权利的决定,法人有权向法院提起申诉。

3. 法人的权利能力自其成立之时起产生(第51条第2款)并在其清算完成之时终止(第63条第8款)。

法人进行须领取执照方能从事的活动的权利,如果法律或其他法律文件未作不同规定,则自取得该执照之时产生或在执照规定的期限内产生,并在执照有效期届满时终止。

第50条 商业组织与非商业组织

1. 法人可以是以获取利润为其活动基本宗旨的组织(商业组织),或者是不以营利为基本目的,也不在其参加者中分配所获利润的组织(非商业组织)。

2. 作为商业组织的法人,可以以商合伙和商业公司、生产合作社、国有和自治地方所有单一制企业的形式成立。

3. 作为非商业组织的法人,可以以消费合作社、社会团体和宗教团体(联合组织)、由财产所有权人拨款的机构、慈善基金会和其他基金会的形式以及法律规定的其他形式成立。

非商业组织可以从事经营活动,但仅以为达到其成立宗旨而服务并以符合该宗旨为限。

4. 允许商业组织和(或)非商业组织成立联合会和协会形式的的联合组织。

第51条 法人的国家注册

(2002年3月21日第31号联邦法律修订)

1. 法人应依照法人国家注册法规定的程序在被授权的国家机关进行国家注册。国家注册的资料应列入向公众开放的统一的法人国家注册簿。

只有在法律规定的情况下,才能对法人不予进行国家注册。

对不予注册的决定以及规避注册的行为,可以向法院起诉。

2. 法人自有关事项列入统一的法人国家注册簿之时起即视为已经成立。

第52条 法人的设立文件

1. 法人根据章程,或依设立合同和章程,或仅根据设立合同进行活动。在法律规定的情况下,不是商业组织的法人,可以根据该类组织的共同条例从事活动。

法人的设立合同由其发起人(参加人)签订,而其章程由他们批准。

依照本法典由一个发起人设立的法人,依照该发起人批准的章程进行活动。

2. 法人的设立文件应该规定法人的名称、法人的住所地、法人活动的管理办法,还应含有法律为相应种类的法人所规定的其他内容。在非商业组织和单一制企业的设立文件中,以及在法律规定情况下的其他商业组织的成立文件中,应该规定法人活动的目标和宗旨。即使法律并未作强制性规定,商业组织的目标和一定的宗旨亦可由设立文件予以规定。

在设立合同中应规定:发起人承担义务设立法人,规定为设立法人而进行共同活动的程序,向法人移交自己财产的条件和参加法人活动的条件。合同还应规定参加人分配利润和分担亏损的条件和办法,法人活动的管理程序,发起人(参加人)退出法人的条件和程序。

3. 设立文件的变更自其进行国家注册时起对第三人生效,而在法律规定的情况下——自将变更情况通知进行国家注册的机关之时起生效。但是法人及其发起人(参加人)在同按这些变更条款进行活动的第三人的关系中无权援引这些变更尚未进行过国家注册。

第 53 条 法人的机关

1. 法人通过其依照法律、其他法律文件和设立文件进行工作的机关取得民事权利和承担民事义务。

法人机关的任命或选举程序由法律和设立文件规定。

2. 在法律规定的情况下,法人可以通过自己的参加人取得民事权利和承担民事义务。

3. 依照法律或法人设立文件以法人的名义进行活动的人,应该为所代表的法人的利益认真而合理地进行工作。如果法律或合同没有不同的规定,他应当根据法人发起人(参加人)的请求赔偿他给法人造成的损失。

第 54 条 法人的名称和住所地

1. 法人有自己的名称,名称中应指明法人的组织法形式。非商业组织的名称,以及在法律规定的情况下的其他商业组织的名称,还应该指明法人活动的性质。

(2002 年 11 月 14 日第 161 号联邦法律修订)

2. 法人的住所地以其国家注册地为准。法人应在其常设执行机关所以地进行国家注册,而如果没有常设执行机关,则应在有权无需委托书而以法人的名义进行工作的其他机关或人员的所在地进行国家注册。

(2002 年 3 月 21 日第 31 号联邦法律第 2 条修订)

3. 法人的名称和住所地在其设立文件中予以载明。

4. 作为商业组织的法人应该有商业名称。法人对其按规定程序进行了注册的商业名称享有专属使用权。

非法使用他人已注册的商业名称的人,应按照商业名称权利持有人的请求终止其使用并赔偿所造成的损失。

商业名称的注册和使用办法,由法律和其他法律文件依照本法典规定。

第 55 条 代表机构和分支机构

1. 法人的代表机构是设立在法人住所地之外,代表和维护法人的利益的独立部门。

2. 法人的分支机构是设立在法人住所地之外并行使法人的全部或部分职能,其中包括代表机构职能的独立部门。

3. 代表机构和分支机构不是法人。它们拥有由设立它们的法人划拨的财产并根据该法人批准的条例进行工作。

代表机构和分支机构的领导人由法人任命并根据其委托书进行工作。

代表机构和分支机构应在设立它们的法人的设立文件中作出规定。

第 56 条 法人的责任

1. 除由财产所有权人拨款的机构外,法人以属于它的全部财产对自己的债务负责。

2. 国库企业和由财产所有权人拨款的机构,依照本法典第 113 条第 5 款、第 115 条和第 120 条规定的程序和条件对自己的债务承担责任。

3. 除本法典或法人设立文件规定的情形外,法人的发起人(参加人)或其财产所有权人不对法人的债务承担责任,而法人也不对其发起人(参加人)或财产所有权人的债务承担责任。

如果法人的资不抵债(破产)系由于其发起人(参加人)、财产所有权人或有权对该法人发布强制性指示或有可能以其他方式规定法人行为的其他人所致,则在法人财产不足以清偿债务时,可以由上述人对法人的债务承担补充责任。

第 57 条 法人的改组

1. 法人的改组(合并、加入、分立、分出、改变组织法形式)可以依照其发起人(参加人)的决议或根据其设立文件享有此权限的法人机关的决议进行。

2. 在法律规定的情况下,法人的改组如果是进行分立或者是从中分出一个或几个法人,则根据受权的国家机关的决议或法院的判决进行。

如果法人的发起人(参加人)、它们授权的机关或者其设立文件授权对法人进行改组的法人机关,在授权的国家机关决定规定的期限内未能对法人进行改组,则法院根据上述国家机关的请求从外面任命法人的管理人并委托他对该法人进行改组。自任命外来管理人之时起,法人事务的管理权移交给该管理人。外来管理人以法人的名义在法院起诉和应诉,编制分立资产负债表并将分立资产负债表连同因法人改组而新产生的法人的设立文件一并提交法院审议。经法院批准的上述文件是新产生的法人进行国家注册的根据。

3. 在法律规定的情况下,合并、加入或改变组织法形式等形式的法人改组,只有经被授权的国家机关的同意方能进行。

4. 除加入形式的改组外,自新产生的法人进行国家注册之时起,法人即被认为已完成改组。

在一个法人加入另一个法人而对法人进行改组时,自将后加入的法人终止活动的事项载入统一的法人国家注册簿之时起,法人即被视为已经改组。

第 58 条 法人改组时的权利继受

1. 在几个法人进行合并时,每一法人的权利和义务依照移交文书移转给新产生的法人。

2. 在法人加入另一个法人时,后加入的法人的权利和义务依照移交文书移转给后者。

3. 在法人分立时,其权利和义务依照分立资产负债表移转给新产生的几个法人。

4. 在从一个法人中分出一个或几个法人时,被改组法人的权利和义务依照分立资产负债表移转给其中每一个法人。

5. 在一种类型的法人改组成为另一种类型的法人(改变其组织法形式)时,被改组法人的权利和义务依照移交文书移转给新产生的法人。

第 59 条 移交文书与分立资产负债表

1. 移交文书和分立资产负债表应该包含关于被改组法人对其所有债权人和债务人的全部债权债务继受的规定,包括对双方有争议的债权债务的继受的规定。

2. 移交文书和分立资产负债表由法人的发起人(参加人)批准或由作出法人改组决议的机关批准,并且连同设立文件一并提交进行新成立法人的国家注册或对现有法人的设立文件进行修订。

如未同设立文件一并提交移交文书或分立资产负债表,以及在移交文书或分立资产负债表中未说明被改组法人债权债务的继受关系,则对新成立的法人不予国家注册。

第 60 条 法人改组时其债权人权利的保障

1. 法人的发起人(参加人)或者作出法人改组决议的机关,应将此情况书面通知被改组法人的债权人。

2. 被改组法人的债权人有权要求终止或提前履行该法人所欠债务,并且要求赔偿损失。

3. 如果根据分立资产负债表不可能确定被改组法人的权利继受人,则新产生的法人对被改组法人的债务向其债权人承担连带责任。

第 61 条 法人的清算

1. 法人清算的后果是法人的终止,而其权利和义务并不依照权利继受方式转让给他人。

2. 法人清算的根据是:

法人发起人(参加人)的决议或法人设立文件授权的法人机关的决议;

也可以是法人设立的期限届满,法人成立的目的已经达到;

(2002 年 3 月 21 日联邦法律修订)

或者由于法人成立时粗暴违反法律,而这些违法问题又具有不可消除的性质,因而法院作出判决;

法人未取得应有的批准(执照)而从事活动或者从事法律禁止的活动,或者有其他多次的或粗暴的违反法律、其他法律文件的行为,或者社会团体或宗教团体(联合组织)、慈善基金会、其他基金会经常从事与其成立宗旨相抵触的活动,从而法院作出清算的判决;以及本法典规定的其他情况。

(2002 年 3 月 21 日联邦法律修订)

3. 根据本条第 2 款而要求清算法人的,可以由依法有权提出该请求的国家机关或地方自治机关向法院提出。

法院关于清算法人的判决可以责成法人的发起人(参加人)或法人设立文件规定进行法人清算的机关进行法人的清算。

4. 作为商业组织的法人或者以消费合作社、慈善基金会或其他基金会的形式进行活动的法人,因确认其资不抵债(破产)的,亦依照本法典第 65 条的规定进行清算。

如果该法人财产的价值不足以满足债权人的请求,则法人仅可以依照本法典第 65 条规定的程序进行清算。

法人由于资不抵债(破产)而进行清算的规定不适用于国库企业。

第 62 条　作出法人清算决议的人的义务

1. 法人的发起人（参加人）或者机关在作出法人清算的决议后，必须立即将此情况通知受权的国家机关以便将法人正处在清算过程的信息记入统一的法人国家登记簿。

（第 1 款由 2002 年 3 月 21 日第 31 号联邦法律修订）

2. 法人的发起人（参加人）或者机关在作出法人清算的决议后，应依照本法典和其他法律的规定任命清算委员会（清算人），确定清算的办法和期限。

（第 2 款由 2002 年 3 月 21 日第 31 号联邦法律修订）

3. 自清算委员会任命之时起，法人事务的管理权限移转给清算委员会。清算委员会以被清算法人的名义在法院起诉和应诉。

第 63 条　法人清算的程序

1. 清算委员会应在公布法人国家注册信息的出版物上公布法人清算的消息以及债权人提出请求的办法和期限。该期限不得少于自公布清算消息之时起的 2 个月。

清算委员会应采取措施查明债权人和收取债务人的欠款，并以书面形式将法人清算的事宜通知债权人。

2. 债权人提出请求的期限届满之后，清算委员会编制过渡阶段的清算资产负债表，该资产负债表应包含被清算法人的财产构成、债权人所提出请求的清单以及关于审议这些请求情况的信息资料。

过渡阶段的清算资产负债表由作出法人清算决议的法人发起人（参加人）或机关批准。

在法律规定的情况下，过渡阶段的资产负债表应与受权的国家机关协商后批准。

（2002 年 3 月 21 日第 31 号联邦法律修订）

3. 如果被清算法人（机构除外）现有的资金不足以清偿债权人的请求，则清算委员会应按法院判决确定的执行程序对法人的财产进行公开拍卖。

4. 清算委员会按照本法典第 64 条规定的顺序，依照过渡阶段的清算资产负债表，自该资产负债表批准之日起向被清算法人的债权人付款，但第 5 序列的债权人除外，对他们自过渡阶段的清算资产负债表批准之日起满 1 个月之后付款。

5. 在完成同债权人的结算之后，清算委员会编制清算资产负债表，清算资产负债表由作出法人清算决议的发起人（参加人）或机关经与受权的国家机关协商后批准。

（第 5 款由 2002 年 3 月 21 日第 31 号联邦法律修订）

6. 如果被清算的国库企业的财产或被清算机构的资金不足以清偿债权人的请求，债权人有权向法院起诉，要求用该企业或机构财产所有权人的财产清偿其余的部分。

7. 在满足债权人的请求之后所余法人财产应交付给对该财产享有物权或对该法人享有债权的法人发起人（参加人），但法律、其他法律文件或法人的设立文件有不同规定的除外。

8. 在将法人已清算的事项记入统一的法人国家登记簿之后，法人的清算即认为已经完成，而该法人便不复存在。

第 64 条 债权人请求的满足

1. 在法人清算时，其债权人的请求按以下顺序满足：

第一顺序：满足因公民生命或健康受到损害而被清算法人应对之承担责任的公民的请求，其办法是一次给付原应分期给付的款项；

第二顺序：给付按劳动合同（包括其他合同）工作的职工的退职金和工资以及依著作权合同给付酬金；

第三顺序：满足以被清算法人的财产作担保之债的债权人的请求；

第四顺序：偿还所欠国家预算及非预算基金的债务；

第五顺序：依法同其他债权人进行结算。

在银行和其他吸收公民资金的信贷机构进行清算时，第一顺序应满足作为银行和其他吸收公民资金的信贷机构的债权人的公民的请求，第一顺序还包括依法满足行使存款强制保险职能的组织因依照公民银行存款保险法进行赔付而提出的请求以及俄罗斯银行因依法对自然人存款进行给付而提出的请求。

（1996 年 2 月 20 日第 18 号联邦法律增补，2003 年 12 月 23 日第 182 号联邦法律、2004 年 7 月 29 日第 97 号联邦法律修订）

2. 每一顺序债权人的请求应在完全满足前一顺序债权人的请求之后进行满足。

3. 在被清算法人的财产不足时，其财产应在相应顺序的债权人之间按应予满足的请求所占比例进行分配，但法律有不同规定的除外。

4. 如果清算委员会拒绝满足债权人的请求，或逃避审议这些请求，债权人有权在法人清算资产负债表批准之前向法院对清算委员会提起诉讼。依照法院的判决，债权人的请求可以用被清算法人的剩余财产进行满足。

5. 在清算委员会所规定的提出请求的期限届满之后提出的请求,应该用满足按期提出的请求之后所剩余的被清算法人的财产满足。

6. 由于被清算法人财产不足而未满足的请求,被认为已经清偿。清算委员会不予承认的债权人的请求,如果债权人未向法院起诉,以及法院判决驳回的请求,均被视为已经清偿。

第65条 法人的资不抵债(破产)

1. 除国库企业以外的作为商业组织的法人,以及以消费合作社、慈善基金会或其他基金会形式进行活动的法人,如果无力满足债权人的请求,可以根据法院的判决被认定为资不抵债(破产人)。

法院认定法人为破产人的后果是法人的清算。

2. 作为商业组织的法人,以及以消费合作社、慈善基金会或其他基金会形式进行活动的法人,可以同其债权人一起作出宣告自己破产并进行自愿清算的决议。

3. 法院确认法人为破产人的根据或法人宣告自己破产的根据,以及这种法人清算的程序由破产法规定。债权人的请求权的满足依照本法典第64条第1款规定的顺序进行。

第二节 商合伙与商业公司

一、一般规定

第66条 关于商合伙与商业公司的基本规定

1. 拥有由其发起人(参加人)按股份出资(投资)组成的注册资本(共同投资)的商业组织为商合伙和商业公司。用发起人(参加人)的投资建立的财产,以及商合伙和商业公司在其活动过程中生产和获得的财产,归商合伙和商业公司所有。

在本法典规定的情况下,商业公司可以由一人建立,该人为其唯一参加人。

2. 商合伙可以无限公司或两合公司*的形式成立。

3. 商业公司可以股份公司、有限责任公司或补充责任公司的形式成立。

---

* 译者注:在俄罗斯的立法传统中,товарищество на вере 是人合公司,但新的《俄罗斯联邦民法典》是作为"两合公司"使用这一术语的,并且直接在 товарищество на вере 后加"командитное товарищество",即"两合公司",所以本书中一律译作"两合公司",具体规定详见第三小节。——译者注

4. 无限公司的参加人和两合公司的无限责任股东可以是个体经营者和(或)商业组织。

商业公司的参加人和两合公司的投资人可以是公民和法人。

国家机关和地方自治机关无权成为商业公司的参加人和两合公司的投资人,但法律有不同规定的除外。

由财产所有权人拨款的机构,经财产所有权人批准,可以成为商业公司的参加人和商合伙的投资人,但法律有不同规定的除外。

法律可以禁止或限制某些种类的公民参加商合伙和商业公司,但上市股份公司除外。

5. 商合伙和商业公司可以成为其他商合伙和商业公司的发起人(参加人),但本法典和其他法律规定的情形除外。

6. 对商合伙或商业公司财产的投资可以是金钱、有价证券、其他物或者财产权利以及可以用金钱估价的其他权利。

商业公司参加人投资的金钱估价根据公司发起人(参加人)的协议进行,在法律规定的情况下还应进行独立的鉴定检验。

7. 商合伙以及有限责任公司和补充责任公司无权发行股票。

第 67 条 商合伙或商业公司参加人的权利和义务

1. 商合伙或商业公司参加人的权利:

参与合伙或公司事务的管理,但本法典第 84 条第 2 款和股份公司法规定的情形除外;

获得关于商合伙或商业公司活动情况的信息和按设立文件规定的程序查看账簿及其他文件;

参与利润的分配;

在商合伙或商业公司清算时获得同债权人结算后所余的那部分财产或者所余财产的价值;

商合伙或商业公司的参加人还可以享有本法典、关于商业公司的法律、商合伙或商业公司的设立文件规定的其他权利。

2. 商合伙或商业公司参加人的义务:

依照设立文件规定的程序、数额、方式和期限投资;

不泄露关于商合伙或商业公司活动的机密信息;

商合伙或商业公司的参加人还可以承担其设立文件规定的其他义务。

第 68 条　商合伙和商业公司的改组

1. 一种类型的商合伙和商业公司可以根据参加人大会的决议按照本法典规定的程序改组为另一种类型的商合伙和商业公司或改组成为生产合作社。

2. 在商合伙改组成为公司时,每一位无限责任股东在成为商业公司参加人(股东)后在两年内以自己的全部财产对从商合伙移转给商业公司的债务承担补充责任。前合伙人转让属于他的股份(股票)并不免除他的这一责任。本款所规定的规则也相应地适用于商合伙改组成生产合作社的情形。

二、无限公司

第 69 条　关于无限公司的基本规定

1. 公司的参加人(无限责任股东)根据他们之间签订的合同以公司的名义从事经营活动并以属于他们的财产对公司的债务承担责任的公司是无限公司。

2. 一个人只能成为一个无限公司的参加人。

3. 无限公司的商业名称或者应该包含其全部参加人的姓名(名称)和"无限公司"字样,或者包含一个或几个参加人的姓名(名称)并加上"和公司"及"无限公司"字样。

第 70 条　无限公司的设立合同

1. 无限公司依照设立合同创立和开展活动。设立合同应由所有参加人签字。

2. 无限公司的设立合同除包含本法典第 52 条第 2 款规定的内容外,还应包含以下条款:公司共同投资的数额和构成;每一参加人在共同资本中的数额和变更股份的程序;参加人出资的数额、构成、期限和程序;参加人违反投资义务的责任。

第 71 条　无限公司的管理

1. 无限公司活动的管理依照全体参加人的一致同意进行。公司的设立合同可以规定哪些情况可以由参加人的多数票通过决议。

2. 无限公司的每一个参加人拥有一票,但设立合同规定了确定其参加人拥有票数的不同办法的除外。

3. 无限公司的每一个参加人,无论他是否被授权管理公司事务,均有权了解公司事务管理的全部文件。放弃或限制这一权利,其中包括依照参加人的协议放弃或限制这一权利,均属无效。

第 72 条 无限公司业务的进行

1. 如果设立合同没有规定全体参加人共同管理事务,或者委托个别参加人管理事务,则无限公司的每一个参加人均有权以公司的名义进行工作。

在全体参加人共同管理事务时,每一项法律行为的实施均要求公司全体参加人的同意。

如果公司的管理委托给一个或几个参加人,则其余参加人须取得负责管理公司事务的(一个或几个)参加人的委托书方能以公司的名义实施法律行为。

在同第三人的关系中,无限公司无权援引设立合同中限制公司参加人权限的规定,除非公司能够证明,第三人在实施法律行为时知道或应该知道无限公司的该参加人无权以无限公司的名义进行工作。

2. 一个或几个参加人所享有的管理公司的权限,在具有重大理由时,其中包括被授权人粗暴地违反自己的职责,或者发现他没有能力合理地管理公司事务时,可以根据公司其他一个或几个参加人的要求由法院予以终止。公司的设立合同应根据法院的判决作必要的变更。

第 73 条 无限公司参加人的义务

1. 无限公司的参加人必须依照设立合同规定的条款参加公司的活动。

2. 无限公司的参加人对公司的共同投资在公司注册时至少应有一半到位。其余部分的投资应该在设立合同规定的期限内到位。在参加人不履行上述义务时,应向公司缴纳未到位部分 10% 的年息并赔偿所造成的损失,但设立文件规定了其他后果的情形除外。

3. 无限公司的参加人无权不经其余参加人的同意以自己的名义和为了自己的利益或者为第三人的利益实施与构成公司活动对象的法律行为同类的法律行为。

违反这一规则时,公司有权根据自己的选择,要求该参加人赔偿对公司造成的损失或者向公司移交通过该法律行为所得到的全部收益。

第 74 条 无限公司利润的分配和亏损的分担

1. 无限公司利润与亏损均在其参加人中按各自投资的比例进行分配,但设立合同或参加人的其他协议有不同规定的除外。不得以协议方式排除任何参加人参与利润的分配或亏损的分担。

2. 如果由于公司遭到的亏损而其净资产少于其共同投资的数额,则公司所得利润便不在参加人中进行分配,直至净资产的价值超过共同投资的数额。

第 75 条 无限公司参加人对公司债务的责任

1. 无限公司参加人以自己的财产对公司的债务连带承担补充责任。

2. 无限公司参加人不是公司发起人的,对其加入公司之前公司已经发生的债务同其他参加人承担同样的责任。

退出公司的原参加人,对公司在其退出公司之前发生的债务,在自其退出公司的那一年的年度决算报告批准之日起的两年内同其他参加者一样承担责任。

3. 无限公司参加人关于限制或免除本条所规定责任的协议,一律无效。

第 76 条 无限公司参加人构成的变更

1. 如果无限公司的设立合同或其余参加人的协议有相应的规定,在下列情况下公司可以继续自己的活动:公司的某个参加人退出公司或者死亡;某个参加人被确认失踪、无行为能力或限制行为能力,或者被确认为破产人;依照法院的判决对公司某个参加人开始改组程序;参加公司的法人进行清算;公司某一参加人的债权人对该参加人追索其相当于投入公司共同投资中的股份的那一部分财产。

2. 如果存在重大理由,其中包括由于某个参加人粗暴地违反其义务或发现他没有能力合理管理公司事务,无限公司的参加人有权要求通过司法程序,按其余参加人的一致同意将该参加人从无限公司开除。

第 77 条 参加人退出无限公司

1. 无限公司的参加人有权声明自己不再参加公司而退出公司。

退出没有存续期限的无限公司,参加人至少应在实际退出公司 6 个月以前提出申请。对于有一定存续期限的无限公司,参加人须有正当理由方能提前退出公司。

2. 无限公司参加人关于放弃退出公司这一权利的协议一律无效。

第 78 条 退出无限公司的后果

1. 对退出无限公司的参加人,应付给该参加人相当于他在共同投资中股份的那一部分公司财产的价值,但设立文件有不同规定的除外。依照退出人与其余参加人的协议,也可以用实物支付上述财产的价值。

应付给退出人的那一部分公司财产或其价值,由该人退出时公司编制的资产负债表决定,但本法典第 80 条中规定的情形除外。

2. 在无限公司参加人死亡时,其继承人须经其他参加人的同意方能加入无限公司。

如果参加无限公司的法人进行改组,作为其权利继受人的法人有权经无限公司其他参加人的同意加入无限公司,但公司的设立文件有不同规定的除外。

如继承人(权利继受人)不参加无限公司,则同该继承人的结算依照本条第1款的规定进行。无限公司参加人的继承人(权利继受人)对于退出无限公司的人应依照本法典第75条第2款的规定对第三人承担责任的债务承担责任,但以移交给他的退出人的公司财产为限。

3. 如果一个参加人退出无限公司,则其余参加人在公司共同资本中的股份相应增加,但设立文件或参加人的其他协议有不同规定的除外。

第79条 无限公司参加人在共同投资中的股份的转让

无限公司的参加人有权经公司其余参加人的同意将自己在共同投资中的股份或部分股份转让给公司的其他参加人或者第三人。

在将股份(部分股份)转让给他人时,原属于股份(部分股份)转让人的权利也完全或者相应部分地移转给他人。接受股份(部分股份)的人应依照本法典第75条第2款第1项规定的程序对无限公司的债务承担责任。

参加人如将全部股份转让他人,则终止其无限公司参加人的身份并产生本法典第75条第2款规定的后果。

第80条 对无限公司参加人在共同投资中股份的追索

只有在无限公司参加人的其他财产不足以清偿债务时,才允许因个人债务对其在无限公司共同投资中的股份进行追索。该参加人的债权人有权要求无限公司划拨出与债务人在共同资本中股份相当的那一部分公司财产,以便对该财产进行追索。应划拨出来的财产或其价值由债权人提出划拨请求时的公司资产负债表确定。

如果对相当于无限公司参加人在共同资本中股份的财产进行追索,则该人终止其无限公司参加人的身份,并产生本法典第75条第2款规定的后果。

第81条 无限公司的清算

无限公司依照本法典第61条规定,在仅剩一个参加人时进行清算。该参加人有权在他成为公司唯一参加人起的6个月内依照本法典的规定将无限公司改组成为商业公司。

无限公司在本法典第76条第1款规定的情况下亦应进行清算,除非公司的成立文件或参加人的协议规定无限公司继续自己的活动。

三、两合公司

第82条 关于两合公司的基本规定

1. 如果公司的参加人中除了以公司的名义从事经营活动并以自己的财产

对公司的债务承担责任的参加人(无限责任股东)之外,还有一个或几个参加人——出资人(投资人)以其投资额为限对与公司活动有关的损失承担风险,但并不参与公司的经营活动,则这样的公司是两合公司。

2. 参加两合公司的无限责任股东的地位及他们对公司债务的责任,由本法典中关于无限公司参加人的规则予以规定。

3. 一个人仅能成为一个两合公司的无限责任股东。

无限公司的参加人不得成为两合公司的无限责任股东。

两合公司的无限责任股东不得成为无限公司的参加人。

4. 两合公司的商业名称应包含或者是所有无限责任股东的姓名(名称)以及"人资两合公司"或"两合公司"字样,或者包含至少一个无限责任股东的姓名(名称),并加"和公司"和"人资两合公司"或"两合公司"字样。

如果两合公司的商业名称包含了投资人的姓名,则该投资人应成为无限责任股东。

5. 对两合公司适用本法典中关于无限公司的规则,以不违反本法典中关于两合公司的规则为限。

第83条 两合公司的设立合同

1. 两合公司根据其设立合同成立和开展活动。设立合同应由所有无限责任股东签字。

2. 两合公司的设立合同,除包含本法典第52条第2款规定的内容外,还应包含以下条款:公司共同投资的数额和构成;每一无限责任股东在共同投资中的投资数额和股份的变更程序;他们投资的数额、构成、期限和程序;他们违反投资义务的责任;投资人所投入资金的总额。

第84条 两合公司的管理及业务的进行

1. 两合公司活动的管理由无限责任股东进行。无限责任股东对两合公司管理及业务进行的办法由他们依照本法典关于无限公司的规则予以规定。

2. 两合公司的投资人无权参与公司的管理及业务的进行,除非有委托书作为依据,不得以公司的名义出面。他们无权对无限责任股东管理公司和进行公司业务的行为提出异议。

第85条 两合公司中投资人的权利和义务

1. 两合公司中的投资人必须向共同投资额中投资。其投资由公司向投资人发给证明书予以证明。

2. 两合公司的投资人的权利:

（1）依照设立合同规定的程序，获得其在公司共同投资中的股份应得的那部分公司利润；

（2）了解公司的年度决算和资产负债表；

（3）在财政年度结束时退出公司并依照设立合同规定的程序收回自己的投资；

（4）将自己在共同投资中的全部或部分股份转让给其他投资人或者第三人。投资人较之第三人享有依照本法典第93条第2款规定的条件和程序优先购买他人股份（部分股份）的权利。投资人如将全部股份转让给他人，则终止其投资人的身份。

两合公司的设立合同还可以规定投资人的其他权利。

第86条 两合公司的清算

1. 两合公司在所有投资人退出时进行清算。但是无限责任股东有权不进行清算而将两合公司改组成无限公司。

两合公司也可以根据无限公司的清算根据进行清算（第81条）。但是，如果两合公司中尚留有至少一个无限责任股东和一个投资人，则两合公司仍然保留。

2. 在两合公司进行清算，其中包括因破产而清算时，对其满足债权人请求后所余的财产，投资人较之无限责任股东有优先获得其投资的权利。

此后所余的财产在无限责任股东与投资人之间按其在公司共同投资中的股份所占比例进行分配，但设立合同或者无限责任股东与投资人的协议有不同规定的除外。

四、有限责任公司

第87条 关于有限责任公司的基本规定

1. 由一人或几人设立，其注册资本依设立文件的规定分成一定数额股份的公司是有限责任公司；有限责任公司的股东不对公司的债务承担责任，而以其缴纳的出资额为限对与公司活动有关的亏损承担风险。

未足额出资的股东，在每个股东尚未缴纳部分的价值范围内对公司的债务承担连带责任。

2. 有限责任公司的商业名称应包括公司的名称和"有限责任"字样。

3. 有限责任公司的法律地位及股东的权利和义务由本法典和有限责任公司法规定。

以有限责任公司形式成立的信贷组织的法律地位、其股东的权利和义务也由调整信贷组织活动的各项法律规定。

(本段由1999年7月8日第138号联邦法律增补)

第88条　有限责任公司的股东

1. 有限责任公司的股东数量不得超过有限责任公司法规定的限额。否则,它应在一年内改组成为股份公司,而在该期限届满后,如其股东的数量仍未减少到法定限额之下,则应按司法程序进行清算。

2. 有限责任公司不得以另一个一人商业公司作为唯一股东。

第89条　有限责任公司的设立文件

1. 有限责任公司的设立文件是由其发起人签署的设立合同和他们批准的章程。如果公司由一人设立,则公司的设立文件是它的章程。

2. 有限责任公司的设立文件,除包括本法典第52条第2款规定的内容外,还应包含以下条款;公司注册资本的数额;每一股东股份的数额;股东投资的数额、构成、期限和办法;股东违反投资义务的责任;公司管理机关的构成和权限以及它们通过决议的程序,其中包括需要一致票通过或者法定多数票通过的问题,以及包括有限责任公司法规定的其他内容。

第90条　有限责任公司的注册资本

1. 有限责任公司的注册资本由其股东投资的价值构成。

注册资本决定保障债权人利益的公司财产最低数额。公司注册资本的数额不得少于有限责任公司法规定的金额。

2. 不允许免除有限责任公司股东对公司注册资本投资的义务,其中包括不得使用对公司提出抵消请求以免除此项义务,但法律有不同规定的除外。

(第2款由1999年7月8日第138号联邦法律修订)

3. 在公司注册之时,有限责任公司股东至少应付清公司注册资本的一半。有限责任公司注册资本中尚未缴足的部分由其股东在公司活动的第一年内缴足。如果违反这一义务,有限责任公司应该宣布减少其注册资本并按规定程序对注册资本的减少进行注册,或者通过清算终止自己的活动。

4. 如果在第二个财政年度结束时或每后一个财政年度结束时有限责任公司的净资产价值少于注册资本,则公司应宣告减少其注册资本并按规定程序进行注册。如果公司的上述净资产的价值少于法律规定的最低数额,则公司应进行清算。

5. 有限责任公司的注册资本允许在通知其所有债权人之后予以减少。在这种情况下,其债权人有权请求公司提前终止或履行公司的有关债务并向他们赔偿损失。

以有限责任公司形式成立的信贷组织的权利和义务,由调整信贷组织活动的法律规定。

(本段由1999年7月8日第138号联邦法律修订)

6. 在所有股东缴足出资之后允许增加公司的注册资本。

第91条　有限责任公司的管理

1. 有限责任公司的最高机关是其股东大会。

在有限责任公司内设立委员制的和(或)独任的执行机关。该机关对公司的活动进行日常领导并向股东大会制报告工作。公司的独任管理机关也可以不从其股东中选举产生。

2. 公司管理机关的权限以及他们通过决议和代表公司的程序由有限责任公司法、公司的章程依照本法典规定。

3. 以下事项属于有限责任公司股东大会的专属权限:

(1) 修订公司的章程;变更其注册资本的数额;

(2) 成立公司的执行机关和提前终止其权限;

(3) 批准公司的年度决算和会计资产负债表,以及分配公司的利润和亏损;

(4) 决定公司的改组或清算;

(5) 选举公司的监事会(监事)。

有限责任公司法还可以规定属于公司股东大会的专属权限等其他问题。

属于公司股东大会专属权限的问题,大会不得移交给公司的执行机关解决。

4. 为了检查和确认有限责任公司的年度财政报表是否正确,公司有权每年聘请与公司或公司股东均无财产利害关系的职业审计师进行工作(外部审计)。对公司年度财政报表的审计检查也可以根据任何一个股东的要求进行。

对公司活动进行审计检查的程序由有限责任公司法和公司的章程规定。

5. 除有限责任公司法规定的情况外,不要求公司公布其事务进行的结果(公开报表)。

第92条　有限责任公司的改组和清算

1. 有限责任公司可以根据其股东的一致决定自愿进行改组或清算。

公司改组的其他根据以及公司改组和清算的程序由本法典和其他法律规定。

2. 有限责任公司有权改组成为股份公司或生产合作社。

第93条　有限责任公司注册资本中股份向他人的转让

1. 有限责任公司的股东有权将其在公司注册资本中的股份或部分股份以出售或其他方式转让给该公司的一个或几个股东。

2. 允许公司股东将股份(部分股份)转让给第三人,但公司章程有不同规定的除外。

公司股东享有按照自己股份的比例购买其他股东股份(部分股份)的优先权,但公司章程或股东的协议规定了行使这一权利的不同办法的除外。如果公司股东在自知悉之日起的1个月内或者在公司章程及股东协议规定的其他期限内不行使这一权利,则股份可以转让给第三人。

3. 如果根据有限责任公司的章程不可能向第三人转让股东的股份(部分股份),而其他股东又拒绝购买,则公司有义务向该股东支付股份的实际价值或者以实物交付给他与其股份价值相当的财产。

4. 有限责任公司股东的股份在全额出资之前仅能转让已经缴纳的部分。

5. 在有限责任公司自己购买公司股东的股份(部分股份)时,公司必须按照有限责任公司法和公司设立文件规定的程序和期限向公司的其他股东及第三人出售该股份,或者依照本法典第90条第4款和第5款的规定减少其注册资本。

6. 有限责任公司注册资本中的股份可以移交给作为公司股东的公民的继承人和法人的权利继受人,但如果成立文件规定这种移交必须取得公司其余股东同意的除外。拒绝同意股份进行上述转让的后果是公司必须依照有限责任公司法和公司设立文件规定的程序和条件向股东的继承人(权利继受人)支付其股份的实际价值或用实物交付相当于该价值的财产。

第94条　有限责任公司股东退出公司

有限责任公司的股东有权随时退出公司,而不论公司其他股东是否同意,在这种情况下,应按照有限责任公司法和公司设立文件规定的程序、方式和期限向他支付相当于他在公司注册资本中股份的那部分财产的价值。

五、补充责任公司

第95条　关于补充责任公司的基本规定

1. 公司由一人或几人成立,其注册资本按其设立文件规定的数额分成若干股份,公司的股东按公司设立文件规定的所有权人相同的投资价值倍比数额以自己的财产对公司的债务连带地承担补充责任,这样的公司是补充责任公司。在一个股东破产时,他对公司债务的责任由其余股东按其投资的比例分担,但公司设立文件规定了分担责任的不同办法的除外。

2. 补充责任公司的商业名称应包括公司名称和"补充责任"字样。

3. 对补充责任公司适用本法典关于有限责任公司的规则,但仅以本条未有不同规定的为限。

六、股份公司

第96条 关于股份公司的基本规定

1. 股份公司是把注册资本分成一定数量的股票,公司的参加人(股东)不对公司的债务承担责任,但以属于他的股票的价值为限对与公司活动有关的亏损承担风险的公司。

未付清股款的股东,以尚未付清股款的那一部分股票价值为限对股份公司的债务承担连带责任。

2. 股份公司的商业名称应包括它的名称,并指出该公司系股份公司。

3. 股份公司的法律地位及股东的权利和义务依照本法典和股份公司法规定。

通过国有企业和自治地方所有企业私有化而成立的股份公司的法律地位的特点,还由关于上述企业私有化的法律和其他法律文件规定。

以股份公司形式成立的信贷组织法律地位的特点,还由调整信贷组织活动的法律规定。

(本段由1999年7月8日第138号联邦法律增补)

第97条 开放性股份公司和封闭性股份公司

1. 股份公司,如其股东不经其他股东同意即可转让属于他们的股票,为开放性股份公司。这样的股份公司有权办理对它所发行的股票的认购,并依照股份公司法和其他法律文件规定的条件自由出售股票。

开放性股份公司必须每年向公众公布年度决算、会计资产负债表、利润和亏损的账目。

2. 股份公司,如其股票仅在其发起人或其他事先确定范围的人中间分配,为封闭性股份公司。这样的股份公司无权办理它所发行股票的公开认购,也不得以其他方式向范围不限的人出售股票。

封闭性股份公司的股东对该公司其他股东出卖的股票享有优先购买权。

封闭性股份公司的股东人数不得超过股份公司法规定的数量,否则它应在一年内改组成为开放性股份公司,而在该期限届满后,如其数量仍未减少到法定限额之下,则应通过司法程序进行清算。

在股份公司法规定的情况下,可以责成封闭性股份公司向公众公布本条第1款规定的文件。

第 98 条 股份公司的成立

1. 股份公司的发起人应签订合同,规定他们为建立公司而进行共同活动的程序、公司注册资本的数额、发行股票的种类和配股的程序,以及股份公司法规定的其他条款。

股份公司的成立合同应以书面形式签订。

2. 股份公司的发起人对公司注册前发生的债务承担连带责任。

只有事后经股东大会对发起人行为的赞同,公司才对其发起人与公司成立有关的债务承担责任。

3. 股份公司的设立文件是由其发起人批准的章程。

股份公司的章程,除包含本法典第 52 条规定的内容外,还应包括以下条款:公司所发行股票的种类,股票的票面价值及数量;公司注册资本的数额;股东的权利;公司管理机关的构成和权限以及他们通过决议的程序,其中包括对需要一致票或法定多数票通过的那些问题作出决议的程序。股份公司的章程中应包括股份公司法规定的其他内容。

4. 为成立股份公司而实施其他行为的程序,其中包括发起人大会的权限,由股份公司法规定。

5. 通过国有企业和自治地方所有企业私有化而成立股份公司的特点,由关于这些企业私有化的法律和其他法律文件规定。

6. 股份公司可以通过一人购买公司全部股票而由一人成立或由一人组成。与此有关的内容应在股份公司的章程中规定,还应进行注册和向公众公布。

股份公司不得以另一个一人公司作为其唯一股东。

第 99 条 股份公司的注册资本

1. 股份公司的注册资本由股东所购买的公司股票的票面价值构成。

公司的注册资本决定保障公司债权人利益的公司财产的最低限额。注册资本不得少于股份公司法规定的数额。

2. 不允许免除股东缴纳公司股款的义务,其中包括不允许使用向公司提出抵消请求的办法免除此项义务。

3. 在注册资本未全额缴纳之前不允许公开认购股份公司的股票。在股份公司成立时,公司的全部股票应该在其发起人中进行分配。

4. 如果在第二个财政年度结束时或在每后一个财政年度结束时公司的净资产少于注册资本,公司应宣告减少其注册资本并按规定进行注册。如果公司的上述净资产的价值少于法律规定的最低数额(本条第 1 款),则公司应进行清算。

5. 法律或公司的章程可以对股票数量、股票的总票面价值或者属于一个股东的表决权的最多票数作出限制。

第 100 条 股份公司注册资本的增加

1. 股份公司有权根据股东大会的决定通过增加股票的票面价值或增发股票的方式增加注册资本。

2. 股份公司注册资本全额缴纳之后方允许增加注册资本。不允许为弥补公司受到的亏损而增加注册资本。

3. 在股份公司法和公司章程规定的情况下,可以规定持有普通股(一般股)或其他表决权股的股东对增发的股票享有优先购买权。

第 101 条 股份公司注册资本的减少

1. 股份公司有权根据股东大会的决定,通过减少股票票面价值或者通过收购部分股票以减少股票总量的办法减少公司的注册资本。

在通知公司的所有债权人之后允许股份公司依照股份公司法规定的程序减少注册资本。在这种情况下,公司的债权人有权要求提前终止或者提前履行公司有关的债务并要求赔偿损失。

信贷组织以股份公司形式成立的,其债权人的权利和义务还由调整信贷组织活动的法律规定。

(本段由 1999 年 7 月 8 日第 138 号联邦法律增补)

2. 如果公司的章程有相关的规定,允许通过收购和注销部分股票的方式减少公司的注册资本。

第 102 条 对股份公司发行有价证券和支付股息的限制

1. 在股份公司注册资本总量中,优先股的份额不得超过 25%。

2. 股份公司在注册资本全部到位后有权发行债券,债券的总额不得超过注册资本数额或第三人提供给公司的担保数额。如果没有担保,则允许在公司存在至少注册两年之后,并且是此前两年公司的年度资产负债表按规定得到批准的情况下发行债券。上述限制不适用于发行不动产抵押抵补债券。

(2002 年 12 月 29 日第 192 号联邦法律修订)

3. 有下列条件之一者,股份公司无权宣布和支付股息:

注册资本未全数到位;

股份公司的净资产少于其注册资本和储备基金或者在支付股息后会少于上述资本和基金。

第 103 条 股份公司的管理

1. 股份公司的最高机关是股东大会。

以下各项属于股东大会的专属权限:

(1) 修订公司章程,其中包括变更其注册资本的数额;

(2) 选举经理委员会(监督委员会)的成员和监事会(监事)及提前终止他们权限;

(3) 成立公司的执行机关和提前终止其权限,但公司章程规定这些问题的解决属于经理委员会(监督委员会)权限的除外;

(4) 批准公司的年度决算、会计资产负债表、利润和亏损账以及利润的分配和亏损的分摊;

(5) 决定公司改组或清算。

股份公司法还可以规定其他问题的解决属于股东大会的专属权限。

股份公司法规定属于股东大会专属权限的问题,股份大会不得移交给公司的执行机关解决。

2. 股东超过 50 人的股份公司,应成立经理委员会(监督委员会)。

在成立经理委员会(监督委员会)时,公司的章程应依照股份公司法规定该委员会的专属权限。章程规定属于经理委员会(监督委员会)专属权限的问题,该委员会不得移交给公司的执行机关解决。

3. 股份公司的执行机关可以是委员制的(管理会、经理会)和(或)独任的(经理、总经理)。执行机关对公司活动进行日常领导并向经理委员会(监督委员会)和股东大会报告工作。

执行机关的权限是解决依照法律和公司章程的规定不属于公司其他管理机关专属权限的一切问题。

根据股东大会的决定,执行机关的权限可以依照合同移交给另一商业组织或者个体经营者(管理人)。

4. 股份公司管理机关的权限、它们通过决议和代表公司的程序应由股份公司法和公司章程依照本法典规定。

5. 股份公司,如依照本法典或股份公司法应向公众公布本法典第 97 条第 1 款所规定的文件,每年应吸收与公司及其参加人无财产利害关系的专业审计人员检查和确认公司年度财政报表的正确性。

对股份公司活动的审计检查,其中包括对不必向公众公布上述文件的公司的审计检查,根据在注册资本中拥有10%以上股票总额的股东的要求,在任何时间均应进行。

对股份公司活动进行审计检查的程序由股份公司法和公司的章程规定。

第104条 股份公司的改组和清算

1. 股份公司可以根据股东大会的决议自愿进行改组或清算。

股份公司改组和清算的其他根据和程序由本法典和其他法律规定。

2. 股份公司有权改组成为有限责任公司或者生产合作社,以及依法改组成为非商业组织。

(1999年7月8日经138号联邦法律修订)

七、子公司和附属公司

第105条

1. 子公司是因其注册资本的多数为另一商业公司或商合伙(母公司)所持有,或者依照它们之间订立的合同,或者以其他方式,从而其决策有可能被母公司所控制的公司。

2. 子公司不对母公司(合伙)的债务承担责任。

母公司(合伙),如有权对子公司发出强制性指示,其中包括依照同子公司的合同而对它发出强制性指示的,应对子公司为执行上述指示而订立的法律行为所发生的债务,与子公司一起承担连带责任。

在子公司由于母公司(合伙)的过错而发生资不抵债(破产)的情况下,母公司对子公司的债务承担补充责任。

3. 子公司的参加人(股东)有权要求母公司(合伙)赔偿因母公司的过错而使子公司遭到的损失,但公司法有不同规定的除外。

第106条 附属公司

1. 如果股份公司超过20%的表决权股或者有限责任公司超过20%注册资本为另一(占主导地位的、参股的)公司所持有,则该公司为附属公司。

2. 一个公司如果获得了股份公司的超过20%的表决权股或有限责任公司的超过20%的注册资本,必须立即依照公司法规定的程序公布有关资料。

3. 公司相互参与注册资本的最大限额以及一个公司在另一个公司参加人大会或股东大会上所能拥有的表决权票数,由法律规定。

第三节 生产合作社

第 107 条 生产合作社的概念

1. 生产合作社(劳动组合)是为了从事共同的生产活动或其他经济活动(生产、加工、销售工业品、农产品和其他产品,完成工作,从事贸易,生活服务,提供其他服务)而根据社员制原则成立的公民自愿联合组织,其活动的基础是社员(参加人)亲自或以其他方式参加劳动并缴纳财产股金进行联合。法律和生产合作社的设立文件可以规定法人参加生产合作社的活动。生产合作社是商业组织。

2. 生产合作社社员依照生产合作社法和合作社章程规定的数额和程序对合作社的债务承担补充责任。

3. 生产合作社的商业名称应包含它的名称和"生产合作社"或"劳动组合"字样。

4. 生产合作社的法律地位及社员的权利和义务由生产合作社法依照本法典予以规定。

第 108 条 生产合作社的成立

1. 生产合作社的设立文件是由社员大会批准的合作社章程。

2. 生产合作社的章程,除包含本法典第 52 条规定的内容外,还应包括以下条款:合作社社员股金的数额;股金的构成和合作社社员缴纳股金的办法以及他们违反缴纳股金义务的责任;社员参加合作社劳动的性质和程序以及他们违反亲自参加劳动这一义务的责任;合作社利润和亏损分配的办法;社员对合作社债务补充责任的数额和条件;合作社管理机关的构成和权限以及他们通过决议的程序,其中包括对需要一致票或法定多数票通过的那些问题作出决议的程序。

3. 合作社社员人数不得少于 5 人。

第 109 条 生产合作社的财产

1. 归合作社所有的财产,依照合作社的章程划分为社员的股份。

合作社的章程可以规定,合作社财产的一部分是用于章程所规定宗旨的不可分基金。

关于设立不可分基金的决议应由社员大会一致通过,但合作社章程有不同规定的除外。

2. 合作社社员必须在合作社注册之前缴纳至少 10% 的股金,其余部分应在自注册之时起的 1 年内缴纳。

3. 合作社无权发行股票。

4. 合作社的利润按社员的劳动进行分配,但法律和合作社的章程有不同规定的除外。

合作社清算之后和清偿债权人的请求之后所余的财产也依照上述办法进行分配。

第 110 条 生产合作社的管理

1. 合作社的最高管理机关是社员大会。

2. 在社员超过 50 人的合作社中应设立监督委员会,该委员会对合作社执行机关的活动实行监督。

合作社的执行机关是管理委员会和(或)合作社主席。他们对合作社的活动实行日常领导。委员会和委员会主席向监督委员会和社员大会报告工作。

只有合作社社员方能担任合作社监督委员会和管理委员会的委员以及合作社主席。合作社社员不得同时既担任监督委员会委员又担任管理委员会委员或者合作社主席。

3. 合作社管理委员会的权限及其通过决议的程序由法律和合作社的章程规定。

4. 合作社社员大会的专属权限包括:

(1) 修订合作社章程;

(2) 设立监督委员会和终止监督委员会委员的权限,以及成立合作社的执行机关及终止其权限,但合作社章程规定由监督委员会行使这一权利的除外;

(3) 吸收和开除社员;

(4) 批准合作社的年度决算和会计资产负债表,分配合作社的利润和分摊亏损;

(5) 决定合作社的改组和清算。

生产合作社法和合作社章程还可以规定其他问题的解决属于社员大会的专属权限。

属于社员大会和监督委员会专属权限的问题,不得由他们移交给合作社的执行机关解决。

5. 在社员大会通过决议时,每个社员一票。

第 111 条 合作社社员资格的终止和退股

1. 合作社社员有权按照自己的意志退出合作社。在这种情况下应向他支付其股份的价值或交付与其股份相当的财产,以及付给合作社章程规定的其他款项。

向退社的社员支付股份或其他财产应在财政年度结束和合作社会计资产负债表批准之后进行,但合作社章程有不同规定的除外。

2. 在合作社社员不履行或不正确履行合作社章程规定的义务时,以及在法律和合作社章程规定的其他情况下,可以根据社员大会的决定将社员开除出合作社。

监督委员会委员或执行机关成员,如果是其他类似的合作社的社员,可以根据社员大会决议开除出合作社。

被开除的合作社社员,有权依照本条第 1 款的规定要求取得股金和合作社章程规定的其他款项。

3. 合作社社员有权将自己的全部或部分股份转让给合作社的其他社员,但法律和合作社章程有不同规定的除外。

须经合作社同意方可将股份(部分股份)转让给不是合作社社员的公民。在这种情况下,合作社的社员对该股份(部分股份)享有优先购买权。

4. 在生产合作社社员死亡的情况下,如果合作社的章程没有不同的规定,他的继承人可以被吸收参加合作社,但合作社章程有不同规定的除外。否则,合作社应将死亡社员的股份的价值付给其继承人。

5. 只有在合作社社员的其他财产不足以偿还其私人债务时,才允许因合作社社员的私人债务而依照法律和合作社章程的规定的程序对其股份进行追索。不得因合作社社员的债务而对合作社不可分基金进行追索。

第 112 条 生产合作社的改组和清算

1. 生产合作社可以根据社员大会的决定自愿进行改组和清算。

合作社进行改组和清算的其他根据及改组和清算的程序由本法典和其他法律规定。

2. 生产合作社根据社员大会的一致决定可以改组成为商合伙或商业公司。

第四节　国有和自治地方所有的单一制企业

第 113 条 单一制企业

1. 商业组织,如对其财产所有权人划拨给它的财产不享有所有权,即为单一制企业。单一制企业的财产是不可分财产,并且不得按照投资(股份、股金)

进行分配,其中包括不得在企业的工作人员中进行分配。

单一制企业的章程除应包含本法典第 52 条第 2 款规定的内容外,还应包括以下内容:企业活动的对象和宗旨,以及企业注册资本的数额,企业注册资本形成的程序和来源,但国库企业除外。

(2002 年 11 月 14 日第 161 号联邦法律修订)

只有国有企业和自治地方所有企业才能以单一制企业的形式成立。

2. 国有和自治地方所有单一制企业的财产分别归国家或自治地方所有,企业享有经营权或业务管理权。

3. 单一制企业的商业名称应指出其财产所有权人。

4. 单一制企业的机关是由其财产所有权人任命或其财产所有权人授权的机关任命的并向他们报告工作的企业领导人。

5. 单一制企业以属于它的全部财产对自己的债务负责。

单一制企业不对其财产所有权人的债务负责。

6. 国有和自治地方所有单一制企业的法律地位由本法典和国有及自治地方所有单一制企业法规定。

第 114 条 以经营权为基础的单一制企业

1. 以经营权为基础的单一制企业根据受权的国家机关或地方自治机关的决定成立。

2. 以经营权为基础的企业的设立文件是由受权的国家机关或地方自治机关批准的章程。

3. 以经营权为基础的企业的注册资本不得少于国有企业和自治地方单一制企业法规定的数额。

4. 以经营权为基础的企业注册资本的形成办法由国有企业和自治地方单一制企业法规定。

(第 4 款由 2002 年 11 月 14 日第 161 号联邦法律修订)

5. 如果在财政年度结束时,以经营权为基础的企业的净资产价值少于其注册资本的数额,则被授权成立该企业的财产所有权人必须按规定程序减少其注册资本。如果净资产少于法律规定的数额,则企业应依照法院的判决进行清算。

6. 在作出决议减少注册资本的情况下,企业必须将此情况书面通知自己的债权人。

企业的债权人有权要求终止或提前履行该企业所欠的债务,并有权要求赔偿损失。

[原第 7 款于 2002 年 11 月 14 日第 161 号联邦法律删除]。

7. 以经营权为基础的企业的财产所有权人,不对企业的债务承担责任,但本法典第 56 条第 3 款规定的情况除外。这一规则也适用于成立子企业的企业对子企业的债的责任。

第 115 条 以业务管理权为基础的单一制企业

(2002 年 11 月 14 日第 161 号联邦法律修订)

1. 在国有和自治地方单一制企业法规定的情况下和依照它们规定的程序,以联邦所有的财产作为基础,根据俄罗斯联邦政府的决议,可以成立以业务管理权为基础的单一制企业(国库企业)。

2. 国库企业的设立文件是由受权的国家机关或地方自治机关批准的企业章程。

3. 以业务管理权为基础的单一制企业的商业名称应标明它是国库企业。

4. 国库企业对划拨给它的财产所享有的权利依照本法典第 296 条和第 297 条和国有及自治地方所有单一制企业法的规定。

5. 俄罗斯联邦在国库企业的财产不足时,对国库企业的债务承担补充责任。

6. 国库企业可以依照国有及自治地方所有单一制企业法的规定进行改组或清算。

第五节　非商业组织

第 116 条　消费合作社

1. 消费合作社是公民和法人为满足物质需要和其他需要,通过其社员共同缴纳财产股金而成立的以社员制为基础的自愿联合组织。

2. 消费合作社的章程除应包含本法典第 52 条第 2 款规定的内容外,还应包括以下条款:合作社社员股金的数额;合作社社员股金的构成和社员缴纳股金的办法以及社员违反缴纳股金义务的责任;合作社管理机关的构成和权限以及通过决议的程序,其中包括需要一致票或法定多数票通过决议的问题;社员弥补合作社所受亏损的程序。

3. 消费合作社的名称应指出其活动的基本宗旨以及"合作社"、"消费联社"或"消费合作社"字样。

4. 消费合作社社员必须在每年的资产负债表批准之后的 3 个月内缴纳补

充股金以弥补已形成的亏损。如不履行这一义务,消费合作社可以根据债权人的请求通过司法程序进行清算。

消费合作社社员对合作社的债务连带地承担补充责任,但以每个社员未缴纳的那部分额外股金为限。

5. 消费合作社依照法律和章程进行经营活动所获得的收入,应在其社员中进行分配。

6. 消费合作社的法律地位以及消费合作社社员的权利和义务由消费合作社法依照本法典规定。

第117条 社会团体和宗教团体(联合组织)

1. 社会团体和宗教团体(联合组织)是公民在其利益一致的基础上为满足精神需要或其他非物质需要而按法定程序成立的自愿联合组织。

社会团体和宗教团体是非商业组织。它们有权从事经营活动,但仅以为了达到其成立宗旨并且符合这些宗旨为限。

2. 社会团体和宗教团体的参加人(成员)对他们移交给这些组织归其所有的财产,其中包括会费,不再保留权利。他们不对他们参加的社会团体和宗教团体的债务承担责任,而上述团体也不对自己成员的债务承担责任。

3,社会团体和宗教团体作为本法典所调整关系的参加者,其法律地位的特点由法律规定。

第118条 基金会

1. 本法典所指的基金会是由公民和(或)法人在自愿缴纳财产的基础上,为达到社会的、慈善的、文化的、教育的和其他有益于社会的目的而成立的没有会员的非商业组织。

基金会的(一个或若干)发起人移交给基金会的财产是基金会的财产。发起人不对他们所成立的基金会的债务负责,而基金会也不对自己发起人的债务负责。

2. 基金会应将财产用于其章程规定的目的。基金会有权从事经营活动,但仅以为达到它为之成立的社会有益目的之必需和符合这些目的为限。基金会有权为从事经营活动而建立商业公司或参加商业公司。

基金会必须每年公布其财产使用情况的报表。

3. 基金会的管理程序以及其机关成立的办法由其发起人批准的章程规定。

4. 基金会的章程除包含本法典第52条第2款规定的内容外,还应包括:基金会的名称,其中应有"基金会"字样;关于基金会宗旨的内容;关于基金会机关的规定,其中包括对基金会活动实行监督的基金管理委员会的规定,基金会公职人员的任免程序,基金会的所在地,基金会清算时的财产归属。

第 119 条 基金会章程的修订和基金会的清算

1. 如果基金会的章程有此规定,则基金会的章程可以由基金会的机关进行修订。

如果章程保持不予修订可能引起基金会成立时不可能预见的后果,而章程中又没有规定章程可以修订或者被授权的人员不予修订,则根据基金会机关或受权对基金会活动实行监督的机关的申请,章程的修订权属于法院。

2. 只有法院才能根据利害关系人的请求作出清算基金会的决定。

有下列情形之一者,基金会可以进行清算:

（1）基金会的财产不足以实现其宗旨,而获得必要财产的可能性又不现实；

（2）基金会的宗旨不可能达到,而基金会的宗旨又不可能进行必要的修订；

（3）基金会在其活动中偏离其章程规定的宗旨；

（4）法律规定的其他情况。

3. 在基金会进行清算时,清偿债权人请求之后所余财产应该用于基金会章程所规定的目的。

第 120 条 机构

1. 财产所有权人为行使管理职能、社会文化职能或其他非商业性职能而成立的并由财产所有权人完全或部分拨款的组织是机构。

机构对划拨给它的财产所享有的权利依照本法典第 296 条的规定。

2. 机构以归其处分的资金对自己的债务承担责任。在资金不足时,有关财产的所有权人对机构的债务承担补充责任。

3. 某些种类国家机构或其他机构法律地位的特点由法律和其他法律文件规定。

第 121 条 法人的联合组织(协会和联合会)

1. 商业组织为了协调其经营活动,以及为了代表和维护共同的财产利益,可以依照它们之间订立的合同成立协会或联合会形式的联合组织,协会和联合会不是商业组织。

如果根据参加人的决定协会(联合会)需要从事经营活动,则协会(联合会)应依照本法典规定的程序改建成为商业公司或商合伙,或者为从事经营活动成立商业公司或参加这样的公司。

2. 社会团体和其他非商业组织,其中包括机构,可以自愿联合组成这些组织的协会(联合会)。

非商业组织的协会(联合会)是非商业组织。

3. 协会(联合会)的成员保留各自的独立性和法人的权利。

4. 协会(联合会)不对自己成员的债务负责。协会(联合会)的成员依照协会成立文件规定的数额和程序对协会(联合会)的债务承担补充责任。

5. 协会(联合会)的名称应表明其成员活动的基本对象以及"协会"或"联合会"字样。

第 122 条　协会和联合会的设立文件

1. 协会(联合会)的设立文件是由其成员签署的设立合同和由他们批准的章程。

2. 协会(联合会)的设立文件除包含本法典第 52 条第 2 款规定的内容外，还应包括以下条款:协会(联合会)管理机关的构成权限及通过决议的程序,其中包括就需要协会(联合会)成员一致票或法定多数票通过决议的问题,以及协会(联合会)清算之后所余财产的分配办法。

第 123 条　协会和联合会成员的权利和义务

1. 协会(联合会)成员有权无偿享受协会(联合会)提供的服务。

2. 在一个财政年度结束后,协会(联合会)成员有权按照自己的意志退出协会(联合会)。在这种情况下,退出者在自退出之时起的 2 年内按照自己会费的比例对协会(联合会)的债务承担补充责任。

在协会(联合会)成立文件规定的情况下和依照成立文件规定的程序,根据其余成员的决议可以将成员开除出协会(联合会)。对被开除的协会(联合会)成员的责任适用有关退出协会(联合会)的规则。

3. 在取得协会(联合会)成员的同意之后,新成员可以加入协会(联合会)。可以规定新成员对协会(联合会)在其加入之前发生的债务承担补充责任作为入会的先决条件。

第一编总则·第二分编人

第五章　俄罗斯联邦、俄罗斯联邦各主体、地方自治组织参加民事立法所调整的关系

第 124 条　作为民法主体的俄罗斯联邦、俄罗斯联邦各主体、地方自治组织

1. 俄罗斯联邦、俄罗斯联邦各主体：各共和国、各边疆区、各州、各联邦直辖市、自治州、自治专区，以及各城市、农村居民点和其他地方自治组织与民事立法所调整关系的其他参加者——公民和法人，依照平等原则参加民事立法所调整的关系。

2. 对本条第 1 款所指出的民法主体，适用规定法人参加民事立法所调整关系的规范，但从法律或上述主体的特点得出不同结论的除外。

第 125 条　俄罗斯联邦、俄罗斯联邦各主体、地方自治组织参加民事立法所调整关系的程序

1. 国家权力机关在规定这些机关法律地位的文件所确定的权限范围内，能够以俄罗斯联邦和俄罗斯联邦各主体的名义通过自己的行为取得和行使财产权利和人身非财产权利，产生并履行财产义务和人身非财产义务，在法院起诉和应诉。

2. 地方自治机关在规定这些机关法律地位的文件所确定的权限范围内，能够以地方自治组织的名义通过自己的行为取得和行使本条第 1 款所规定的权利、产生并承担本条第 1 款所规定的义务。

3. 在联邦法律、俄罗斯联邦总统命令和俄罗斯联邦政府决议、俄罗斯联邦各主体和地方自治组织的规范性文件规定的情况下和依照上述文件规定的程序，国家机关、地方自治机关以及法人和公民，可以根据俄罗斯联邦、俄罗斯联邦总统、俄罗斯联邦各主体和地方自治组织的专门委托，代表上述机关。

第 126 条 对俄罗斯联邦、俄罗斯联邦各主体和地方自治组织债务的责任

1. 俄罗斯联邦、俄罗斯联邦各主体、地方自治组织以归它们所有的财产对自己的债务承担责任,但它们划拨给它们所成立的法人并归其经营或业务管理的财产以及只能归国家或地方自治组织所有的财产除外。

只有在法律规定的情况下才允许对归国家和地方自治组织所有的土地和其他自然资源进行追索。

2. 俄罗斯联邦、俄罗斯联邦各主体以及地方自治组织建立的法人不对它们的债务承担责任。

3. 俄罗斯联邦、俄罗斯联邦各主体、地方自治组织也不对它们所建立法人的债务承担责任,但法律规定的情况除外。

4. 俄罗斯联邦不对俄罗斯联邦各主体和地方自治组织的债务承担责任。

5. 俄罗斯联邦各主体和地方自治组织不对相互的债务承担责任,也不对俄罗斯联邦的债务承担责任。

6. 本条第 2 款至第 5 款的规则不适用于俄罗斯联邦对俄罗斯联邦各主体、地方自治组织或法人的债务担保(保证)的情况或者上述主体对俄罗斯联邦的债务担保(保证)的情况。

第 127 条 俄罗斯联邦和俄罗斯联邦各主体在民事立法所调整的,有外国法人、外国公民和外国国家参加的关系中责任的特点

俄罗斯联邦和俄罗斯联邦各主体在民事立法所调整的,有外国法人、外国公民和外国国家参加的关系中责任的特点,由国家豁免法与国家财产豁免法规定。

第一编 总则·第三分编 民事权利的客体

第六章 一般规定

第128条 民事权利客体的种类

民事权利的客体包括:物,其中包括金钱和有价证券;其他财产,其中包括财产权利;工作和服务;信息;智力活动成果,其中包括智力活动成果的专属权(知识产权);非物质利益。

第129条 民事权利客体的可流通性

1. 民事权利的客体,如果未被禁止流通或被限制流通,可以依照概括权利继受程序(继承、法人改组)或其他方式自由转让或从一人移转给另一人。

2. 不允许流通的民事权利客体(不流通物)的种类,应在法律中明文规定。

哪些种类的民事权利客体只能属于流通的一定参加者所有或者需要专门许可方能流通(限制流通物),依照法律规定的程序确定。

3. 土地和其他自然资源可以转让或者以其他方式从一人移转给另一人,但以土地法和其他自然资源法规定的流通程度为限。

第130条 不动产和动产

1. 不动产包括土地、矿床、独立水体和所有与土地牢固地吸附在一起的物,即一经移动便使其用途受到损害的物,其中包括森林、多年生植物、建筑物、构筑物、未竣工的建筑物。

(2004年12月30日第213号联邦法律修订)

不动产还包括应进行国家登记的航空器和海洋船舶、内河航运船舶、航天器。法律还可以规定其他财产属于不动产。

2. 不属于不动产的物,包括金钱和有价证券,是动产。除法律规定的情形外,动产权利不要求进行登记。

第 131 条 不动产的国家登记

1. 不动产的所有权和其他物权,其权利的限制、产生、转让和终止,均应由进行不动产和与不动产有关的法律行为登记的机关在统一的国家登记簿中进行登记。应进行登记的有:所有权、经营权、业务管理权、终身继承占有权、永久使用权、不动产抵押、地役权,以及在本法典和其他法律规定情况下的其他权利。

(2004 年 6 月 29 日第 58 号联邦法律修订)

2. 在法律规定的情况下,某些种类的不动产除进行国家登记外,还可以进行专门的登记和统计。

3. 对不动产权利和与不动产有关的法律行为进行国家登记的机关,必须根据权利人的请求,以颁发所登记权利或法律行为的证书的方式,或者在提交登记的文件上背书的方式证明所进行的登记。

4. 对不动产权利和与不动产有关的法律行为进行国家登记的机关,有义务向任何人提供关于所进行登记和所登记权利的信息。

信息可由任何进行不动产登记的机关提供,而不论进行登记的地点何在。

5. 有关机关对不动产和与不动产有关的法律行为不予进行国家登记或规避登记时,可以向法院提起诉讼。

6. 国家登记的程序和不予进行国家登记的根据由不动产权利与不动产法律行为法依照本法典规定。

第 132 条 企业

1. 作为权利客体的企业是用以从事经营活动的财产综合体。

作为财产综合体的企业在整体上是不动产。

2. 企业在整体上以及企业的一部分可以是买卖、抵押、租赁和与设立、变更和终止物权有关的其他法律行为的客体。

作为财产综合体的企业包括所有各种用于其活动的财产,其中包括土地、建筑物、构筑物、设备、器材、原料、产品、请求权、债务,以及对使企业、企业产品、工程和服务个别化的标志(商业名称、商标、服务标志)的权利和其他专属权,但法律或合同有不同规定的除外。

第 133 条 不可分物

从实物上进行分割即会改变其用途的物是不可分物。

不可分物所有权份额进行分割的特点由本法典第 252 条、第 258 条的规则规定。

第134条　复杂物

如果不同种类的物构成一个按共同用途进行使用的统一的整体,则它们被视为一个物(复杂物)。

就复杂物订立的契约的效力,适用于其所有组成部分,但合同有不同规定的除外。

第135条　主物与从物

服务于另一物,即主物,并与之有共同用途的物(从物),服从于对主物的处分,但合同有不同规定的除外。

第136条　天然孳息、产品和法定孳息

由于使用财产而获得的物(果实、产品、收益)属于依法使用该财产的人,但法律、其他法律文件或关于该物使用的合同有不同规定的除外。

第137条　动物

对动物适用关于财产的一般规则,但以法律和其他法律文件未有不同规定为限。

在行使权利时,不允许以违背人道原则的态度虐待动物。

第138条　知识产权

在本法典和其他法律文件规定的情况下和依照本法典及其他法律文件规定的程序,确认公民或法人对智力活动成果和与之相当的使法人个别化,使产品、所完成工程和服务特定化的手段(商业名称、商标、服务标志等等)的专属权(知识产权)。

第三人只有经权利人的同意方能使用作为专属权客体的智力活动成果和特定化手段。

第139条　职务秘密和商业秘密

1. 当信息由于不为第三人所知悉而具有实际的或潜在的商业价值,对它不能依法自由了解和信息持有人采取措施保护其机密性时,信息即构成职务秘密或商业秘密。哪些信息不能构成职务秘密或商业秘密,由法律和其他法律文件规定。

2. 构成职务秘密或商业秘密的信息,受到本法典和其他法律所规定的方式的保护。

以非法方法获取构成职务秘密或商业秘密的信息的人,必须赔偿所造成的损失。违反劳动合同或其他合同而泄露职务秘密或商业秘密的工作人员,以及

违反民法合同而泄露职务秘密或商业秘密的合同当事人,亦应承担赔偿损失的义务。

第 140 条 金钱(货币)

1. 在俄罗斯联邦全境,卢布是应按其票面价值接受的法定支付手段。

在俄罗斯联邦境内,用现金或非现金结算方式进行支付。

2. 在俄罗斯联邦境内使用外国货币的场合、程序和条件由法律规定或依照法定程序规定。

第 141 条 外汇

被认为是外汇的财产种类和实施使用外汇的法律行为的程序由外汇调整法与外汇管制法规定。

在俄罗斯联邦,外汇的所有权按一般规则受到保护。

第一编总则·第三分编民事权利的客体

第七章 有价证券

第 142 条　有价证券

1. 有价证券是具备规定形式和必要要件的证明财产权利的书据,只有在持有有价证券的情况下才可能行使和移转它所证明的财产权利。

随着有价证券的移转,它所证明的全部权利亦随之移转。

2. 在法律规定或依照法定程序规定的情况下,只要有证据证明有价证券所证明的权利已在专门的登记簿(普通的或计算机化的)中进行了登记,即可行使和转让有价证券所证明的权利。

第 143 条　有价证券的种类

有价证券包括:公债、债券、票据、支票、提存与储蓄单证、银行的存折、提单、股票、私有化有价证券和有价证券法列入有价证券的或依照有价证券法规定的程序列入有价证券的其他书据。

第 144 条　对有价证券的要求

1. 有价证券所证明的权利的种类、有价证券的必要要件、对有价证券形式的要求和其他必要要求,由有价证券法规定或依照有价证券法规定的程序规定。

2. 有价证券不具备必要要件或者不符合为之规定的形式的,一律无效。

第 145 条　有价证券所证明的权利的主体

1. 有价证券所证明的权利可以属于:

(1) 有价证券的持有人(无记名有价证券);

(2) 有价证券的记名人(记名有价证券);

(3) 有价证券的记名人,他可以亲自行使这些权利,也可以用自己的处分(命令)指定其他受权人行使这些权利(指示有价证券)。

2. 法律可以规定禁止以记名有价证券、指示有价证券或无记名有价证券的形式发行一定种类的有价证券。

第 146 条 有价证券权利的转让

1. 无记名有价证券所证明的权利,只要将无记名有价证券交付给他人,即可转让给该人。

2. 记名有价证券所证明的权利,依照为请求权转让(债权转让)所规定的程序进行转让。依照本法典第 390 条的规定,转让有价证券权利的人,应对有关请求权的无效承担责任,但不对其不履行负责。

3. 指示有价证券所证明的权利通过在该证券上进行转让题词——背书的方式进行转让。背书人不仅应对权利的存在承担责任,而且应对该权利的实现负责。

在有价证券上所作的背书,使有价证券所证明的全部权利移转给有价证券权利的受让人或有价证券权利转让给其命令的人——被背书人。背书可以是空白背书(不指明向谁履行)或者是指示背书(指明应向谁履行或按谁的命令履行)。

背书可以仅限于委托行使有价证券所证明的权利,而不将这些权利转让给被背书人(委托背书)。在这种情况下被背书人成为证券的持有人。

第 147 条 有价证券的履行

1. 有价证券的出票人和所有的背书人,向合法占有人承担连带责任。如果有价证券的债务人中的一人或几人满足了有价证券合法占有人关于履行有价证券所证明的债的请求,则取得对有价证券其余债务人的返还代偿权。

2. 不允许以债没有根据或无效为由拒绝履行有价证券所证明的债。

有价证券的占有人,如发现有价证券有虚假或伪造,有权对向他交付证券的人提出正确履行有价证券所证明之债并赔偿损失的请求。

第 148 条 有价证券的恢复

遗失的无记名有价证券和指示有价证券权利的恢复,依照诉讼立法规定的程序由法院解决。

第 149 条 无纸有价证券

1. 在法律规定的情况下或在依照法定程序规定的情况下,获得专门许可证的人可以进行记名有价证券或指示有价证券权利的认证,其中包括以无纸形式(借助于计算机技术手段等等)进行认证。对这种形式的权利认证适用对有价证券规定的规则,但从认证的特点中得出不同结论的情况除外。

进行无纸形式权利认证的人,必须根据权利持有人的要求向他颁发有关证明所认证权利的文件。

得以上述方式认证的权利,权利和权利持有人进行正式认证的程序,以文件形式证实记载事项的程序,以及进行无纸有价证券业务的程序,由法律规定或依照法定程序确定。

2. 无纸有价证券业务只能在向正式办理权利记载的人提出请求的情况下进行。权利的转让、提供和限制应由此人正式认证,此人应负责保存正式记载的完好,保证记载内容的机密性,提供关于这些记载的正确资料,完成所进行业务的正式记载。

第一编总则·第三分编民事权利的客体

第八章 非物质利益及其保护

第 150 条 非物质利益

1. 公民与生俱来的或依法享有的生命权和健康权,个人尊严权,人身不受侵犯权,人格与名誉权,商业信誉,私人生活不受侵犯权,个人秘密和家庭秘密,自由往来、选择居所和住所的权利,姓名权,著作权,其他人身非财产权利和其他非物质利益是不可转让的,并且不得以其他方式移转。在法律规定的情况下和依照法律规定的程序,属于死者的人身非财产权利和其他非物质利益,可以由他人行使和保护,其中包括由权利人的继承人实现和保护。

2. 在本法典、其他法律规定的情况下和依照本法典、其他法律规定的程序,以及在受侵犯的非物质权利的实质和侵犯后果的性质说明应使用民事权利保护方式(第12条)的情况下和限度内,非物质利益依照本法典和其他法律受到保护。

第 151 条 精神损害的赔偿

如果公民因侵犯其人身非财产权利的行为或侵害属于公民的其他非物质利益的行为而受到精神损害(身体的或精神的痛苦),以及在法律规定的其他情况下,法院可以责成侵权人用金钱赔偿上述损害。

在确定精神损害赔偿的数额时,法院应考虑侵权人过错的程度和其他值得注意的情节。法院还应考虑与被损害人个人特点有关的身体和精神痛苦的程度。

第 152 条 名誉、尊严和商业信誉的保护

1. 公民有权通过法院要求对损害其名誉、尊严或商业信誉的信息进行辟谣,除非传播这种信息的人能证明它们属实。

根据利害关系人的要求,也允许在公民死后保护其名誉和尊严。

2. 如果损害公民名誉、尊严或商业信誉的信息是通过大众信息媒体传播的,则应通过相同的大众信息媒体进行辟谣。

如果上述信息包含在组织发出的文件中,则该文件应予纠正或收回。

在其他情况下辟谣的程序由法院规定。

3. 在大众媒体公布损害公民权利或受法律保护的利益的信息时,所涉及的公民有权通过相同的大众信息媒体公布自己的答辩。

4. 如果法院的判决没有得到执行,法院有权依照诉讼立法规定的程序和数额对侵权人处以罚金,罚金作为俄罗斯联邦的收入。缴纳罚款并不免除侵权人执行法院判决所规定行为的义务。

5. 损害名誉、尊严或商业信誉的信息所涉及的公民,除要求辟谣外,还有权要求赔偿由于这种信息的传播而受到的损失和精神损害。

6. 如果不可能确定散布损害公民名誉、尊严或商业信誉的人,则上述信息所涉及的人有权向法院提出申请,要求法院认定上述信息不符合实际。

7. 本条关于保护公民商业信誉的规则相应地适用于法人商业信誉的保护。

第一编 总则·第四分编 法律行为与代理

第九章 法律行为

第一节 法律行为的概念、种类和形式

第 153 条 法律行为的概念
　　法律行为是公民和法人旨在确立、变更或终止民事权利和义务的行为。

第 154 条 合同与单方法律行为
　　1. 法律行为可以是双方法律行为或多方法律行为(合同)和单方法律行为。
　　2. 依照法律、其他法律文件或当事人的协议必需而且也仅需要一方的意思表示即可实施的法律行为是单方法律行为。
　　3. 订立合同必须有双方一致的意思表示(双方法律行为)或三方以及更多方一致的意思表示(多方法律行为)。

第 155 条 单方法律行为的义务
　　单方法律行为给实施法律行为的人确立义务。只有在法律或同他人的协议规定的情况下,单方法律行为才能给他人确立义务。

第 156 条 单方法律行为的法律调整
　　对单方法律行为相应地适用关于债和合同的一般规定,但以不与法律、法律行为的单方性质和法律行为的实质相抵触为限。

第 157 条 附条件的法律行为
　　1. 如果双方规定权利与义务的产生取决于尚不知悉是否发生的情况,则法律行为视为附延缓条件的法律行为。
　　2. 如果双方规定权利与义务的终止取决于尚不知悉是否发生的情况,则法

律行为视为附解除条件的法律行为。

3. 如果一方非善意地阻止对其不利的条件发生,则该条件视为已经发生。

如果一方非善意地促使对其有利的条件发生,则该条件视为没有发生。

第 158 条 法律行为的形式

1. 法律行为以口头形式或书面形式(普通形式或公证形式)实施。

2. 可以用口头形式实施的法律行为,如果从当事人的行为中显然可见其实施法律行为的意思,则法律行为亦视为已经实施。

3. 在法律或双方协议规定的情况下,默示可视为实施法律行为的意思表示。

第 159 条 口头法律行为

1. 法律或双方协议未规定使用书面形式(普通形式或公证形式)的法律行为,可以用口头形式实施。

2. 如果双方协议未有不同规定,可以用口头形式实施一切即时履行的法律行为,但规定应使用公证形式的法律行为以及不使用普通书面形式即导致无效的法律行为除外。

3. 以书面形式签订的为履行合同的法律行为,如果不与法律、其他法律文件和合同相抵触,可以依照双方的协议以口头形式实施。

第 160 条 法律行为的书面形式

1. 书面形式的法律行为应通过拟定表达法律行为内容的文件的方式实施,该文件应由实施法律行为的一人或多人签字或者由他们以应有方式授权的人签字。

双方(多方)法律行为可以用本法典第 434 条第 2 款和第 3 款规定的方式实施。

法律、其他法律文件和双方当事人的协议可以对法律行为应遵守的形式作出补充规定(采用一定格式订立,盖章等等),并规定不遵守这些要求的后果。如果未规定这种后果,则适用不遵守法律行为普通书面形式的后果(第 162 条第 1 款)。

2. 在法律、其他法律文件或双方当事人协议规定的情况下和依照法律、其他法律文件或双方当事人协议规定的程序,允许在实施法律行为时借助机械复制手段或其他复制手段、电子数码签名或者代替本人亲笔签字的其他类似方法。

3. 如果公民由于身体缺陷、疾病或不识字而不能亲笔签字,则法律行为可以依照他的请求由其他公民代签。后者的签字应经公证员证明或其他有权实施该公证行为的公职人员的公证证明,并注明实施法律行为的人不能亲笔签字的原因。

但是,在实施本法典第 183 条第 4 款所规定的法律行为及实施法律行为的委托书时,在法律行为上签字的人的签字还可以由不能亲笔签字的公民工作的机关予以证明或由他治疗的住院医疗机构的行政部门予以证明。

第 161 条 以普通书面形式实施的法律行为

1. 除要求公证的法律行为外,下列法律行为应用普通书面形式实施:

（1）法人之间的法律行为和法人与公民的法律行为;

（2）公民之间的数额不少于法定最低劳动报酬额 10 倍的法律行为,而在法律规定的情况下,不论法律行为数额的大小均应以书面形式实施。

2. 依照本法典第 159 条规定可以口头实施的法律行为,不要求遵守普通书面形式。

第 162 条 不遵守普通书面形式的后果

1. 如不遵守法律行为的普通书面形式,则双方当事人在发生争议时便无权援引证人的陈述以证明法律行为及法律行为的条款,但他们仍有权提出书证和其他证据。

2. 在法律或双方协议有明文规定的情况下,不遵守普通书面形式可导致法律行为无效。

3. 不遵守普通书面形式的对外经济法律行为一律无效。

第 163 条 公证证明的法律行为

1. 法律行为的公证证明通过由公证员或其他有权实施这种公证行为的公职人员在符合本法典第 160 条要求的文件上做认证背书的方式进行。

2. 在以下情况下,法律行为必须进行公证证明:

（1）在法律规定的情况下;

（2）即使法律并不要求该种法律行为采取公证形式,但在双方协议规定必须进行公证的情况下。

第 164 条 法律行为的国家登记

1. 在本法典第 131 条和不动产权利与不动产有关法律行为国家登记法规定的情况下和依照上述法律规定的程序,与土地和其他不动产有关的法律行为应进行国家登记。

2. 法律可以规定涉及某些种类动产的法律行为应进行国家登记。

第 165 条 不遵守法律行为公证形式和登记要求的后果

1. 如法律行为不遵守公证形式,而在法律规定的情况下不遵守国家登记的要求,则法律行为无效。这样的法律行为是自始无效法律行为。

2. 如果一方已经全部或部分履行了要求公证的法律行为,而另一方逃避法律行为的公证,则法院有权根据履行方的要求认定法律行为有效。在这种情况下,不要求随后再进行公证证明。

3. 如果要求进行国家登记的法律行为已按应有形式实施,但一方逃避进行国家登记,则法院有权根据另一方的要求作出法律行为应进行国家登记的判决。在这种情况下,法律行为应依照法院的判决进行登记。

4. 在本条第2款和第3款规定的情况下,无理逃避公证证明或国家登记的一方应赔偿因拖延法律行为的实施或注册而给另一方造成的损失。

第二节 法律行为的无效

第 166 条 可撤销法律行为与自始无效法律行为

1. 依照本法典规定的根据,法律行为可由法院确认为无效(可撤销法律行为);或者依照本法典规定的根据,无论法院是否确认法律行为无效,法律行为均为无效(自始无效法律行为)。

2. 要求确认可撤销法律行为无效的请求可以由本法典规定的人提出。

关于要求适用自始无效法律行为无效后果的请求可以由任何利害关系人提出。法院有权自己主动适用这种无效后果。

第 167 条 关于无效法律行为后果的一般规定

1. 无效法律行为不产生法律后果,但与法律行为无效有关的后果除外,并且自其实施之时起无效。

2. 在法律行为无效时,每一方必须向另一方返还依照该法律行为所获的全部所得,而在不可能用实物返还其所得时(其中包括其所得表现为对财产的使用、已完成的工作或已提供的服务),如果法律没有规定法律行为无效的其他后果,则应该用金钱赔偿其价值。

3. 如果从可撤销法律行为的内容中可以推断出,该法律行为只能对将来终止其效力,则法院在确认法律行为无效时,终止其对将来的效力。

第 168 条 不符合法律或其他法律文件的法律行为无效

不符合法律或其他法律文件要求的法律行为是自始无效法律行为,但法律规定此种法律行为是可撤销法律行为或者规定了违法的其他后果的除外。

第 169 条　以违反法律秩序的基本原则和道德为目的而实施的法律行为无效

以故意违反法律秩序或道德为目的而订立的法律行为是自始无效法律行为。

在这种法律行为的双方均存在故意的情况下，如果双方均履行了法律行为，则双方依照该法律行为所获的全部所得均应予追缴，收归俄罗斯联邦所有；而在一方已履行时，则向另一方追缴其全部所得和另一方作为补偿应付给履行方的全部对价作为俄罗斯联邦收入。

在此种法律行为中仅有一方存在故意时，该方依照该法律行为所获的全部所得应返还另一方，而另一方已得到的或作为补偿已履行部分应付给他的全部对价应追缴收归俄罗斯联邦所有。

第 170 条　虚构法律行为与伪装法律行为无效

1. 虚构法律行为，即仅为了徒具形式而实施，并无意产生与之相应的法律后果的法律行为，自始无效。

2. 伪装法律行为，即旨在掩盖另一法律行为而实施的法律行为，自始无效。对于双方实际欲为的法律行为，根据该法律行为的实质，适用与之相关的规则。

第 171 条　无行为能力公民实施的法律行为无效

1. 由于精神病而被确认为无行为能力的公民所实施的法律行为，自始无效。

此种法律行为的每一方均应将全部所得以实物返还给另一方，而在不可能以实物返还所得时，应照价赔偿。

此外，如果具有行为能力的一方知道或者应该知道另一方不具有行为能力，则具有行为能力的一方还应向另一方赔偿他所遭受的实际损失。

2. 因患精神病而被确认为无行为能力的公民所实施的法律行为，如果法律行为的实施对该公民有利，则为了该公民的利益，可以根据其监护人的要求由法院确认为有效。

第 172 条　不满 14 岁的未成年人实施的法律行为无效

1. 不满 14 岁的未成年人（幼年人）实施的法律行为，自始无效。对这种法律行为适用本法典第 171 条第 1 款第 2 项、第 3 项规定的规则。

2. 幼年人所实施的法律行为，如果法律行为的实施对幼年人有利，则为了幼年人的利益，可以根据其父母、收养人或监护人的要求由法院确认为有效。

3. 本条的规则不适用于小额日常生活性法律行为和依照本法典第 28 条的规定幼年人有权独立实施的法律行为。

第 173 条 法人超越其权利能力的法律行为无效

法人违背其设立文件对其活动宗旨的一定限制而实施的法律行为,或者法人不具有从事有关活动的执照而实施的法律行为,如果已经证明该法律行为的另一方知道或显然应该知道法律行为非法,则可以依照该法人、法人的发起人(参加人)或对法人活动实行国家监督的国家机关的请求由法院确认为无效。

第 174 条 限制法律行为实施权能的后果

如果当事人实施法律行为的权能受到合同的限制,或者法人机关的权限受到其设立文件的限制,从而其权能少于其委托书或法律的规定,或者从法律行为实施的情势中可以明显推知这种限制,而在实施法律行为时当事人或法人机关又超出了这些限制的界限,则只有在已经证明法律行为的另一方知道或者显然应该知道上述限制的情况下,法律行为才可以根据为其利益而规定上述限制的人的请求由法院确认为无效。

第 175 条 已满 14 岁不满 18 岁的未成年人实施的法律行为无效

1. 已满 14 岁不满 18 岁的未成年人未经其父母、收养人或保护人的同意而实施的法律行为,如果依照本法典第 26 条的规定要求这种同意,则可以根据其父母、收养人或保护人的请求由法院确认为无效。

如果这种法律行为被确认为无效,则相应地适用本法典第 171 条第 1 款第 2 项和第 3 项规定的规则。

2. 本条的规则不适用于已具有完全行为能力的未成年人实施的法律行为。

第 176 条 被法院限制行为能力的公民实施的法律行为无效

1. 由于酗酒或吸毒而被法院限制行为能力的公民不经保护人的同意实施的处分财产的法律行为,可以根据保护人的请求由法院确认为无效。

如果上述法律行为被确认为无效,则相应地适用本法典第 171 条第 1 款第 2 项和第 3 项规定的规则。

2. 本条的规则不适用于限制行为能力的公民依照本法典第 30 条的规定有权独立实施的小额生活性法律行为。

第 177 条 不能理解自己行为的意义或不能控制自己行为的公民实施的法律行为无效

1. 尽管具有行为能力,但在实施法律行为时处于不能理解自己行为的意义或不能控制自己行为的状态下的公民实施的法律行为,可以根据该公民的请求,或者根据法律行为的实施使其权利和受法律保护利益受到侵害的人的请求,由法院确认为无效。

2. 实施法律行为之后才被确认为无行为能力的公民所实施的法律行为,如果证明在实施法律行为时他已不能理解自己行为的意义或不能控制自己的行为,则可以根据其监护人的请求由法院确认为无效。

3. 如果法律行为依照本条的规定被确认为无效,则相应地适用本法典第171条第1款第2项和第3项规定的规则。

第178条 因误解而实施的法律行为无效

1. 因重大误解而实施的法律行为,可以依照受误解影响一方的请求由法院确认为无效。

对于法律行为性质的误解,对标的物的混淆和对标的物可能大大降低其使用价值的品质的误解是重大的误解。对法律行为动机的误解不是重大误解。

2. 如果法律行为作为因误解而实施的法律行为被确认为无效,则相应地适用本法典第167条第2款规定的规则。

此外,请求确认法律行为无效的一方,如果能够证明误解系因相对方的过错而发生,有权要求相对方赔偿对他造成的实际损失。如果这一点不能得到证明,即使误解系由于误解方意志以外的原因而发生,则要求确认法律行为无效的一方应根据另一方的请求赔偿对他造成的实际损失。

第179条 在欺诈、暴力、威胁、一方代理人与另一方恶意串通或迫不得已情况下实施的法律行为无效

1. 在欺诈、暴力、威胁、一方代理人与另一方恶意串通影响下实施的法律行为,以及当事人的困难处境被对方所利用而被迫在条件对自己极端不利的情况下实施的法律行为(显失公平的法律行为),可以根据受害人的请求由法院确认为无效。

2. 如果法律行为由于本条第1款规定的理由之一被确认为无效,则另一方应将依照法律行为所获的全部所得返还给受害人,在不能以实物返还所得时,应该照价赔偿。受害人根据该法律行为从另一方所得的财产,以及作为补偿向另一方的交付而应付给受害人的财产,应追缴归俄罗斯联邦所有。在不可能以实物将财产收归国家所有时,应照价赔偿。此外,另一方还应向受害人赔偿给他造成的实际损失。

第 180 条 法律行为部分无效的后果

如果能够断定,法律行为即使不包括其无效部分也可以实施,则法律行为的部分无效不引起法律行为其他部分的无效。

第 181 条 无效法律行为的诉讼时效期限

1. 关于适用自始无效法律行为无效后果的诉讼可以在法律行为开始履行之日起的 10 年内提起。

2. 关于确认可撤销法律行为无效和适用其无效后果的诉讼可以在影响法律行为实施的暴力或威胁(第 179 条第 1 款)终止之日起的 1 年内提起,或者在原告人获悉或应该获悉作为确认法律行为无效根据的其他情况之时起的 1 年内提起。

第一编 总则·第四分编 法律行为与代理

第十章 代理 委托书

第182条 代理

1. 根据委托书、法律规定或者被授权的国家机关或地方自治机关文件规定而产生的权限,一人(代理人)以他人(被代理人)的名义所实施的法律行为,直接设立、变更和终止被代理人的民事权利和义务。

代理人(零售商业售货员、售票员等等)从事活动的环境也可以表明其被授权。

2. 虽然为他人的利益,但以自己的名义从事活动的人(商业居间人、破产时的清产管理人、继承中的遗嘱执行人等等),以及受权出席关于未来可能的法律行为的谈判的人,均不是代理人。

3. 代理人不得以被代理人的名义与本人实施法律行为,也不得以被代理人的名义与他同时所代理的其他人实施法律行为,但商业代理的情形除外。

4. 按其性质只有本人亲自才能实施的法律行为,以及法律规定的其他法律行为,均不得通过代理人实施。

第183条 未被授权的人实施法律行为

1. 未被授权而以他人名义实施的法律行为或超越权限实施的法律行为,被认为是实施人以自己的名义和为自己的利益而实施的法律行为,但事后得到他人(被代理人)对该法律行为的明确赞同的情形除外。

2. 被代理人事后对法律行为的赞同,自法律行为实施之时起对该被代理人确立、变更和终止民事权利和义务。

第184条 商业代理

1. 在经营者签订经营活动方面的合同时经常和独立地代表经营者的人是

商业代理人。

2. 经法律行为各方同意,以及在法律规定的其他情况下,允许同时代理法律行为中的不同当事人。在这种情况下商业代理人必须以一般经营者的关心态度执行交给他的委托。

商业代理人有权要求合同当事人按相同的份额付给他事先约定的报酬和补偿他在执行委托时的费用,但他们之间的协议有不同规定的除外。

3. 商业代理根据合同进行,合同应以书面形式签订并规定代理人权限,而在合同中未规定权限时,还同时依照委托书进行。

商业代理人即使在完成委托之后仍有义务对他知悉的关于商业法律行为的信息保守秘密。

4. 在某些经营活动领域中,商业代理的特点由法律和其他法律文件规定。

第185条　委托书

1. 委托书是一人发给另一人使其在第三人面前代表他的书面授权。被代理人可以直接向有关的第三人提交由代理人实施法律行为的书面授权。

2. 实施要求公证形式的法律行为的委托书,应该经过公证证明,但法律规定的情形除外。

3. 下述委托书与经过公证证明的委托书具有同等效力:

(1)在军队医院、疗养院和其他军事医疗机构接受治疗的军人和其他人员的,并由该机构院长、医务副院长、主治医生或值班医生证明的委托书;

(2)军人的委托书,以及在不设国家公证处和办理公证业务的其他机关的部队、兵团、军事机构和军事院校驻地的职工及其家属和军人家属的委托书,由这些部队、兵团、机构和院校指挥员(首长)证明的;

(3)处在剥夺自由场所的人员的委托书,由有关剥夺自由场所的首长证明的;

(4)处在居民社会保护机构中的具有完全行为能力的成年公民的委托书,由该机构行政或有关居民社会保护机关领导人(或其副手)证明的。

4. 领取工资和其他与劳动关系有关的款项的委托书,领取著作人和发明人报酬、赡养金、补助金和奖学金、公民银行存款的委托书,以及领取包括汇款和包裹在内的邮件的委托书,可以由委托人工作或学习的单位、其住所地的房管部门和其住院医疗机构的行政部门予以证明。

公民的代理人在银行支取公民存款、从公民银行账户上提取资金、在邮电组织领取寄给公民的邮件,以及以公民的名义实施本款第1项所规定的其他法律行为的委托书,由有关银行或邮电组织予以证明。此种委托书的证明无偿进行。

(本段由1996年8月12日第113号联邦法律增补)

5. 以法人名义发出的委托书,应由其领导人或其设立文件授权的人签字,并加盖该组织的印鉴。

以国有企业或自治地方所有企业的名义发出的领取或支付现金及其他财物的委托书,还应由该组织的主任(主办)会计签字。

第186条　委托书的期限

1. 委托书的有效期不得超过3年。如果委托书上未注明期限,则委托书自作出之日起的1年内有效。

未注明作出日期的委托书,一律无效。

2. 经公证证明,旨在国外实施行为而并未注明有效期的委托书,在颁发委托书的人撤销该委托书之前,一直有效。

第187条　转委托

1. 被授予委托书的人,应亲自实施授权给他的行为。如果委托书有相关授权或为了维护委托人的利益而迫不得已时,可以转委托他人实施这些行为。

2. 将代理权限转给他人时,应将此情况通知原委托人并向他说明转受托人的必要情况。不履行这项义务的,转委托人对转受托人的行为应作为他自己的行为负责。

3. 依照转委托程序授予的委托书,应该进行公证证明,但本法典第185条第4款规定的情形除外。

4. 依照转委托程序授予的委托书的有效期限,不得超过作为其依据的原委托书的有效期限。

第188条　委托书的终止

1. 委托书的效力因下列情形之一而终止:

(1) 委托书期限届满;

(2) 颁发委托书的人撤销委托书;

(3) 受托人辞却委托;

(4) 授予委托书的法人终止;

(5) 作为受托人的法人终止;

(6) 授予委托书的公民死亡、被确认为无行为能力人、限制行为能力人或失踪人;

（7）作为受托人的公民死亡、被认定为无行为能力人、限制行为能力人或失踪人。

2. 授予委托书的人，可以随时撤销委托书或转委托书，而受托人可以随时辞却委托。关于放弃这一权利的协议，一律无效。

3. 转委托随原委托的终止而失效。

第189条 委托书终止的后果

1. 授予委托书之后又撤销委托书的人，应将撤销事宜通知受托人和委托人所知悉的委托书所及的第三人。在委托书依照本法典第188条第1款第4项和第6项规定的理由而终止的情况下，委托人的权利继受人应担负此项通知义务。

2. 因受托人在获悉或应该获悉委托书终止之前的行为而产生的权利和义务，在同第三人的关系中，对授予委托书的人和他的权利继受人仍然有效。如果第三人知悉或应该知悉委托书的效力已经终止，则不适用本规则。

3. 在委托书终止后，受托人或他的权利继受人应当立即交还委托书。

第一编总则·第五分编期限　诉讼时效

第十一章　期限的计算

第 190 条　期限的确定

法律、其他法律文件、契约规定的或法院指定的期限按日历日期确定或者以年、月、星期、日或小时计算的期间确定。

期限也可以通过指明必然要发生的事件来确定。

第 191 条　以期间确定的期限的开始

以期间确定的期限,从日历日期的次日或作为期间开始的事件发生的次日起计算。

第 192 条　以期间确定的期限的终止

1. 按年计算的期限,到该期限最后一年的相应月和日截止。

对确定为半年的期限,适用按月计算期限的办法。

2. 按季度计算的期限,适用按月计算期限的规则。在这种情况下,一季度等于 3 个月,而季度从一年的开始计数。

3. 按月计算的期限,到期限最后一月的相应日截止。

按半月确定的期限,视为以日计算的期限,并一律算作 15 天。

如果按月计算的期限在没有相应日期的月份截止,则该期限到该月的最后一日截止。

4. 按星期计算的期限,到期限最后一星期的相应日期截止。

第 193 条　在非工作日到期的期限的终止

如果期限的最后一日适逢非工作日,则期限终止的日期为该非工作日之后的第一个工作日。

第 194 条 在期限最后一日实施行为的办法

1. 如果期限的规定是为了实施某一行为,则该行为可以在期限最后一日 24 点之前完成。

但是,如果这一行为应该在某一个组织中实施,则期限到该组织按规定终止相关业务的钟点截止。

2. 在期限最后一日 24 点之前交付邮电部门的书面申请和通知,视为按期完成。

第一编总则·第五分编期限　诉讼时效

第十二章　诉讼时效

第 195 条　诉讼时效的概念

诉讼时效是被侵权人为维护自己的权利而提起诉讼的期限。

第 196 条　诉讼时效的一般期限

诉讼时效的一般期限为 3 年。

第 197 条　诉讼时效的特殊期限

1. 对于某些种类的请求,法律可以规定特殊的诉讼时效期限,即较之一般期限缩短的或更长的期限。

2. 本法典第 195 条、第 198 条至第 207 条的规则也适用于特殊的时效期限,但法律有不同规定的除外。

第 198 条　变更诉讼时效期限的协议无效

诉讼时效期限及其计算办法不得由双方当事人协议变更。

中止和中断计算诉讼时效期限的根据由本法典和其他法律规定。

第 199 条　诉讼时效的适用

1. 关于维护被侵犯权利的请求,不论诉讼时效是否届满,法院均应受理。

2. 法院仅根据争议一方当事人在法院作出判决之前提出的申请适用诉讼时效。

争议一方当事人申请适用的诉讼时效期限届满,是法院作出驳回诉讼请求的判决的根据。

第 200 条　诉讼时效期限计算的开始

1. 诉讼时效期限自当事人获悉或应该获悉自己的权利被侵犯之日起计算。

本规则的例外情况由本法典和其他法律规定。

2. 对于有一定履行期限的债务,诉讼时效期限的计算自履行期限届满之时起计算。

对于履行期限未作规定或规定为请求之时的债务,则诉讼时效自债权人有权提出履行债务的请求权之时起计算,而如果给债务人提供了履行该请求的宽限期限,则诉讼时效的计算自该宽限期限届满之时开始。

3. 对于返还代偿之债,诉讼时效自主债履行之时开始计算。

第201条 债的当事人变更时的诉讼时效期限

债的当事人的变更并不引起诉讼时效期限及其计算办法的变更。

第202条 诉讼时效期限计算的中止

1. 在下列情况下诉讼时效期限中止:

(1) 在当时条件下发生的不可避免的非常事件阻挠了诉讼的提起(不可抗力);

(2) 原告或被告正在处于战争状态的武装力量中服役;

(3) 根据俄罗斯联邦政府法律而规定的债务延期履行(缓期履行);

(4) 调整有关关系的法律或其他法律文件的效力中止。

2. 如果本条所列情况在时效期限的最后6个月内发生或继续存在时,诉讼时效期的计算方可中止,而在该时效期等于或少于6个月,本条所列情况在时效期限内发生或继续存在时,诉讼时效期限的计算可以中止。

3. 自作为时效期限中止根据的情况消除之日起,诉讼时效期限继续计算。剩余部分的期限延长到6个月,而如果诉讼时效期限等于或少于6个月,则延长为诉讼时效期。

第203条 诉讼时效期限的中断

按规定程序提起诉讼以及义务人实施证明他承认债务的行为,则诉讼时效期限中断。

在诉讼时效期限中断结束之后,诉讼时效期限重新计算,在中断前的时间不计入新的诉讼时效期限。

第204条 在诉讼不予审理的情况下诉讼时效期限的计算

如果法院对诉讼不予审理,则在提起诉讼前开始的诉讼时效期限按一般规则继续计算。

如果法院对于在刑事案件中提起的附带民事诉讼未予审理,则在提起诉讼前已开始的诉讼时效期限,中止至附带民事未予审理的刑事判决生效之时;诉讼时效中止期的时间,不计入诉讼时效期。在这种情况下,如果剩余的期限少于6个月,则该期限延长至6个月。

第205条 诉讼时效期限的恢复

在法院认为因与原告个人有关的正当理由(重病、无助、不识字等等)致使时效期限过期的特殊情况下,公民的被侵犯的权利应该受到保护。如果诉讼时效期限过期的理由发生在时效期限的最后6个月,则上述理由被认为是正当的,而如果诉讼时效期限等于或少于6个月,则在整个时效期内发生的上述理由均认为是正当理由。

第206条 诉讼时效期限届满后义务的履行

债务人或其他义务人,如在诉讼时效期限届满之后履行了义务,无权请求返还,即使在履行时他并不知道诉讼时效已经届满。

第207条 时效对附带请求的适用

附带请求(违约金、抵押金、保证金等等)的时效期随主要请求的时效期的届满而届满。

第208条 不适用诉讼时效的请求

诉讼时效不适用于下列请求:

要求保护人身非财产权利和其他非物质利益的请求,但法律规定的情况除外;

存款人要银行支付存款的请求;

公民生命或健康受到损害而要求赔偿的请求,如果在这种损害赔偿权利产生之时起的3年后方才提出请求,则对过去的赔偿不得超过提出请求前的3年;

财产的所有权人或其他占有人关于排除对其权利的任何侵害的请求,即使这些侵害并不同时剥夺对财产的占有(第304条);

法律规定的其他请求。

第二编 所有权和其他物权

第十三章 一般规定

第 209 条 所有权的内容

1. 财产的占有权、使用权和处分权属于财产的所有权人。

2. 财产所有权人有权根据自己的意志对属于他的财产实施不与法律和其他法律文件相抵触的并且不侵犯他人权利和受法律保护的利益的任何行为,其中包括将自己的财产让与他人所有;向他人移转财产的占有权、使用权和处分权,而自己仍为财产所有权人;抵押自己的财产和以其他方式为财产设定负担;以其他方式处分财产。

3. 土地和其他自然资源的占有、使用和处分在法律允许流通的限度内(第 120 条)由其所有权人自由行使,但不得对环境造成损失,也不得侵犯他人的权利和合法利益。

4. 财产所有权人可以将自己的财产交付他人(委托管理人)进行委托管理。将财产交付委托管理并不使财产的所有权移转给委托管理人,而委托管理人必须为了财产所有权人或财产所有权人所指定的第三人的利益对财产进行管理。

第 210 条 维护财产的责任

财产所有权人对属于他的财产承担维护的责任,但法律或合同有不同规定的除外。

第 211 条 财产意外灭失的风险

财产意外灭失或意外损坏的风险由其所有权人承担,但法律或合同有不同规定的除外。

第 212 条 所有权的主体

1. 在俄罗斯联邦,承认私有、国有、自治地方所有和其他形式的所有。

2. 财产可以归公民和法人所有,也可以归俄罗斯联邦、俄罗斯联邦各主体、地方自治组织所有。

3. 财产所有权即财产的占有权、使用权和处分权的取得和终止的特点,只能由法律根据财产是属于公民或法人所有,还是属于俄罗斯联邦、俄罗斯联邦各主体或地方自治组织所有来规定。

4. 一切财产所有权人的权利均受到同等的保护。

第 213 条 公民和法人的所有权

1. 除依法不得属于公民或法人的某些种类的财产外,任何财产均可以归公民和法人所有。

2. 归公民和法人所有的财产的数量和价值不受限制,但法律为本法典第 1 条第 2 款所规定的宗旨而作出限制的情况除外。

3. 商业组织和非商业组织,除国有企业和自治地方企业,以及由财产所有权人拨款的机构外,是其发起人(参加人、成员)作为投资(股金)而交付的财产以及这些法人以其他理由所取得的财产的所有权人。

4. 社会团体和宗教团体(联合组织)、慈善基金会和其他基金会是它们所获得的财产的所有权人,并可以为达到其设立文件规定的宗旨而使用这些财产。这些团体的发起人(参加人、成员)对他们移转给相应组织归其所有的财产不再享有权利。在这样的组织清算时,清偿债权人的请求之后所剩余的财产,应该用于其设立文件所规定的宗旨。

第 214 条 国家所有权

1. 在俄罗斯联邦,属于俄罗斯联邦所有的财产(联邦财产),以及属于俄罗斯联邦各主体——各共和国、边疆区、州、联邦直辖市、自治州、自治专区所有的财产(俄罗斯联邦各主体财产),是国有财产。

2. 不属于公民、法人或任何地方自治组织所有的土地和其他自然资源,是国有财产。

3. 本法典第 125 条中所指的机关和人员以俄罗斯联邦和俄罗斯联邦各主体的名义行使财产所有权人的权利。

4. 国家所有的财产依照本法典(第 294 条、第 296 条)划拨给国有企业和机构归其占有、使用和处分。

相应预算的资金和未划拨给国有企业和机构的其他国有财产,构成俄罗斯联邦的国库,俄罗斯联邦成员共和国的国库,边疆区、州、联邦直辖市、自治州、自治专区的国库。

5. 将财产划归俄罗斯联邦所有和划归俄罗斯联邦各主体所有,依照法律规定的程序进行。

第 215 条 自治地方所有权

1. 归城市和农村居民点以及其他地方自治组织所有的财产是自治地方财产。

2. 本法典第 125 条中所指的地方自治机关和人员以地方自治组织的名义行使财产所有权人的权利。

3. 自治地方所有的财产,依照本法典(第 294 条、第 296 条)划拨给自治地方所属企业和机构归其占有、使用和处分。

地方预算的资金和其他未划拨给自治地方所属企业和机构的财产,构成相应城市和农村居民点的或其他自治地方的国库。

第 216 条 非财产所有权人的物权

1. 除所有权外,物权还包括:

土地的终身继承占有权(第 265 条);

土地的永久(无限期)使用权(第 268 条);

地役权(第 274 条、第 277 条);

财产的经营权(第 294 条)和财产的业务管理权(第 296 条)。

2. 财产上的物权可以属于不是该财产所有权人的人。

3. 财产所有权向他人的移转不是终止该财产上的其他物权的根据。

4. 不是财产所有权人的人的物权依照本法典第 305 条规定的程序受到保护,以防止任何人的侵犯。

第 217 条 国有财产和自治地方所有财产的私有化

属于国家所有和自治地方所有的财产,可以依照国有财产和自治地方所有财产私有化法规定的程序由其所有权人移转给公民和法人所有。

在国有财产和自治地方财产私有化时,适用本法典所规定的调整所有权取得与终止程序的规则,但私有化法有不同规定的除外。

第二编 所有权和其他物权

第十四章 所有权的取得

第 218 条 所有权取得的根据

1. 一个人在遵守法律和其他法律文件的情况下制作或创作新物,则新物的所有权由该人取得。

因使用财产而获得的天然孳息、产品和法定孳息的所有权,依照本法典第 136 条规定的根据取得。

2. 有主财产的所有权,可以依照买卖合同、互易合同、赠与合同或其他转让该财产的法律行为而由他人取得。

在公民死亡的情况下,归他所有的财产依照遗嘱或法律由他人继承。

在法人改组时,属于法人的财产的所有权移转给作为被改组法人的权利继受人的法人。

3. 在本法典规定的情况下和依照本法典规定的程序,一个人可以取得无主财产、所有权人不明的财产,或者所有权人拒绝领受的财产,其所有权人依照法律规定的其他根据丧失其所有权的财产的所有权。

4. 住宅合作社、住宅建筑合作社、别墅合作社、车库合作社或其他消费合作社的社员,拥有股金积累权,全额缴纳住宅、别墅、车库、合作社向他们提供的其他房屋的股金的其他人,取得上述财产的所有权。

第 219 条 新建不动产所有权的发生

建筑物、构筑物和其他应进行国家登记的新建不动产的所有权,自国家登记之时起发生。

第 220 条 加工

1. 如果合同没有不同规定,一个人对不属于他的材料进行加工而制作的新的动产,其所有权由材料的所有权人取得。

但是,如果加工的价值大大超过材料的价值,则新物的所有权由出于善意而为自己进行加工的人取得。

2. 如果合同没有不同规定,材料的所有权人,如取得对用该材料加工出来的物的所有权,必须向加工者补偿加工的价值,而在加工者取得新物的所有权的情况下,加工者应向材料所有权人补偿材料的价值。

3. 材料的所有权人,如因加工者的非善意行为而丧失材料,则有权要求将新物交付给他所有并赔偿对他造成的损失。

第221条 公众可采集物的归属

如果依照法律和财产所有权人的一般性许可,或者依照地方习俗允许在森林、水体或其他地域采集浆果、捕鱼、采集或猎取其他公众均能取得的物或动物,则有关物的所有权由进行采集或捕猎的人取得。

第222条 违章建筑

1. 如果住宅、建筑物、构筑物或其他不动产系建筑在并非依照法律和其他法律文件规定的程序为此而专门划拨的土地上,或者未得到建设所必需的专门批准,或者严重违反了城市建设或其他建设规范和规则,则属于违章建筑。

2. 进行违章建筑的人,不取得违章建筑物的所有权。他无权处分建筑物,即无权出售、赠与、出租或实施其他法律行为。

违章建筑物应由进行违章建筑的人拆除或者以其费用拆除,但本条第3款规定的情形除外。

3. 在不属于自己土地上进行违章建筑的人,如果该土地将按照规定程序划拨给他进行该项建筑,则违章建筑物的所有权可以由法院判给进行建筑的人。

违章建筑物的所有权,也可以由法院判给对建筑占地享有所有权、终身继承占有权、永久(无限期)使用权的人。在这种情况下,被确认享有建筑物所有权的人,应按法院规定的数额赔偿进行建筑的人用于建筑的费用。

如果保留建筑物会侵犯他人的权利和受法律保护的利益,或者对公民的生命和健康造成威胁,则不得判决上述人等享有违章建筑的所有权。

第223条 依照合同取得物的人的所有权产生的时间

1. 依照合同取得物的人的所有权,自物交付之时起产生,但法律或合同有不同规定的除外。

2. 如果财产转让应进行国家登记,则取得人的所有权自国家登记之时起产生,但法律有不同规定的除外。

不动产自进行国家登记之时起被认为归善意取得人(第302条第1款)所有,但本法典第302条规定的所有权人有权请求善意取得人返还该财产的情形除外。

(本段由2004年12月30日第217号联邦法律增补)

第224条 物的交付

1. 将物交给取得人,以及将不必送达的转让物交付承运人以便发运给取得人或交付邮电组织将物寄送给取得人,被认为是交付。

自物事实上归取得人占有或取得人所指定的人占有之时起,物被认为已经交付给取得人。

2. 如果在签订物的转让合同之前该物已归取得人占有,则物被认为自合同签订之时起已经交付给取得人。

3. 物的提单或其他商品处分文书的交付等同于物的交付。

第225条 无主财产

1. 没有所有权人或所有权人不明的财产,或者所有权人放弃其所有权的财产,是无主财产。

2. 如果本法典中关于所有权人所放弃财产的所有权的取得(第226条)、关于拾得物(第227条和第228条)、无人照管的动物(第230条和第231条)和埋藏物(第333条)的规则没有相反的规定,则无主动产的所有权可以因取得时效而取得。

3. 无主不动产应根据物之所在地的地方自治机关的申请,由进行不动产国家登记的机关进行登记。

自无主不动产交付登记之时起满1年后,受权管理自治地方财产的机关可以向法院提出请求,要求确认该物归自治地方所有。

没有依照法院判决被确认归自治地方所有的无主不动产,可以重新归遗留它的所有权人占有、使用和处分,或者由于取得时效而取得其所有权。

第226条 所有权人放弃的动产

1. 所有权人为了放弃所有权而抛弃的或以其他方式遗弃的动产(被遗弃物),可以依照本条第2款规定的程序由其他人取得其所有权。

2. 对于其价值明显低于相当于最低劳动报酬5倍数额的被遗弃物,或者被遗弃的金属碎片、残次产品、从木排掉下的沉材、在开采有用矿物时形成的浅矿层和水槽、生产废料和其他废料,则对被遗弃物所在的土地、水体或其他客体享有所有权和进行占有、使用的人,在开始使用或实施证明将物收归自己所有的其他行为之后,有权将这些遗弃物收归自己所有。

其他的被遗弃物,如果根据其占有人的申请由法院确认为无主财产,则归其占有人所有。

第 227 条　拾得物

1. 捡拾遗失物的人必须立即通知失主或通知物的所有权人或通知他所知悉任何有权取得该物的人,并将拾得物交还给该人。

如果物品是在房舍中或交通工具上拾得,则应交给代表该房舍或交通工具占有人的人。在这种情况下,收到拾得物的人即取得捡拾人的权利和承担捡拾人的义务。

2. 如果有权要求返还拾得物的人不明或其下落不明,则物的捡拾人必须向民警机关或地方自治机关报告拾得物的情况。

3. 捡拾人有权自己保管拾得物或将拾得物交给民警机关、地方自治机关或它们指定的人保管。

易坏物品或者保管费用高得与其价值不相称的物品,可以由捡拾人销售,并取得证明其销售款金额的书面证据。销售拾得物所得的金钱,应返还有权领受拾得物的人。

4. 只有在故意或严重过失的情况下并只有在物的价值的限度内,物的捡拾人才对拾得物的遗失和损坏负责。

第 228 条　拾得物所有权的取得

1. 如果在向民警机关或地方自治机关报告拾得物(第 227 条第 2 款)之时起的 6 个月内有权领受该物的人还未确定,或者他自己不向民警机关或地方自治机关声明其对拾得物的权利,则物的捡拾人即取得拾得物的所有权。

2. 如果物的捡拾人拒绝取得拾得物归己所有,则拾得物应收归自治地方所有。

第 229 条　补偿与拾得物有关的费用和给捡拾人的报酬

1. 捡拾并将拾得物返还有权领受该物的人的,捡拾人有权从该人那里或在拾得物收归自治地方所有的情况下,有权从有关机关那里取得与捡拾、交付或销售该物有关的必要费用,以及取得用于找寻有权领受拾得物的人的费用。

2. 捡拾人有权要求有权领受拾得物的人付给数额为拾得物价值 20% 以下的报酬。如果拾得物仅对有权领受的人有价值,则报酬的数额与该人协商决定。

如果捡拾人不报告拾得物或企图隐瞒拾得物,则不产生取得报酬的权利。

第 230 条 无人照管的动物

1. 抓获无人照管的或走失的牲畜或其他无人照管的家养动物的人,应将它们返还给失主,而如果失主不明或失主的所在地不明,则应在抓获动物之时起的 3 日内向民警机关或地方自治机关报告所发现动物的情况,民警机关和地方自治机关应采取措施寻找动物的失主。

2. 在寻找失主期间,动物可以在抓获动物的人处饲养或使用,或者交给具备必要条件的人饲养和使用。根据抓获无人照管的动物的人的请求,民警机关或地方自治机关寻找具有必要条件饲养动物的人并将动物交给他饲养。

3. 抓获无人照管动物的人和接受动物饲养和使用的人,应正常饲养动物,在有过错的情况下,应对动物的死亡和损伤承担责任,但以动物的价值为限。

第 231 条 无人照管动物的所有权的取得

1. 如果自报告抓获无人照管的家养动物之时起的 6 个月内尚未发现其所有权人,或者也无人主张自己对动物的权利,则饲养和使用该动物的人可取得该动物的所有权。

如该人拒绝取得所饲养动物的所有权,则动物依照地方自治机关规定的程序收归自治地方所有和使用。

2. 在将动物交给他人所有之后原来的所有权人又出现时,如果有情况证明这些动物仍保留着对他的依恋,或者有情况说明新的所有权人虐待动物或以其他不适当的方式对待动物,原来的所有权人有权要求将动物返还给他,返还的条件由他与新的所有权人协商决定,如果达不成协议,则由法院决定返还的条件。

第 232 条 无人照管动物饲养费用的补偿和抓获无人照管动物的报酬

在将无人照管的家养动物返还给所有权人的情况下,抓获动物的人和饲养及使用动物的人,有权要求动物的所有权人补偿与饲养动物有关的必要费用,但应扣除使用动物所得的利益。

抓获无人照管的家养动物的人,有权依照本法典第 229 条第 2 款的规定要求取得报酬。

第 233 条 埋藏物

1. 埋藏物,即埋藏在地下的或以其他方式隐藏起来的、其所有权人不能确定或其所有权人依法丧失其权利的金钱或贵重物品,应归埋藏该物的财产(土地、建筑物等等)的所有权人与发现埋藏物的人平分,但他们之间的协议有不同规定的除外。

如果进行发掘和寻找珍贵物品的人未经土地所有权人或其他财产所有权人

的同意而在该土地或其他财产处发现埋藏物,则埋藏物应移交给土地或其他财产的所有权人。

2. 如果发现的埋藏物是属于历史文物的物品,则应上交国家所有。在这种情况下,隐藏埋藏物的土地或其他财产的所有权人,以及发现埋藏物的人,有权共同获得数额为埋藏物价值50%的报酬。报酬由他们平分,但他们之间的协议有不同规定的除外。

如果发现这种埋藏物的人进行发掘或寻找珍贵物品并未经过埋藏地财产所有权人同意而并在该处发现这种埋藏物,则发现人不得领取报酬,而全部报酬应归财产所有权人。

3. 本条的规则不适宜用于进行发掘和寻找珍贵物品为其劳动职责和职务职责的人。

第234条 取得时效

1. 公民或法人,虽不是财产所有权人,但对不动产在15年内,对其他财产在5年内,善意地、公开地、连续地作为自己的财产进行占有,则取得该财产的所有权(取得时效)。

不动产和其他财产,如应进行国家登记,则因取得时效而取得财产的人自进行国家登记之时起取得财产的所有权。

2. 将财产作为自己财产进行占有的人,在因取得时效而取得财产的所有权之前,有权对抗不是财产所有权人的第三人或对抗不因法律或合同的根据而对该财产享有占有权的人而维护自己的占有。

3. 援引占有时效的人或可以将其权利被继受的人占有该财产的时间合并计入自己占有财产的时间。

4. 如果可以依照本法典第301条和第305条对占有人的占有提出请求权,则取得时效期限计算的开始不得早于有关请求的诉讼时效期届满之时。

第二编 所有权和其他物权

第十五章 所有权的终止

第235条 所有权终止的根据

1. 在所有权人将自己的财产转让给他人,所有权人放弃自己的所有权,财产灭失或毁损以及在所有权人丧失其财产所有权的其他法定的情况下,所有权终止。

2. 不允许强制剥夺所有权人的财产,除非依照法律规定的根据:

(1) 因债务对财产进行追索(第237条);

(2) 转让依法不得由该人拥有的财产(第238条);

(3) 因征用土地而转让土地上的不动产(第239条);

(4) 赎买不精心管理的文化珍品和家养动物(第240条和第241条);

(5) 征用(第242条);

(6) 没收(第243条);

(7) 在本法典第252条第4款、第272条第2款、第282条、第285条和第293条规定的情况下转让财产。

根据所有权人的决定,依照私有化法规定的程序,国有财产和自治地方所有的财产转让归公民和法人所有。

将公民和法人所有的财产收归国家所有(国有化)应依法进行,并依照本法典第306条规定的程序赔偿该财产的价值和其他损失。

第236条 放弃所有权

公民或法人可以通过进行声明或实施其他行为,以证明他排除对财产的占有、使用和处分而无意保留对该财产的任何权利,从而放弃其财产的所有权。

放弃所有权并不终止所有权人在该财产上的权利和义务,直至他人取得该财产的所有权。

第237条 因所有权人的债务而对财产进行追索

1. 因所有权人的债务而对财产进行追索时,没收财产应根据法院的判决进行,但法律或合同规定了追索有其他办法的除外。

2. 所有权人对被追索财产的所有权,自被追索财产的受让人产生所有权之时即告终止。

第238条 不得拥有的财产的所有权的终止

1. 如果当事人依照合法的根据取得了依法不得拥有的财产,则其所有权人应自产生所有权之时起的1年内转让该财产,但法律规定了不同期限的除外。

2. 如果所有权人不依照本条第1款规定的期限转让该财产,国家机关或地方自治机关应向法院提出申请,法院作出判决后,依照法院的判决,并考虑该财产的性质和用途,进行强制拍卖,并向前所有权人交付拍卖所得的款项,或者将财产收归国家或自治地方所有,而向前所有权人按法院规定的数额补偿财产的价值。在这种情况下应扣除转让财产的费用。

3. 如果公民或法人依法所有的物是必须有特别许可证方能取得的物,而财产所有权人颁发许可证的请求又被拒绝,则该物应依照对不得拥有的财产所规定的程序进行转让。

第239条 因征用土地而转让土地上的不动产

1. 如果为了国家或自治地方的需要或由于土地使用不当而征收土地,但又不可能不终止该土地上的建筑物、构筑物或其他不动产的所有权,则该财产可以分别依照本法典第279条至第282条和第284条至第286条规定的程序通过国家赎买或者公开拍卖的方式向所有权人征收。

如果向法院提出有关请求的国家机关或地方自治机关不能够证明,不终止所有权人对该不动产的所有权便不能将土地用于征用的目的,则征收不动产的请求不得予以满足。

2. 本条的规则相应地适用于因征用矿山用地、水域用地和其他土地时终止地上不动产的所有权时的情况。

第240条 不精心保管的文化珍品的赎买

如果文化珍品依法属于特别珍贵的和应受国家的保护,其所有权人不精心保管这些珍品而致使有失去其意义的危险,则这些珍贵物品可以依照法院的判决由国家赎买或公开拍卖。

在赎买文化珍品时,应向其所有权人补偿珍品的价值,数额由双方当事人协商,如有争议,则由法院决定。在进行公开拍卖时,拍卖所得金额在扣除拍卖费用后应归珍品的所有权人。

第 241 条　在家养动物受虐待时进行赎买

如果家养动物的所有权人对动物的态度明显违反依法规定的规则或社会一般的人道准则,则可以由向法院提出相应请求的人向所有权人赎买这些动物。赎买的价格由双方当事人协商,如有争议,则由法院决定。

第 242 条　征用

1. 在发生自然灾害、事故、人兽传染病和其他具有非常性质的情况时,为了社会的利益,根据国家机关的决定和依照法律规定的程序和条件,可以向财产所有权人收缴财产,并向他给付财产的价值(征用)。

2. 对征用财产而向所有权人的赔偿估价有争议时,可以向法院提起诉讼。

3. 被征用财产的人,在作为征用理由的情况终止时,有权向法院提出请求,要求向他返还尚存留的财产。

第 243 条　没收

1. 在法律规定的情况下,作为对实施犯罪或其他违法行为的制裁,可以依照法院的判决无偿收缴所有权人的财产(没收)。

2. 在法律规定的情况下,没收可以按行政程序进行。对按行政程序作出的没收财产的决定,可以向法院提出申诉。

第二编 所有权和其他物权

第十六章 共 有

第 244 条 共有的概念和共有发生的根据

1. 归两人或几人所有的财产,属于他们共有。

2. 财产可以分为确定每个共有人份额的共有(按份共有)和不确定这种份额的共有(共同共有)。

3. 财产的共有是按份共有,但法律规定了形成该财产共同共有的情况除外。

4. 当财产归两人或几人所有,财产一旦分割即会改变其用途的财产(不可分物)或者依法不得进行分割的财产,即发生共有。

在法律或合同规定的情况下,发生可分物的共有。

5. 共同共有人在共有财产中的份额,可以依照共同共有人的协议确定,而在不能达成协议时,依照法院的判决确定。

第 245 条 按份共有权中份额的确定

1. 如果按份共有人的份额不能依照法律确定,而且共有人的协议也未作出规定,则所有共有人的份额均等。

2. 按份共有的所有共有人的协议可以规定按每人投入和增加到共同财产中的财产多少确定和变更其份额的办法。

3. 按份共有的共有人,如果按照规定办法使用共同财产而使该财产得以增值,而增值部分又不可分出,则有权在共有财产权中增加自己的份额。

共有财产的增值部分可分出的,如果按份共有人的协议未有不同规定,应归共有人中使之增值的人所有。

第 246 条　按份共有财产的处分

1. 按份共有财产的处分，依照全体按份共有人的协议进行。

2. 按份共有人有权按照自己的意志出售、赠与、遗嘱处分、抵押自己的份额或进行其他形式的处分，但进行在有偿转让时，必须遵守本法典第 250 条规定的规则。

第 247 条　按份共有财产的占有和使用

1. 按份共有财产的占有和使用，依照全体按份共有人的协议进行，而在他们达不成协议的情况下，则按照法院决定的办法进行。

2. 按份共有人有权占有和使用与自己份额相当的那部分共有财产，而在不可能这样做时，有权要求占有和使用属于该人份额的其他按份共有人进行相应的补偿。

第 248 条　使用按份共有财产所得天然孳息、产品和法定孳息

使用按份共有财产所得的天然孳息、产品和法定孳息，是共同财产的组成部分，并按共有人的份额在共有人中按比例进行分配，但他们的协议有不同规定的除外。

第 249 条　按份共有财产的维护费用

每一按份共有人均应按自己份额的比例参与缴纳共同财产的税费和其他费用，以及财产的维护和保管费用。

第 250 条　优先购买权

1. 在向他人出售共有财产份额时，按份共有财产的其他共有人有按出售价格和其他同等条件优先购买所售份额的权利，但公开拍卖的情况除外。

在全体按份共有人达不成协议时，按份共有财产中的份额可以在本法典第 255 条第 2 款规定的情况下以及在法律规定的其他情况下进行公开拍卖。

2. 共有财产份额的卖方，必须将向他人出售其份额的意图以书面形式通知其余按份共有人，并说明出售的价格和其他条件。对不动产所有权份额的出售，自通知之日起的 1 个月内，而动产所有权份额的出售，自通知之日起的 10 日内，如果其余按份共有人放弃优先购买权或未购买所出售的份额，则卖方有权将自己的份额出售给任何人。

3. 在违反优先购买权出售份额的情况下，任何其他按份共有人均有权在 3 个月内通过司法程序请求将买方的权利和义务移转于他。

4. 份额的优先购买权不得让与。

5. 本条的规则也适用于依照互易合同转让份额的情况。

第 251 条　共有财产份额依照合同移转给取得人的时间

共同财产的份额自合同签订之时起移转给取得人,但双方当事人的协议有不同规定的除外。

应进行国家登记的共有财产的份额移转给取得人的时间,依照本法典第 223 条第 2 款确定。

第 252 条　按份共有财产的分割和份额的分出

1. 按份共有的财产,可以根据共有人的协议在共有人之间进行分割。

2. 按份共有财产的共有人有权要求从共有财产中分出自己的份额。

3. 按份共有人就分割共同财产或分出某个共有人的份额的方式和条件达不成协议时,按份共有人有权通过诉讼程序要求从共有财产中以实物分出自己的份额。

如果法律不允许以实物方式分出份额,或者以实物方式分出份额可能对共有财产造成严重损害,则要求分出其份额的共有人有权通过司法程序要求其他按份共有人向他给付其份额的价值。

4. 根据本条的规定从共同财产中分出给共有人的财产少于其在共同财产的份额时,可以给付相应数额的金钱或以其他方式进行补偿。

不以实物方式分出按份共有人的份额,而由其余所有权人向他进行补偿的,须经他本人同意。如果该所有权人的份额很小,不可能实际分出时,而该共有人对使用共同财产并无重大利益时,法院也可以在不经该人的同意的情况下责成其余按份共有人向他进行补偿。

5. 随着依照本条的规定取得补偿,所有权人即丧失其在共同财产份额上的权利。

第 253 条　共同共有财产的占有、使用和处分

1. 共同共有人,如果他们之间的协议没有其他规定,则对共有财产进行共同占有和共同使用。

2. 共同共有财产的处分,不论共有人中是谁实施处分财产的法律行为,均须经全体共有人的同意方能进行。

3. 每一个共同共有人均有权实施处分财产的法律行为,但全体共有人的协议有其他规定的除外。共同共有人中的一人实施的与处分共有财产有关的法律行为,只有在证明法律行为的另一方当事人知道或者显然应该知道实施法律行为的人不具有必要权限时,才可以根据其余共同共有人的请求以实施法律行为

的人没有必要权限为由认定为无效。

4. 本条规则的适用以本法典或其他法律对某些种类的共同共有未作不同规定为限。

第 254 条 共同共有财产的分割和份额的分出

1. 共同共有人之间分割共有财产,以及从共有财产中分出一个共有人的份额,可在事先确定共有财产权中每一共有人的份额之后进行。

2. 在分割共有财产的分割和从中分出份额时,如果法律或共有人的协议未有不同规定,则认为所有共有人的份额均等。

3. 分割共有财产和从中分出份额的根据和程序依照本法典第 252 条的规则确定,但以本法典、其他法律未对某些种类的共同共有作不同规定以及从共同共有人关系的实质中未得出不同结论为限。

第 255 条 对共有财产中份额的追索

按份共有人和共同共有人的其他财产不足时,其债权人有权要求分出债务人在共有财产中的份额以对它进行追索。

如果在这种情况下不可能以实物分出,或者其余按份共有人或其余共同共有人持反对意见,则债权人有权要求债务人按与该份额的价值相当的市场价向其余共有人出售其份额,并用出售该份额所得的资金清偿债务。

如果其余共有人拒绝购买债务人的份额,债权人有权向法院提出请求,通过公开拍卖债务人在共有财产中的份额而对该份额进行追索。

第 256 条 夫妻共有

1. 夫妻在婚姻存续期间积累的财产,是夫妻共同共有财产,但他们之间的合同规定了该财产的不同制度的除外。

2. 婚前属于各方的财产,以及配偶各方在婚姻存续期间得到的赠与或遗产,是该方的财产。

除贵重物品和其他奢侈品外,个人使用的物品(衣服、鞋等等),尽管它们是在婚姻存续期间使用夫妻共同资金所购买,亦被认为是使用一方的财产。

夫妻每一方的财产,如果能够确定,在婚姻存续期间用夫妻共同财产或另一方的个人财产对该财产所作的投资(大修、改建、重新装备等等)大大超过原财产的价值,则可以被确认为夫妻共同共有财产。如果夫妻之间的合同有不同规定,则不适用本规则。

3. 夫妻一方的债务,只能用该方的财产以及在夫妻共同财产进行分割时有可能归其所有的份额进行清偿。

4. 在夫妻共同财产进行分割时确定夫妻份额的规则以及进行分割的程序,由婚姻和家庭立法规定。

第 257 条 农场(畜牧场)的所有

1. 农场(畜牧场)的财产归其成员共同共有,但法律或他们之间的合同有不同规定的除外。

2. 归农场(畜牧场)的成员共同共有的财产有:划拨给该农场(畜牧场)所有的土地和购置的土地、种植物、经营性建筑物和其他建筑物,改良土壤的构筑物和其他构筑物、肉奶用牲畜和役畜、家禽、农业机械设备和其他机械设备、交通运输工具、器材和使用其成员的共同资金为农场(畜牧场)购置的其他财产。

3. 农场(畜牧场)活动所得的天然孳息、产品和法定孳息,是农场(畜牧场)成员的共有财产并依照他们之间的协议进行使用。

第 258 条 农场(畜牧场)财产的分割

1. 由于所有成员退出或由于其他原因致使农场(畜牧场)终止时,其共有财产应按照本法典第 252 条和第 254 条规定的规则进行分割。

在这种情况下,土地依照本法典和土地立法规定的规则进行划分。

2. 在一个成员退出时,属于农场(畜牧场)的土地和生产资料不得进行分割。退出农场(畜牧场)的人有权取得与其在共有财产所有权中的份额相当的金钱补偿。

3. 在本条规定的情况下,农场(畜牧场)成员在共同共有财产中的份额被认为是均等的,但他们之间的协议有不同规定的除外。

第 259 条 在农场(畜牧场)财产基础上建立的商合伙或合作社的所有

1. 农场(畜牧场)成员可以在农场(畜牧场)财产的基础上建立商合伙或生产合作社。作为法人的商合伙或合作社,对畜牧场成员以投资形式或其他股金形式移转给它的财产,以及因从事活动而取得的财产和依照法律允许的其他根据而取得的财产享有所有权。

2. 在农场(畜牧场)财产基础上建立的商合伙的参加人或这种合作社的社员投资的数额,根据他们在共有财产中的份额确定,而该份额依照本法典第 258 条确定。

第二编 所有权和其他物权

第十七章 土地所有权和其他物权

(2001年4月16日第45号联邦法律修订)

第260条 关于土地所有权的一般规定

1. 对土地享有所有权的人,有权出售、赠与、抵押或出租土地,或者以其他方式对土地进行处分(第209条),但有关土地依法被禁止流通或限制流通的情形除外。

2. 依照法律和法律规定的程序确定农业用地和其他用地,上述土地不得用于其他目的或限制用于其他目的。对这种土地,可在其用途规定的范围内进行使用。

(本条原注释由2001年4月16日第45号联邦法律删除)

第261条 作为所有权客体的土地

1. 依照土地立法规定的程序,根据国家土地资源和土地规划管理机关向土地所有权人颁发的文件确定地界。

2. 如果法律未有不同的规定,土地所有权亦及于该地界内的土地表层(土壤层)和地界内水体、土地上的森林和植物。

3. 土地所有权人有权按照自己的意志使用该土地地表上方和地表下面的一切物,但矿产资源法、大气空间利用法、其他法律有不同规定的除外,并且以不侵犯他人的权利为限。

第262条 公用土地 土地自由通过权

1. 公民有权自由地、无须任何准许地处在国家所有和自治地方所有的并且不禁止公众通过的土地上,并在法律和其他法律文件以及该土地所有权人许可的限度内使用这些土地上的自然客体。

2. 如果土地未被围圈,或者土地所有权人未以其他方式标明非经许可不得入内,则任何人均可以在不对土地所有权人造成损失或干扰的条件下穿越土地。

第 263 条 在土地上进行建设

1. 土地所有权人可以在土地上建造建筑物和构筑物,对它们进行改建或拆除,允许他人在自己的土地上进行建设。这些权利行使的条件是遵守市政建设的和建筑的规范和规则,以及遵守关于土地用途的要求(第 260 条第 2 款)。

2. 如果法律或合同未有不同规定,土地所有权人取得他在属于自己的土地上为自己建造或建立的建筑物、构筑物和其他不动产的所有权。

土地所有人在属于他的土地上进行违章建设的后果,由本法典第 222 条规定。

第 264 条 非土地所有权人对土地的权利

1. 土地和处于土地上的不动产可以由其所有权人提供给他人永久使用或有限期使用,其中包括出租。

2. 非土地所有权人,在法律或同土地所有权人的合同规定的条件下和限度内,行使属于他的土地占有权和使用权。

3. 土地占有人,如果不是土地所有权人,则无权处分该土地,但法律或合同有不同规定的除外。

第 265 条 土地终身继承占有权取得的根据

公民依照土地立法规定的根据和程序取得国有土地或自治地方所有土地的终身继承占有权。

第 266 条 根据终身继承占有权对土地的占有和使用

1. 享有终身继承占有权的公民(土地占有人)对所继承的土地享有占有和使用的权利。

2. 如果从法律规定的土地使用条件中未得出不同结论,则土地占有人有权在土地上建造建筑物、构筑物和建立其他不动产,同时取得对它们的所有权。

第 267 条 对终身继承占有的土地的处分

1. 土地占有人可以将土地出租给他人或交付他人供其无偿有限期使用。

2. 不允许占有人出售、抵押土地或实施导致或可能导致土地转让的其他法律行为。

第 268 条 土地永久(无限期)使用权取得的根据

1. 国有土地和自治地方所有土地的永久(无限期)使用权,根据有权提供土地供永久使用的国家机关或自治地方机关的决议,提供给公民和法人。

2. 在本法典第 271 条第 1 款规定的情况下,土地的永久使用权也可以由建筑物、构筑物和其他不动产的所有权人取得。

3. 在法人改组时,属于该法人的土地永久使用权按权利继受程序进行移转。

第 269 条 根据土地永久使用权对土地的占有和使用

1. 享有土地永久使用权的人,在法律、其他法律文件和土地使用文书规定的限度内,对该土地进行占有和使用。

2. 如果法律没有不同规定,享有土地永久使用权的人,有权自主将土地用于提供土地的目的,其中包括为此目的在土地上建造建筑物、构筑物和其他不动产。该人为自己建造的建筑物、构筑物和其他不动产,归该人所有。

第 270 条 对永久使用土地的处分

享有土地永久使用权的人,只有在取得土地所有权人的同意时,才有权出租土地或将土地交付他人供其无偿有限期使用。

第 271 条 不动产所有权人使用土地的权利

1. 位于他人土地上的建筑物、构筑物或其他不动产的所有权人对该人提供于上述不动产之下的那部分土地享有使用权。

如果法律、提供国有土地或自治地方所有土地的决议以及合同未有不同规定,建筑物或构筑物的所有权人对该不动产所在的那部分土地享有永久使用权(第 268 条至第 270 条)。

2. 在位于他人土地上的不动产所有权转让给其他人时,所有权取得人依照原所有权人相同的条件和范围,取得对有关部分土地的永久使用权。

土地所有权的转让不是终止或变更不动产所有权人所享有的土地使用权的根据。

3. 位于他人土地上的不动产的所有权人,有权按照自己的意志占有、使用和处分该不动产,其中包括拆除有关的建筑物和构筑物,但以不与法律或合同规定的该土地的使用条件相抵触为限。

第 272 条 不动产所有权人丧失土地使用权的后果

1. 位于土地上的不动产的所有权人在终止该土地的使用权(第 271 条),对所有权人遗留在土地上的不动产的权利依照土地所有权人与有关不动产所有权人之间的协议决定。

2. 在没有或未达成本条第 1 款所规定的协议时,终止土地使用权的后果,根据土地所有权人或不动产所有权人的请求,由法院决定。

土地所有权人有权向法院提出请求,要求不动产所有权人在其土地使用权终止后拆除土地上的不动产并将土地恢复原状。

如果依照法律或其他法律文件的规定禁止拆除土地上的建筑物或构筑物(房、历史文物等等),或者建筑物或构筑物的价值明显高于其占地的价值而不应予以拆除,则法院应考虑终止土地使用权的理由并在双方当事人提出相应请求时,可以:

确定不动产所有权人有权取得不动产所在土地的所有权,或者土地所有权人有权取得留在土地上的不动产的所有权,或者规定不动产所有权人在新的期限内使用土地的条件。

3. 本条的规则不适用于为了国家或自治地方的需要而征用土地的情况(第 283 条),以及由于使用土地不当而终止对土地的权利的情况(第 286 条)。

第 273 条　在转让土地上的建筑物或构筑物时土地权利的移转

如果建筑物或构筑物属于其所占土地的所有权人,则在建筑物或构筑物的所有权移转时,双方当事人协议所规定的对土地的权利亦移转给建筑物(构筑物)的取得人。

如果移转建筑物或构筑物的合同没有不同规定,建筑物(构筑物)所占用的以及建筑物(构筑物)的使用所必需的那部分土地的所有权亦移转给建筑物(构筑物)的取得人。

第 274 条　有限使用他人土地的权利(地役权)

1. 不动产(土地、其他不动产)所有权人有权要求邻地的所有权人,必要时还有权要求其他土地(邻地的邻地)的所有权人提供相邻土地的有限使用权(地役权)。

为了保障通过邻地,敷设和使用输电线路、邮电线路和管道,保障给排水和改良土壤,以及不设定地役权便不能予以保障的不动产所有权人的其他需要,可以设定地役权。

2. 为土地设定地役权负担不剥夺土地所有权人占有、使用和处分该土地的权利。

3. 地役权根据要求设定地役权的人与邻地所有权人之间的协议设定,并应依照不动产登记所规定的程序进行登记。在关于地役权的设定和地役权的条件未达成协议的情况下,争议应根据要求设定地役权的人提起的诉讼,由法院解决。

4. 依照本条第1款和第3款规定的条件和程序,为了土地终身继承占有权人或永久使用权人的利益和根据他们的请求,也可以设定地役权。

5. 如果法律没有其他规定,在土地被设定地役权负担时,土地所有权人有权要求为其利益而设定地役权的人对土地的使用缴纳相当的费用。

第275条 在土地权利移转时地役权的保留

1. 在已设定地役权负担的土地的权利向他人移转时,该地役权仍然保留。

2. 为保障不动产的使用而设定的地役权不能成为买卖、抵押的独立标的,也不能以任何方式移转给非不动产所有权人。

第276条 地役权的终止

1. 依照土地所有权人的请求,对其土地设定的地役权可以因其设定理由的消失而终止。

2. 当属于公民或法人的土地由于设定地役权负担而不能按土地的用途进行使用时,土地所有权人有权要求法院终止地役权。

第277条 对建筑物和构筑物设定役权负担

当建筑物、构筑物和其他不动产的有限使用必须进行而与土地的使用没有关联时,可以参照本法典第247条至第276条规定的规则,对它们设定役权负担。

第278条 对土地的追索

只有根据法院的判决才允许因土地所有权人的债务而对土地进行追索。

第279条 为了国家和自治地方的需要赎买土地

1. 为了国家和自治地方的需要,可以通过赎买的方式向所有权人征用土地。

根据为了谁的需要而征用土地,赎买分别由俄罗斯联邦、俄罗斯联邦相应主体或自治地方机构进行。

2. 关于为了国家或自治地方的需要而征用土地的决议,应由联邦行政机关和俄罗斯联邦主体的行政机关作出。

哪些国家机关有权作出关于为了国家或自治地方需要而征用土地的决议,以及起草和通过这些决议的程序,由联邦土地立法规定。

3. 作出土地征用决议的机关,至少应在征用土地的1年之前将征用事宜书面通知土地所有权人。只有经土地所有权人的同意,才能在土地所有权人收到该通知之日起的1年内对土地进行赎买。

4. 国家机关作出的关于为了国家或自治地方的需要而征用土地的决议,应在进行土地权利登记的机关进行国家登记。应将已进行登记的事宜通知土地所有权人,并说明登记的日期。

5. 只有经土地所有权人的同意才允许为了国家和自治地方的需要而赎买土地的一部分。

第280条 为了国家或自治地方的需要征用土地时土地所有权人的权利

为了国家或自治地方的需要而征用土地时,自关于征用土地的决议进行国家登记之时起直至达成土地赎买协议或法院作出土地赎买判决之时,土地所有权人有权根据自己的意志占有、使用和处分土地,并为保障按其用途使用土地而支出必要的费用。但是土地所有权人应在确定土地赎买价格时(第281条)承担风险,负担与上述期间在土地上新建、扩建和改造建筑物和构筑物有关的费用和损失。

第281条 为了国家或自治地方需要征用土地时的赎买价

1. 为了国家或自治地方需要而征用土地应付的款项(赎买价)、赎买的期限和其他条件,由与土地所有权人的协议决定。该协议应载明俄罗斯联邦、俄罗斯联邦主体或地方自治机构支付所征用土地赎买价款的义务。

2. 在确定赎买价时,赎买价应包括土地和土地上不动产的市场价值,以及因征用土地而给土地所有权人造成的全部损失,其中包括土地所有权人因提前终止对第三人的债权债务而受到的损失,包括预期的利益。

3. 根据同土地所有权人的协议,也可以向土地所有权人提供另一块土地代替因国家或自治地方需要而征用的土地,从赎买价中应扣除新提供土地的价值。

第282条 为了国家或自治地方需要而根据法院的判决赎买土地

如果土地所有人不同意为了国家或自治地方的需要而向他征用土地的决议,或者未能同他达成关于赎买价或其他赎买条件的协议,作出该决议的国家机关可以向法院提起关于赎买土地的诉讼。为了国家或自治地方的需要赎买土地的诉讼,可以在自向土地所有权人发出本法典第279条第3款所规定通知之时起的2年内提起。

第283条 在为了国家或自治地方需要征用土地时土地占有权和使用权的终止

如果为了国家或自治地方需要所征用的土地是根据终身继承占有权或永久

使用权而被占有和使用,则这些权利参照本法典第 279 条至第 282 条规定的规则终止。

第 284 条 没收不按用途使用的土地

如果规定用于农业生产、住宅建设或其他建设的土地在 3 年内未按相应用途进行使用,则可以向土地所有权人没收土地,但法律规定了更长期限的除外。这一期限不包括开发土地所必需的时间,以及由于自然灾害或由于其他致使土地不能按其用途进行使用的情况而未能使用土地的时间。

第 285 条 没收违法使用的土地

如果土地的使用严重违反土地立法规定合理使用土地的规则,其中包括不按土地的专项用途使用土地或土地的使用导致严重降低农用土地的肥力或使生态环境严重恶化,则可以没收土地所有权人的土地。

第 286 条 因土地使用不当没收土地的程序

1. 哪个国家机关或地方自治机关有权依照本法典第 284 条和第 285 条规定的根据作出没收土地决议,以及强制提前向土地所有权人提出关于其违法行为警告的程序,由土地立法规定。

2. 如果土地所有权人以书面形式通知作出没收土地决议的机关,说明他同意执行该决议,则土地应公开拍卖。

3. 如果土地所有权人不同意向他没收土地的决议,则作出没收土地决议的机关可以向法院提出请求拍卖土地的诉讼。

第 287 条 终止非土地所有权人对土地的权利

因承租人和其他非土地所有权人对土地使用不当而终止属于这些人对土地的权利,可依照土地立法规定的根据和程序进行。

第二编 所有权和其他物权

第十八章 住房的所有权和其他物权

第288条 住房的所有权

1. 住房所有权人对属于他的住房依照其用途实现占有、使用和处分的权利。

2. 住房的用途是供公民居住。

作为住房所有权人的公民可以将住房用于供自己及其家庭成员居住。

住房可以由其所有权人根据合同提供给他人居住。

3. 住房中不得安置工业生产单位。

只有在将住房改成非居住用房后,住房所有权人才能在属于他的住房中安置企业、机构、组织。将房舍由住房改成非居住用房应依照住宅立法规定的程序进行。

第289条 作为所有权客体的住宅

在多套住宅房屋中,住宅所有权人除拥有属于他的住宅占用的房舍外,房屋中共有财产所有权的份额也属于他所有(第290条)。

第290条 多套住宅房屋中住宅所有权人的共有财产

1. 多套住宅房屋中,承受房屋结构的公共房舍,在一套住宅内外为多套住宅服务的机械、电力、卫生设备和其他设备,属于各住宅所有权人按份共有。

2. 住宅所有权人无权转让自己在住房共有财产的所有权份额,也无权实施导致该份额脱离住宅所有权而单独移转的其他行为。

第291条 住房所有权人协会

1. 为了保障多套住宅房屋的利用、住宅及共有财产的使用,住宅所有权人可以成立住宅(住房)所有权人协会。

2. 住房所有权人协会是依照住房所有权人协会法成立和进行活动的非商业组织。

第 292 条　住房所有权人家庭成员的权利

1. 住房所有权人的家庭成员，如在属于所有权人的住房居住，有权依照住房立法规定的条件使用该住房。

住房所有权人的家庭成员，如在属于所有权人的住房居住并具有民事行为能力，则应对因住房的使用而发生的债务与住房所有权人一起承担连带责任。

（本段由 2001 年 5 月 15 日第 54 号联邦法律增补）

2. 住房或住宅所有权向他人的移转是终止前所有权人家庭成员住房使用权的根据，但法律有不同规定的除外。

（2001 年 5 月 15 日第 54 号联邦法律、2004 年 12 月 30 日第 213 号联邦法律修订）

3. 住房所有权人的家庭成员有权要求排除包括房屋所有权人在内的任何人对其住房权的侵犯。

4. 住房所有权人的处于监护或保护之下的家庭成员以及没有父亲照管的未成年家庭成员，如果他们在住房中居住，同时监护和保护机关也知悉有关情况，则须经监护和保护机关的同意，才允许转让住房。

（2004 年 12 月 30 日第 213 号联邦法律修订）

第 293 条　管理不善住房的所有权的终止

如果住房所有权人不按其用途使用住房，多次侵犯邻居权利和利益，或者对住房管理不善而任其毁坏，地方自治机关可以警告住房所有权人必须消除违法行为，而如果这些行为会导致房屋毁坏，则可以指定住房所有权人限期对房屋进行修缮。

如果在警告之后住房所有权人仍继续侵犯邻居的权利和利益，或者仍不按其用途使用房屋，或者无正当理由而不对房屋进行必要修缮，则法院可以根据地方自治机关的起诉作出判决，对房屋进行公开拍卖，而将拍卖所得款项在扣除执行法院判决所需费用之后付给房屋所有权人。

第二编 所有权和其他物权

第十九章　经营权和业务管理权

第294条　经营权

国有或自治地方所有单一制企业,对其财产享有经营权的,在依照本法典规定的限度内占有、使用和处分该财产。

第295条　财产所有权人在单一制企业享有经营权的财产上的权利

1. 财产所有权人,对于单一制企业对其享有经营权的财产,应依法解决设立企业、规定企业活动的对象和宗旨、企业的改组和清算的问题,任命企业的经理(领导人),对属于企业的财产是否按其用途进行使用和该财产的完好实行监督。

财产所有权人有权从单一制企业享有经营权的财产使用中获得部分利润。

2. 不经财产所有权人的同意,企业无权出卖归它经营的不动产,无权出租、抵押、作为投资投入商业公司或商合伙的注册资本(共同资本)或以其他方式对该财产进行处分。

除法律或其他法律文件规定的情况外,企业有权独立处分属于企业的其余财产。

第296条　业务管理权

1. 国库企业以及机构,对划拨给它们的财产,在法律规定的限度内,根据自己活动的宗旨、财产所有权人提出的任务和财产的用途,行使占有、使用和处分的权利。

2. 将财产划拨给国库企业和机构的所有权人,有权收缴多余的、未得到使用的或者未按用途使用的财产,并按照自己的意志进行处分。

第297条　国库企业财产的处分

1. 国库企业对于划拨给它的财产,只有取得该财产所有权人的同意,才有权转让和进行其他形式的处分。

国库企业独立销售它所生产的产品,但法律或其他法律文件有不同规定的除外。

2. 国库企业收入的分配办法由其财产所有权人决定。

第 298 条 机构财产的处分

1. 机构对于划拨给它的财产和使用预算划拨给它的资金购买的财产,均无权转让和进行其他形式的处分。

2. 如果依照设立文件的规定,机构有权从事给它带来收入的活动,则从这种活动中得到的收入和用这些收入购买的财产归该机构自主处分并计入单独的资产负债表。

第 299 条 经营权和业务管理权的取得和终止

1. 对于财产所有权人作出决议划拨给单一制企业或机构的财产自财产交付之时起,该企业或机构即产生经营权和业务管理权,但法律和其他法律文件或财产所有权人的决议有不同规定的除外。

2. 使用单一制企业或机构对之享有经营权和业务管理权的财产而取得的天然孳息、产品和法定孳息,以及单一制企业或机构依照合同和其他根据取得的财产,依照本法典、其他法律和其他法律文件规定的取得所有权的程序归企业或机构进行经营或业务管理。

3. 财产的经营权和业务管理权依照本法典、其他法律和其他法律文件规定的终止所有权的程序终止,以及在根据财产所有权人的决议依法收回企业或机构的财产时终止。

第 300 条 在企业或机构移转给其他所有权人时财产权利的保留

1. 国有企业或自治地方所有企业作为财产综合体的所有权移转给国有财产或自治地方所有财产的其他所有权人时,该企业对属于它的财产仍保留经营权或业务管理权。

(2002 年 11 月 14 日第 161 号联邦法律修订)

2. 在机构的所有权移转给他人时,机构对属于它的财产仍保留业务管理权。

第二编 所有权和其他物权

第二十章 所有权和其他物权的保护

第 301 条 要求返还被他人非法占有的财产

所有权人有权要求返还其被他人非法占有的财产。

第 302 条 向善意取得人要求返还财产

1. 如果财产系从无权转让的人那里有偿取得,取得人并不知悉或者不可能知悉向他转让财产的人没有转让该财产的权利(善意取得人),而当财产原是被其所有权人遗失或者被他交付其占有的人遗失时,或者是从他们二者那里被盗窃时,或者由于他们意志以外的其他方式而丧失其占有时,则财产所有权人有向取得人要求返还的权利。

2. 如果财产系从无权转让的人那里无偿取得,则财产所有人在任何情况下均有权要求返还该财产。

3. 对金钱、无记名有价证券,不得向善意取得人要求返还。

第 303 条 返还非法占有财产时的结算

在要求返还被他人非法占有的财产时,财产所有权人有权要求知道或应当知道其占有为非法的人(恶意取得人)返还或赔偿该人在整个占有期间获得的或应该获得的全部收益;要求善意占有人返还或赔偿自他获悉或应该获悉其占有为非法或者收到财产关于所有权人要求返还财产的诉讼传票之时起的期间内所获得的或应该获得的全部收益。

无论是善意占有人,还是恶意占有人,均有权要求财产所有权人补偿自其应赔偿所有权人财产收益之时起的期间内对财产所开支的必要费用。

善意占有人有权将他对财产所进行的改善部分留给自己,只要改善部分可以分开而对财产没有损害。如果不可能将改善部分分开,则善意占有人有权要求赔偿进行改善所花的费用,但不得超过财产增值的数额。

第 304 条 保护所有权人的权利免受与丧失占有无关的侵犯

所有权人可以请求排除对其权利的任何侵犯,即使这些侵犯与他丧失其占有无关。

第 305 条 对非所有权人的占有人的权利的保护

本法典第 301 条至第 304 条规定的权利,属于虽然不是财产所有权人,但依照终身继承占有权、经营权、业务管理权以及其他法律或合同规定的根据占有财产的人。该人也有权保护其占有不受财产所有权人的侵犯。

第 306 条 依法终止所有权的后果

当俄罗斯联邦通过终止所有权的法律时,由于通过该文件给所有权人造成的损失,其中包括财产的价值,应由国家赔偿。关于赔偿损失的争议,由法院解决。

第三编 债法总则·第一分编 关于债的一般规定

第二十一章　债的概念与债的当事人

第307条　债的概念及产生的根据

1. 由于债的关系，一方（债务人）有义务实施有利于他人（债权人）的特定行为，例如，交付财产、完成工作、支付金钱等，或者不实施特定行为，而债权人有权要求债务人履行其义务。

2. 债因合同、侵权以及本法规定的其他根据而产生。

第308条　债的当事人

1. 参加债的关系的每一方当事人——债权人或者债务人，可以是一个，也可以同时为多个。

债权人对参加债的关系的多数债务人中一人的请求无效以及对该债务人的请求已过诉讼时效时，本身不影响债权人对其他债务人的请求。

2. 如果根据合同当事人的每一方承担有利于另一方的义务，他在有义务实施有利于另一方的行为方面是另一方当事人的债务人，同时在有权向另一方提出请求方面又是另一方当事人的债权人。

3. 债不得对当事人以外的人（第三人）设定义务。

在法律、其他法律文件规定或者双方协议的情况下，债可以对第三人设定相对于债的一方或者双方当事人义务的权利。

第三编 债法总则·第一分编 关于债的一般规定

第二十二章　债的履行

第 309 条　一般规定

债应当按照债的条件和法律、其他法律文件的要求之方式正确履行,在缺乏以上条件和要求时——根据交易习惯或者其他通常提出的请求予以正确履行。

第 310 条　单方拒绝履行债务的禁止

单方不得拒绝履行债务或者改变履行债务的条件,但法律另有规定的情形除外。一方拒绝履行与双方的经营活动有关的债务或者一方变更债务履行的条件,只有在合同规定的场合方得为之,但根据法律或者债的性质另有不同规定的除外。

第 311 条　债的按部分履行

债权人有权不接受债务的按部分履行,但如果法律、其他法律文件、债务履行条件有不同规定,或者根据交易习惯或者债的实质有其他不同的除外。

第 312 条　债务履行的接受人

假如双方没有其他协议,或者根据交易习惯、债务的实质无其他不同时,债务人在履行债务时,有权要求债权人或者其授权人出具其接受债务履行的证明,并承担因不提出此要求而产生后果的风险。

第 313 条　由第三人履行债务

1. 债务人可以委托第三人履行债务,但如果根据法律、其他法律文件、债的条件或者债的性质,债务人必须亲自履行债务的除外。在这种情况下,债权人应当接受第三人代替债务人所提供的履行。

2. 如果第三人在债务人的财产上享有权利(租赁权、抵押权等),因债权人对该项财产的追索而遭到失去该权利的威胁,则可以不经债务人同意而以自己的费用满足债权人的请求。在这种情况下,债权人所享有债权根据本法典第382条至第387条的规定移转于该第三人。

第 314 条　债的履行期限

1. 如果债规定了或者能够确定其履行的日期或者期间,则债应当在该日期履行或者在该期间内的任何时间履行。

2. 当债没有规定履行的期限或者不含有能够确定履行期限的条件时,债应当在其发生后的合理期限内履行。

在合理期限内没有履行的债以及根据追索时间决定其履行期限的债,债务人应当自债权人提出履行后的 7 天内履行,但根据法律、其他法律文件、债的条件、交易习惯或者债的性质另有不同的履行期限的除外。

第 315 条　债的提前履行

债务人有权提前履行债务,但如果法律、其他法律文件或者债的条件另有不同规定或债的性质不允许的情形除外。但是,当债的提前履行与双方的经营活动有关时,只有在当债的提前履行的可能性由法律、其他法律文件或者债的条件规定的情况下且交易习惯或债的性质允许时,才允许提前履行。

第 316 条　债的履行地点

如果法律、其他法律文件或者合同没有规定债的履行地点,根据交易习惯或者债的性质也不能确定履行地点时,履行应当按照下列方式进行:

转移土地、建筑物、构筑物或者其他不动产之债——在财产所在地履行;

规定交付运输的商品或者其他财产之债——在为了将物送达债权人而将物交给第一承运人的地点履行;

经营者交付商品或者其他财产之债——在财产的制作或者保管地履行,如果该地在债之产生时为债权人所知悉;

金钱债务——在债之产生时的债权人住所地履行;如果债权人为法人时,在债之产生时的法人所在地履行;如果在债之履行之前债权人变更了住所地或者所在地并将此事通知债务人,在新的住所地或者所在地履行,但因改变履行地而增加的费用,由债权人负担;

其他债务——在债务人的住所地,而当债务人为法人时,在其所在地履行。

第 317 条　金钱债务的货币

1. 金钱之债应当以卢布表示(第 140 条)。

2. 在金钱之债中可以规定,债务应以与一定数额外币等值的卢布支付或者假定货币单位支付(例如,埃丘、"特别提款权"等)。在这种情况下,应当用卢布支付的金额按照付款当日卢布与相应外币或假定货币单位的官方牌价计算,但如果法律或者双方协议规定了不同的比价或者不同的比价确定日期的除外。

3. 在俄罗斯联邦境内,在法律或者按法定程序规定的情况下以及按照它们规定的条件和办法,允许使用外币以及用外币支付凭证进行结算债务。

第 318 条 公民生活费数额的增加

因对生命或者健康损害而产生的赔偿,根据终身抚养费合同或者在其他情况下,依金钱之债而直接支付给公民的生活费的数额——按照法律规定的程序和情况考虑通货膨胀水平确定。

(2002 年 11 月 26 日第 152 号联邦法律修订)

第 319 条 金钱之债偿还的顺序

当用于支付的金钱不足以履行全部金钱债务时,在没有其他协议的情况下,应首先支付债权人接受履行的费用,然后清偿利息,剩余部分清偿主债务。

第 320 条 选择之债的履行

如果债务人有义务向债权人交付一种或他种财产,或者实施两种或多种行为中的一种,则债务人有权进行选择,但如果法律、其他法律文件或者债的条件另有不同规定的除外。

第 321 条 多数债务人或者多数债权人之债的履行

在一项债中有多个债权人或者多个债务人时,每一个债权人均有权要求履行,而每一个债务人均有义务按与其他债务人相同的份额清偿,但以法律、其他法律文件或者债的条件关于清偿份额未有其他规定为限。

第 322 条 连带之债

1. 如果法律规定、合同约定了义务或请求权的连带性质,包括在债的标的物不可分的情况下,则产生连带义务(责任)或者连带债权。

2. 在与经营活动有关的债中,几个债务人的债务或者几个债权人的债权是连带的债务或债权,但法律、其他法律文件或者债的条件有不同规定的除外。

第 323 条 连带债务中的债权人的权利

1. 在存在多个债务人的连带债务中,债权人既有权要求所有的债务人共同履行债务,也可以要求其中的任何一个债务人单独履行债务,既可以要求其全部履行,也可要求其部分履行。

2. 当债权人自一个连带债务人没有得到全部清偿时,有权要求其他债务人清偿不足部分。

连带之债的债务人只有在全部债务得到履行时,才能解除责任。

第 324 条 在连带债务中对债权人债权的抗辩

在连带债务中,债务人无权以该债务人没有参加其他债务人与债权人的关系而对债权人的请求权提出异议。

第 325 条 债务人一人履行连带债务

1. 债务人中的一人履行全部连带债务即免除其余债务人对债权人的履行责任。

2. 假如在债务人之间的关系上没有另外规定,则:

(1) 清偿了连带债务的债务人有权要求其余债务人按相等的份额偿还扣除该债务人应当承担的份额后的他们应承担的部分;

(2) 连带债务人之一未偿还已经清偿连带债务的债务人的那一部分,由剩余的债务人以及已经偿还债务的债务人平均分担;

(3) 本条的规则相应地适用于因债务人中之一用相对请求而使连带债务终止的情况。

第 326 条 连带请求权

1. 在连带债请求权中,连带债权人中的任何一人均有权要求债务人进行全额清偿。

在连带债权人中的一人提出请求之前,债务人有权根据自己的意志向任何债权人清偿全部债务。

2. 债务人无权以某连带债权人未参加债务人与其他连带债权人的关系为由而对该债权人的债权提出异议。

3. 对连带债权人一人履行债务即免除债务人对其他债权人的履行义务。

4. 接受了债务人履行的债权人,必须按相等的份额向其他连带债权人交付其应得的部分,但连带债权人之间关系另有约定的除外。

第 327 条 用提存方式履行债务

1. 如果债务人因为下列原因而无法履行债务,债务人有权将其应支付的金钱或者有价证券向公证机关提存,而在法律规定的情况下,向法院提存:

(1) 债权人或者其授权接受履行的人不在债务应当履行的地点;

(2) 债权人无行为能力并且也没有代理人;

（3）不能确定谁为债权人，其中包括因为债权人与其他人之间就谁为债权人存在争议而无法确定；

（4）债权人不接受履行或者迟延接受履行。

2. 将金钱或者其他有价证券提存给公证机关或者法院，视为已经履行债务。

接受金钱或者有价证券提存的公证机关或者法院应将此情况通知债权人。

第 328 条 债的同时履行

1. 一方债务的履行根据合同以另一方债务的履行为条件的，是同时履行。

2. 如果义务方不提供合同规定的履行或者存在能明确证明不会在规定期限内履行的情况，则同时履行的另一方有权中止自己的履行或者拒绝履行并要求赔偿损失。

如果合同规定的债务未全额履行时，同时履行的另一方有权中止或者拒绝履行与对方未提供的履行相当的部分。

3. 如果在另一方没有提供合同规定的履行的情况下进行了债的同时履行，则该另一方必须履行。

4. 如果合同或者法律没有不同规定，则适用本条第 2 款和第 3 款的规则。

第三编 债法总则·第一分编 关于债的一般规定

第二十三章　债务履行的担保

第一节　一般规定

第329条　担保债务履行的方式

1. 债务的履行可以用违约金、抵押、债务人财产质押、保证、银行保证、定金以及法律或者合同规定的其他方式担保。
2. 担保债务履行的协议无效并不引起其赖以产生的主债务的无效。
3. 主债务本身无效导致债的担保之债无效，但法律另有规定的除外。

第二节　违　约　金

第330条　违约金的概念

1. 违约金（罚款、罚金）是指债务人在没有履行或者没有适当履行债务时其中包括逾期履行时债务人必须支付给债权人的法律或者合同规定数额的金钱，在要求支付违约金时，债权人没有义务证明他所受到的损失。
2. 如果债务人对不履行或者不适当履行债务不承担责任，则债权人无权要求债务人支付违约金。

第331条　违约金协议的形式

不论主债务的形式如何，违约金协议均必须采取书面形式。

不遵守书面形式的违约金协议一律无效。

第 332 条 法定违约金

1. 无论双方协议是否约定违约金,债权人均有权要求债务人支付法律规定的违约金(法定违约金)。

2. 双方可以用约定的方式增加法定违约金的数额,但法律禁止的情形除外。

(涉及仲裁法院适用第 333 条的问题,可参看俄罗斯联邦最高仲裁法院主席团 1997 年 7 月 14 日第 17 号通报。)

第 333 条 违约金的减少

如果债务人应当支付的违约金数额与债务人违反债务的后果相比显然过高,法院有权减少违约金。

本条的规则不影响债务人依本法典第 404 条要求减少其责任数额的权利,也不影响债权人在本法典第 394 条规定的情况下要求赔偿损失的权利。

第三节 抵 押

第 334 条 抵押的概念及产生的根据

1. 根据抵押,享有债权担保的债权人(抵押权人)在债务人没有履行债务时,有权在抵押财产所有权人(抵押人)提供的抵押财产的价值中优先于其他债权人得到满足,除法律另有规定的除外。

当抵押财产灭失或者损失时,抵押权人有权要求保险赔偿,而不论该财产保险是以何人为受益人而投保,但该灭失或者损失是由债权人应负责的原因而引起的除外。

2. 以土地、企业、建筑物、构筑物、住宅和其他不动产作抵押的(不动产抵押),适用不动产抵押法的规定。本法典规定的关于抵押的一般规则适用于不动产抵押,但本法典及不动产抵押法有不同规则的除外。

3. 抵押根据合同而产生。如果在法律中规定了何种财产对保证何种债务应作抵押,则抵押也根据法律而产生。

本法典规定的关于根据合同而生的抵押的原则,也适用于根据法律而生的抵押的情形,但法律有不同规定的除外。

第 335 条 抵押人

1. 抵押人可以是债务人本人,也可以是第三人。

2. 抵押人可以是物的所有权人,也可以是对物享有经营权的人。

对物享有经营权的人,在本法典第 295 条第 2 款规定的情况下,有权不经所有权人的同意而对物设定抵押。

3. 权利抵押人可以是被抵押权利的持有人。

对在其他人财产上的租赁权或者其他权利,非经其所有权人或经营权人的同意,不得设定抵押,如果法律或者合同禁止在没有上述人的同意的情况下转让该权利。

第 336 条 抵押的标的

1. 抵押的标的可以是任何财产,其中包括物和财产权利(请求权),但禁止流通的财产和与债权人的人身不能分离的请求权,包括赡养费请求权,关于生命或者健康损害的赔偿请求权以及根据法律禁止转让给他人的其他权利除外。

2. 对某些种类的财产,其中包括不得对之追偿的公民财产,法律可以禁止或者限制其抵押。

第 337 条 对请求权的抵押担保

如果合同没有不同规定,抵押所担保的请求权的数额为在请求权得到清偿时所具有的数额,还包括利息、违约金、因逾期履行而引起的损失的赔偿以及抵押权人因保管抵押物而支出的费用和追偿的费用。

第 338 条 移转抵押财产及不移转抵押财产于抵押权人的抵押

1. 如果合同没有另外规定,抵押物留在抵押人处。

被设定抵押的不动产以及流通中的商品,不移转给抵押权人。

2. 抵押标的由抵押权人上锁并封印后,可以留在抵押人处。

抵押标的可以加上证明抵押的标记后留在抵押人处(不可变抵押)。

3. 抵押标的由抵押人暂时交由第三人占有或者使用的,视为留在抵押人处。

4. 有价证券所证明的财产权利的抵押,有价证券必须交由抵押权人占有或者提交到公证机关,合同有不同规定的除外。

第 339 条 抵押合同、抵押合同的形式和登记

1. 在抵押合同中,应当载明抵押的标的及其估价、抵押所保证的债务的性质、数额和履行期限。在合同中还应当写明抵押物置于何方当事人处。

2. 抵押合同应当采用书面形式。

为保障应予公证的合同债务的动产抵押合同以及财产权抵押合同,应当进行公证。

(2004 年 12 月 30 日第 213 号联邦法律修订)

3. 不动产抵押的合同应当按照相应财产法律行为的登记程序进行登记。

4. 不遵守本条第 2 款和第 3 款规定的,抵押合同无效。

第 340 条　抵押权人对抵押物的权利

1. 抵押权人对抵押标的物的权利(抵押权)及于该物的从物,但合同有不同规定的除外。

在合同规定的情况下,抵押权也及于使用抵押财产而取得的天然孳息、产品和法定孳息。

2. 在以企业或者其他的财产性综合体整体作不动产抵押时,抵押权及于其中的所有财产、动产和不动产,包括请求权和专属权以及在抵押期间所获得的权利,但法律和合同另有不同规定的除外。

3. 建筑物或构筑物的抵押,只有在该建筑物或构筑物所在的土地,或专门保障抵押客体的那部分土地,或其租赁权属于抵押人的该土地或其相应部分根据同一合同同时进行不动产抵押时,方得为之。

4. 在土地抵押时,抵押权及于抵押人在该土地上已有的或正在建造的建筑物或构筑物,但合同规定了不同条件的除外。

(2004 年 12 月 30 日第 213 号联邦法律修订)

如果合同存在这样的条件,在对抵押土地进行追偿时,抵押权人对按其用途使用建筑物或构筑物所必需的那部分土地,仍保留有限使用权(地役权)。使用这部分土地的条件由抵押人与抵押权人的协议解决,发生争议时,由法院解决。

(2004 年 12 月 30 日第 213 号联邦法律修订)

5. 如果在作为不动产抵押标的的土地上有不属于抵押人而属于他人的建筑物或者构筑物时,则在抵押权人对该土地追偿并拍卖时,抵押人对该他人的权利和义务一并移转于土地的购买者。

6. 抵押合同可以规定抵押标的是抵押人将来取得的物或财产权利,而对依法产生的抵押,则法律可以规定。

第 341 条　抵押权的产生

1. 抵押权自抵押合同签订之时起产生,而应当将抵押财产移转给抵押权人时,自财产移转之时起产生,但合同有不同规定的除外。

2. 对流转中的商品的抵押权,根据本法典第 357 条第 2 款的规定而产生。

第 342 条　后来抵押

1. 如果抵押财产又是担保另一债务的标的(后来抵押),则后来的抵押权人的债权只有在前一抵押权人的债权得到满足时,方能得以清偿。

2. 后来抵押只有在前一抵押合同没有禁止的场合,才能成立。

3. 抵押人必须根据本法典第339条第1款的规定,向每一个后来抵押权人通报在该抵押财产上业已存在的所有抵押权情况,并承担没有履行这一义务而对抵押权人所造成的损失进行赔偿的责任。

第343条 抵押财产的保管和完好维护

1. 如果法律或者合同没有不同规定,则占有抵押物的抵押人或者抵押权人(第338条)必须:

(1) 以抵押人的费用并以抵押物的全部价值的损坏或者灭失进行投保,而如果抵押物的全部价值超过所担保的债权时——则保险金额以不低于债权的数额为限;

(2) 采取必要的措施以保证抵押物的完好,包括保护其不受第三人的侵害和追索;

(3) 当抵押物出现灭失或者损坏的危险时,应立即将有关情况通知另一方。

2. 抵押权人和抵押人有权凭单证检查被对方占有的抵押物是否真实存在以及其数量、状况和保管的条件。

3. 如果抵押权人严重违反本条第1款规定的义务而使抵押物出现损坏或者灭失的危险,则抵押人有权请求提前解除抵押。

第344条 抵押物损坏或者损灭的后果

1. 抵押人应承担抵押物意外灭失或者意外损坏的风险,但抵押合同有不同规定的除外。

2. 抵押权人对已移转给他的抵押物的全部或者部分损坏、灭失负责,除非他能证明他能根据本法典第401条的规定而免除责任。

在抵押物灭失时,抵押权人就抵押物的实际价值负责;而在抵押物受到损坏时,则对价值的降低承担责任,而不论在该抵押物交付抵押权人时的价值如何。

如果抵押物因受到损坏而发生改变,致使不能按其直接用途利用,则抵押人有权拒绝接受抵押物并要求按抵押物的灭失进行赔偿。

合同可以规定抵押权人因抵押物的灭失或者损坏而引起的抵押物的其他损失的赔偿责任。

如果抵押人为抵押担保之债的债务人,则有权将对抵押权人因灭失或者损害抵押物而引起的损害赔偿之请求权用于清偿抵押担保的债务。

第 345 条 抵押标的的更换及复原

1. 经抵押权人同意,抵押标的可以更换,但法律或者合同有不同规定的除外。

2. 如果抵押标的灭失、损坏或者其所有权、经营权根据法律规定的原因而终止,则抵押人有权在合理的期限内复原抵押标的或者用价值相等的其他财产进行更换,但合同有不同规定的除外。

第 346 条 抵押标的的使用和处分

1. 如果合同没有不同规定且抵押的性质没有不同的,抵押人有权按照抵押标的的用途使用之,并有权得到因使用而产生的天然孳息和法定孳息。

2. 如果合同没有不同规定且抵押的性质没有不同的,抵押人只有在征得抵押权人的同意后才有权让渡抵押标的,将其出租、无偿提供第三人使用或者以其他的方式进行处分。

限制抵押人以遗嘱处分抵押财产的协议无效。

3. 只有在合同规定的情况下,抵押权人才有权使用交付给他的抵押标的,并应定期向抵押人提供使用情况的报告。依照合同,抵押权人还可以承担义务为清偿主债务或为了抵押人的利益而从抵押物中获得天然孳息和法定孳息。

第 347 条 抵押权人对自己于抵押物上之权利的保护

1. 占有或者应当占有抵押财产的抵押权人有权请求非法占有人返还抵押物,其中包括抵押人的占有(第 301 条、第 302 条、第 305 条)。

2. 在合同规定抵押权人有权使用移转给他的抵押物时,他有权要求包括抵押人在内的其他人停止对其权利的一切侵害,即使这些侵害与使之失去对抵押物的占有没有关系(第 304 条、第 305 条)。

第 348 条 对抵押财产进行追偿的根据

1. 如果债务人不履行或不适当履行抵押所担保的债务系由于债务人应该负责的原因而发生,则可以为满足抵押权人(债权人)的债权而对抵押物进行追偿。

2. 如果债务人对担保债务的违反极其轻微,抵押权人请求的数额与被保证的债权明显不相符,则可以拒绝对抵押物的追偿。

第 349 条 对抵押财产进行追偿的程序

1. 以不动产抵押物对抵押权人(债权人)债权的满足应根据法院的判决进行。

如果在发生对抵押标的进行追索的根据后抵押权人与抵押人签订了协议,且该协议又经过了公证,则允许不经过法院而直接以抵押的不动产满足抵押权人的债权。如果该协议损害了他人的利益,则法院可以根据该他人的请求认定该协议无效。

2. 如果抵押人和抵押权人的协议中没有不同规定,则抵押权人和债权可以根据法院的判决用抵押动产进行补偿。但是对移转给抵押权人的抵押标的的追偿可以根据抵押合同规定的程序进行,但法律规定了不同程序的除外。

3. 在下列情形之一的,对抵押物的追索只有根据法院的判决进行:
(1) 订立抵押合同需要其他人或者机关的同意或者批准;
(2) 抵押标的是对社会具有重大历史、艺术或者其他的文化价值的财产;
(3) 抵押人不在并且不能确定其下落。

第 350 条 抵押财产的变卖

1. 按照本法典第 349 条的规定对抵押财进行追索时,应当按照诉讼法规定的程序通过拍卖的方式进行变卖,但法律规定有不同程序的除外。

2. 根据抵押人的要求,法院有权在关于对抵押物的追偿的判决定中将公开拍卖的期限延期一年。延期并不影响抵押财产所担保的债权和债务,也不免除债务人赔偿债权人在延期中所增加的损失和违约金。

3. 在按司法程序对抵押财产进行追偿时,抵押财产拍卖的起价由法院决定,在其他场合则由抵押人与抵押权人之间的合同决定。

抵押财产应卖与在拍卖中出价最高的人。

4. 在宣布流拍的情况下,抵押权人有权根据与抵押人协议购买该项抵押财产并以买价抵消抵押所担保的债权。对这种协议适用关于买卖合同的规则。

在第二次宣布流拍的情况下,抵押权人有权以不低于第二次拍卖起价的 10% 的价格购买抵押物。

如果抵押权人在宣布第二次流拍之日起的 1 个月内没有行使自己购买抵押物的权利,则抵押合同终止。

5. 在抵押物的拍卖所得不足以清偿抵押权人的债权的情况下,如法律或者合同没有不同规定,则抵押权人有权从债务人的其他财产中得到清偿,但不享有基于抵押的优先权。

6. 如果抵押物的拍卖所得高于被担保抵押权人的债权,则差额应返还抵押人。

7. 债务人以及作为抵押人的第三人,在抵押物出卖前的任何期间均有权清偿被担保的债务或者债务中延误履行的部分从而终止对抵押物的追索和拍卖。

限制此权利的协议自始无效。

第 351 条　对被担保债务的提前履行以及对抵押物的追索

1. 有下列情况之一的,抵押权人有权请求被担保债务的提前履行:

（1）抵押人没有遵守抵押合同规定的条件而使本应由其占有的抵押物脱离其占有；

（2）抵押人违反了有关更换抵押物的规则（第 345 条）；

（3）非因抵押权人应负责的原因而使抵押物灭失,而抵押人没有行使本法典第 345 条第 2 款规定的权利。

2. 抵押权人有权要求提前被担保债务的履行,如果其债权没有得到满足,则在有下列情形之一时有权对抵押物进行追索:

（1）抵押人违反关于后来抵押的规定（第 342 条）；

（2）抵押人违反了本法典第 343 条第 1 款第 1 项和第 2 项的规定以及第 2 款的规定。

（3）抵押人违反了关于抵押物处分的规则（第 346 条第 2 款）。

第 352 条　抵押的终止

1. 抵押因下列原因之一而终止:

（1）抵押所担保的债务终止；

（2）存在本法典第 343 条第 3 款规定的原因而应抵押人的请求；

（3）抵押物灭失或者抵押权终止,而抵押人没有行使本法典第 345 条第 2 款规定的权利；

（4）抵押物公开拍卖或者抵押物的出卖成为不可能（第 350 条第 4 款）。

2. 关于不动产抵押终止的事项,应当在不动产抵押合同登记簿上进行注销登记。

3. 在抵押因被抵押所担保的债务履行或者应抵押人的请求（第 343 条第 2 款）而终止时,占有抵押物的抵押权人应立即将抵押物返还给抵押人。

第 353 条　抵押物之上的物权移转于他人时抵押的保留

1. 在抵押物的所有权、经营权因该财产的有偿或者无偿转移或者以总括继受的方式转移给他人时,抵押权仍然有效。

抵押人的继受人代替抵押人的地位并承继其全部义务,但与抵押权人的协议有不同规定的除外。

2. 如果作为抵押标的的财产按权利继受程序而移转于几个人,则每一个继受人(财产取得人)应按所继受的份额承担不履行被抵押债务的后果。但是,如果抵押物为不可分物或者因其他原因而为继受人共有时,则他们成为连带抵押人。

第 354 条　强制收缴抵押物的后果

1. 如果抵押人对作为抵押标的的财产的所有权依法律规定的根据和程序而终止,因国家或者自治地方的需要而被征缴(赎买)、被征用或国有化而给抵押人提供其他的财产或者给予相应补偿,则抵押权及于替代的财产之上,或者抵押权人相应地取得从抵押人应得的补偿中优先满足其债权的权利。抵押权人还有权请求提前履行抵押所担保的债务。

2. 如果因作为抵押标的的财产实际上为第三人所有(第 301 条),或因实施犯罪行为或者其他违法行为而受到制裁(第 243 条)等原因而被依法定程序从抵押人那里收缴了抵押物,则对该财产的抵押终止。在此情况下抵押权人有权要求提前履行被担保的债务。

第 355 条　抵押合同权利的转让

抵押权人有权依照债权人让与请求权的规则(第 382 条至第 390 条)将自己的抵押合同权利转让给其他人。

如果抵押所担保的对债务人的主债转移给他人时,抵押权人将抵押合同权利向同一人的转让有效。

如果不能证明相反的情况,不动产抵押合同权利的转让也意味着不动产所担保的债权的转让。

第 356 条　抵押所担保之债的债务移转

如果抵押人没有向抵押权人表示同意对新的债务人承担责任,则抵押随着抵押担保之债的债务移转给他人而终止。

第 357 条　流通商品抵押

1. 流通商品抵押是指由抵押人占有,享有改变抵押财产(储备商品、原料、材料、半成品、成品等)的组成和自然形态的权利,其条件是财产的总价值不少于抵押合同中所规定数额的商品抵押。

被抵押流通商品价值的减少与抵押所担保的债务已履行部分相当时才得允许,但合同有不同规定的除外。

2. 抵押人让渡的流通商品自其所有权、经营权或者业务管理权移转于取得人之时起便不再是抵押标的,而抵押人取得的抵押合同所列商品自抵押人产生所有权或者经营权之时起成为抵押标的。

3. 流通商品的抵押人必须备制抵押记录簿,在记录簿上应当记载商品抵押的条件以及截至最后业务之日的可能引起抵押标的组成或者自然形态发生的变化,包括加工在内的一切业务。

4. 如果抵押人违反流通商品抵押的条件,抵押权人有权通过对抵押商品加以自己的标志和印章以中止一切业务,直至消除违反。

第358条　典当物的抵押

1. 为担保短期贷款而接受公民的个人消费品作抵押,可由专门组织——典当行作为其经营活动而进行。

（2003年1月10日第15号联邦法律修订）

2. 典当物抵押合同的合同以典当行开出当票的形式办理。

3. 抵押物应移转给典当行。

典当行必须以自己的费用为抵押物按其估价进行全额保险,受益人为抵押人。典当物的估价依照接受抵押之时对该种类及质量之物所评估的通常交易价格确定。

典当行无权使用和处分抵押物。

4. 典当行对抵押物的灭失和损坏承担责任,但如果能证明灭失或者损坏是由不可抗力所引起的除外。

5. 如果在规定的期限内,没有偿还抵押物所担保的贷款,典当行有权在1个月的优惠期限届满后按照公证机关的执行背书和变卖抵押物的法定程序（第350条第3款、第4款、第6款和第7款）出卖该物。在此之后,典当行对抵押人（债务人）的请求权消灭,即使变卖抵押物之所得不足以满足其债权。

6. 典当行在公民以其所有物抵押情况下向公民贷款的规则,由法律按照本法典另行规定。

7. 典当物抵押合同的条款,如规定的抵押人权利少于本法典和其他法律规定的权利,自始无效。同时,应适用法律的相应规定以代替这些条款。

第四节　留　　置

第359条　留置的根据

1. 如果债权人占有应当交给债务人或者债务人所指定的人的物,而债务人没有按期支付该物的价款或者偿付与之有关的费用和其他损失,则债权人有权将该物留置,直到相应的债务得到履行。

请求权虽与给付物的价款、偿付物的费用或其他损失无关,但产生于双方当事人均为经营者的债,也可以用物的留置进行保障。

2. 即使在债权人对物发生占有之后物之权利由第三人取得,债权人仍可对该物进行留置。

3. 本条规定适用于合同没有不同约定的情形。

第 360 条　以留置物清偿债权

对物进行留置的债权人的请求权,按照对抵押担保之请求权清偿的程序和范围,从留置物的价值中清偿。

第五节　保　　证

第 361 条　保证合同

根据保证合同,保证人承担义务,向另一人的债权人保证该人全部或部分履行债务。

保证合同也可以为保证将来发生的债务进行而签订。

第 362 条　保证合同的形式

保证合同应当以书面形式签订。不遵守书面形式的保证合同一律无效。

第 363 条　保证人的责任

1. 债务人没有履行或者没有正确履行被保证的债务时,保证人与债务人向债权人负连带责任,但法律或者保证合同规定保证人承担补充责任的情形除外。

2. 保证人对债权人之责任的范围与债务人相同,包括利息、因追偿债务而发生的费用以及因债务人没有履行或者没有正确履行债务而引起的其他损失,但保证合同有不同规定的除外。

3. 共同保证人向债权人负连带责任,但保证合同有不同规定的除外。

第 364 条　保证人对债权人请求的异议权

保证人对债务人的请求有权提出债务人可以提出的一切异议,但保证合同有不同规定的除外。即使在债务人不行使该项权利或者已经承认自己债务的情况下,保证人仍不失去此项权利。

第 365 条　保证人在履行了保证责任后的权利

1. 在保证人履行了保证义务后,债权人的权利以及作为抵押权人的权利在保证人清偿债权人之债权的范围内移转给保证人。保证人还有权请求债务人支付给付债权人款项的利息以及要求债务人赔偿为债务人负责而遭受的其他损失。

2. 在保证人履行了保证责任后之后,债权人应向保证人出具有关以债务人的债权证明文件,并移转担保该请求权的权利。

3. 如果法律、其他法律文件没有不同规定,债务人与保证人订立的合同或者其之间的关系无不同约定,则适用本条规定。

第 366 条 债务人履行债务后对保证人的通知

债务人在履行被保证的债务后,应立即将此情通知保证人。否则,若保证人再履行了债务,则有权要求债权人返还不当得利或者向债务人提出返还代偿的请求。在后一种情况下,债务人仅有权向债权人追索不当得利。

第 367 条 保证的终止

1. 保证随着被保证债务的终止而终止,以及因非经保证人同意而发生变更,致使其责任增大或者其他对保证人的不利后果而终止。

2. 如果保证人未同意为新的债务人向债权人承担保证责任,则保证随被保证之债移转于他人而终止。

3. 保证因债权人拒绝债务人或者保证人提出的正确履行而终止。

4. 保证因保证合同规定的保证期限届满而终止。如果保证合同没有规定此期限,债权人自被保证之债履行期满之日起的 1 年内没有向保证人提出要求,则保证终止。如主债的履行期限不明并且不能确定或者以请求的时刻来决定,而债权人在保证合同签订之日起的 2 年内没有向保证人提出履行的要求,则保证终止。

第六节 银 行 保 证

第 368 条 银行保证的概念

根据银行保证,银行、其他信贷机关或者保险机构(保证人)根据他人(主债务人)的请求出具书面保证,保证根据保证人所提供的保证条件,在主债务人的债权人提出书面支付请求时向主债权人支付一定数额的金钱。

第 369 条 银行保证对主债务人债务的担保

1. 银行保证向主债权人保证主债务人正确履行其债务(主债)。

2. 因保证人出具银行保证,主债务人应向保证人给付报酬。

第 370 条 银行保证对主债务的独立性

银行保证所规定的保证人对主债务人的责任在其相互之间的关系上独立于

银行保证所担保的主债务,即使在保证中援引有关该债务的条文。

第 371 条　银行担保的不可撤销性

银行担保不可由保证人撤销,但在保证中有不同规定的除外。

第 372 条　银行保证权利的不可转让性

银行保证中属于主债权人对保证人的请求权不能转让给第三人,但保证中有不同规定的除外。

第 373 条　银行保证的生效

银行保证自其开出之日起生效,但保证中有不同规定的除外。

第 374 条　银行保证请求权的提出

1. 主债权人依银行保证对保证人支付金钱的请求应当以书面形式向保证人提出,并附有保证所规定的文件。在请求书或者在附件中,主债权人应当指出主债务人违反银行保证所担保的主债务的事实。

2. 主债权人对保证人的请求应当在保证规定的期限届满前提出。

第 375 条　保证人对主债权人请求的审查义务

1. 在收到主债权人提出的请求,保证人应立即将此通知主债务人并向他提出与之有关的所有文件的复印件。

2. 保证人应当在合理的期限内审查主债权人的请求及所附的文件,并表现出合理的关心,以确定该请求及所附文件是否符合保证条件。

第 376 条　保证人对主债权人请求的拒绝

1. 如果主债权人的请求或者所附文件与保证条件不相符合,或者是在保证所规定的期限届满后才提出的,则保证人可以拒绝满足主债权人的请求。

保证人应立即将拒绝满足主债权人请求的事宜通知主债权人。

2. 如果保证人在满足主债权人的请求之前已经获悉银行保证所担保的主债的全部或相关部分已经履行,主债因其他理由终止或者无效,保证人应当立即将此情况通知主债权人和主债务人。

在通知之后保证人收到主债权人的再次请求的,保证人应当满足该请求。

第 377 条　保证人债务的界限

1. 在银行保证中保证人对主债权人的债务以支付保证写明的数额为限。

2. 保证人因没有完成或者没有正确完成保证债务而对主债权人所负的责任,不以保证所写明的数额为限,但保证合同中有不同约定的除外。

第 378 条　银行保证的终止

1. 保证人根据保证而对主债权人的债务因下列原因之一而终止：

（1）向主债权人支付保证书所写明的数额；

（2）保证中所指明的保证期限届满；

（3）主债权人放弃保证权利或者将保证书退还于保证人；

（4）主债权人以书面声明解除保证人的保证债务的方式放弃其权利。

根据本款第 1、2、4 项所列根据而终止保证人之责任的，不依是否将保证书返还于保证人为转移。

2. 保证人如果获悉保证已经终止，应当立即将此情况通知主债务人。

第 379 条　保证人对主债务人的返还请求权

1. 保证人通过返还代偿程序要求主债务人赔偿保证人根据银行保证向主债权人所支付数额的权利，由保证人与主债务人之间的关于保证的协议决定。

2. 保证人无权要求主债务人偿还非依保证条件所支付的或者因其违反对主债权人的义务而支付给主债权人的费用，但保证人与主债务人的协议有不同规定的除外。

第七节　定　　金

第 380 条　定金的概念　定金合同的形式

1. 定金是订立合同的一方为证明合同的签订和保证合同的履行而支付给对方的依照合同应支付的一定数额的金钱。

2. 不论定金的数额多少，定金合同均应采取书面形式。

3. 在对于一方依合同应支付的一定数额的金钱是否为定金存有异议时，包括在没有遵守本条第 2 款的规定时，所支付的金钱视为预付款，有相反证据证明的除外。

第 381 条　定金所担保债务的终止及不履行时的后果

1. 在债务开始履行前因双方协议或者履行不能（第 416 条）而终止债务的，定金应当返还。

2. 如果给付定金的一方没有履行债务的，定金归另一方；如果接受定金的一方不履行债务的，他应当双倍返还定金给另一方。

除此之外，如果合同没有不同规定，对合同的不履行负有责任的一方，必须向另一方赔偿损失，但应扣除定金的数额。

第三编 债法总则·第一分编 关于债的一般规定

第二十四章 债之移转

第一节 债权人债权的移转

第382条 债权人债权移转的根据及程序

1. 属于债权人的债权(请求权)可以根据法律行为(债权让与)或者根据法律移转给他人。

债权人的债权移转给第三人的规定不适用于返还代偿请求权。

2. 债权人的债权移转给第三人时,不需要债务人的同意,但合同或者法律有不同规定的除外。

3. 如果债权人没有将债权移转的事实书面通知债务人,则新的债权人应承担因此而引起的一切不利后果的风险。在此情况下,对原债权人的履行视为对适当债权人的履行。

第383条 不能移转于他人的权利

与债权人的人身不可分割的权利,包括抚养费请求权、因生命或者健康受到损害而产生的赔偿请求权,不得移转。

第384条 债权移转的范围

如果法律或者合同没有不同规定,原债权人移转于新债权人的债权的数额及条件,以移转之时所存在者为限。担保债务履行的权利以及包括未支付的利息在内的与请求权有关的其他权利也一并移转于新的债权人。

第385条 新债权人权利的证据

1. 在新债权人出示证明债权移转的证据之前,债务人有权拒绝对之履行债务。

2. 将债权移转于他人的债权人有义务将有关债权的证明文件移交于该第三人,并将对债权的履行具有意义的信息材料通知该人。

第 386 条 债务人对新债权人请求权的异议

债务人在收到关于债权移转于新债权人的通知后,对原债权人所提出的一切异议,均有权对新债权人提出。

第 387 条 根据法律而进行的债权移转

有下列法律规定的情形之一时,债权人的债权依法移转于第三人:

对债权人债权的总括继受;

根据法院的判决而将债权人的债权移转于第三人,如果依据法律规定这种移转是可能的;

非为债务人的保证人或者抵押人履行了债务人的债务;

在保险事故的责任人为债务人时债权人对债务人的债权移转于保险人;

在法律规定的其他情况下。

第 388 条 债权让与的条件

1. 在不与法律、其他法律文件或者合同相抵触的条件下,允许债权人将债权让与第三人。

2. 如果债权人的人身对债务人具有实质性意义时,则非经债务人的同意,债权不得移转。

第 389 条 债权移转的形式

1. 债权所赖以产生的法律行为为一般书面形式或者经公证的合同时,则权的移转应当以相应的书面形式而完成。

2. 如果债权所赖以产生的法律行为要求国家登记,则债权的移转应当按照法律对该类法律行为规定的登记程序进行登记,但法律有不同规定的除外。

3. 指示有价证券权利的转让以对该种证券进行背书(第 146 条第 3 款)的方式实施。

第 390 条 债权移转后债权人的责任

移转债权的原债权人对新债权人就债权移转的非有效性负责,但不对债务人不履行债务承担责任,除非原债权人向新债权人为债务人提供了保证。

第二节　债务的移转

第 391 条　债务移转的条件和形式

1. 只有在征得债权人同意时,债务人方得将其债务移转于第三人。
2. 债务移转的形式分别适用本法典第 389 条第 1 款和第 2 款的规定。

第 392 条　新债务人对债权人债权的异议

新债务人有对债权的请求提出基于债权人与原债务人之间关系的异议。

第三编 债法总则·第一分编 关于债的一般规定

第二十五章 违反债务的责任

第393条 债务人赔偿损失的义务

1. 债务人有义务向债权人赔偿未履行债务或者未正确履行债务而造成的损失。

2. 损失的数额依照本法典第15条规定的规则确定。

3. 如果法律、其他法律文件或者合同没有不同规定,在确定损失时以债务人应当履行债务的地点及债务人自愿履行债务的日期的价格为准,而在非自愿履行的情况下,则以债务人应当履行债务的地点及提起诉讼之日的价格为准。根据情形,法院可以根据判决作出之日的价格满足债权人关于赔偿损失的请求。

4. 在确定债权人的预期利益时,应将债权人为取得该利益所采取的措施及为此目的而已做的准备计算在内。

第394条 损失与违约金

1. 如果对不履行债务或者不正确履行债务规定了违约金,则损失的赔偿以违约金不足以弥补损失的部分为限。

法律或者合同可以规定下列办法:或者允许只追索违约金而不追索损失;或者除违约金外追索全部损失;或者可以根据债权人的选择追索违约金,或者要求赔偿损失。

2. 如果对不履行或者不正确履行债务规定了有限责任(第400条),应予赔偿的违约金未能弥补的那部分损失,或除违约金外的全部损失,或者代替违约金的损失,均应在该限制规定的范围内进行追偿。

第 395 条　不履行金钱债务的责任

1. 通过非法截留、拒不返还以及其他延期支付、不当得利、以他人的金钱储蓄等方式而利用他人金钱的，应当支付相当的利息。利息的数额按照债权人的住所地（债权人为法人的，为其所在地）金钱债务或者相应部分履行之日银行利息贴现率确定。以诉讼程序追偿债务的，法院可以根据提起诉讼或者作出判决之日的银行利息贴现率为准对债权人的债权进行清偿。如果法律或者合同对利息的数额无不同规定时，适用该规定。

2. 如果非法利用债权人的金钱而对其造成的损失超过本条第 1 款规定的利息数额的，债权人还有权要求债务人赔偿超过的部分。

3. 对利用他人金钱的利息追索，如果法律、其他法律文件或者合同没有规定更短期限的，则计算至向债权人支付这些资金之日（含本日）。

第 396 条　责任及债的实物履行

1. 因没有正确履行债务而支付违约金或者赔偿损失，并不解除债务人以实物履行的责任，但法律或者合同有不同规定的除外。

2. 因没有履行债务而赔偿了损失同时因没有履行债务而支付违约金，解除债务人实物履行的责任，但法律或者合同有不同规定的除外。

3. 债权人拒绝接受因迟延履行而对其预期利益的履行（第 405 条第 2 款），以及支付了以赔偿金（第 409 条）形式规定的违约金，则解除债务人实物履行的责任。

第 397 条　以债务人的费用履行债务

如果债务人未向债权人履行物的制作并将物移转归债权人所有、经营、管理、使用，或者未履行完成一定的工作、提供服务等债务，而法律、其他法律文件、合同或者债务的性质没有其他要求，则债权人有权在合理的期限内以合理的价格委托第三人履行或者亲自履行，同时有权要求债务人赔偿必要的费用和其他损失。

第 398 条　未履行移转特定物之债的后果

在没有完成将特定物交付给债权人所有、经营、管理或者归其有偿使用的债务时，债权人有权按债规定的条件要求债务人返还该物并交给债权人。如果该物已经移转给享有所有权、经营权、业务管理权的第三人，则债权人不再享有该权利。如果物尚未移转，债权最先产生的债权人享有优先权，而当不能确定时，最早提起诉讼的债权人享有优先权。

债权人有权要求赔偿损失以替代移转债之标的物的请求权。

第 399 条　补充责任

1. 对根据法律、其他法律文件或者合同条款对主债务人的责任承担补充责任的其他人提出请求前,债权人应当向主债务人提出请求。

如果主债务人拒绝债权人的履行请求或者债权人未在合理的期限内得到债务人对请求的答复,则该请求可以向承担补充责任的人提出。

2. 如果该请求可以通过与主债务人抵消的方式予以满足或者对主债务人的追索没有争议,则债权人无权要求承担补充责任者满足对主债务人的请求。

3. 承担补充责任者在满足债权人向他提出的请求前,应当将此情况通知主债务人,如果已向承担补充责任的人提起诉讼,则应让主债务人参加诉讼。否则,主债务人有权提出他可以向债权人提出的异议,以对抗承担补充责任者的返还代偿请求。

第 400 条　对债之责任范围的限制

1. 对特定种类的债以及与特定活动有关的债,法律可以对要求全额赔偿损失的权利作出限制(有限责任)。

2. 在加入合同或者债权人是作为消费者的公民的其他合同关系中,如果对该类债的责任数额或违约责任数额为法律所确定,并且协议是在因未履行或者未正确履行债务而引起责任的情形出现之前而签订的,则限制债务人责任数额的协议自始无效。

第 401 条　违反债之责任的根据

1. 对债没有履行或者没有正确履行的人在具有过错(故意或者过失)的情况下应承担责任,但法律或者合同规定了不同责任根据的情形除外。

如果以债的特点或者交易条件所要求的关心和注意态度为正确履行债务而采取了所有必要措施者,视为无过错。

2. 无过错的证明责任由违反债的人承担。

3. 如果法律或者合同没有不同规定,则在进行经营活动中没有履行或者没有正确履行债务的人,应当承担责任,除非他能证明不能履行是因不可抗力而致,也即在该条件下非常的和不能防止的情况所致。债务人的另一方当事人违反义务、市场上缺乏履行债务所需要的商品、债务人缺乏必要的资金均不属于上述情形。

4. 事先签订的关于排除或者限制故意违反债之责任的协议自始无效。

第 402 条　债务人对自己雇员的责任

债务人的雇员履行债务人之债务的行为视为债务人的行为。如果这些行为致使债未履行或者未正确履行,则债务人应对这些行为负责。

第 403 条 债务人对第三人行为的责任

债务人对受托履行债务的第三人的未履行或者未正确履行负责,但法律规定责任由作为直接履行人的第三人承担的除外。

第 404 条 债权人的过错

1. 如果债的不履行或者不正确履行是因双方的过错所致,法院应相应地减少债务人的责任。如果债权人故意或因过失促使债的未履行或者未正确履行而引起的损失扩大,或者未采取合理措施减少损失,法院也有权减轻债务人的责任。

2. 本条第 1 款的规则也相应地适用于债务人不论是否有过错均根据法律或者合同对债的没有履行或者未正确履行承担责任的情形。

第 405 条 债务人迟延

1. 债务人对迟延履行造成的损失以及在延迟期间意外发生的不能履行的后果,向债权人承担责任。

2. 如果因债务人迟延而使债务履行对债权人已无利益,债权人可以拒绝接受履行并要求赔偿损失。

3. 在债权人的迟延未使债不能履行之前,债务人不被视为迟延。

第 406 条 债权人迟延

1. 如果债权人拒绝接受债务人提供的正确履行或者没有完成法律、其他法律文件、合同规定、根据交易习惯或者债之性质应为的行为,而在该行为完成前债务人又不能履行自己的债务的,即为债权人迟延。

在有本法典第 408 条第 2 款规定的情形时,债权人也被视为迟延。

2. 如果债权人不能证明迟延是因非由其个人或者根据法律、其他法律文件或者债权人的委任而代为接受履行者应负责任的情形所致,则在债权人迟延的情况下,债务人有权要求债权人赔偿因其迟延而造成的损失。

3. 在金钱之债中,债务人没有义务支付债权人迟延期间的利息。

第三编 债法总则·第一分编 关于债的一般规定

第二十六章 债的终止

第 407 条 债终止的根据

1. 债依本法典、其他法律文件或者合同规定的根据而全部或者部分终止。
2. 只有在法律或者合同规定的情况下,债才可以因一方的请求而终止。

第 408 条 债因履行而终止

1. 债因正确履行而终止。
2. 债权人在接受履行时有义务根据债务人的要求向其开出接受全部或者部分履行的收据。

如果债务人给债权人出具了证明债务的债务文件,则债权人在接受履行时应将该文件退还债务人,在退还不能时,应在他开出的收据中指明这一情形。也可以用在退还的债务文件上背书的方式代替收据。除非能证明不同的情况,则债务文件由债务人占有即证明债的终止。

如果债权人拒绝开出收据,退还债务文件,或者不在收据中标明不退还债务文体,则债务人有权延缓履行。在此情形下视为债权人迟延。

第 409 条 补偿金

根据双方的协议,债可因支付补偿金(支付金钱、移转财产等)代替履行而终止。补偿金的数额、支付期限及交付程序由双方决定。

第 410 条 债因抵消而终止

债可以用到期的、未规定期限的或按提出请求时间确定履行期限的同类相对请求权的抵消而全部或者部分终止。只要一方提出即可进行抵消。

第 411 条 抵消的禁止

在下列情形下禁止请求权的抵消:

根据另一方的请求对债应当适用诉讼时效期,而该期限已经届满;

关于生命或健康的损害赔偿;

关于赡养费的追偿;

终生抚养金;

法律或者合同规定的其他情形。

第 412 条　债权让与时的抵消

在债权让与时,债务人有权以自己对原债权人的相对请求权的抵消对抗新债权人的请求权。

如果请求权产生的根据是债务人得到关于债权让与的通知时已经存在,并且请求权的期限在其收到通知时已到或者该期限没有指明或者以提出请求时间来决定,则抵消可以进行。

第 413 条　债因债权人与债务人为同一人而终止

债因债务人与债权人为同一人而终止。

第 414 条　债因更新而终止

1. 债因双方关于用相同当事人、但标的或履行方式不同的新债代替他们之间的初始之债(债的更新)的协议而终止。

2. 在与生命、健康的损害赔偿或者支付赡养费有关的债中,不允许债的更新。

3. 债的更新终止与初始之债有关的附随义务,但如果双方协议有不同约定的除外。

第 415 条　债的免除

债因债权人免除债务人的债务而终止,如果这不损害其他人对债权人之财产权利。

第 416 条　债因履行不能而终止

1. 债因履行不能而终止,如果履行不能是因任何一方均不应当负责任的情况所引起的。

2. 如果债务人履行不能是因债权人的过错行为所致,则债权人无权要求返还他的履行。

第 417 条　债因国家机关的文件而终止

1. 如果因国家机关颁布文件而使债的履行变为全部或者部分不能时,债全部或者相应部分终止,因此而遭受损失的当事人有权依照本法典第 13 条和第

16 条的规定要求赔偿。

2. 如果根据双方的协议或者债的性质无其他异议,并且履行不损害债权人利益,当债之终止所依赖的国家机关文件根据法定程序被确认无效时,债权债务关系恢复。

第 418 条 债因公民死亡而终止

1. 如果无债务人亲自参加即为不能履行或者债因其他原因而使之履行与债务人人身不可分离,则债因债务人的死亡而终止。

2. 如果债的履行事先专为债权人个人所设立或者债因其他原因与债权人的人身不可分离,则债因债权人的死亡而终止。

第 419 条 债因法人的清算而终止

债因法人(债权人或者债务人)的清算而终止,但法律或者其他法律文件规定将法人之债(生命或者健康的损害赔偿请求权等)的履行移转于他人的情形除外。

第三编债法总则·第二分编关于合同的一般规定

第二十七章 合同的概念及条件

第 420 条 合同的概念

1. 合同是两人或者几人关于设立、变更或者终止民事权利或者民事义务的协议。

2. 对合同适用本法典第九章规定的关于双方法律行为及多方法律行为的规则。

3. 对因合同所生之债适用关于债的一般规定（第 307 条至第 419 条），但本章及本法典所含的各有名合同有不同规定的除外。

4. 对超过两个当事人订立的合同适用关于合同的一般规定，但与该合同的多方性质相抵触的除外。

第 421 条 合同自由

1. 公民和法人在订立合同上享有自由。

禁止强制订立合同，但本法典、其他法律规定有订立合同义务以及自愿接受的情形除外。

2. 当事人可以订立法律或者其他法律文件规定的或者未规定的合同。

3. 当事人可以订立含有法律或者其他法律文件规定的各种合同成分的合同（混合合同）。对混合合同中当事人之间的关系，如果当事人的协议没有其他规定或从混合合同的实质未得出不同结论，则混合合同含有哪种合同成分，就在相应部分适用关于哪种合同的规则。

4. 合同条款根据当事人的意志决定，但相应条款的内容为法律或其他法律文件规定的情形除外（第 422 条）。

如果合同条件为规范所规定，而该规范的适用以当事人协议没有不同规定的为限（任意性规范），则当事人可用协议排除规范的适用或者约定有别于规范规定的条件。在没有这样的协议时,合同条款由任意规范决定。

5. 如果当事人的协议或任意性规范均未规定合同条件,相应的合同条款由适用于当事人关系的交易习惯确定。

第 422 条　合同与法律

1. 合同应当符合合同订立时有效的法律或者其他法律文件规定的对当事人具有强制力的规范(指令性规范)。

2. 如果在合同订立后通过了新的法律,而新法律规定了对当事人具有强制力的又与订立合同时有效的规则不同的规则,则已订立合同的条款依然有效,但新法律规定其效力及于在以前订立的合同的情形除外。

第 423 条　有偿合同与无偿合同

1. 根据合同一方因履行自己的义务而应当得到付款或者其他相对的给付的,为有偿合同。

2. 根据合同一方承担义务向另一方提供给付而不从对方得到付款或者其他对应给付的,是无偿合同。

3. 如果从法律、其他法律文件、合同的内容或者实质不能得出不同结论,合同推定为有偿合同。

第 424 条　价格

1. 履行合同按双方协议的价格支付。

在法律规定的场合,适用被授权的国家机关规定的或调节的价格(服务价格、定价、税率等)。

2. 合同订立后,只有在按合同、法律规定的条件和场合或者依照法定的程序,才允许变更合同价格。

3. 如果在有偿合同中价格没有规定及根据合同条款也不能确定,则合同的履行应该按照可比情况下同类商品、工作或者服务的通常价格给付价款。

第 425 条　合同的效力

1. 合同自签订之时起生效并对当事人产生约束力。

2. 当事人有权规定他们所签订合同的条款适用于在合同签订之前产生的关系。

3. 法律或者合同可以规定合同有效期限届满即终止当事人的合同义务。

不包含这种条款的合同,视为在合同中规定的当事人完成履行之时到来之前为有效。

4. 合同有效期限的终结并不解除当事人因违反合同而生的责任。

第 426 条 公开合同

1. 公开合同是指由商业组织签订,规定因其活动性质而应对每个向其提出请求的人履行的在出售商品、完成工作或者提供服务义务的合同(零售商业、公共交通运输、邮电服务、供电、医疗、旅馆等)。

商业组织在签订公共合同方面没有权利对某人提供比他人更多的优惠,但法律或者其他法律文件规定的情形除外。

2. 在公共合同中商品、工作、服务的价格和其他条件对所有的消费者一律平等,除非法律或者其他法律文件允许对某类消费者提供优惠。

3. 当商业组织有可能为消费者提供相应的商品、服务和完成相应的工作之时,不得拒绝签订公共合同。

当商业组织无故拒绝签订公共合同时,适用本法典第 445 条第 4 款的规定。

4. 在法律规定的情况下,俄罗斯联邦政府可以颁布对当事人签订和履行公共合同有约束力的规则(标准合同、条例等)。

5. 没有遵守本条第 2、4 款规定的标准合同条款自始无效。

第 427 条 合同的示范条款

1. 合同中可以规定,合同的个别条款可以按照为相应种类合同制定并在出版物上公布的示范条款决定。

2. 在合同中不包含对示范条款的援引时,这些示范条款作为交易习惯适用于双方当事人的关系,如果这些条款应符合本法典第 421 条第 5 款及第 5 条的规定。

3. 示范条款可以用示范合同的形式或者以包含这些条款的其他文件表述。

第 428 条 附合合同

1. 附合合同是指合同的条款由当事人一方以表格或者其他标准形式决定,并且另一方只能以对之整体附合的方式接受的合同。

2. 合同的附合方有权要求撤销或者改变合同,如果附合合同即使不与法律或者其他法律文件相抵触,但它剥夺了附合方在该类合同中通常给予的权利,免除或者限制了被附合方在违反债务时的责任,或者含有其他在附合方能参与决定合同条款的情况下出于自己合理理解的利益不可能接受的对附合方设定负担的条款。

3. 在存在本条第 2 款规定的情形时,如果附合方知道或者应当知道签订合同的条件,则附合方因从事自己的经营活动而提出的要求变更或者解除合同的要求,不应予以满足。

第 429 条 预约合同

1. 根据预约合同,当事人承担义务依预约合同规定的条款在将来签订关于转移财产、完成工作或者提供服务的合同(主合同)。

2. 预约合同的形式应采取对主合同规定的形式而签订,如果没有规定主合同的形式时,则以书面形式签订。预约合同不按规定形式的,自始无效。

3. 预约合同应当包含决定主合同的标的,以及其他实质性条款的条款。

4. 在预约合同中应规定当事人必须签订主合同的期限。

如果在预约合同中没有确定该期限,则主合同应当在预约合同签订之日的1年内签订。

5. 当签订了预约合同的一方当事人拒绝订立主合同时,适用本法典第 445 条第 4 款规定的规则。

6. 如果直至当事人应当订立主合同的期限届满之时主合同没有签订或者一方当事人没有向另一方当事人发出订立主合同的建议,则预约合同规定的义务终止。

第 430 条 为第三人利益的合同

1. 为第三人利益的合同即是在合同中规定,债务人非向债权人,而是向合同中指定的或没有指定的第三人履行,该第三人有权要求债务人为自己的利益完成履行。

2. 自第三人向债务人表示行使合同规定的权利的意愿时起,当事人无第三人的同意便不得解除或者变更他们签订的合同,但如果法律、其他法律文件或者合同有不同规定的除外。

3. 合同债务人有权对第三人提出他可以向债权人提出的异议。

4. 在第三人拒绝合同为之规定的权利时,债权人可以享有该权利,但不得与法律、其他法律文件或者合同相抵触。

第 431 条 合同的解释

法院在对合同条款进行解释时,应注意其中的词语及表达的字面意义。当合同条款的字面意义不清时,应对照合同的其他条款及合同的整体意思进行解释。

当本条第一部分的规则不能确定合同内容时,应当考虑合同的目的而对当事人之总的确切意思进行解释。在此情况下,应注意到所有相关的情况,包括合同前的会谈和往来信函、当事人有相互关系中已确定的实际做法、交易习惯、当事人事后的行为。

第三编债法总则·第二分编关于合同的一般规定

第二十八章 合同的签订

第432条 合同签订的基本原则

1. 如果当事人就合同的所有实质性条款达成协议,并在必要情况下遵守了所要求的形式,则合同视为签订。

实质性条款是指关于合同标的的条款,法律或者其他法律文件对该类合同所要求的实质性或者必要条款,以及根据一方当事人的请求而应该达成协议的所有条款。

2. 合同通过一方当事人提出要约(订立合同的建议)和另一方当事人对要约的承诺(接受建议)的方式而订立。

第433条 合同签订的时间

1. 发出要约的当事人收到对要约的承诺的时间视为合同签订的时间。

2. 如果根据法律的规定签订合同必须交付财产的,该财产交付(第224条)的时间即为合同签订的时间。

3. 需要国家登记的合同,登记完成时间即为合同签订的时间,法律另有规定的除外。

第434条 合同的形式

1. 如果法律对该类合同的形式没有规定一定的形式,则合同可采用为实施法律行为规定的任何形式签订。

如果当事人约定以一定的形式签订合同,则合同具备约定的形式后即视为已经签订,即使法律对该类合同并不要求这种形式。

2. 以书面形式签订的合同可以通过由双方签字的一个文件进行,也可以通过邮件、电报、电传、电话、电子邮件以及其他可以证明文件是由合同的另一方当事人发出的通讯方式交换文件而签订。

3. 如果订立合同的书面建议依照本法典第 438 条第 3 款规定的程序被接受,合同的书面形式即视为已得到遵守。

第 435 条　要约

1. 要约是向一个或者几个特定的人发出的建议,该建议内容确定并且表示发出建议的一方有与接受建议的一方订立合同的意愿。

要约应当包括合同的实质性条款。

2. 要约自受要约人收到之时起对要约人产生约束力。

如果撤回要约的通知先于或者与要约本身同时到达受约人时,则视为没有收到要约。

第 436 条　要约的不可撤回性

受要约人收到的要约在规定的承诺期限内不得撤回,如果要约中没其他附带条件或者根据建议的性质或者作出建议的情况也不产生其他异议。

第 437 条　要约邀请　公共要约

1. 广告以及其他向非特定人发出的建议,视为要约邀请,但建议中有不同明确表示的除外。

2. 如果建议中包含了合同的全部实质性条款,并且从建议中可以看出建议人愿意与任何响应其建议的人订立合同意愿的,即为要约(公共要约)。

第 438 条　承诺

1. 受要约人对要约的接受即为承诺。

承诺应当全部并且无附带条件。

2. 沉默不是承诺,但从法律、交易习惯或者当事人以前的交易关系能得出不同结论的除外。

3. 受要约人在规定的承诺期限内实施履行合同条件的行为(运输商品、提供服务、完成工作、支付相应款项等)视为承诺,但如果法律、其他法律文件或者要约另有规定的除外。

第 439 条　承诺的撤回

如果撤回承诺的通知早于或者与承诺同时到达要约人,则承诺视为没有收到。

第 440 条　根据规定了承诺期限的要约签订合同

当在要约中规定了承诺的期限时,如果发出要约的人在要约规定的期限内收到承诺,则合同视为已经签订。

第 441 条　根据没有规定承诺期限的要约签订合同

1. 当在书面要约中没有规定承诺的期限时,如果要约人在法律或者其他法律文件规定的期限届满之前收到承诺,则合同视为签订,而如果法律或者其他法律文件也没有规定期限,则要约人在正常必需时间内收到承诺时合同视为已经签订。

2. 当要约以口头形式得出而无承诺期限时,如果另一方当事人立即表示承诺的,则合同视为已经签订。

第 442 条　迟到的承诺

当关于承诺的通知及时发出却迟到时,如发出要约的一方当事人没有及时将通知迟到的事宜通知另一方,则承诺视为并未迟到。

如果发出要约的一方及时通知另一方表示接受迟到的承诺,则合同视为已经签订。

第 443 条　带有不同条件的承诺

同意按非要约中提出的条件签订合同的答复,不是要约。

这种答复是拒绝承诺,同时也是新的要约。

第 444 条　合同签订的地点

如果合同中没有说明签订合同的地点,则合同视为在发出要约的自然人的居住地或者法人的住所地签订。

第 445 条　按必定程序签订合同

1. 根据本法典或者其他法律接受要约(合同草案)的一方必须签订合同时,该方应当在自收到要约之日起 30 日内向另一方发出关于承诺、或者拒绝承诺、或者按不同条件(对合同草案和分歧记录)承诺要约的通知。

发出要约的一方当事人在收到有义务订立合同的一方当事人关于以不同条件(对合同草案分歧意见的记录)的承诺通知时,有权在自收到该通知之日起的或者承诺期限届满之日起的 30 日内时将分歧意见交由法院审查。

2. 当根据本法典或者其他法律对发出要约(合同草案)的一方当事人必须订立合同时,并在 30 日内被发给对合同草案分歧意见记录的,该方必须在收到该分歧意见记录之日起的 30 日内通知对方关于接受修正的合同或者拒绝分歧意见记录。

在分歧意见记录被拒绝或者在上述期限内没有收到对分歧意见记录的审查结果时,发出分歧意见记录的一方有权请求法院审查签订合同时产生的分歧。

3. 如果法律或者其他法律文件没有规定不同期限或者双方当事人未能商定不同期限,则适用本条第 1 款、第 2 款规定的期限。

4. 根据本法典或者其他法律有义务签订合同的一方拒绝签订合同时,另一方当事人有权向法院提出强制签订合同的请求。

无正当理由拒绝签订合同的一方,应当向对方赔偿因此造成的损失。

第 446 条　定约前的纠纷

如签订合同出现的分歧根据本法典第 445 条的规定或者根据双方协议交由法院审理时,则当事人有分歧的合同条款根据法院的判决确定。

第 447 条　通过拍卖签订合同

1. 如果合同的性质无其他要求,合同可以通过拍卖的方式签订。合同与中标者签订。

2. 招标人可以是物之所有权人或者财产权的占有者或者专门组织。专门组织根据与物之所有权人或者财产的占有人订立的合同并以他们或者自己的名义为之。

3. 在本法典或者其他法律规定的场合,有关出卖财产或者财产权的合同只能通过拍卖的方式签订。

4. 拍卖或者招标的进行方式:

在拍卖中的中标者为出价最高者,而在招标中——是由招标的组织者事先指定的竞赛委员会断定的提出的最优条件者。

拍卖的形式由财产的所有权人或者销售财产的占有人决定,法律另有规定的除外。

5. 如果拍卖或者招标只有一人参加时,视为没有举行。

6. 本法典第 448 条、第 449 条规定的规则适用于执行法院判决而进行的公开拍卖,但如果诉讼法另有规定的除外。

第 448 条　拍卖的组织和进行程序

1. 拍卖和招标可以是公开的和非公开的。

在公开的拍卖和公开招标中,任何人均可参加。在非公开的拍卖和招标中只有为此目的而被专门邀请的人方可参加。

2. 如果法律没有其他规定,关于拍卖的通知应当在拍卖前不少于 30 天发布。在任何情况下,通知都应当包括拍卖的时间、地点和拍卖的形式,其标的和进行程序,其中包括参加的手续、对中标者的确定以及关于起拍价格的信息。

如果拍卖的标的仅仅是订立合同的权利,则在关于将要举行的拍卖的通知中应当指明签订合同的日期。

3. 如果法律或者举行拍卖的通知没有不同规定,公开拍卖的组织者在发出通知后有权在拍卖举行至少3天前的任何时间放弃拍卖,而在招标中则有权在招标举行前至少30天之前的任何时间放弃招标。

如果公开拍卖的组织者违反规定的期限放弃举行,则他有义务赔偿参加者由此而受到的直接损失。

非公开拍卖或非公开竞标的组织者有义务赔偿他所邀请的参加者的直接损失,而不论在通知发出后的何种时间内放弃拍卖和招标。

4. 拍卖的参加者按拍卖通知指出的程序、日期和数额交纳定金。在拍卖没有举行时,定金应当返还。定金还应当返还给参加了拍卖但未中标的人。

在与中标者签订了合同的情况下,其所交纳的定金视为对合同债务的履行。

5. 中标者与拍卖的组织者在拍卖或者招标的当日签署关于拍卖或招标结果的备忘录,该备忘录具有合同的效力。中标者拒绝签署备忘录的,将丧失所交纳的定金,而拍卖的组织者拒绝签署备忘录的,有义务双倍返还定金,并赔偿中标者因参加拍卖而引起的超过定金数额的损失。

如果拍卖的标的仅为签订合同的权利,则该合同应当由双方在拍卖和签署备忘录之日后20天内或者通知指出的另外日期内签订。当一方当事人拒绝签订合同时,另一方当事人有权请求法院强制其签订合同,并要求赔偿因拒绝签订合同而引起的损失。

第 449 条 违反拍卖规则的后果

1. 违反法律规定而举行的拍卖,可以被法院根据利害关系人提起的诉讼而确认其无效。

2. 拍卖被确认无效时,与中标者签订的合同无效。

第三编 债法总则·第二分编 关于合同的一般规定

第二十九章 合同的变更和解除

第450条 合同变更和解除的根据

1. 合同可以根据当事人的协议而变更或者解除,但本法典、其他法律或者合同另有规定的除外。

2. 只有在下列情况下,合同可以根据一方当事人的请求依法院的判决而变更或者解除:

(1) 另一方实质性违反合同;

(2) 在本法典、其他法律或者合同规定的其他场合下。

所谓实质性违反是指一方对合同的违反致使对方在很大程度上失去了在订立合同时有权预计的利益。

3. 在一方当事人全部或者部分拒绝履行合同,而该拒绝为法律或者当事人的协议所允许时,合同分别视为解除或者变更。

第451条 因情况重大变化而变更和解除合同

1. 当事人签订合同所依据的情况的重大变化即为合同变更或者解除的根据,但合同有其他不同规定或者根据合同的性质有其他不同的除外。

情况重大变化是指发生了这样的变化,即是假如当事人合理地预见到这种变化就不可能签订合同或者会按完全不同的条款签订合同。

2. 如果当事人没有达成协议按照已经发生重大变化的情况履行合同或者解除合同,则法院可以根据利害关系人的请求在同时具备下列情形时解除合同,而按照本条第4款规定的根据变更合同:

(1) 在签订合同时双方当事人的出发点是这种情况变化不会发生;

(2) 引起情况变化的原因出现后,利害关系人虽尽到了根据合同的性质或者交易的条件所要求的关心和注意也未能克服这种原因;

(3) 如不变更合同条款而履行合同,将损害当事人符合合同的财产利益关系，致使一方当事人严重丧失了在签订合同时有权预计的利益；

（4）根据交易的习惯或者合同的性质，情况变化的风险不应由利害关系一方承担。

3. 因情况重大变化而解除合同时，法院根据任何一方当事人的请求决定合同解除的后果，必须公正判决由当事人分摊与合同履行有关的费用。

4. 在特殊情况下，如果解除合同违背公共利益或者给双方当事人造成的损失大大超过按法院变更的条款履行合同时的必要开支，则允许因情况重大变化而根据法院判决变更合同。

第 452 条　合同变更和解除的程序

1. 关于变更或者解除合同的协议按照合同签订的形式为之，但法律、其他法律文件或者交易习惯有不同要求的除外。

2. 一方当事人只有在下列情况下才能向法院提出变更或解除合同的请求：在收到对方对他提出的变更或解除合同建议的拒绝之后；或者在建议提出的期限或法律或合同规定的期限内没有收到答复；或者在没有规定此期限时的 30 天内没有收到答复。

第 453 条　合同变更或者解除的后果

1. 在合同变更的情况下，当事人的义务按变更后的合同。

2. 在合同解除的情况下，当事人的义务终止。

3. 在合同变更或者解除的情况下，债务自当事人签订关于变更或者解除的协议之时起变更或者终止，但协议或合同变更的性质有不同要求的除外；在根据诉讼程序而变更或者解除合同的情况下，债务的变更或终止自法院关于变更或者解除合同的判决生效之时起。

4. 当事人无权要求返还在合同变更或者解除前所为的履行，但法律或者当事人的协议另有规定的除外。

5. 如果合同变更或者解除的原因是一方当事人实质性违反合同，则另一方有权要求赔偿因变更或者解除合同而造成的损失。

俄罗斯联邦总统　Б.叶利钦

莫斯科，克里姆林宫

1994 年 11 月 30 日

第 51 号联邦法律

俄罗斯联邦民法典
第二部分

国家杜马 1995 年 12 月 22 日通过
1996 年 12 月 8 日第 110 号联邦法律、
1997 年 10 月 24 日第 133 号联邦法律、
1999 年 12 月 17 日第 213 号联邦法律、
2002 年 11 月 26 日第 152 号联邦法律、
2003 年 1 月 10 日第 8 号联邦法律、
2003 年 1 月 10 日第 15 号联邦法律、
2003 年 3 月 26 日第 37 号联邦法律、
2003 年 11 月 11 日第 138 号联邦法律、
2003 年 12 月 23 日第 182 号联邦法律、
2004 年 12 月 29 日第 189 号联邦法律、
2004 年 12 月 30 日第 219 号联邦法律、
2005 年 3 月 21 日第 22 号联邦法律以及
1996 年 1 月 26 日第 15 号联邦法律、
俄罗斯联邦宪法法院 1997 年 12 月 27 日第 21 号决议修订

第四编 债的种类

第三十章 买　卖

第一节　关于买卖的一般规定

第454条　买卖合同

1. 根据买卖合同,一方当事人(卖方)有义务将物(商品)移转给另一方(买方)所有,而买方有义务接受该商品并支付一定数目的金钱(价格)。

2. 对于有价证券和外汇买卖适用本节规定的原则,但如果法律对其买卖有专门规定的除外。

3. 在本法典或者其他法律规定的场合下,个别种类的商品买卖之特点由法律和其他的法律文件确定。

4. 本节规定的原则适用于财产权利的买卖,但该权利的内容和性质有不同要求的除外。

5. 对于个别种类的买卖合同(零售买卖、商品供应、国家需要商品的供应、定购、电力供应、不动产买卖、企业买卖),适用本节规定的原则,但本法典关于这些个别种类的合同有规定不同规则的除外。

第455条　商品买卖合同的条件

1. 买卖合同的商品可以是符合本法典第129条规定的任何物。

2. 买卖合同可以对卖方签订合同时现有的商品签订,也可以对卖方将来制造或取得的商品签订,但法律有不同规定且商品的性质有不同要求的除外。

3. 如果合同能确定商品的名称和数量,则商品买卖合同的条件即视为被双方所同意。

第 456 条　卖方移转商品的义务

1. 卖方有义务向卖方移转买卖合同规定的商品。

2. 如果买卖合同没有其不同规定,卖方有义务在转移物的同时移转从物,并且移转法律、其他法律文件或者合同规定的与之有关的一切文件(技术说明书、质检书、使用说明书等)。

第 457 条　商品移转义务履行的期限

1. 卖方履行将商品移转买方的义务之期限由买卖合同确定,而如果合同不能确定该期限的,则服从本法典第 314 条的规则。

2. 如果合同明确规定违反履行期限时买方将失去合同利益,则买卖合同视为以严格确定的履行期限为条件而签订。

只有在买方同意的情况下,卖方才有权在合同规定的限制到来之前或者届满之后履行合同。

第 458 条　卖方履行移转商品义务的时间

1. 如果买卖合同没有不同规定,则卖方移转商品于买方的义务在以下时间视为履行:

将商品交付买方或者买方指定的人时,在合同规定了卖方的送达义务的情况下;

将商品交由买方控制,在商品应当在商品存放地交付给买方或买方指定人的情况下。当在合同规定的期限到来之前商品已在应当交付的地点做好交付的准备,并且买方根据合同规定的条件被通知商品已准备交付,商品视为由买方控制。如果商品没有通过商品标识或者其他方式说明其为合同标的,则商品不能视为已准备交付。

2. 如果在合同中没有规定卖方将商品送达买方或者在其存在地交付给买方的义务,则卖方在将商品交由承运人或者邮政组织运送给买方时,其交付商品的义务视为已经履行,但合同有不同规定的除外。

第 459 条　商品意外灭失风险的移转

1. 如果买卖合同没有不同规定,则自根据法律或者合同认为卖方已经履行了交付商品的义务之时起,商品意外灭失或者意外损坏的风险移转于买方。

2. 出卖商品在运输途中的意外灭失或者意外损坏的风险自合同签订之时起移转于买方,但合同或者交易习惯有不同规定的除外。

当合同条款规定商品意外灭失或意外损坏的风险自商品交付第一承运人之时起移转给买方时,如果在合同签订时卖方知道或者应当知道商品灭失或者损坏而未将此情况通知买方的,则法院可以根据买方的请求确认该合同条款无效。

第 460 条 卖方移转无第三人权利的商品的义务

1. 卖方有义务向买方交付不存在第三人任何权利的商品,但卖方同意接受有第三人权利负担的商品的情形除外。

卖方没有履行该义务的,如果卖方又不能证明买方知道或者应当知道该商品存在第三人权利,则买方有权要求降低商品价格或者解除买卖合同。

2. 如果在将商品交付给买方时卖方明知存在第三人对商品的追偿,而这些追偿后来按规定程序被确定为合法,则本条第 1 款规定的规则也应相应地予以适用。

第 461 条 当商品在买方被追偿时卖方的责任

1. 当商品在买方由被第三人根据在买卖合同履行前产生的理由而追偿时,卖方有义务赔偿买方因此而引起的损失,但买方知悉或者应当知悉存在该理由的情形除外。

2. 双方关于免除卖方在买方取得的商品被第三人追偿时的责任的协议一律无效。

第 462 条 当就商品提起追偿诉讼时买方和卖方的责任

如果第三人根据商品买卖合同履行产生的理由而对买方提起关于追偿商品的诉讼,则买方应要求卖方参加诉讼,而卖方有义务与买方为诉讼一方参加诉讼。

如果卖方能够证明,假如他参加诉讼即可能阻止对买方商品的追偿,而买方却没有要求卖方参加诉讼的,则免除卖方对买方的责任。

买方要求卖方参加诉讼而卖方没有参加的,则不再具有证明买方在进行诉讼中过错的权利。

第 463 条 没有履行移转商品义务的后果

1. 如果卖方拒绝向买方交付所出售的商品,则买方有权拒绝履行买卖合同。

2. 当卖方拒绝交付特定物时,买方有权向卖方提出本法典第 398 条规定的请求。

第 464 条 没有履行移转从物或者与商品相关文件义务的后果

如果卖方向买方没有移转或者拒绝移转按照法律、其他法律文件或者买卖合同的规定(第 456 条第 2 款)应当交付的商品的从物或与之有关的文件,则买方有权给卖方指定交付的合理期限。

如果卖方在上述期限内没有移转从物或者与商品有关的文件,则买方有权拒绝接受商品,但合同有不同规定的除外。

第 465 条　商品的数量

1. 应当移转给买方的商品的数量由买卖合同按相应计量单位或者金钱的表示单位确定。商品数量条款可通过在合同中规定商品数量确定办法来决定。

2. 如果买卖合同不能确定应交付商品的数量时,合同不视为已经签订。

第 466 条　违反商品数量条款的后果

1. 如果卖方违反买卖合同条件交付给买方的商品少于合同规定的数量,如果合同没有不同约定,则买方有权或者要求交付不足部分的商品,或者拒绝接受交付的商品并拒绝付款,如果商品已经付款,则有权要求返还已经支付的金钱数额。

2. 如果卖方交付给买方的商品多于买卖合同规定的数量,则买方有义务将此情况按照本法典第 483 条第 1 款规定的程序通知卖方。如果在卖方收到买方的通知后的合理期限内没有处分相应部分商品,则买方有权接受全部商品,但合同有不同约定的除外。

3. 当买方接受超过买卖合同规定数量的商品时(本条第 2 款),应对多余部分的商品按合同规定的价格支付价款,但双方以协议确定不同价格的除外。

第 467 条　商品的种类

1. 如果根据合同对应当交付的商品的类型、型号、尺寸、颜色或者其他特征(品种)有特别要求时,卖方应按双方协商的品种向买方提供商品。

2. 如果在买卖合同中没有规定商品的种类并且也没有规定确定品种的程序,但根据债之性质可以确定应向买方交付一定种类的商品,则卖方有权根据在合同签订时卖方所知悉的买方需求的种类向买方交付商品,或者拒绝履行合同。

第 468 条　违反商品品种条款的后果

1. 当卖方根据买卖合同规定向买方交付的商品与合同规定的品种不相符合时,买方有权拒绝接受商品和拒绝支付价款,对已经支付的,有权要求返还支付的金钱数额。

2. 如果卖方移转给买方的与买卖合同规定的品种相符合的商品的同时又有违反关于商品种类条件的行为,则买方有权根据自己的选择:

接受符合种类条件的商品,而拒绝接受其余的商品;

拒绝接受所有交付的商品；

要求以符合合同规定种类的商品替换不符合种类条件的商品；

接受所有交付的商品。

3. 当拒绝接受种类与买卖合同条件不符的商品，或者要求更换与规定种类不相符的商品时，买方还有权拒绝支付这些商品的价款，如果已经支付，则有权要求返还已经支付的金额。

4. 如果买方在收到商品后的合理期限内没有通知卖方拒绝接受商品，则与买卖合同规定的种类不相符合的商品视为已被接受。

5. 如果买方没有拒绝与合同规定的种类不符的商品，则他有义务按双方商定的价格付款。如果卖方没有在合理期限内采取必要措施就价格进行协商，则买方应按照合同签订时在可比条件下类似商品的通常价格进行支付。

6. 买卖合同没有不同约定的，适用本条的规定。

第 469 条 商品的质量

1. 卖方有义务向买方交付质量符合买卖合同规定的商品。

2. 如果买卖合同中没有关于商品质量的条款，则卖方有义务向买方交付适于该类商品之通常使用目的的商品。

如果在合同签订时买方已将购买商品的具体目的告知卖方，则卖方有义务交付适于这些目的的商品。

3. 当商品根据样品和(或)描述进行出售时，卖方应向买方交付与样品和(或)描述一致的商品。

4. 如果法律或按法定程序规定了对出卖商品的质量的强制性要求，则从事经营活动的卖方有义务交付与这些强制性要求相符合的商品。

(1999 年月 12 月 17 日第 213 号联邦法律修订)

卖方和买方可以用协议的方式约定交付比法律或法定程序规定的强制性要求更高的质量的商品。

(1999 年月 12 月 17 日第 213 号联邦法律修订)

第 470 条 商品质量的保证

1. 卖方有义务向买方交付的商品在交付时应当符合本法典第 469 条规定的要求，但买卖合同就确定商品是否符合这些要求的时间另有规定的除外；并且该商品还应在合理期限内适于同类商品通常使用的目的。

2. 如果当买卖合同规定卖方应当对商品质量提供保证时，卖方有义务向买方交付在合同规定的一定期间(保证期间)内符合本法典第 469 条规定的质量要求的商品。

3. 对商品质量的保证及于商品的各个组成部分(配套产品),但买卖合同另有规定的除外。

第 471 条 保证期的计算

1. 保证期间自商品交付于买方(第 457 条)之时起开始计算,但买卖合同有不同约定的除外。

2. 如果买方因取决于卖方的原因而不能在合同的保证期间内使用商品,则保证期限在卖方消除该原因之前不予计算。

如果合同没有不同约定,当提供的商品因发现瑕疵而不能使用时,保证期间延长,延长的时间为商品不能使用的时间,但条件是必须依照本法典第 483 条规定的程序将商品瑕疵事项通知卖方。

3. 如果买卖合同没有不同约定,对配套产品的保证期间与对主要产品的保证期间相同并与对主要产品的保证期限同时开始计算。

4. 当卖方交付另外商品(配套产品)替代在保证期间内发现有瑕疵(第 476 条)的商品(配套产品)时,对替代商品规定的保证期间与被替代产品时间长短相同,但买卖合同另有不同约定的除外。

第 472 条 商品的使用期

1. 法律或法定程序可以规定确定商品使用期的义务,该期限届满后商品不再适于按其用途而使用(使用期)。

(第 1 款由 1999 年月 12 月 17 日第 213 号联邦法律修订)

2. 规定了使用期的商品,卖方有义务使交付给买方的商品在该期限届满前能够根据其用途使用,但合同有不同规定的除外。

(1999 年 12 月 17 日第 213 号联邦法律修订)

第 473 条 商品使用期的计算

使用期为自商品生产之日起计算的适于使用的期间,或者以商品不再适于使用的日期来规定。

第 474 条 商品质量的检验

1. 对商品质量的检验可以由法律、其他法律文件、国家标准的强制性要求或者买卖合同规定。

商品质量的检验程序可由法律、其他法律文件、国家标准的强制性要求或者合同规定。当检验的程序由法律、其他法律文件或者国家标准的强制性要求规定时,合同规定的商品质量检验程序应符合这些要求。

2. 如果对商品质量的检验程序没有根据本条第 1 款作出规定时,对商品质量的检验按照交易习惯或者其他对应按买卖合同交付的商品所通常采用的检验条件进行。

3. 法律、其他法律文件、国家标准的强制性要求或者买卖合同规定了卖方对其交付商品的检验义务(试验、分析、勘验等)时,卖方应向买方交付已进行过商品检验的证明。

4. 无论是卖方还是买方进行的商品检验程序或者其他的检验条件,均应当一致。

第 475 条 交付不合质量要求的商品的后果

1. 如果卖方没有声明商品的瑕疵,向买方交付不合质量的商品时,买方有权根据自己的选择要求卖方:

相应地减少价格;

在合理期限内无偿地消除商品的瑕疵;

补偿因消除商品瑕疵而支出的费用。

2. 当严重违反商品质量要求(发现不可消除瑕疵,瑕疵的消除要求费用过大或时间过长,多次出现瑕疵,或者消除后又出现瑕疵以及其他类似瑕疵)时,买方有权根据自己的选择:

拒绝履行买卖合同并要求返还已经支付的价款;

要求用符合合同的商品更换不合质量要求的商品。

3. 买方可以提出本条第 1、2 款规定的消除瑕疵或者更换商品的请求,但如果商品的性质或者债的性质有不同的除外。

4. 当不合质量要求的部分商品进入成套产品(第 478 条)时,买方有权对该部分商品行使本条第 1、2 款规定的权利。

5. 如果本法典及其他法律没有另外规定,适用本条的规定。

第 476 条 卖方负责的商品瑕疵

1. 如果买方能够证明,商品的瑕疵是在商品向他交付之前已出现或者是因为在此之前的原因而出现时,卖方应对商品的瑕疵负责。

2. 卖方对商品提供质量保证的,卖方对商品的瑕疵负责,除非能证明,瑕疵是在商品交付后因买方违反使用或者保管规则所引起,因第三人的行为而引起或者因不可抗力所致。

第 477 条　已交付商品的瑕疵的提出期间

1. 如果法律或者买卖合同没有其他规定,买方有权提出与瑕疵有关的请求,其条件是在本法典规定期限内发现瑕疵。

2. 如果对商品没有规定保证期限或者使用期,买方仍可提出与商品瑕疵有关的请求,其条件是商品瑕疵是在商品交付之日起的 2 年内的合理的期限内发现的,如果法律或者买卖合同另有规定时,该期限可以更长。应该运输或者通过邮局发运的商品,提出瑕疵的期限自商品运抵目的地之日起计算。

3. 如果对商品规定了保证期限的,只要商品瑕疵是在该保证期间内发现的,则买方有权提出与商品瑕疵有关的请求。

当在买卖合同中对配套产品规定了比主产品较短的保证期限时,而配套产品的瑕疵是在主产品的保证期间内发现,则买方有权提出与配套商品的瑕疵有关的请求。

如果在买卖合同中对配套产品规定的保证期长于对主产品的保证期,而瑕疵是在配套产品保证期内发现的,则买方有权提出与商品瑕疵有关的请求,而不论主产品的担保期限如何。

4. 对规定了使用期的商品,买方有权对在该使用期内发现的瑕疵提出相关要求。

5. 如果当合同规定的保证期限少于 2 年,而买方发现商品瑕疵时保证期限虽已届满,但自商品交付之日起仍不满 2 年的,卖方应承担责任,如果买方能够证明,商品的瑕疵是在交付给买方之前产生的或者是因交付前的原因所致。

第 478 条　商品的配套

1. 卖方有义务向买方交付与买卖合同关于商品配套的条款相符的商品。

2. 当在买卖合同中没有对商品的配套进行规定时,卖方有义务向买方交付交易习惯或者其他通常要求所规定的配套商品。

第 479 条　全套商品

1. 如果买卖合同规定了卖方有义务向买方交付配套的一套商品(全套商品),则义务自交付了构成全套所包括的全部商品之时起视为履行。

2. 如果买卖合同没有其他规定,并且债的性质也无其他不同要求时,卖方有义务将全套商品包括的全部商品一次性交付给买方。

第 480 条　交付不配套商品的后果

1. 当交付不配套商品(第 478 条)时,买方有权根据自己的选择向卖方要求:

相应地降低价格；

在合理期限内配齐成套的商品。

2. 如果卖方在合理的期限内没有向买方履行配齐成套商品的要求，买方有权根据自己的选择：

要求将不配套商品更换为配套商品；

拒绝履行买卖合同并要求返还已支付的费用。

3. 本条第1、2款规定的后果也适用于卖方违反交付全套商品义务（第479条）的场合，但买卖合同有不同约定或债的性质有不同的除外。

第481条 包皮和包装

1. 如果买卖合同无不同规定，债的性质也无其他不同要求时，卖方有义务向买方交付有包皮和（或）包装的商品，除非商品本身的特点不要求包皮和（或）包装。

2. 如果买卖合同没有对商品的包皮和包装作出规定，商品应当按照该类商品的通常方式进行包皮和（或）包装，在无该通常方式时，则应该用能够保证该类商品在通常运输和保存条件下保持完好的方式进行包皮或包装。

3. 如果以法律程序对包皮和（或）包装提出了强制性要求，则从事经营活动的卖方有义务向买方交付使用符合该强制性要求的包皮和（或）包装的商品。

第482条 交付无包皮和（或）包装或者包皮和（或）包装不适当的商品的后果

1. 当应当有包皮和（或）包装的商品在交付买方时没有包皮和（或）包装，或者所交付商品的包皮和（或）包装不适当时，买方有权要求卖方对商品进行包皮和（或）包装、更换适当的包皮和（或）包装，但合同、债的性质或者商品的性质有不同要求的除外。

2. 在本条第1款规定的情况下，买方有权不向卖方提出该款规定的请求，而提出因交付质量不合要求的商品而产生的请求（第475条）。

第483条 对卖方不正确履行买卖合同的通知

1. 买方有义务在法律、其他法律文件或者合同规定的期间内，将卖方违反买卖合同中有关商品数量、种类、质量、配套、包皮和（或）包装等条款的事宜通知卖方。在没有规定该通知期间时，则在根据商品的性质和用途应当发现卖方对合同相应条款的违反后的合理期限内通知。

2. 在本条第1款的规则没有被履行时，如果卖方能够证明，买方没有执行这些规则而使满足买方的请求成为不可能，或者使卖方的支出与及时通知违反合同事实的情况相比变得过大，则卖方有权全部或者部分拒绝买方关于向他交付数量不足的商品、更换不合买卖合同所规定质量或者种类的商品,关于补齐配套或者更换成套商品、进行商品包皮和(或)包装或者更换包皮和(或)包装等请求。

3. 如果卖方知道或者应当知道交付给买方的商品与买卖合同的条款不相符合,则他无权援用本条第1款和第2款的规定。

第484条 买方接受商品的义务

1. 买方有义务接受交付给他的商品,但他有权要求更换商品或者拒绝履行买卖合同的情形除外。

2. 如果法律、其他法律文件或者买卖合同没有不同规定,买方有义务实施通常要求买方为保证交付和接受相应商品所必需的行为。

3. 如果买方违反法律、其他法律文件或者买卖合同而不接受或者拒绝接受商品,则卖方有权请求买方接受商品,或者有权拒绝履行合同。

第485条 商品的价格

1. 买方有义务按照合同规定的价格支付商品价款。如果在合同中没有规定价格并且按合同条件不能确定价格的,则按照本法典第424条第3款确定的价格支付价款,并以自己的费用实施法律、其他法律文件、合同规定的行为或者通常为完成支付所必需的行为。

2. 如果商品的价款由商品的重量决定,则按净重确定,但买卖合同有不同规定的除外。

3. 如果买卖合同规定,商品的价格应当根据决定商品价格的各种指标(成本、费用等等)进行变更,但又未确定重新定价的方式,则价格由合同签订时和商品交付时各种指标的对比确定。如果卖方迟延履行交付商品的义务,则商品的价格根据合同签订时和依照合同应交付商品时这些指标的对比确定,而合同没有规定交付日期的,则根据合同签订时和依照本法典第314条确定的时间的上述指标的对比确定。

如果本法典、其他法律文件或者合同没有其他规定并且债的性质也无其他要求的,则适用本款规定的规则。

第486条 商品价款的支付

1. 买方有义务在卖方交付商品前或者在交付商品之后立即支付商品价款,但本法典、其他法律文件或者买卖合同有不同规定或债的性质有不同要求的除外。

2. 如果买卖合同未规定分期付款,则买方有义务向卖方支付已交付商品的全部价款。

3. 如果买方没有对依照买卖合同向他交付的商品及时付款,则卖方有权要求买方支付商品价款并依照本法典第 395 条支付利息。

4. 如果买方违反买卖合同而拒绝接受商品和拒绝付款,卖方有权根据自己的选择要求买方支付商品价款或者有权拒绝履行合同。

5. 如果根据买卖合同卖方有义务不仅向买方交付尚未付款的商品,还必须交付其他商品,则卖方有权中止该其他商品的交付,直至买方付清所有已交付商品的价款,但法律、其他法律文件或者合同有不同规定的除外。

第 487 条 商品价款的预付

1. 如果买卖合同规定买方有义务在卖方交付商品前支付部分或者全部价款的义务(预付),则买方应该在合同规定的期限内进行支付;合同没有规定期限的,则应在根据本法典第 314 条确定的期限内支付。

2. 当买方没有履行预付商品价款的义务时,适用本法典第 328 条的规定。

3. 当卖方收到了预付款而没有在规定期限内履行交付商品的义务时(第 457 条),买方有权要求交付已经付款的商品或者要求返还卖方未交付商品的价款。

4. 买卖合同没有不同规定时,如果卖方不履行交付已经预先付款的商品的义务,则应当根据本法典第 395 条的规定,向买方支付自依照合同应交付商品之日至向买方交付商品之日或者至返还预付价款之日的利息。合同可以规定卖方有义务支付自收到买方预付价款之日起支付预付款利息。

第 488 条 赊购商品价款的支付

1. 当买卖合同规定商品的价款在商品交付给买方之后的一定期限内进行支付(赊购)时,买方应当在合同规定的期限内付款,如果合同没有规定该期限,则应在根据本法典第 314 条确定的期限内付款。

2. 当卖方没有履行交付商品的义务时,适用本法典第 328 条的规定。

3. 当买方收到商品而未在买卖合同规定的期限内进行付款时,卖方有权要求买方交付已交付商品的价款或者返还未付款的商品。

4. 如果买方未履行在合同规定的期限内支付已交付商品价款的义务,而本法典或买卖合同也未有不同规定,则应按照本法典第 395 条的规定对迟延支付的金额支付自依合同规定应当支付之日起直至买方支付之日的利息。

合同可以规定买方有义务支付自卖方交付商品之日起相应于商品价款的金额的利息。

5. 如果买卖合同没有不同约定,自商品交付给买方到其支付价款期间,卖方对赊购商品享有抵押权以保证买方履行支付商品价款的义务。

第 489 条　商品的分期付款

1. 商品赊购合同可以规定分期付款。

如果在买卖合同中除其他实质性条款外同时规定了商品的价格、付款的程序、期限和数额,则分期付款的商品赊购合同条款即视为已经签订。

2. 如果买方不在合同规定的期限内对分期出售的商品或已经交付的商品按期付款,而合同未有其他规定的,卖方有权拒绝履行合同并要求返还已交付的商品,但当买方已支付的价款超过商品全部价款的一半时,不在此限。

3. 本法典第 488 条第 2 款、第 4 款和第 5 款的规则适用于分期付款的商品赊购合同。

第 490 条　商品的保险

合同可以规定卖方或者买方对商品的投保义务。

当有义务对商品投保的一方没有按照合同条款件对商品进行投保时,另一方有权为商品投保并要求义务方赔偿投保费用,或者有权拒绝履行合同。

第 491 条　卖方的所有权保留

当买卖合同规定已交付商品的所有权在商品价款支付前或者其他情况到来前保留于卖方,则买方无权在商品所有权向他移转之前让渡商品或者以其他方式处分商品,但法律或者合同有不同规定及商品的用途和特性有不同要求的除外。

如果在合同规定的期限内已交付商品的价款未支付或者商品所有权向买方移转的其他情况未发生,则卖方有权要求买方返还商品,但如果合同另有约定的除外。

第二节　零售买卖

第 492 条　零售买卖合同

1. 根据零售买卖合同,从事商品零售经营活动的卖方承担义务向买方交付个人用品、家庭用品、家居用品及其他与经营活动无关的商品。

2. 零售买卖合同为公开合同(第 426 条)。

3. 对公民作为买方参加的零售买卖合同关系,如本法典未作调整,适用关于消费者权利保护的法律以及根据这些法律通过的其他法律文件。

第 493 条　零售买卖合同的形式

如果法律或者零售买卖合同,包括商品登记卡条款或者买方附合的其他标准格式条款(第 428 条)没有另外规定,买卖合同自卖方向买方出具证明对商品已付款的现金发票、商品发票或者其他单证之时起视为订立。买方如无以上单证的,仍有权援用证人的证言以证明合同的订立及合同条款。

第 494 条　商品公开要约

1. 以广告、商品目录或者其他商品介绍等形式向非特定范围的人推销商品的,如果这种推销包含零售买卖合同的全部实质性条款,视为公开要约(第 437 条第 2 款)。

2. 在商品的出售地(柜台、橱窗等)的商品陈列,在商品出卖地的样品展示或者提供所售商品的信息材料(商品清单、目录、照片等)视为公开要约,而不论是否包含价格和零售买卖合同的其他实质性条款,但卖方明确标明该商品为非卖品的情形除外。

第 495 条　向买方提供商品信息

1. 卖方有义务向买方提供关于所售商品的必需而真实的信息,信息必须符合法律、其他法律文件的规定和零售商业中通常对这种信息内容和提供方式的要求。

2. 买方有权在零售买卖合同签订以前观看商品、要求在买方在场的情况下对商品的性能进行当场测试或者演示商品的使用,只要这不受商品特点所限,也不违背通行的零售交易规则。

3. 如果买方在商品的出售地没有可能立即得到本条第 1 款和第 2 款规定的有关商品信息,则有权要求卖方赔偿因无根据规避签订零售买卖合同(第 445 条第 4 款)而造成的损失,但如果合同已经订立,则有权在合理期限内拒绝履行合同、要求返还已支付的货款并赔偿其他损失。

4. 卖方如果没有向买方提供得到有关商品信息的可能性,还应对商品交付给买方后出现的瑕疵负责,如果买方能证明,瑕疵的出现是因缺乏该信息所致。

第 496 条　附带买方在一定期限内接受商品条款的商品出售

零售买卖合同的订立可以附带条款,要求买方在合同规定的期限内接受商品、在该期限内商品不得转卖给他人。

如果合同无不同约定,买方在合同规定的一定期限内不到场或者没有实施接受商品所必需的行为的,卖方可将之视为买方拒绝履行合同。

卖方在合同规定的期限内为保证将商品交付给买方而支付的额外费用计入

商品价款,但法律、其他法律文件或者合同另有约定的除外。

第 497 条　根据样品的商品出售

1. 零售买卖合同的签订可以以向买方介绍卖方所提供的商品样品(商品的介绍、商品目录等)为依据。

2. 如果法律、其他法律文件或者合同无不同规定,根据样品的商品买卖合同自商品运到合同规定的地点时起视为履行。如果合同没有规定交付地点,则自商品运到公民的住所或者法人所在地之时起视为履行。

3. 买方在商品交付前有权拒绝履行合同,但应赔偿卖方与履行合同有关的必要费用。

第 498 条　使用自动售货机的商品出售

1. 当使用自动售货机出售商品时,售货机占有人有义务在售货机上张贴或者以其他方式将卖方名称(商业名称)、所在地、工作制度以及其他买方取得商品所必须实施的行为等信息提供给买方。

2. 使用自动售货机的零售买卖合同自买方实施取得商品所必需的行为时起视为签订。

3. 如果买方没有得到已经支付了价款的商品,卖方有义务根据买方的请求立即提供商品或者返还已支付的金钱。

4. 如果自动机器用来兑换零钱,或者购买代币、兑换外币时,适用零售买卖合同的规则,但如果债的性质有不同要求的除外。

第 499 条　送货上门的商品出售

1. 当零售买卖合同定有将商品送至买方的条款时,卖方有义务在合同规定的期限内将商品送到买方指定的地点,如果买方没有指明送货的地点——则送至作为买方的自然人的住所地或者法人的所在地。

2. 零售买卖合同自商品交付买方之时,买方不在时——自商品交付任何出示提单或者其他证明合同签订或办理送货手续的文件的人之时起视为已经履行,但法律、其他法律文件或者合同有另外规定或债的性质有不同要求的除外。

3. 当合同没有确定送货时间时,商品应当在收到买方的请求后的合理期限内送到。

第 500 条　商品的价格和付款

1. 买方有义务按照在零售买卖合同签订之时卖方所提出的价格支付商品的价款,但法律、其他法律文件有不同规定或者债的性质有不同要求的除外。

2. 当零售买卖合同规定对商品预先支付(第487条),而买方没有在合同规定的期限内支付的,视为买方拒绝合同,但双方协议有不同规定的除外。

3. 对于零售赊购合同,包括含有分期付款条款的合同,不适用本法典第488条第4款第1项的规则。

买方有权在合同规定的分期付款的期限内的任何时间对商品进行支付。

第501条 租赁—买卖合同

合同可以规定在商品的所有权移转给买方之前(第491条)买方为所交付商品的承租人(租赁—买卖合同)。

如果合同没有其他规定,买方自支付商品价款之时起即成为商品的所有权人。

第502条 商品的更换

1. 对非食品,如果卖方没有提出更长的期限,买方有权在自交付之日起的14天内,在购买地和其他卖方提出的地点将所购商品更换为其他尺寸、形式、规格、式样、颜色、配套的类商品。价格上存在差异时,可与卖方重新结算。

当卖方没有更换所必需的商品时,买方有权退还所购买的商品并收回为商品支付的价款。

如果商品没有使用,其使用性能完好,并且有证据说明该商品确系在卖方处所购买,则对买方提出的更换或者退回商品的要求应当予以满足。

2. 不得依据本条规定的理由予以退换的商品,按法律或者其他法律文件规定的程序决定。

第503条 在商品不合质量要求时买方的权利

1. 当买方购买的商品不合质量要求,而卖方未将商品的瑕疵告知买方时,则买方有权按照自己的选择要求:

以合乎质量要求的商品更换不合质量的商品;

相应地降低价格;

立即无偿地消除商品的瑕疵;

赔偿因消除商品瑕疵而支出的费用。

在严重地违反质量要求时(第475条第2款),买方有权请求更换技术上更复杂或者价格更贵的商品。

2. 当商品中发现瑕疵,而因商品的特性不能消除时(食品、日用化学制品等),买方有权根据自己的选择要求更换为质量合格的产品或者相应地降低商品价格。

3. 买方有权不提出本条第 1、2 款的请求,而有权拒绝履行零售买卖合同并要求返还已支付的价款。

在此情况下,买方应依卖方的请求返还所收到的质量不合要求的商品,费用由卖方负担。

在将已支付的价款返还给买方时,卖方无权扣除因对商品的部分或者完全使用而降低了其价值或者失去了外观及其他类似情形的相应款项。

第 504 条　更换商品、降低购买价格和返还不合质量要求的商品时的差价的补偿

1. 在将不合质量要求的商品更换为符合零售合同规定的商品时,卖方无权要求补偿合同规定的价格与商品更换时或者法院判决更换时商品价格之间的差额。

2. 在将质量不合要求的商品更换为类似的,但尺寸、样式、等级或者其他特征不同的合格商品时,应当补偿被更换商品在更换时的价格与替代商品的价格之间的差额。

如果卖方未满足买方的要求,则被更换商品的价格以及替代商品的价格以法院作出更换商品之判决时为准。

3. 在提出相应地降低商品价格时,以降价请求提出时的价格为准进行结算,而当买方的请求未被卖方自愿满足时,则适用法院作出降低价格判决时的价格。

4. 在将不合质量要求的商品返还给卖方时,买方有权请求赔偿零售合同规定的商品价格和有关商品在卖方自愿满足其请求时的价格之间的差价,而当其请求未被卖方自愿满足时,则补偿与法院作出裁定时的价格之间的差价。

第 505 条　卖方的责任与对债务的实物履行

在卖方不履行零售买卖合同规定的义务时,赔偿损失和支付违约金不免除其实物履行的义务。

第三节　供　　应

第 506 条　供应合同

根据供应合同,供应人即从事经营活动的卖方有义务在约定的一个或几个期限内将他生产的或采购的商品交付给买方,以供其用于从事经营活动或者用于其他与个人、家庭、家居以及类似使用无关的目的。

第 507 条　供应合同签订时分歧的调解

1. 在双方签订供应合同时就合同的个别条款出现分歧的场合,提议订立合同的一方收到另一方关于就合同条款进行协商的建议的,如果法律没有规定或者双方未协议不同期限的,应当在自收到该答复之日起 30 日内,采取就相应条款达成协议的措施或者书面通知另一方拒绝签订合同。

2. 收到提出有关合同条款建议的一方,如果未在本条第 1 款规定的期限内就合同条款达成协议而采取措施,也未通知另一方当事人拒绝签订合同,则有义务赔偿因未就合同条款进行协商而引起的损失。

第 508 条　供应期限

1. 当双方约定在供应合同的有效期间内商品的供应是分批进行,而未规定各批的供应日期(供应期限)时,则商品应当按月以相等的批量供应,但如果法律、其他法律文件、债的性质或者交易习惯有其他要求的除外。

2. 在确定供应期限的同时,供应合同中可以规定商品供应的进度表(每月、每天、每小时等)。

3. 经买方同意,商品的供应可以提前进行。

提前供应并为买方接受的商品计入下期应当供应的商品的数量中。

第 509 条　商品供应的程序

1. 商品的供应通过向作为供应合同当事人的买方,或者在合同中被指定为收货人的第三人发运(交付)商品的方式进行。

2. 当供应合同规定了买方给供应人下达运送商品(交付)给收货人的指令(发运调拨单)的权利时,商品运输(交付)由供应人交付于发运调拨单中指定的收货人。

发运调拨单的内容以及买方向供应人发出调拨单的日期由合同规定。如果合同没有规定发运调拨单的发出日期时,它应当在不迟于供应期限到来前 30 日内发出。

3. 买方未在规定的期限内将发运调拨单发送给供应人时,供应人有权拒绝履行商品供应的义务,或者请求买方支付商品价款。除此之外,供应人有权请求赔偿因未发出发运调拨单而引起的损失。

第 510 条　商品的送达

1. 商品送达按照合同规定的条件通过运输合同规定的运输工具由供应人履行。

如果合同中没有规定使用何种运输工具或者何种运输条件进行运输,在法律、其他法律文件、债的性质或者交易习惯无其他要求的限度内，对运输工具、运输条件的选择权属于供应人。

2. 运输合同可以规定买方（收货人）在供应人所在地领取商品（提货）。

如果合同没有规定提货日期，则买方（收货人）对商品的领取应当在收到供应人关于商品已备好的通知后的合理期限内进行。

第511条　对未送达的商品的弥补

1. 供应人在某个供应期限内没有将商品送达时，有义务在供应合同有效期间内的下一个（下几个）供应期限内将未送达的商品数量补齐，但如果合同有不同约定的除外。

2. 当商品由供应人发运给供应合同或者买方的发运调拨单指定的几个收货人时，对一个收货人所送达的商品超过合同或者调拨单规定的数量不能抵充对另外收货人之短缺的商品，但合同有不同约定的除外。

3. 买方有权在通知供应人后拒绝接受迟延送达的商品，但供应合同有不同规定的除外。供应人在收到通知以前送达的商品，买方有义务接受并支付价款。

第512条　弥补未送达的商品时商品的品种

1. 对应予弥补的未送达的商品的品种由双方协议决定。在缺乏这种协议时，供应人有义务按照发生未送达商品的供货期限内规定的商品的品种补足商品的数量。

2. 在同一种品名的商品的送达超过合同规定的数量时，不能抵消另一种品名的商品的短缺，而应当补足，除非对这种供应有买方事先的书面同意。

第513条　买方对商品的接收

1. 买方（收货人）有义务完成为保证接收根据供应合同交付商品的所有必需的行为。

2. 买方（收货人）接收的商品应当在法律、其他法律文件、合同或者交易习惯确定的期间内查验。

3. 买方（收货人）有义务在该期限内按照法律、其他法律文件、合同或者交易习惯所确定的程序检验接收商品的数量和质量，并将商品的不合要求或者瑕疵的情形立即书面通知供应人。

4. 在从运输组织收到交付的商品的情况下，买方有义务检验商品是否符合运输单证和随运单证记载的情况，并在从运输部门接收商品时应当遵守调整运输活动的法律、其他法律文件的规定的规则。

第 514 条　未被买方接收的商品的保管责任

1. 当买方（收货人）根据法律、其他法律文件或者合同拒绝接收供应人所提供的商品时，他有义务保证商品的完好（对商品的保管义务）并及时通知供应人。

2. 供应人有义务将被买方（收货人）负责暂为保管的商品运走或者在合理的期限内进行处分。

如果供应人在该期限内没有对商品作出处分的，买方有权出售商品或者将其退还给供应人。

3. 买方因接收保管商品、出售商品或者将其返还给供应人所支出的必要费用，由供应人赔偿。

在此情况下，出售商品所得在扣除应当付给买方的费用后返还给供应人。

4. 当买方无法律、其他法律文件或者合同规定的原因而不接收商品和拒绝接收的，供应人有权要求买方对商品支付费用。

第 515 条　提货

1. 当供应合同规定由买方在供应人所在地提货时（第 510 条第 2 款），买方应当在商品的交付时查验交付给他的商品，但法律、其他法律文件有不同规定或者债的性质有不同要求的除外。

2. 如果买方没有在合同规定的运输期限内提货，而在没有规定的期限的情况下未在收到供应人关于商品已备好的通知后的合理期限内提货，则供应人有权拒绝履行合同或者请求买方支付商品价款。

第 516 条　对供应商品的结算

1. 买方应按照供应合同规定的结算程序和方式支付商品价款。如果双方未以协议确定结算的方式和程序的，则结算以付款委托的方式进行。

2. 如果供应合同规定买方（付款人）对商品进行支付而后者拒绝支付或在合同规定的期限内不予支付，则供应人有权要求买方对已交付的商品进行支付。

3. 如果供应合同规定对成套商品的供应进行分期运送，则买方对商品的支付在成套商品的最后部分发运（提货）后进行，但如果合同另有约定的除外。

第 517 条　包皮与包装

如果供应合同没有不同约定，买方（收货人）应根据法律、其他法律文件及依据法律、其他法律文件所通过的强制性规范或者合同规定的期限和程序向供应人返还运送商品使用的多次性包皮和包装。

商品的其他包皮和包装，只有在有合同规定的场合下，才返还给供应人。

第 518 条 供应不合质量要求的商品的后果

1. 供应给买方的商品不合质量要求的,买方有权向供应人提出本法典第 475 条规定的请求,但供应人在接到买方关于商品瑕疵的通知后立即以合格商品更换已交付的非合格商品者除外。

2. 买方(收货人)将商品进行零售的,对消费者退还的不合质量要求的商品,有权要求供应人在合理期限内进行更换。

第 519 条 供应不配套商品的后果

1. 如果商品供应违反供应合同条款、法律或其他法律文件的要求或者违反关于商品配套的一般要求,则买方(收货人)有权向供应人提出本法典第 480 条规定的请求,但供应人在收到关于商品不配套的通知后立即补配成套或者以成套商品予以更换的情形除外。

2. 买方(收货人)将向他供应的商品进行零售的,有权在合理期限内要求更换消费者退回的不合质量要求的商品,但供应合同有不同约定的除外。

第 520 条 在供货商品数量不足、消除商品瑕疵或者商品补配成套的要求未履行时买方的权利

1. 如果供应人未供应合同规定数量的商品,或者在规定期限内未履行买方关于更换不合质量要求的商品或关于将商品补配成套的请求,则买方有权向他人购买未供应的商品,供应人必须承担因购买这些商品所发生的全部必要的合理费用。

因供应人未供应合同规定数量的商品,或者在规定期限内未履行买方关于更换不合质量要求的商品或关于将商品补配成套的请求而向他人购买商品时,费用的计算按照本法典第 524 条第 1 款的规则进行。

2. 对不合质量要求的商品和不配套的商品,买方(收货人)有权拒绝支付价款,而商品的价款已经支付的,有权要求返还已支付的金额,直至消除商品瑕疵和使商品补配成套或者更换商品。

第 521 条 商品供应数量不足或供应逾期的违约金

法律或供应合同规定的供应数量不足或供应逾期的违约金,在供应人对债进行实际履行之前向供应人追索,以供应人于后面供货期限内补齐商品数量的义务为限,但法律或合同有不同规定的除外。

第 522 条 对几个供应合同所产生同类债务的清偿

1. 当供应人同时根据几个供应合同向买方供应同名的商品,而所供应的商

品不足以清偿全部合同的债务时,所供应的商品应该记入供应人在供应时所指定的或供应后立即指定的那个合同的履行。

2. 如果买方已经支付了根据几个供应合同所收到的同名商品的价款,而所付价款不足以清偿买方根据全部合同的债务,则所支付的金额应记入买方在支付商品价款时指定的或支付后立即指定的那个合同的履行。

3. 如果供应人或买方未行使本条第1款和第2款规定的权利,则债的履行用于清偿履行期较早的合同的债务。如果几个合同的履行期同时到来,则已经提供的履行按比例记入对所有合同的清偿。

第523条　单方拒绝履行供应合同

1. 只有在一方实质性违反供应合同(第450条第2款第4项)的情况下,才允许单方(全部或部分)拒绝履行供应合同或者单方变更供应合同。

2. 在下列情况下,推定供应人对合同的违反为实质性违反:

供应不合质量要求商品,其瑕疵不可能在买方可以接受的期限内消除;

多次违反商品供应期限。

3. 在下列情况下,推定买方对合同的违反为实质性违反:

多次违反支付商品价款的期限;

多次不取商品。

4. 自一方收到另一方关于单方全部或部分拒绝履行合同的通知之时起,供应合同视为已经变更或解除,但通知中规定了解除或变更合同的不同期限或双方协议有不同约定的除外。

第524条　合同解除时损失的计算

1. 如果由于卖方违反债的规定而解除合同,买方在合理期限内用更高的合理价格向他人购买商品以代替合同规定的商品,则买方可以向卖方提出请求,要求赔偿合同价格与实施替代法律行为价格之间的差额。

2. 如果由于买方违反债的规定而解除合同,卖方在合理期限内以低于合同价格但尚属合理的价格向他人出售商品,则卖方可以向买方提出请求,要求赔偿合同规定的价格与实施替代法律行为价格之间的差额。

3. 如果在根据本条第1款和第2款的理由解除合同以后,没有实施替代合同的法律行为,而该商品存在现行价格,则一方可能提出请求,要求赔偿合同规定的价格与解除合同时现行价格之间的差额。

可比情况下同类商品在应该交付商品的地点的价格视为现行价格。如果在该地点不存在现行价格,则可以利用可进行合理替代的地点的价格,同时考虑商品运费的差价。

4. 满足本条第 1 款和第 2 款的请求,不免除未履行或未正确履行合同债的一方根据本法典第 15 条向另一方赔偿其他损失的义务。

第四节 国家所需商品的供应

第 525 条 国家所需商品供应的根据

1. 国家所需商品的供应根据国家所需商品供应的国家合同进行,以及依照该国家合同订立的国家商品供应合同(第 530 条第 2 款)进行。国家需要是指根据法定程序确定的、以预算资金或预算外财政来源予以保证的俄罗斯联邦或俄罗斯联邦各主体的需要。

2. 对国家所需商品供应合同产生的关系,适用有关供应合同的规则(第 506 条至第 523 条),但本法典有不同规定的除外。

对国家所需商品供应合同中本节未调整的那部分关系,适用关于国家所需商品供应的法律。

第 526 条 国家所需商品供应的国家合同

根据国家所需商品供应的国家合同(下称"国家合同"),供应人(执行人)承担义务将商品交付给国家定货人或根据国家定货人的指示交付给他人,而国家定货人承担义务保证所供应商品价款的支付。

第 527 条 国家合同签订的根据

1. 国家合同根据国家定货人提出的、供应人(执行人)所接受的关于国家所需商品的供应定货而签订。如果国家定货人分配了定货,而该定货为供应人所接受,则国家定货人有义务签订国家合同。

2. 只有在法律规定的情况下,而且在国家定货人必须赔偿供应人(执行人)因履行国家合同而产生的全部损失的条件下,供应人(执行人)才有义务签订国家合同。

3. 本条第 2 款规定的赔偿损失的条件,不适用于国库企业。

4. 如果国家所需商品供应的定货通过招标方式进行分配,则国家定货人必须与中标的供应人(执行人)签订国家合同。

第 528 条 国家合同签订的程序

1. 国家合同草案由国家定货人拟定并送给供应人(执行人),但双方协议有不同约定的除外。

2. 收到国家合同草案的一方,应在 30 日内签署合同并将国家合同的一份送还另一方,而在对国家合同的条款存在分歧时,亦应在 30 日内起草分歧意见书并将意见书连同已经签字的国家合同一并送给另一方或者通知另一方拒绝签订国家合同。

3. 收到附有分歧意见书的国家合同的一方,应该在 30 日期限内对分歧进行审查,采取措施与另一方进行协商并通知另一方已经接受修改后的国家合同或者不接受分歧意见书。

在不接受分歧意见书或者 30 日期限届满的情况下,签订国家合同为一方的义务时,另一方可以在 30 日内将国家合同中未解决的分歧提交给法院审理。

4. 如果国家合同根据国家所需商品定货分配招标的结果签订,则国家合同应该在招标进行之日起的 20 日内签订。

5. 如果有义务签订国家合同的一方逃避签订合同,则另一方有权请求法院强制该方签订国家合同。

第 529 条 国家所需商品供应合同的签订

1. 如果国家合同规定商品由供应人(执行人)向国家定货人根据国家所需商品定货合同确定的买方进行供应,则国家定货人应在国家合同签订之日起的 30 日内向供应人(执行人)和买方发出关于向供应人(执行人)指定买方的通知书。

国家定货人根据国家合同发出的向供应人(执行人)指定买方的通知,是签订国家所需商品供应合同的根据。

2. 供应人(执行人)必须在收到国家定货人通知之日起的 30 日内将国家所需商品供应合同草案发给通知指定的买方,但国家合同规定了起草合同的不同程序或买方已经提交了合同草案的情形除外。

3. 国家所需商品供应合同草案的一方,应在 30 日内签署合同并将国家合同的一份送还另一方,而在对合同的条款存在分歧时,亦应在 30 日内起草分歧意见书并将意见书连同已经签字的合同一并送给另一方。

4. 收到附有分歧意见书的国家所需商品供应合同的一方,应该在 30 日期限内对分歧进行审查,采取措施与另一方就合同条款进行协商并通知另一方已经接受修改后的合同或者不接受分歧意见书。对未解决的分歧,利害关系一方可以在 30 日期限内提交法院审理。

5. 如果供应人(执行人)逃避签订国家所需商品供应合同,则买方有权请示法院强制供应人(执行人)按照买方拟定的合同草案条款签订合同。

第 530 条　买方拒绝签订国家所需商品供应合同

1. 买方有权全部或部分拒绝指定供应人的通知书中所指定的商品,并有权拒绝该商品的供应合同。

在这种情况下,供应人(执行人)应该立即通知国家定货人并有权要求国家定货人给他指定另一买方。

2. 国家定货人应在收到供应人(执行人)通知之日起的 30 日内向他指定其他买方,或者向供应人(执行人)发出指明收货人的发运调拨单,或者通知他同意自己接受商品并支付商品价款。

3. 在国家定货人不履行本条第 2 款规定的义务时,供应人(执行人)有权按照自己的意志或者要求国家定货人接受商品并支付商品价款,或者将商品进行拍卖,有关的合理费用由国家定货人负担。

第 531 条　国家合同的履行

1. 如果根据国家合同条款商品直接向国家定货人供应或者根据国家定货人的指示(发运调拨单)向另一人(买方)供应,则履行国家合同的双方的关系由本法典第 506 条至第 523 条的规则调整。

2. 如果国家所需商品的供应由发运调拨单指定的收货人进行,则商品的价款由国家定货人支付,但国家合同规定了不同结算办法的除外。

第 532 条　根据国家所需商品供应合同对商品的支付

在根据国家所需商品供应合同向买方供应商品时,商品由买方根据国家合同确定的价格进行支付,但国家合同规定了不同确定价格的办法和结算办法的除外。

在买方根据国家所需商品供应合同支付商品价格的情况下国家定货人被视为买方履行义务的保证人(第 361 条至第 367 条)。

第 533 条　因履行或解除国家合同而造成损失的赔偿

1. 如果关于国家所需商品供应的法律未有不同规定,则因履行国家合同(第 527 条第 2 款)而给供应人(执行人)造成的损失,应该由国家定货人在依照国家合同交付商品之日起的 30 日内进行赔偿。

2. 如果因履行国家合同而给供应人(执行人)造成的损失未依照国家合同进行赔偿,则供应人(执行人)有权拒绝履行国家合同并要求赔偿因解除合同而引起的损失。

3. 在根据本条第 2 款的理由解除合同时,供应人有权拒绝履行国家所需商品供应合同。

供应人拒绝履行而给买方造成的损失,由国家定货人赔偿。

第 534 条 国家定货人对根据国家合同所供应的商品的拒绝

在法律规定的情况下,国家定货人有权全部或部分拒绝国家合同规定供应的商品,其条件是必须赔偿该拒绝给供应人造成的损失。

如果国家定货人拒绝国家合同规定供应的商品致使国家所需商品供应合同的解除或变更,则合同解除或变更给买方造成的损失应由国家定货人赔偿。

第五节 订 购

第 535 条 订购合同

1. 根据订购合同,农产品的生产者承担义务将其培植(生产)的农产品交付采购人——为加工或者出卖该产品而进行采购的人员。

2. 对本节的规则未调整的订购合同关系适用供应合同的规则(第 506 条至第 524 条),而在其他相应的情况下,则适用关于国家所需商品的供应合同的规则(第 525 条至第 534 条)。

第 536 条 采购人的义务

1. 如果订购合同没有不同规定,采购人有义务在农产品所在地接受生产者的农产品并保证运出。

2. 当对农产品的接受是在采购人所在地或者他所指定的其他地点进行时,采购人无权拒绝符合订购合同条款并在合同规定期限内交付的农产品。

3. 订购合同可以规定从事农产品加工的采购人应农产品生产者的要求向他返还加工农产品废料的义务,由农产品生产者按合同规定的价格付款。

第 537 条 农产品生产者的义务

农产品的生产者有义务按照订购合同规定的数量和品种向采购人交付培植(生产)的农产品。

第 538 条 农产品生产者的责任

农产品生产者因未履行或者未正确履行义务的,在有过错的情况下应承担责任。

第六节 电力供应

第 539 条 电力供应合同

1. 根据电力供应合同,电力供应组织承担义务通过并联电网向用户(消费者)提供电能,而用户承担义务对所用电能付款,并有义务遵守合同规定的用电制度,保证在其支配下的电网的安全和保证他所使用的与用电有关的仪器和设备的完好。

2. 在用户拥有符合技术要求的联入电力供应组织电网的电力接收装置和其他必要设备时,以及在保证对电力消耗进行统计的情况下,与用户签订电力供应合同。

3. 对电力供应合同产生的关系,本法典未调整的,适用关于电力供应的法律和其他法律文件以及依照法律和其他法律文件通过的强制性规则。

第 540 条 电力供应合同的签订和延长

1. 当电力供应合同的用户为因日常生活需要利用电力的公民时,合同自第一次依规定程序将用户实际接入并联电网之时起视为订立。

如果双方的协议没有不同规定,该合同视为无限期的合同,并可以根据本法典第 546 条规定的理由变更或者解除。

2. 有确定期限的电力供应合同,如果在有效期限届满前任何一方均没有提出终止、变更合同或者订立新的合同,则视为以原来的期限和条件而延长。

3. 如果在合同有效期限届满前当事人中的一方提议订立新的合同,则双方当事人的关系在新合同订立之前由原来签订的合同调整。

第 541 条 电量

1. 电力供应组织有义务按照电力供应合同规定的数量并遵守双方协议的供电制度,通过并联电网向用户供应电力。供给用户的和用户使用的电量根据实际消耗的统计数据确定。

(2003 年 3 月 26 日第 37 号联邦法律修订)

2. 电力供应合同可以规定用户有权变更电力供应合同规定的接收电量,其条件是赔偿电力供应组织因保证供给合同未规定的电量而产生的费用。

3. 当电力供应合同的用户是为了日常生活所需而使用电力的公民时,则他有权使用他所必需的电量。

第 542 条 电力的质量

1. 供电的质量应该符合国家标准和其他强制性规则或者电力供应合同规定的要求。

(2003 年 3 月 26 日第 37 号联邦法律修订)

2. 如果电力供应组织违反电力质量的要求,用户有权拒绝对该电力付款。在这种情况下,电力供应组织有权要求用户赔偿因利用该电力而额外积累的价值(第1105条第2款)。

第543条 用户维护和使用电网、仪器和设备的义务

1. 用户有义务保证所使用的电网、仪器和设备良好的技术状态和安全,遵守规定的用电制度,并在发生事故、火灾、统计仪表不正确以及在使用电力中出现其他问题时立即通知电力供应组织。

2. 如果电力供应合同的用户是为了生活需要而利用电力的公民,则保证电网以及统计仪表的良好技术状态和安全的义务由电力供应组织承担,但法律或者合同有不同规定的除外。

3. 对电网、仪表和设备的技术状态和使用的要求,以及对遵守这些要求的监督程序由法律、其他法律文件和根据法律和其他法律文件通过的强制性规则确定。

第544条 电费的交纳

1. 用户应按照电力统计数据对实际使用的电量交费,但如果法律、其他法律文件或者双方的协议有不同规定的除外。

2. 用电的结算办法由法律、其他法律文件或者双方的协议确定。

第545条 二级用户

用户只有在征得电力供应组织同意的情况下,方可将从电力供应组织得到的电力通过并联电网再输送给他人(二级用户)。

第546条 电力供应合同的变更和解除

1. 如果电力供应合同中的用户是为了生活需要而使用电力的公民,则他有权在通知电力供应组织并交清电费的条件下单方解除合同。

当电力供应合同中的用户为法人时,电力供应组织有权根据本法典第523条规定的理由单方拒绝履行合同,但法律和其他法律文件规定的情形除外。

2. 根据双方协议允许中断供电、终止供电或者限制供电,但是,当国家电力监督部门确认用户的用电设备状况不良因而有发生事故或者威胁公民安全和生命的危险的情形不在此限。对于中断供电、终止供电或者限制供电的情况应提前通知用户。

用户是法人的,在用户违反交纳电费的义务时,允许依照法律和其他法律文件规定的程序不经用户同意而终止供电或限制供电,但应事先对用户进行相应的警告。

(2003年3月26日第37号联邦法律修订)

3. 为了采取紧急措施防止事故或消除事故,允许不经用户同意也不事先进行相应的警告而中断供电、终止供电或者限制供电,但应立即通知用户。

(2003年3月26日第37号联邦法律修订)

第547条 电力供应合同的责任

1. 一方因违反债的规定而没有履行或者没有适当履行依电力供应合同所生的债务时,有义务赔偿因此而造成的实际损失(第15条第2款)。

2. 如果根据法律或者其他法律文件的规定对电力供应制度进行调整而发生暂停对用户供应电力的,电力供应组织在有过错时,应承担未履行或者未适当履行合同债务的责任。

第548条 电力供应规则对其他合同的适用

1. 本法典第539条至第547条的规则,适用于因通过并联网供应热能而产生的关系,但法律或者其他法律文件有不同规定的除外。

2. 对因通过并联网供应煤气、石油和石油产品、水和其他商品而发生的关系,适用关于电力供应合同的规则(第539条至第547条),法律、其他法律文件有不同规定或者债的性质有不同要求的除外。

第七节 不动产买卖

第549条 不动产出卖合同

1. 根据不动产买卖合同(不动产出卖合同),卖方承担义务将土地、建筑物、构筑物、住宅或其他不动产(第130条)移转给买方所有。

2. 本节的规则适用于企业的出卖,但以企业出卖合同(第559条至第566条)没有不同规定为限。

第550条 不动产出卖合同的形式

不动产出卖合同以双方在一份文件上签字(第434条第2款)的书面形式签订。不遵守不动产出卖合同形式的,合同一律无效。

第551条 不动产所有权移转的国家登记

1. 不动产所有权根据不动产出卖合同移转给买方的,应当进行国家登记。

2. 在对所有权移转的国家登记完成前,双方对不动产出卖合同的履行不构成双方与第三人关系的变更。

3. 当一方逃避对不动产所有权的移转办理国家登记时,法院有权根据另一方的请求作出所有权国家登记的裁判。无合法根据而逃避对不动产所有权移转进行登记的一方应当赔偿另一方因迟延登记而发生的损失。

第 552 条 在出卖建筑物、构筑物或其他建于土地上的不动产时土地的权利

1. 根据建筑物、构筑物或者其他不动产出卖合同,在该不动产所有权移转给买方的同时,该不动产所占据并为其使用所必需的那部分土地的权利亦移转给买方。

2. 当卖方为所出卖不动产占地的所有权人时,相应土地的所有权移转给买方,或者买方享有相应土地的租赁权或不动产出卖合同规定的其他权利。

如果合同没有规定不动产买方对相应土地的权利,则该不动产所占据和为其使用所必需的土地的所有权移转给买方。

3. 不动产出卖时,如果不动产所占土地不属于卖方所有,不动产的出卖不必征得该土地所有权人的同意,但这不得与法律或者合同规定的对该土地使用条件相抵触。

在出卖此种不动产时,买方以与不动产卖方相同的条件取得该土地的使用权。

第 553 条 土地出卖时的不动产权利

如果土地上的建筑物、构筑物或其他不动产属于卖方,而在土地出卖时不动产的所有权不随之移转,则卖方对不动产所占据或使用所必需的土地,仍然保留按照出卖合同规定的条件进行使用的权利。

如果土地出卖合同未规定相应土地的使用条件,则卖方对不动产所占据的和按其用途进行使用所必需的土地仍然保留有限使用权(地役权)。

第 554 条 不动产出卖合同标的的确定

不动产出卖合同应当能够确定根据合同应当移转给买方的不动产的内容,其中包括能够确定在相应土地上的不动产中或其他不动产构成中的位置。

如果合同中没有这些内容,视为双方未就应当移转的不动产的条款达成协议,而相应的合同视为没有订立。

第 555 条 不动产出卖合同中的价格

1. 不动产出卖合同应当规定该财产的价格。

如果在合同中没有双方协商一致的不动产价格的书面条款时,不动产出卖合同视为没有订立。在这种情况下不适用本法典第 424 条第 3 款规定的确定价格的规则。

2. 如果法律或者不动产出卖合同没有不同规定,则合同中规定的建筑物、

构筑物或土地上其他不动产的价格包括与该不动产一起移转的相应部分土地的价格或土地权利的价格。

3. 如果不动产出卖合同中不动产的价格按其单位面积或其他数量指标确定,则应该支付的不动产总价应根据移转给买方的不动产实际数量确定。

第 556 条 不动产的移转

1. 卖方交付不动产和买方接受不动产应按照由双方签署的交付文书或者其他关于交付的文件进行。

如果法律或合同未有不同规定,卖方向买方交付不动产的义务在将该财产交付给买方和双方签署有关移交文书后视为已经履行。

一方拒绝按照合同规定的条款签署不动产移交文书时,分别视为卖方拒绝履行交付财产的义务或买方拒绝接受财产的义务。

2. 买方接受不符合不动产出卖合同条款的不动产时,包括该不符合的情况已经在移交文书中有说明时,均不构成免除卖方因不适当履行合同而承担责任的理由。

第 557 条 交付不合质量要求的不动产的后果

如果卖方交付的不动产不符合不动产出卖合同关于其质量的条款,则适用本法典第 475 条的规则,但关于买方有权请求以符合合同的商品替换不合质量要求的商品的规定除外。

第 558 条 住房出卖的特别规则

1. 出卖住房、住宅、住房或住宅的一部分时,如果其住户在买方取得住房后仍然依法保留对该住房的使用权,则出卖合同的实质条款是列出住户的名单并说明他们对住房的使用权。

2. 出卖住房、住宅、住房或住宅的一部分的合同应当进行国家登记,并自登记之时起视为已经订立。

第八节 企业的出卖

第 559 条 企业出卖合同

1. 根据企业出卖合同,卖方承担义务将企业作为财产综合体(第 132 条)移转给买方所有,但卖方无权向他人移转的权利和义务除外。

2. 如果合同没有不同规定,商业名称权、商标权、服务标志权和卖方及其商品、工作或服务的其他个别化手段的权利,以及根据许可属于卖方的这种个别化手段使用权,均一并移转给买方。

3. 卖方根据从事相关经营活动的许可证(执照)取得的权利,不得移转给企业的买方,但法律或其他法律文件有不同规定的除外。向买方移转作为企业构成的债务时,如果买方因不拥有许可证(执照)而不可能予以履行,则不免除卖方对债权人的清偿责任。对这种债务的不履行,卖方和买方向债权人承担连带责任。

第 560 条 企业出卖合同的形式和国家登记

1. 企业出卖合同应采取书面形式订立,即制作一份文件由双方签字(第 434 条第 2 款),还必须附具本法典第 561 条第 2 款所列文件。

2. 不遵守企业出卖合同形式的,合同一律无效。

3. 企业出卖合同应进行国家登记并自登记之时起视为已经订立。

第 561 条 被出卖的企业财产的确认

1. 企业出卖合同中,被出卖企业财产的构成和价值根据依照有关清点规则进行的企业资产全面清点确定。

2. 企业出卖合同签字之前,双方应制作审查以下文件:财产清点文件、会计资产负债表、独立审计人关于企业财产构成及价值的意见书,以及包括说明债权人、债权人请求的性质、数额和期限的企业所有债务的清单。

上述文件中所列财产、权利和义务,均由卖方移转给买方,但本法典第 559 条有不同要求或双方协议有不同规定的除外。

第 562 条 企业出卖时债权人的权利

1. 企业出卖合同的一方当事人在企业移转给买方之前,应该将企业出卖的事实书面通知企业债务的债权人。

2. 债权人如果没有书面向买方和卖方表示同意债务的移转,则有权在收到关于企业出卖事实的通知之日起的 3 个月内要求终止或提前履行债务,并要求卖方赔偿因此而造成的损失,或者要求认定企业出卖合同完成或部分无效。

3. 债权人如没有按本条第 1 款被通知企业出卖的事实,则有权在他知悉或应该知悉卖方向买方移转企业的事实之日起的 1 年内提起诉讼,要求满足本条第 2 款所规定的请求。

4. 在企业移转给买方后,卖方和买方对债权人未同意移转给买方的企业的债务承担连带责任。

第 563 条 企业的移转

1. 企业由卖方向买方的移转按照移交文书进行,移交文书应包括关于企业财产的构成和通知债权人关于企业出卖事实等内容,以及关于被移转财产的瑕疵和卖方因财产灭失而卖方未能履行移转义务的财产清单。

企业移转的准备,包括移交文书的制作和提交签署,均为卖方的义务,费用由卖方负担,但合同有不同规定的除外。

2. 自双方签署移交文书之日起,企业视为已经移转给买方。

自该时刻起,被移转企业财产意外灭失和意外损坏的风险亦移转给买方。

第 564 条 企业所有权的移转

1. 企业所有权自该权利的国家登记之时起移转给买方。

2. 如果企业出卖合同没有不同规定,则企业的所有权在企业移转给买方并在移转之后立即进行国家登记(第 563 条)。

3. 如果合同规定在付清企业价款或发生其他情况之前卖方对移转给买方的企业保留所有权,则买方在所有权移转给他之前并在购买该企业的目的所必需的限度内,有权处分被移转企业的财产和权利。

第 565 条 移转与接受瑕疵企业的后果

1. 卖方或买方根据企业移交文书移转或接受企业时,如果企业财产不符合企业出卖合同的规定,包括所移转财产的质量中符合该合同的规定,则有关后果根据本法典第 460 条至第 462 条、第 466 条、第 469 条、第 475 条、第 479 条的规则确定,但合同和本条第 2 款至第 4 款有不同规定的除外。

2. 当企业移转所依据的移交文书已经说明企业的瑕疵和已经灭失的财产(第 563 条第 1 款),则买方有权要求相应地减少企业的购买价格,但企业出卖合同规定在这种情况下有权提出其他要求的除外。

3. 如果移转的企业财产中包括出卖合同或移交文书中所没有指明的卖方债务,而卖方不能证明在出卖合同签订时和企业移转时买方知悉此种债务,则买方有权要求减少购买价格。

4. 卖方在收到关于移转的企业财产存在瑕疵或者缺少应移转的某种种类财产时,可以立即更换不合质量要求的财产或向买方提供不足的财产。

5. 如果确认企业因为应由卖方负责的瑕疵而不适于企业出卖合同规定的目的,并且该卖方没有按照本法典、其他法律和其他法律文件或者合同规定的条件、期限、程序予以消除这些瑕疵,或者这些瑕疵不可能消除,则买方有权通过诉讼程序要求解除或者变更企业出卖合同,并要求返还双方对合同的履行。

第 566 条 关于法律行为无效的后果、合同变更或解除的规则对企业出卖合同的适用

本法典关于法律行为无效的后果和关于变更或解除买卖合同的规则,规定一方或双方以实物返还或向一方或双方追索实物的,适用于企业出卖合同,但这种后果实质性地违反卖方的债权人、买方其他人的权利和合法利益或者与公共利益相抵触的除外。

第四编 债的种类

第三十一章 互 易

第567条 互易合同

1. 根据互易合同,每一方当事人均承担义务将一种商品交付给对方所有以交换另一种商品。

2. 对互易合同相应地适用关于买卖合同的规则(第三十章),但以不与本章的规则和互易的实质抵触为限。在这种情况下,每一方均被视为有义务交付商品的卖方和有义务接受互易商品的买方。

第568条

1. 如果互易合同没有不同要求,则应予交换的商品推定为等价商品,而其交付和接受的费用在每一种场合均由承担相应义务的一方负担。

2. 如果互易合同中互易的商品被认为不等价,则有义务交付价格较低的商品的一方,应该在履行交付商品的义务前或直接在交付商品后立即支付差价,但合同规定了不同付款办法的除外。

第569条 根据互易合同交付商品义务的对待履行

如果根据互易合同交付商品的期限不一致,则对在后交付商品的一方的义务适用债的对待履行的规则(第328条)。

第570条 互易商品所有权的移转

如果法律或互易合同没有不同规定,互易商品的所有权在双方履行交付相应商品之后移转给互易合同中作为买方的双方当事人。

第571条 根据互易合同取得的商品被追索的责任

当一方根据互易合同取得的商品被第三人追索时,在存在本法典第461条规定的根据时,该方有权要求另一方返还在互易中取得的商品,并(或)赔偿损失。

第四编 债的种类

第三十二章 赠 与

第572条 赠与合同

1. 根据赠与合同,一方当事人(赠与人)向另一方当事人(受赠人)无偿移转或承担义务无偿地移转财产归其所有或移转对自己的或对第三人的财产权(请求权),或者免除或承担义务免除另一方对自己的或对第三人的财产义务。

当存在财产或权利的对待交付或存在对待义务时,合同不得视为赠与合同。对这种合同适用本法典第170条第2款的规则。

2. 允诺向某人移转财产或财产权或免除某人的财产义务(允诺赠与),如果允诺是以适当的形式作出的(第574条第2款)并且含有将来向具体人无偿移转财产或权利或免除具体人的财产义务的明确意思表示,则视为赠与合同并对允诺人具有约束力。

允诺赠与全部财产或部分财产而不指明何物、何种权利或免除何种义务作为具体赠与标的,此种允诺自始无效。

3. 规定在赠与人死后向受赠人进行交付的合同,自始无效。

对这类赠与合同适用民事立法关于继承的规定。

第573条 受赠人对赠与拒绝

1. 受赠人有权在向他移转赠与之前的任何时间拒绝赠与。在这种情况下,赠与合同视为已经解除。

2. 如果赠与合同以书面形式签订,则对赠与的拒绝亦应以书面形式实施。如果赠与合同进行过国家登记(第574条第3款),则对赠与的拒绝亦应进行国家登记。

3. 如果赠与合同是以书面形式订立的,则赠与人有权要求受赠人赔偿因其拒绝接受赠与而造成的实际损失。

第 574 条　赠与合同的形式

1. 向受赠人即时移转财产的赠与,可以用口头形式实施,但本条第 2 款和第 3 款规定的情形除外。

赠与交付以直接交付、象征性交付(交付钥匙等)或交付确认权利的文件等形式进行。

2. 以下列情况下,动产赠与合同应该采用书面形式:

赠与人是法人的和赠与的价值超过法定最低劳动报酬额 5 倍的;

合同包含在将来赠与的允诺的。

在本款规定的情况下,以口头形式实施的赠与合同自始无效。

3. 不动产的赠与合同应进行国家登记。

第 575 条　赠与的禁止

除价值不超过法定最低劳动报酬额 5 倍的普通礼物外,在下列情况下不允许赠与:

(1) 幼年人或被认定为无行为能力的人的法定代理人以幼年人或无行为能力人的名义实施赠与;

(2) 在医疗机构、教养机构、社会保障机构和其他类似机构进行治疗、教育和收容的公民、他们的配偶和亲属向上述机构的工作人员实施的赠与;

(3) 对国家机关工作人员和地方自治机关的工作人员因其职务地位或因其履行职责而实施的赠与;

(4) 商业组织之间的赠与。

第 576 条　赠与的限制

1. 对财产享有经营权和业务管理权的法人,经财产所有权人的同意方得实施赠与,但法律有不同规定的除外。这一限制不及于价值不大的普通礼物。

2. 对共同共有的财产的赠与,只有经所有共同共有人的同意并在遵守本法典第 253 条规则的情况下才允许实施。

3. 属于赠与人的对第三人请求权的赠与,须遵守本法典第 382 条至第 386 条、第 388 条和第 389 条的规则。

4. 以替受赠人履行对第三人的义务的方式实施的赠与,须遵守本法典第 313 条第 1 款的规则。

以赠与人承担受赠人对第三人债务的方式实施的赠与,须遵守本法典第 391 条和第 392 条的规则。

5. 代理人实施赠与的委托书,如果未说明受赠人或不指明赠与标的,自始无效。

第 577 条 赠与合同的拒绝履行

1. 如果在赠与合同签订之后,赠与人的财产状况、家庭状况或者健康状况发生变化,致使在新的条件下合同的履行会导致赠与人生活水平严重下降,则赠与人有权拒绝履行允诺在将来向受赠人移转财产或财产权或免除受赠人财产义务的赠与合同。

2. 赠与人依照本条第 1 款和第 2 款规定的理由拒绝履行合同的,受赠人无权要求赔偿损失。

第 578 条 赠与的撤销

1. 如果受赠人实施危害赠与人本人、赠与人家庭成员或近亲属中任何人的生命而未遂或者故意造成赠与人身体伤害的行为,赠与人有权撤销赠与。

在受赠人故意剥夺赠与人生命的情况下,赠与人的继承人有权请求法院撤销赠与。

2. 如果赠与财产对赠与人具有较大的非财产性价值,而受赠人对该财产的使用或保管可能造成该种价值构成不可挽回丧失的危险,则赠与人有权通过诉讼程序撤销赠与。

3. 如果赠与是个体经营者或法人违反破产法而使用与经营活动有关的资金实施的,则法院可以根据利害关系人的请求在宣布该人破产之前的 6 个月内撤销赠与。

4. 赠与合同可以约定赠与人有权在他的寿命超过受赠人时撤销赠与合同。

5. 赠与撤销时,如果赠与的财产在撤销赠与时尚实际存在的,受赠人有义务返还该财产。

第 579 条 不得拒绝赠与合同和撤销赠与的情形

关于拒绝赠与合同(第 577 条)和撤销赠与(第 578 条)的规则不适用于价值不大的普通礼物。

第 580 条 赠与物瑕疵造成损害的后果

由于赠与物瑕疵而给作为公民的受赠人的生命、健康或财产造成损害的,如果能够证明瑕疵在该物移转给受赠人之前已经产生但不明显而赠与人知道瑕疵的存在而没有向受赠人说明,则赠与人应该依照本法典第五十九章的规则予以赔偿。

第 581 条 允诺赠与时的权利继受

1. 受赠人根据允诺赠与合同取得受赠物的权利不得移转给他的继承人(权

利继受人),但赠与合同有不同规定的除外。

2. 赠与人约诺赠与的义务,移转给他的继承人(权利继受人),但赠与合同有不同规定的除外。

第582条　捐赠

1. 捐赠是为社会公益目的而实施的财产或权利的赠与。

捐赠可以向公民、医疗机构、教养机构、社会保障机构和其他类似机构、慈善机构、科学机构和教育机构、各种基金会、博物馆和其他文化机构、社会团体和宗教团体进行,也可以向国家和本法典第124条规定的其他民法主体进行。

2. 接受捐赠不需要任何的人的批准或同意。

3. 捐赠人在向公民捐赠时应该规定,而向法人捐赠时可以约定将捐赠财产用于特定的目的作为先决条件。如无条件时,则财产的捐赠视为普通赠与,而在其他情况下受赠人应按财产的用途使用捐赠的财产。

接受捐赠的法人在使用受赠财产时,如对受赠财产约定了使用目的,必须对使用受赠财产的全部业务进行单独登记。

4. 如果由于情况发生变化而不可能再依照捐赠人指定的用途使用受赠财产,则该财产须经捐赠人同意方可用于其他目的,而在作为捐赠人的公民死亡或作为捐赠人的法人已经清算时,须经法院裁判方能用于其他目的。

5. 不按照捐赠人规定的用途使用受赠财产或违反本条第4款的规定改变其用途的,捐赠人、其继承人或其他权利继受人有权要求撤销捐赠。

6. 本法典第578条和第581条的规定不适用于捐赠。

第四编 债的种类

第三十三章 年金和终身赡养

第一节 年金和终身赡养费的一般规定

第583条 年金合同

1. 根据年金合同,一方当事人(年金接受人)将财产交付给另一方(年金支付人)所有,而年金的支付人承担义务作为接受财产的交换定期向年金接受人支付一定数额的金钱或者提供其他形式的生活费。

2. 根据年金合同,允许规定无限期支付年金(永久性年金)的义务或者规定在年金接受人有生之年支付年金(终身年金)的义务。终身年金可以按照公民终身赡养费条件规定。

第584条 年金合同的形式

年金合同应当进行公证,规定以支付年金为条件而转让不动产的合同,还应当进行国家登记。

第585条 以支付年金为条件的财产转让

1. 以支付年金为条件转让的财产,可以由年金接受人有偿或无偿移转给年金支付人所有。

2. 如果年金合同规定有偿交付财产,则对双方移转财产和付款的关系适用关于买卖的规则(第三十章),而如果财产无偿移转,则适用关于赠与合同的规则(第三十二章),但以本章的规则未有不同规定和不与年金合同的实质相抵触为限。

第586条　不动产上的年金负担

1. 年金以要求支付为条件而设定于移转的土地、企业、建筑物、构筑物或其他不动产之上。年金支付人将该财产进行转让时,因年金合同而产生的义务移转给财产取得人。

2. 在将设定了年金负担的不动产转让给他人所有时,该转让人与该他人对因违反年金合同而产生的取得年金的请求权承担补充责任(第399条),但本法典、其他法律或合同规定对该义务的承担连带责任的除外。

第587条　支付年金的担保

1. 在以支付年金为条件而移转土地或其他不动产时,年金接受人取得该财产的抵押权以保证年金支付人支付年金的义务。

2. 在规定以支付年金为条件而移转金钱或其他动产的合同中,实质性条款是规定年金支付人对其义务的履行提供保证(第329条),或者对不履行或不适当履行该义务的责任风险进行投保,收益人为年金接受人。

3. 在年金支付人不履行本条第2款规定的义务时,以及在由于年金接受人不应负责的原因失去保证或保证条件恶化时,年金接受人有权解除年金合同并要求赔偿因解除年金合同而造成的损失。

第588条　延迟支付年金的责任

年金支付人迟延支付年金的,应向年金接受人支付本法典第395条规定的利息,但年金合同规定了不同利息数额的除外。

第二节　永久性年金

第589条　永久性年金的接受人

1. 永久性年金接受人只能是公民,以及非商业性组织,但这不得与法律相抵触并应符合其活动宗旨。

2. 根据永久性年金合同,年金接受人的权利可以通过请求权让渡的方式或通过遗产继承以及在法人改组时通过权利继受方式移转给本条第1款所规定的人,但法律或合同有不同规定的除外。

第590条　永久性年金的形式和数额

1. 永久性年金按照合同规定的数额以金钱形式支付。

永久性年金合同可以规定通过提供与年金数额等值的财产、工作或服务的方式支付永久性年金。

2. 如果永久性年金合同没有不同规定,则永久性年金的数额应按法定最低劳动报酬额增加的比例而增加。

第 591 条　永久性年金支付的期限

如果永久性年金没有不同规定,则永久性年金应在每个季度结束时支付。

第 592 条　支付人对永久性年金的赎买权

1. 永久性年金支付人有权通过赎买的方式拒绝继续支付永久性年金。

2. 此种拒绝在下列条件下有效:年金支付人在终止支付年金前至少 3 个月或者在永久性年金合同规定的更早期限内以书面形式提出。在这种情况下,支付永久性年金的义务直至永久性年金接受人收到全部赎买款之前不得终止,但合同规定了不同赎买办法的除外。

3. 永久性年金合同关于永久性年金支付人放弃对永久性年金的赎买权的条款自始无效。

合同可以规定,在年金接受人的有生之年或者在不超过合同签订之日起的 30 年的其他期限内,赎买永久性年金的权利不得行使。

第 593 条　根据年金接受人的请求对永久性年金的赎买

在下列情形之一的,永久性年金接受人有权要求支付人赎买年金:

年金支付人延迟支付年金超过 1 年,但永久性年金合同规定了不同期限的除外;

年金支付人违反支付年金的担保义务(第 587 条);

年金支付人被认定为无支付能力或者发生了显然能证明支付人不能按照合同规定的数额和期限支付年金的情况;

以支付永久性年金为条件而移转的不动产成为共有财产或已经在几个人之间进行了分割;

合同规定的其他情况。

第 594 条　永久性年金的赎买价格

1. 在本法典第 592 条和第 593 条规定的情况下,永久性年金的赎买按照永久性年金合同规定的价格进行。

2. 如果永久性年金合同中没有关于以支付永久性年金为条件而有偿移转财产的赎买价格条款,则赎买按照应支付年金的年度金额进行。

3. 如果永久性年金合同中没有关于以支付永久性年金为条件而无偿移转财产的赎买价格条款,则赎买价除年金的年度金额外,还应包括所移转财产的价格,而该财产的价格依照本法典第 424 条第 3 款的规则确定。

第 595 条 以支付永久性年金为条件移转的财产意外灭失的风险

1. 以支付永久性年金为条件而无偿移转的财产意外灭失或者意外损坏的风险由年金的支付人承担。

2. 以支付永久性年金为条件而有偿移转的财产的意外灭失或者意外损坏时,支付人有权分别要求终止支付年金的义务或者变更年金支付的条件。

第三节　终　身　年　金

第 596 条 终身年金接受人

1. 终身年金的期限可以确定为以取得年金为条件而交付了财产的公民的有生之年,或者财产交付人所指定的公民的有生之年。

2. 允许规定终身年金的受益人为几个公民,其取得年金权利的份额视为相等,但终身年金合同有不同规定的除外。

当终身年金接受人之一死亡时,他接受终身年金权利的份额移转给尚在人世的其他接受人,但终身年金合同有不同规定的除外,而在最后一名年金接受人死亡后,支付年金的义务终止。

3. 如果终身年金合同的受益人为签订合同之时已经死亡的公民,则合同自始无效。

第 597 条 终身年金的数额

1. 在终身年金合同中,终身年金的数额应规定为在年金接受人有生之年定期向他支付的金额。

2. 合同中规定的终身年金的数额,按月计算不得少于法定最低劳动报酬额,而在本法典第 318 条规定的情况下,应当增加。

第 598 条 终身年金支付的期限

如果终身年金合同没有不同规定,终身年金应在每个季度结束时支付。

第 599 条 根据年金接受人的请求对终身年金合同的解除

1. 如果年金支付人实质性地违反终身年金合同,年金接受人有权要求年金支付人依照本法典第 594 条规定的条件赎买年金,或者要求解除合同并赔偿损失。

2. 如果在支付终身年金为条件无偿转让住宅、住房或其他财产,则在年金支付人实质性地违反年金合同时,年金接受人有权要求返还该财产,同时将该财产的价值计入年金的赎买价。

第 600 条　以支付终身年金为条件所移转的财产意外灭失的风险

以支付终身年金为条件而移转的财产发生意外灭失或者意外损坏,不免除年金支付人按照终身年金合同规定的条件支付终身年金的义务。

第四节　终　身　赡　养

第 601 条　终身赡养合同

1. 根据终身赡养合同,作为年金接受人的公民将属于他的住房、住宅、土地或其他不动产移转给年金支付人所有,而年金支付人承担义务对该公民和(或)他所指定的第三人(一人或几人)进行终身赡养。

2. 对终身赡养合同适用关于终身年金的规定,但本节有不同规定的除外。

第 602 条　提供赡养费的义务

1. 年金支付人进行终身赡养费的义务可以包括保证年金接受人对住所、食物和衣物的需求,而在公民的身体健康需要时,还包括对他的照料。终身赡养合同还可以规定由年金支付人负担各种宗教礼仪服务的费用。

2. 终身年金合同中应当确定全部赡养费的总价值。在这种情况下,每月赡养费的总价值不得低于法定最低劳动报酬额的 2 倍。

3. 法院在审理双方关于已经提供和应该提供给公民的赡养费金额的纠纷时,应该遵循善意和合理的原则。

第 603 条　以定期支付代替终身赡养

终身赡养合同可以规定以在公民有生之年进行定期金钱支付代替终身赡养的实物提供。

第 604 条　为担保终身赡养费而交付财产的让渡和使用

只有经年金接受人的事先同意,年金支付人才有权将为担保终身赡养而交付给他的财产进行让渡、抵押或者以其他方式设定负担。

年金支付人有义务采取必要措施,保证在提供终身赡养的期间内对上述财产的使用不降低其价值。

第 605 条　终身赡养费的终止

1. 终身赡养费的义务因年金接受人的死亡而终止。

2. 在年金支付人实质性地违反自己的义务时,年金接受人有权要求返还为保证终身赡养而交付的财产,或者要求按照本法典第594条规定的条件向他支付赎买价格。在这种情况下,年金支付人无权要求补偿因赡养年金接受人而发生的费用。

第四编 债的种类

第三十四章 租　赁

第一节　租赁的一般规定

第606条　租赁合同

根据租赁(财产租赁)合同,出租人承担让承租人暂时占有和使用或暂时使用出租物的义务,并收取费用。

承租人根据合同使用租赁物而取得的果实、产品和收入,归承租人所有。

第607条　租赁的客体

1. 土地和其他独立的自然客体、企业和其他财产综合体、建筑物、构筑物、设备、交通工具和其他在使用中不丧失其自然属性的物(非消耗物)均可以进行租赁。

法律可以规定禁止或限制出租的财产的种类。

2. 法律可以对土地和其他独立自然客体的出租作出专门规定。

3. 租赁合同应该载明能够确定作为租赁客体交付给承租人的财产的内容。如果合同没有这些内容,则视为双方未就关于租赁客体的条款达成协议,而相应合同视为没有签订。

第608条　出租人

出租财产的权利属于财产的所有权人。出租人也可以是法律或财产所有权人授权出租财产的人。

第609条　租赁合同的形式和国家登记

1. 租赁期限超过1年的租赁合同,应以书面形式签订,而合同一方当事人为法人的,不论合同期限的长短,均应以书面形式签订。

2. 不动产租赁合同应该进行国家登记,但法律有不同规定的除外。

3. 规定财产所有权以后移转给出租人(第624条)的财产租赁合同,以该财产买卖合同的形式签订。

第610条 租赁合同的期限

1. 租赁合同的期限由合同规定。

2. 如果租赁合同没有规定期限,则租赁合同视为不定期合同。

在这种情况下,任何一方均有权在任何时间内提前1个月通知对方,而在不动产租赁合同中提前3个月通知对方后终止合同。法律或合同可以规定提前通知解除不定期租赁合同的其他期限。

3. 法律可以对具体种类的租赁以及对具体种类财产的租赁规定最长(极限)的合同期限。在这种情况下,如果合同未规定租赁期限或任何一方均未在法定极限期届满前要求解除合同,则合同在极限期届满时终止。

租赁合同规定的期限超过法定极限期的,其期限视为等于极限期。

第611条 财产向承租人的交付

1. 出租人向承租人交付的财产的状态必须符合租赁合同规定的条件和财产的用途。

2. 财产交付出租时,所有从物和有关文件(技术说明书、质量合格证等等)应一并交付,但合同有不同规定的除外。

如果这些从物和文件没有交付,承租人因而无法依财产的用途使用财产,或者在相当程度上丧失了签订合同时有权期待的利益,则承租人有权要求出租人向他提供从物和文件,或者要求解除合同并要求赔偿损失。

3. 如果出租人未在合同规定的期限内将出租的财产交付承租人,而在合同未规定期限时,未在合理的期限内交付该物,则承租人有权依照本法典第398条要求出租人交付该财产并要求赔偿延迟交付造成的损失,或者要求解除合同并赔偿合同未履行而造成的损失。

第612条 出租人对出租财产瑕疵的责任

1. 出租人应对交付出租财产的全部或者部分妨碍其使用的瑕疵负责,即使在签订合同时他并不知悉这些瑕疵。

发现瑕疵时,承租人有权依照自己的选择:

要求出租人或者无偿消除财产瑕疵,或者相应地减少租金、赔偿承租人消除瑕疵而支出的费用;

事先通知出租人后直接从租金中扣除因消除瑕疵而支出的费用；

要求提前解除合同。

出租人在收到关于承租人请求的通知或者承租人以出租人的费用消除瑕疵的意向的通知后，可以立即以状态良好的同类财产更换原先提供给承租人的财产，或者无偿消除财产的瑕疵。

如果满足承租人的请求或承租人从租金中扣除消除瑕疵的费用不足以弥补承租人的损失，则承租人有权要求赔偿未弥补的那部分损失。

2. 如果财产瑕疵在租赁合同签订时已在合同中说明或者承租人事先知悉，或在签订合同时或交付出租财产时对财产进行查看或检查财产是否完好时承租人应该发现，则出租人不对财产的瑕疵负责。

第 613 条 第三人对租赁财产的权利

财产交付出租并不构成对第三人在该财产上的权利的终止或者变更的根据。

在签订租赁合同时，出租人有义务事先向承租人说明第三人在该财产上的所有权利（地役权、抵押权等等）。出租人不履行这一义务的，承租人有权要求减少租金或者要求解除合同并要求赔偿损失。

第 614 条 租金

1. 承租人有义务及时交纳使用财产的费用（租金）。

交纳租金的程序、条件和期限由租赁合同确定。如果合同没有规定，则视为规定可比条件下同类财产租赁时通常适用的程序、条件和期限。

2. 租金可以对出租财产的整体规定或者对其各个组成部分单独规定。租金的形式如下：

（1）分期交纳或一次性支付的固定数额；

（2）规定对使用租赁财产而收获的产品、果实或者收入收取一次的份额；

（3）承租人提供一定的服务；

（4）承租人向出租人交付合同规定的财产归其所有或者租赁；

（5）责成承租人负担合同规定的用于改善租赁财产的费用。

双方可能在租赁合同中同时规定上述几种租金形式或规定其他的租金形式。

3. 如果合同没有不同规定，租金的数额可以在合同规定的期限内由双方协议变更，但一年最多变更一次。法律可以对具体种类的租赁以及对具体种类的财产规定变更租金数额的最长期限。

4. 如果法律没有不同规定,在因承租人不应负责的原因而发生致使租赁合同规定的财产使用条件或财产状况严重恶化的情况时,承租人有权要求相应地减少租金。

5. 如果租赁合同没有不同规定,当承租人实质性地违反交纳租金的期限时,出租人有权要求他在合同规定的期限内提前交纳租金。在这种情况下,出租人有权要求承租人提前交纳最多两期的租金。

第 615 条 对租赁财产的使用

1. 承租人有义务按照租赁合同规定的条件使用租赁财产,在合同没有规定使用条件时,应按财产的用途进行使用。

2. 承租人经出租人的同意后,有权将租赁财产再出租并将租赁合同的权利和义务移转给第三人(转租),有权将租赁财产提供第三人无偿使用,以及将租赁权进行抵押、作为投资注入商业合伙和商业公司的注册资本或作为股金投入生产合作社,但本法典、其他法律或其他法律文件有不同规定的除外。在上述情况下,除转租外,承租人仍根据合同向出租人承担责任。

转租合同的期限不得超过租赁合同的期限。

对转租合同适用关于租赁合同的规则,但法律或者其他法律文件有不同规定的除外。

3. 如果承租人对财产的使用违反合同条件或财产的用途,则出租人有权要求解除合同并赔偿损失。

第 616 条 双方维护租赁财产的义务

1. 出租人有义务以自己的费用对出租财产进行大修,但法律、其他法律文件或者租赁合同有不同规定的除外。

大修应该在合同规定的期限内进行,而如果合同未规定该大修或因为紧急情况需要而进行大修时,则应该在合理的期限内进行。

出租人违反大修义务的,承租人有权根据自己的选择:

进行合同规定的大修或因紧急情况而必需的大修,并向出租人追索修理费或将修理费抵消租金;

要求相应地减少租金;

要求解除合同并赔偿损失。

2. 承租人有义务维持财产的良好状态,用自己的经费进行日常修理并承担财产维护费用,但法律或合同有不同规定的除外。

第 617 条 当事人变更时租赁合同效力的保存

1. 租赁财产的所有权(经营权、业务管理权、继承占有权)向他人的移转,不构成变更或解除租赁合同的根据。

2. 在承租不动产的公民死亡时,根据租赁合同产生的权利和义务移转给他的继承人,但如果法律或者合同有不同规定的除外。

出租人无权拒绝该继承人在合同剩余的有效期内继承合同,但合同的签订以承租人的个人品质为条件的情况除外。

第 618 条 租赁合同提前终止时转租合同的终止

1. 如果租赁合同没有不同规定,租赁合同提前终止时根据它签订的转租合同亦终止。在这种情况下,转承租人有权对它使用中的财产根据转租赁合同签订租赁合同,其期限以原转租赁合同的剩余时间为限,条件与已终止的租赁合同相同。

2. 如果租赁合同依照本法典规定的理由自始无效,则依照它签订的转租赁合同亦自始无效。

第 619 条 依出租人的要求提前解除合同

法院可以根据出租人的要求提前解除租赁合同,如果承租人:

(1) 实质性地违反合同规定条款或者财产的用途使用财产或者多次违反合同条款;

(2) 使财产状态发生实质性恶化;

(3) 在合同规定的期限届满时连续两次以上不交纳租金;

(4) 当根据法律、其他法律文件或者合同的规定承租人有义务进行大修时,不在合同规定的期限内进行财产大修,而在无合同规定时不在合理的期限内进行大修。

租赁合同还可以根据本法典第 450 条第 2 款规定依出租人的要求而提前解除租赁合同的其他理由。

出租人只有在向承租人发出关于在合理期限内履行其义务的预先书面通知后,才有权要求解除合同。

第 620 条 依承租人的要求提前解除合同

有下列情形之一的,法院可以根据承租人的要求提前解除租赁合同:

(1) 出租人没有根据合同规定的条件或者财产的用途将出租财产交付承租人使用或者对其使用设置障碍;

(2) 交付给承租人的财产具有阻碍其使用的瑕疵,而在合同签订时出租人

没有对该瑕疵进行说明,承租人事先并不知悉并在签订合同时对财产进行查看或检查其是否完好时也不可能知悉;

(3) 大修作为出租人义务时,出租人不在合同规定的期限内进行大修,而没有合同规定时,不在合理期限内进行大修;

(4) 财产状况由于承租人不应负责的情况而不再适于使用。

租赁合同还可以根据本法典第 450 条第 2 款规定依承租人的要求而提前解除租赁合同的其他理由。

第 621 条 承租人续签租赁合同的优先权

1. 如果法律或者租赁合同没有不同规定,适当履行了自己义务的承租人,在合同期限届满时,享有在相同的条件下优先于其他人续签租赁合同的权利。承租人必须在合同规定的期限内以书面形式通知出租人续签合同的愿望,而合同未规定该期限时,应在合同有效期届满之前的合理期限内进行通知。

在续签租赁合同时,合同条款可能根据双方协议变更。

如果出租人拒绝与承租人续签租赁合同,而在自与承租人签订的合同期限届满之日起 1 年内又与其他人签订租赁合同时,承租人有权根据自己的选择向法院要求将已签订合同的权利义务移转于自己并要求赔偿因拒绝与之续签租赁合同而造成的损失,或者仅仅要求赔偿该损失。

2. 如果承租人在合同期限届满后继续使用财产而出租人没有提出异议,则合同视为按原条件签订的不定期合同(第 610 条)。

第 622 条 向出租人返还租赁财产

在租赁合同终止时,承租人有义务以接受财产时的财产状况并考虑到正常的损耗,或者按合同规定的财产状况将租赁财产返还给出租人。

如果承租人未将财产返还于出租人或者未及时返还,出租人有权要求支付整个迟延时间的租金。上述租金不能弥补出租人的损失时,出租人有权要求赔偿损失。

如果合同对不及时返还财产规定了违约金,则还可以在违约金之外全额追偿损失,但合同有不同规定的除外。

第 623 条 租赁财产的改善

1. 如果租赁合同没有不同规定,承租人对租赁财产进行的可以分离的改善,归承租人所有。

2. 如果承租人以自己的资金并征得出租人的同意对财产进行了改善,而该改善的分离将损害出租财产时,承租人有权在合同终止后要求赔偿这些改善的价值,但租赁合同有不同规定的除外。

3. 如果承租人未征得出租人的同意而对出租财产进行了不可分离的改善,则无权要求赔偿改善的价值,但法律有不同规定的除外。

4. 对租赁财产的改善,不论可分离的,还是不可分离的,如果是以该财产的折旧提成费而进行的,则均归出租人所有。

第 624 条 对出租财产的购买

1. 法律或者租赁合同可以规定,租赁财产的所有权在租赁期限届满或者届满前移转给承租人,其条件是承租人付清合同规定的全部赎买价款。

2. 如果租赁合同没有规定赎买租赁财产的条款,则该条款可以由双方的补充协议规定,在这种情况下双方有权规定将原先已经交纳的租金计入赎买价。

3. 法律可以规定禁止赎买租赁财产的情形。

第 625 条 某些种类的租赁和某些种类财产的租赁的特点

对某些种类的租赁合同以及某些种类财产的租赁合同(动产租赁、运输工具租赁、建筑物和构筑物的租赁、企业租赁、融资租赁),适用本节规定的原则,如果本法典对这些合同有不同规定的除外。

第二节 动 产 租 赁

第 626 条 动产租赁合同

1. 根据动产租赁合同,以财产出租作为经常性经营活动的出租人承担义务将动产交付承租人暂时占有和使用,并收取租金。

根据动产租赁合同交付的财产应用于消费目的,但合同或者债的性质有不同要求的除外。

2. 动产租赁合同以书面形式而签订。

3. 动产租赁合同为公开合同(第 426 条)。

第 627 条 动产租赁合同的期限

1. 动产租赁合同的期限为 1 年以下。

2. 关于不定期租赁合同的续签和承租人续签合同的优先权的规则(第 621 条)不适用于动产租赁合同。

3. 承租人提前 10 天以上将自己的意愿预先通知出租人后,有权在任何时间拒绝履行动产租赁合同。

第 628 条　租赁财产的交付

出租人在签订动产租赁合同后有义务在承租人在场的情况下当面对出租财产的完好性进行检查,并向承租人介绍使用出租财产的规则或者向他交付该财产使用说明书。

第 629 条　租赁财产之瑕疵的消除

1. 当承租人发现租赁财产存在完全或者部分妨碍使用的瑕疵时,如果租赁合同没有规定更短的期限,则出租人有义务在自承租人提出瑕疵之日起的 10 天内,无偿地消除瑕疵或者以状态良好的同类财产更换该财产。

2. 如果出租财产的瑕疵是因承租人违反财产使用与维护规则造成的,承租人应向出租人支付财产的修理和运输费用。

第 630 条　动产租赁合同中的租金

1. 根据动产租赁合同,租金可以规定为以固定数额分期交纳或者一次性交纳。

2. 当承租人提前返还出租物时,出租人应返还相应部分的租金,这部分租金自实际返还财产之日后的一日起计算。

3. 对承租人拖欠租金的追索根据公证员的执行背书以非诉讼程序进行。

第 631 条　租赁财产的使用

1. 根据动产租赁合同出租的财产,大修和日常修理是出租人的义务。

2. 不允许实施以下行为:将根据动产租赁合同交付给承租人的财产进行转租;将租赁合同产生的权利和义务移转给他人;将该财产提供他人无偿使用;将租赁权进行抵押;将租赁权作为财产投资投入商业合伙和商业公司或者作为股金投入生产合作社。

第三节　交通工具的租赁

第 1 小节　同时提供驾驶与技术服务的交通工具租赁

第 632 条　带有乘务人员的交通工具的租赁

根据带有乘务人员的交通工具租赁合同(暂时租赁),出租人向承租人提供交通工具暂时占有和使用,以自己的力量提供驾驶和技术服务,并收取费用。

关于不定期租赁合同续签和承租人续签租赁合同的优先权的规则(第 621 条),不适用于带有乘务人员的交通工具的租赁合同。

第 633 条 带有乘务人员的交通工具的租赁合同的形式

带有乘务人员的交通工具的租赁合同均应以书面形式签订,而不论合同期限长短。对这种合同不适用本法典第 609 条第 2 款规定的租赁合同登记的规则。

第 634 条 出租人维护交通工具的义务

在带有乘务人员的交通工具的租赁合同的整个有效期内,出租人均有义务维持所出租交通工具的应有状态,包括进行日常维修和大修以及提供必要的附属用品。

第 635 条 出租人在交通工具驾驶与技术服务方面的义务

1. 出租人向承租人提供的交通工具驾驶与技术服务应该保障交通工具按合同规定目的的正常和安全使用。

带有乘务人员的交通工具租赁合同可以规定向承租人提供范围更大的服务。

2. 交通工具乘务人员的构成及业务水平应当符合对双方的强制性规则和合同条款,而如果没有规定对双方的强制性规则,则应符合该种交通工具和通常使用要求和合同条款。

乘务人员是出租方的工作人员。他们在交通工具驾驶和技术服务方面服从出租人的指令,而在交通工具的商业利用方面服从承租人的指令。

如果合同没有不同规定,乘务人员的服务费用以及生活费,均应由出租人负担。

第 636 条 承租人交付与交通工具的商业使用有关的费用的义务

如果交通工具与服务人员租赁合同没有不同规定,承租人应承担因交通工具的商业使用而产生的费用,其中包括燃料费和其他在使用过程中消耗的材料费以及税费。

第 637 条 交通工具的保险

如果带有乘务人员交通工具租赁合同没有不同规定,在法律或者合同规定保险为强制保险时,出租人有义务对交通工具投保和(或)对交通工具可能造成的或因交通工具的使用而可能引起的损失的保险责任投保。

第 638 条 与第三人的使用交通工具的合同

1. 如果带有乘务人员交通工具租赁合同没有不同规定,承租人有权不经出租人的同意将交通工具转租。

2. 在对交通工具进行商业使用的范围内,承租人有权不经出租人的同意而以自己的名义与第三人签订运送合同和其他合同,只要这些合同不与租赁合同规定的交通工具使用目的相抵触,而在合同未规定目的时不与交通工具的用途相抵触。

第 639 条　交通工具损坏的责任

当租赁的交通工具灭失或损坏时,如果出租人能证明交通工具灭失或损坏是由于承租人依照法律或租赁合同应该承担责任的情况而发生的,则承租人必须向出租人赔偿损失。

第 640 条　交通工具所造成损害的责任

对租赁的交通工具、其机械、装置、设备对第三人造成的损害,出租人应依照本法典第五十九章的规则承担责任。出租人如果能证明损害因承租人的过错而发生,则有权向承租人提出赔偿向第三人所支付费用的返还请求。

第 641 条　某些种类交通工具租赁的特点

除本节的规定外,运输章程和法典还可以对某些种类同时提供驾驶与技术服务的交通工具租赁作出其他特别规定。

第 2 小节　不提供驾驶和技术服务的交通工具的租赁

第 642 条　不带乘务人员的交通工具的租赁合同

根据无乘务人员的交通工具租赁合同,出租人向承租人提供交通工具暂时占有和使用,但不提供驾驶和技术服务,并收取租金。

关于不定期租赁合同续签和承租人续签租赁合同的优先权的规则(第 621 条),不适用于不带乘务人员的交通工具的租赁合同。

第 643 条　不带乘务人员的交通工具的租赁合同的形式

不带乘务人员的交通工具的租赁合同均应以书面形式签订,而不论合同期限长短。对这种合同不适用本法典第 609 条第 2 款规定的租赁合同登记的规则。

第 644 条　出租人维护交通工具的义务

在不带乘务人员的交通工具的租赁合同的整个有效期内,出租人均有义务维持所出租交通工具的应有状态,包括进行日常维修和大修。

第 645 条　承租人驾驶交通工具和进行技术服务的义务

承租人以自己的力量驾驶交通工具和进行商业利用和技术服务。

第 646 条 承租人支付交通工具维护费用的义务

如果不带乘务人员的交通工具租赁合同没有不同规定,承租人应负担交通工具的维护费、保险费,包括自己的责任保险费,以及负担因交通工具的利用而发生的费用。

第 647 条 与第三人的关于使用交通工具的合同

1. 如果不带乘务人员的交通工具租赁合同没有不同规定,则承租人有权不经出租人的同意按照带有乘务人员或不带乘务人员租赁合同条件转租交通工具。

2. 承租人有权不经出租人的同意而以自己的名义与第三人签订运送合同和其他合同,只要这些合同不与租赁合同规定的交通工具使用目的相抵触,而在合同未规定目的时不与交通工具的用途相抵触。

第 648 条 交通工具所造成损害的责任

对租赁的交通工具、其机械、装置、设备对第三人造成的损害,出租人应依照本法典第五十九章的规则承担责任。

第 649 条 某些种类交通工具租赁的特点

除本节的规定外,运输章程和法典还可以对某些种类不同时提供驾驶与技术服务的交通工具租赁作出其他特别规定。

第四节 建筑物和构筑物的租赁

第 650 条 建筑物或构筑物租赁合同

1. 根据建筑物或构筑物租赁合同,出租人承担义务将建筑物或构筑物交予承租人暂时占有和使用或者仅暂时使用。

2. 本节规定的规则适用于企业租赁,但以本法典关于企业租赁的规则有不同规定的除外。

第 651 条 建筑物或者构筑物租赁合同的形式和国家登记

1. 建筑物或者构筑物租赁合同通过拟定一份文件,而双方在通过该文件上签字(第 434 条第 2 款)的书面形式签订。

不遵守建筑物或者构筑物租赁合同的形式的,合同一律无效。

2. 构筑物或者构筑物租赁合同,如租赁期限不少于 1 年的,应该进行国家登记,并自登记之时起视为已经订立。

第 652 条　建筑物或者构筑物租赁时其所在土地上的权利

1. 如果依照建筑物或者构筑物租赁合同的规定，还应同时向承租人移转该不动产的占有权和使用权，则该不动产所占用和为其使用所必需的那部分土地的权利也应移转。

2. 当出租人为出租建筑物或构筑物所占土地的所有权人时，则承租人对相应部分土地享有租赁权或者建筑物或者构筑物租赁合同规定的其他权利。

如果合同没有规定相应部分土地的权利移转于承租人，建筑物或者构筑物所占用的并按其用途使用所必需的那部分土地的使用权在建筑物或者构筑物租赁的期限内移转给承租人。

3. 当建筑物或者构筑物的出租人不是建筑物或者构筑物所占据的土地的所有权人时，允许不经该土地所有权人的同意而进行建筑物或者构筑物的租赁，但不得与法律或者与土地所有人签订的合同规定的对该土地使用的条件相抵触。

第 653 条　土地出卖时建筑物或者构筑物承租人对该土地的使用权的保留

当把建筑物或构筑物所占土地出卖给其他人时，建筑物或构筑物的承租人保留对该建筑物或构筑物所占用并为其使用所必需的土地的使用权，条件以土地出卖前有效的为准。

第 654 条　租赁费的数额

1. 建筑物或者构筑物租赁合同应当规定租金的数额。当合同中没有以书面形式规定的关于双方协商一致的租金数额的条款，建筑物或者构筑物租赁合同视为未签订。在这种情况下，本法典第 424 条第 3 款规定的确定价格的规则，不得适用。

2. 建筑物或者构筑物租赁合同规定的建筑物或者构筑物使用费包括其占用土地的使用费，或者包括与该土地一并移转的相应部分的土地的使用费，但法律或者合同另有规定的除外。

3. 如果在合同中规定了建筑物（构筑物）单位面积或其他数量指标的租赁价格或者其他标志时，租金以交付给承租人的建筑物或者构筑物的实际面积确定。

第 655 条　建筑物或者构筑物的交付

1. 出租人交付或承租人接收建筑物或者构筑物，按照移交文书或者由双方签字的其他交付文件进行。

如果法律或者建筑物、构筑物租赁合同没有不同规定，出租人交付建筑物或者构筑物的义务在将建筑物或者构筑物交付给承租人占有或者使用或者在双方在相应的交付文件上签字后视为已经履行。

如果一方拒绝按照合同规定的条件在建筑物或者构筑物的交付文件上签字,当为出租人时,视为拒绝履行交付财产的义务,而为承租人时,视为拒绝接收财产。

2. 当建筑物或者构筑物租赁合同终止时,租赁的建筑物或者构筑物应当按照本条第1款规定的规则返还给出租人。

第五节　企业租赁

第656条　企业租赁合同

1. 根据以企业作为从事经营活动而利用的财产综合体的整体企业租赁合同,出租人以收取费用为目的而承担义务将土地、建筑物、构筑物、设备和其他组成企业的基本财产提供给承租人;根据合同规定的程序、条件和范围交付原料储备、燃料、材料和其他流动财产;转让土地、水源和其他自然资源、建筑物、构筑物和其他设备的使用权;转让属于出租人的与企业相关的其他财产权、使企业活动个别化的标识权以及其他专属权,以及移转与企业相关的债权债务。移转属于他人所有的财产的占有权和使用权,其中包括土地和其他自然资源的使用权,根据法律或者其他法律文件规定的程序进行。

2. 出租人根据许可证(执照)从事相应活动而获得的权利,不得移转给承租人,但法律或者其他法律文件有不同规定的除外。根据合同交付的企业负有债务,而承租人没有许可证(执照)便无法履行的,此种债务的移转不免除出租人对债权人的相应债务。

第657条　企业租赁时债权人的权利

1. 出租人应当在企业移转前将企业出租的事实书面通知包括在企业财产中的债务的债权人。

2. 债权人如果没有以书面形式向出租人表示同意债权移转,有权在自收到关于企业租赁的通知之日起3个月内要求终止或者提前履行债务并要求赔偿因此而引起的损失。

3. 如果债权人未被按照本条第1款规定的程序通知关于企业租赁之事宜的,可以自其知悉或者应当知悉企业租赁之日起1年内,提起诉讼,要求满足本条第2款规定的请求权。

4. 在企业出租后,出租人与承租人对于未经债权人同意而移转给承租人的企业财产中的债务承担连带责任。

第 658 条 企业租赁合同的形式和国家登记

1. 企业租赁合同通过制作一份双方签字的文件的书面形式签订(第 434 条第 2 款)。

2. 企业租赁合同应当进行国家登记,并自登记之日起视为已经签订。

3. 不遵守企业租赁合同形式的,合同一律无效。

第 659 条 租赁企业的交付

向承租人移转企业按照移交文书进行。

企业移转前的准备,包括移交文书的起草和提交签署,为出租人的义务并以其费用进行,但企业租赁合同有其他规定的除外。

第 660 条 租赁企业财产的使用

如果企业租赁合同没有不同规定,承租人有权不经出租人同意而将作为企业财产的材料物品出卖、交换、提供临时使用或者出借、转租并可在不减少企业价值和不违反企业租赁合同及其他规定的条件下将租赁合同的权利义务移转于第三人。上述程序对于土地和其他自然资源以及在法律规定的其他场合下不得适用。

如果企业租赁合同没有不同规定,承租人有权不经出租人同意改变出租的财产综合体的构成,对其进行改建、扩大、使企业增值的技术改造。

第 661 条 承租人对企业的维护和支付运营费用的义务

1. 承租人在企业租赁合同的整个有效期间内有义务保持企业处于应有的技术状态,包括其日常维修和大修。

2. 如果合同没有不同的规定,承租人应负担与租赁企业运营有关的费用,承租人还应支付租赁企业的保险费。

第 662 条 承租人对租赁企业的改善

企业承租人有权要求补偿其对企业之不可分离的改善,而不论该改善是否经过出租人的批准,但企业租赁合同另有规定的除外。

法院可以免除出租人对承租人补偿上述改善价值的义务,如果出租人能够证明,承租人用于改善的费用并未使租赁财产的品质和(或)运营性能得到相应的改善,或者这些改善的进行违反了善意及合理的原则。

第 663 条　关于合同无效的后果以及合同变更和解除的规则对企业租赁合同的适用

本法典关于合同无效的后果、合同变更和解除的规则,即规定从一方或双方实物返还或者追缴根据合同实际取得的规则,适用于企业租赁合同,如果这些后果不实质性地违反法律所保护的出租人的债权人和承租人、第三人的权益,并且不与社会利益相抵触。

第 664 条　租赁企业的返还

企业租赁合同终止时,租赁的财产综合体应当按照本法典第 656 条、第 657 条和第 659 条规定的规则返还给出租人。在这种情况下,向出租人移交企业的准备工作,包括移交文书的编制的提交签字,为承租人的义务并以其费用进行,但合同另有规定的除外。

第六节　融资租赁

第 665 条　融资租赁合同

根据融资租赁合同,出租人承担义务在承租人确定的卖方处购买承租人指定的财产并将其交付给承租人以经营为目的而暂时占有和使用并收取费用。出租人在这种情况下不承担选择租赁标的和卖方的责任。

融资租赁合同可以规定由出租人选择卖方和购得的财产。

第 666 条　融资租赁合同的标的

融资租赁合同的标的物可以是用以从事经营活动的任何非消耗物,但土地和其他自然客体除外。

第 667 条　对卖方交付出租财产的通知

出租人在为承租人而购买财产时,应当将财产是为了出租给特定的人这一事实通知卖方。

第 668 条　向承租人交付融资租赁合同的标的物

1. 如果融资租赁合同没有不同规定,作为该合同的标的物的财产由卖方在承租人所在地直接交付给承租人。

2. 如果作为融资租赁合同标的物的财产未在合同规定的期限内交付给承租人,或合同未规定该期限而未在合理期限内交付给承租人,承租人有权要求解除合同并要求赔偿损失,只要逾期是由于出租人应该负责的事由所致。

第 669 条 财产意外灭失或者意外损坏的风险向承租人的移转

租赁财产意外灭失或者意外损坏的风险自交付出租财产之时起移转于承租人,但融资租赁合同有不同规定的除外。

第 670 条 卖方的责任

1. 承租人有权直接向作为融资租赁合同标的物的财产的卖方提出源自出租人和卖方签订的买卖合同的请求,其中包括就有关财产的质量和配套、供货期限的请求,以及在卖方其他未正确履行合同的情形下提出请求。在这种情况下,承租人有权以上述财产买卖合同的一方当事人的资格,享有本法典对买方规定的权利和义务,但不包括所购财产的价款支付义务。但是,承租人未经出租人同意无权解除与卖方的买卖合同。

在对卖方的关系方面,承租人和出租人为其连带债权人(第 326 条)。

2. 如果融资租赁合同没有不同规定,出租人对承租人就卖方履行源自买卖合同的请求权方面不承担责任,但由出租人负责选择卖方的情况除外。在后一种情况下,承租人有权根据自己的选择既可直接向财产的卖方,也可向出租人提出源自买卖合同的请求,出租人和卖方承担连带责任。

第四编 债的种类

第三十五章　住房租赁

第 671 条　住房租赁合同

1. 根据住房租赁合同一方当事人——住房的所有权人或者其授权的人（出租人）——有义务向另一方（承租人）提供住房以居住为目的而暂时占有和使用并收取房租。

2. 住房可以根据租赁合同或者其他合同提供给法人占有和（或）使用。法人仅可以为公民居住而使用住房。

第 672 条　国家和自治地方社会住房的租赁合同

1. 国有和自治地方所有社会住房可以根据社会住房租赁合同提供给公民。

2. 根据社会住房租赁合同与承租人共同居住的家庭成员与承租人平等地享有住房租赁合同的全部权利和承担全部义务。

根据承租人和其家庭成员的请求，合同可以与家庭成员之一签订。在承租人死亡或者离开该住房的情况下，合同可与继续居住在该住房中的家庭成员之一签订。

3. 社会住房租赁合同根据住房立法规定的理由、条件和程序签订。本法典第 674 条、第 675 条、第 678 条、第 680 条、第 681 条、第 685 条第 1 款至第 3 款的规定适用于该类合同。本法典的其他规定也适用于社会住房租赁合同，但住房立法有不同规定的除外。

（2004 年 12 月 29 日第 189 号联邦法律修订）

第 673 条　住房租赁合同的客体

1. 住房租赁合同的客体可以是适于常住的独立的住房（公寓、住房、公寓或者住房的一部分）。

住房是否适于居住由住房立法规定的程序确定。

2. 多套公寓楼房中的公寓住房承租人在使用住房的同时,有权使用本法典第 290 条指出的财产。

第 674 条　住房租赁合同的形式

住房租赁合同以书面形式签订。

第 675 条　在住房所有权移转时住房租赁合同效力的保持

根据租赁合同而占据的租赁住房的所有权的移转并不引起住房租赁合同的变更或者解除。在此情况下,新的所有权人按原来签订的租赁合同条件承继出租人的地位。

第 676 条　住房出租人的义务

1. 出租人有义务向承租人交付适合居住的空置住房。

2. 出租人有义务对出租公寓所在的住房进行应有的经营,向承租人提供或者保证提供有偿的公用事业服务,保证对多套公寓住房内公共财产和提供公用事业服务的设施进行修理。

第 677 条　承租人和与之常住的公民

1. 住房租赁合同的承租人仅能为公民。

2. 合同中应当指明与承租人共同居住的公民。在合同中未有该指定时,这些公民的入住适用本法典第 679 条规定的规则。

与承租人共同居住的公民与承租人享有同等的使用该住房的权利。承租人与这些公民之间的关系由法律确定。

3. 承租人对与之共同居住的公民违反住房租赁合同条件的行为向出租人承担责任。

4. 与承租人共同居住的公民可以在通知出租人的情况下与承租人签订合同,规定所有与承租人共同居住在该住房中的公民与承租人一起对出租人承担连带责任。在这种情况下,这些公民为共同承租人。

第 678 条　住房承租人的义务

承租人有义务将住房仅用于居住,保证住房的完好和保持住房应有的状态。

不经出租人的同意,承租人无权对住房进行改建和改造。

承租人有义务按时交纳房租。如果合同没有不同规定,承租人有义务自行交纳公共事业费用。

第 679 条　与承租人共同居住的公民的入住

在征得出租人、承租人和与承租人共同居住的公民的同意后，其他公民可以作为承租人的共同常住人迁入住房。在未成年人入住时，不要求该同意。

迁入只有在遵守立法关于人均居住面积标准的条件下才能进行，但未成年人入住的情况除外。

（2004 年 12 月 29 日第 189 号联邦法律修订）

第 680 条　临时住户

承租人和与承租人共同居住的公民根据共同同意并事先通知出租人后，有权决定让临时住户（使用人）在住房中无偿居住。在未遵守立法有关人均住房面积标准的要求时，出租人有权禁止临时住户居住。临时住户的居住期限不得超过 6 个月。

（2004 年 12 月 29 日第 189 号联邦法律修订）

临时住户不拥有独立使用住房的权利。承租人就其行为向出租人承担责任。

临时住户在协议的居住期限届满时必须腾出住房，而在该期限未进行协议时，应在自承租人或者与之共同居住的任何公民提出相应请求之日起的 7 天内腾出。

第 681 条　出租住房的修缮

1. 出租住房的日常修缮为承租人的义务，但住房租赁合同有不同规定的除外。

2. 出租住房的大修为出租人的义务，但住房租赁合同有不同规定的除外。

3. 出租住房所在楼房的设备改造，如可能实质性地改变住房的使用条件，未经承租人的同意不得进行。

第 682 条　房租

1. 房租的数额根据住房租赁合同中双方的协议而确定。当法律规定了住房租金的最高限额时，合同中所规定的租金不得超过该数额。

2. 除非在法律或者合同规定的场合，单方不得变更租金的数额。

3. 承租人应当按照住房租赁合同规定的期限交付租金。当合同没有规定期限时，承租人应当按照《俄罗斯联邦住房法典》规定的程序按月交付房租。

第 683 条　住房租赁合同的期限

1. 住房租赁合同的期限不得超过 5 年。如果合同中未规定期限的，合同视为以5年为期签订。

2. 对于以1年以下为期签订的住房租赁合同（短期租赁），不适用本法典第677条第2款、第680条、第684条至第686条、第687条第2款第4项规定的规则，但合同另有规定的除外。

第684条　承租人续签合同的优先权

当住房租赁合同期限届满时，承租人享有续签住房租赁合同的优先权。

出租人应当在住房租赁合同期限届满前3个月建议承租人按原来的条件或者以其他条件签订合同，或者预先告之因作出至少1年的期限内不再出租住房的决定而拒绝续延合同。如果出租人未履行此义务，而承租人又不拒绝续延合同，则合同视为以原来的条件和期限续订。

就合同条件达成协议后，承租人无权要求增加根据住房租赁合同与之经常共同居住的人的数量。

如果出租人因决定不出租住房而拒绝与承租人续延合同，但自与承租人签订的合同期限届满之日起1年内又与其他人签订了住房租赁合同时，承租人有权要求确认该合同无效并（或者）要求赔偿因拒绝与之续签合同而引起的损失。

第685条　住房转租

1. 根据住房租赁合同，承租人在征得出租人同意后在合同期限内将其承租的部分或者全部住房交付给转承租人使用。转承租人不取得独立使用住房的权利。承租人仍为根据住房租赁合同向出租人负责的责任人。

2. 住房转租合同应在遵守法定人均住房面积标准的条件下才能签订。

（2004年12月29日第189号联邦法律修订）

3. 住房转租合同为有偿合同。

4. 住房转租合同的期限不得超过住房租赁合同的期限。

5. 在住房租赁合同提前终止时，住房转租合同与之同时终止。

6. 对于住房转租合同不适用续订合同优先权的规则。

第686条　住房租赁合同中承租人的变更

1. 根据承租人以及其他与其经常居住的公民的要求，并征得出租人的同意，住房租赁合同中的承租人可以变更为与承租人经常居住的一个成年公民。

2. 在承租人死亡或者其离开住房时，合同按原来条件继续有效，根据与原承租人共同居住的公民的一致同意，其中一人成为承租人。如果该一致同意不能达成，则经常居住在住房中的所有公民成为共同承租人。

第 687 条 住房租赁合同的解除

1. 住房承租人有权在征得与之经常居住的其他公民的同意,在提前 3 个月书面通知出租人的前提下,在任何时间内解除租赁合同。

2. 在下列情况下,住房租赁合同可以根据出租人的请求通过诉讼程序解除:

承租人 6 个月没有交付租金,但合同规定了更长的期限的除外,而在短期租赁中,超过两次未按合同规定的期限交付租金;

承租人或者其他应由承租人负责的第三人的行为毁坏或者损害住房。

根据法院的裁判,可以对承租人规定不超过 1 年的期限,消除构成解除住房合同原因的违约行为。如果在法院规定的期限内承租人没有消除已发生的违约行为或者没有采取消除违约行为的必要措施,法院根据出租人的再次请求作出解除住房租赁合同的裁定。同时,法院可以根据承租人的要求在解除合同的裁定中规定延期执行法院裁判,但延长的时间不得超过 1 年。

3. 在下列情况下,住房租赁合同可以根据合同任何一方当事人的请求通过诉讼程序而解除:

住房不再适宜于居住,以及处于事故状态;

住房立法规定的其他情况。

4. 如果承租人或者应由承租人负责其行为的其他公民没有按照用途使用住房或者多次损害邻居的权益,出租人可以预先告知承租人必须消除违约行为。

如果承租人或者应由承租人负责其行为的其他公民在警告后仍然继续不按用途使用住房或者损害邻居的权益,出租人有权通过诉讼程序解除住房租赁合同。在这种情况下,适用本条第 2 款第 4 段规定的规则。

第 688 条 住房租赁合同解除的后果

在住房租赁合同解除的情况下,承租人及于合同解除时在住房中居住的其他公民,应当根据法院的裁判从住房中迁出。

第四编 债的种类

第三十六章 无偿使用

第 689 条 无偿使用合同

1. 根据无偿使用合同(借用合同),一方当事人(出借人)将物交付或承担义务交付给另一方(借用人)无偿使用,而后者有义务将该物以交付时的状态并考虑到正常的损耗,或者以合同约定的状态返还给出借人。

2. 对无偿借用合同相应地适用本法典第 607 条、第 610 条第 1 款和第 2 款第 1 项、第 615 条第 1 款和第 3 款、第 621 条第 2 款、第 623 条第 1 款和第 3 款规定的规则。

第 690 条 出借人

1. 将物交付无偿使用的权利属于物之所有权人或者法律或所有权人授权的其他人。

2. 商业组织无权将财产交付给发起人、参加人(股东)、领导人、其管理机构或者监督机构的成员无偿使用。

第 691 条 将物交付无偿使用

1. 出借人交付的财产应符合无偿使用合同规定的状态以及其用途。

2. 交付无偿使用的物应当连同其附件和相关的文件(使用说明书、技术证书等)一并交付,但合同另有规定的除外。

如果该附件和文件没有交付,因而物无法根据其用途利用或者其利用对借用人将在极大程度上失去价值,则借用人有权要求向他提供该附件和文件或者解除合同,并要求赔偿他因此受到的实际损失。

第 692 条 未将物交付无偿使用的后果

如果出借人没有将物交付给借用人,后者有权要求解除无偿借用合同并要求赔偿他因此受到的实际损失。

第 693 条 对交付的无偿使用财产之瑕疵的责任

1. 出借人对于财产的瑕疵负责,如果该瑕疵在签订无偿使用合同时因其故意或者重大过失而没有说明。

在这种瑕疵发现后,借用人可以根据自己的选择要求出借人无偿地消除财产的瑕疵或者赔偿其因消除财产的瑕疵而支出的费用或者解除合同并要求赔偿他因此而受到的实际损失。

2. 出借人在接到借用人的要求或者关于出借人出资消除财产瑕疵的意向后,可以立即以其他处于应有状态的同类财产更换瑕疵财产。

3. 如果在签订合同时出借人对瑕疵已作出说明或者提前通知借用人,或者在合同签订之时借用人查验财产或者在检查财产的完好性过程中或者交付财产时应当发现瑕疵,则出借人不承担责任。

第 694 条 第三人在交付无偿使用的财产上的权利

将财产交付无偿使用并不构成第三人在该财产上权利的变更或者终止的根据。

在签订无偿使用合同时,出借人有义务提醒借用人第三人在该财产上的所有权利(地役权、抵押权等)。如出租人不履行该义务,则借用人有权要求解除合同并要求赔偿他因此而受到的实际损失。

第 695 条 借用人财产维护的义务

借用人有义务保持无偿使用的财产的完好状态,包括进行日常的维护和大修,并承担维护财产的所有费用;但无偿使用合同有不同规定的除外。

第 696 条 财产意外灭失或者意外损害的风险

借用人无偿借用财产的意外灭失或者意外损害的风险承担责任,如果财产的灭失或者损坏是因出租人在使用时没有根据无偿使用合同的规定或者财产的用途,或者未经出借人的同意转借给第三人。如果根据实际情况放弃自己的财产可以防止借用财产的灭失或者损坏,但他却选择了保护自己的财产,则借用人也应对财产的意外灭失或者意外损害承担责任。

第 697 条 因物的使用而造成对第三人造成损害的责任

出借人对于因使用财产而引起的对第三人的损害应承担责任,如果不能证明损害是因借用人或者经出借人同意而占有财产的人的故意或者重大过失所致。

第 698 条　无偿使用合同的提前解除

1. 出借人有权要求提前解除无偿使用合同，如果借用人：

没有按照无偿使用合同的规定或者财产的用途使用财产；

没有履行保持财产的完好状态或者维护财产的义务；

使财产状态发生实质性的恶化；

未经出借人的同意将财产转借第三人。

2. 借用人有权要求解除无偿使用合同，如果：

发现瑕疵，而该瑕疵使对财产的正常使用成为不能或者负担过重；而在签订合同时借用人不知道而且不可能知道瑕疵的存在；

财产因借用人不应负责的原因而不再适于使用；

在签订合同时出借人没有事先说明出借的财产上存在第三人的权利；

出借人没有履行交付财产或者财产附件或者有关的文件。

第 699 条　对无偿使用合同的拒绝

1. 任何一方当事人均有权在提前 1 个月通知另一方当事人后在任何时间拒绝没有指明期限的无偿使用合同，但合同规定另外的通知期限的除外。

2. 如果合同没有不同规定，借用人有权按照本条第 1 款规定的程序在任何时间内拒绝规定了期限的合同。

第 700 条　无偿使用合同当事人的变更

1. 出借人有权让渡财产或者将财产移转给第三人有偿使用。在这种情况下原无偿使用合同的权利移转于新的所有权人或者使用人，而借用人的权利继续存在于该财产之上。

2. 在作为出借人的公民死亡或者作为出借人的法人改组或者清算的情况下，出租人根据无偿使用合同产生的权利和义务移转给他的继承人（权利继受人）或者财产所有权的取得人或者其他作为财产交付无偿使用根据的权利的取得人。

在作为借用人的法人改组的情况下，出租人根据无偿使用合同产生的权利和义务移转于作为其权利继受人的法人，但合同有不同规定的除外。

第 701 条　无偿使用合同的终止

无偿使用合同在作为借用人的公民死亡或者作为借用人的法人清算的情况下终止，但合同有不同规定的除外。

第四编 债的种类

第三十七章 承 揽

第一节 承揽的一般规定

第702条 承揽合同

1. 依照承揽合同,一方(承揽人)承担义务按照他方(定作人)的指定任务完成一定的工作,并将工作成果交付定作人,而定作人应受领工作成果并给付价款。

2. 本节的规定适用于某些类型的承揽合同(日常生活承揽、建筑承揽、完成设计与勘测工作承揽、对国家所需工作的承揽),但本法典对这些类型合同有不同规定的除外。

第703条 依照承揽合同完成的工作

1. 订立承揽合同的目的在于制作或者改制(加工)物或完成其他工作并将该工作成果移转于定作人。

2. 依照以物的制作为目的而订立的承揽合同,承揽人应将对该物的权利移转于定作人。

3. 如果合同无不同规定,承揽人独立确定完成定作人指定任务的方式。

第704条 以承揽人的费用完成工作

1. 如果承揽合同无不同规定,完成工作的费用由承揽人负担——即以承揽人的材料、人力和资金完成工作。

2. 所提供材料和设备的不合质量要求的,承揽人应承担责任,提供已经设定第三人权利负担的材料和设备的,承揽人亦必须承担责任。

第705条 双方当事人间风险的分担

1. 如果本法典、其他法律或者承揽合同无不同规定,则:

材料、设备、为改制(加工)移交的物或者为履行合同使用的其他财产的意外灭失或意外毁损的风险,由提供上述物的一方承担。

已完成的工作成果在定作人接收前意外灭失或者意外损坏的风险,由承揽人承担。

2. 当工作成果逾期交付或者逾期受领时,本条第1款规定的风险由逾期一方承担。

第706条 总承揽人和分承揽人

1. 如果法律或者承揽合同未规定承揽人必须亲自完成合同中指定的工作,承揽人有权吸收他人(分承揽人)履行义务。在这种情况下,承揽人为总承揽人。

2. 违反本条第1款或者合同的规定,吸收分承揽人履行承揽合同的承揽人,对分承揽人参与合同之履行所造成的损失向定作人承担责任。

3. 依照本法典第313条第1款和第403条的规定,总承揽人对分承揽人不履行或者不适当履行义务造成的后果向定作人承担责任,而对因定作人不履行或者不适当履行承揽合同义务向分承揽人负担责任。

如果法律或者合同无不同规定,定作人和分承揽人无权因违反他们中各方与总承揽人订立的合同相互提出请求。

4. 经总承揽人同意,定作人有权与他人订立完成单项工作的合同。在这种情况下,上述他人对工作的未完成或者不适当完成直接向定作人承担责任。

第707条 数人参与完成工作

1. 如果承揽方同时为两个以上,在债的标的物为不可分物时,则多数承揽人为定作人的连带债务人,并相应地为定作人的连带债权人。

2. 当债的标的物为可分物时,以及在法律、其他法律文件或者合同规定的其他情况下,本条第1款所指之人中的每个人都以自己的份额为限对定作人取得权利并承担义务(第321条)。

第708条 完成工作的期限

1. 承揽合同应指明完成工作的始期和终期。根据双方当事人之间的协议,在合同中也可规定完成工作各个阶段的期限(中间期)。

如果法律、其他法律文件或者合同没有不同规定,承揽人则既对因违反完成工作的始期、终期承担责任,也对因违反完成工作的中间期承担责任。

2. 承揽合同中规定的完成工作的始期、终期和中间期可在合同规定的情形下和依合同规定的方式予以变更。

3. 在违反完成工作的终期时，以及在承揽合同规定的其他期限的情况下，发生本法典第 405 条第 2 款所规定的逾期履行的后果。

（1999 年 12 月 17 日第 213 号联邦法律修订）

第 709 条 工作价款

1. 承揽合同须指明应完成工作的价款和确定价款的方法。如果合同未作上述规定，则价款根据本法典第 424 第 3 款确定。

2. 承揽合同的价款包括抵偿承揽人的费用和应向承揽人给付的报酬。

3. 工作价款可通过编制预算的方法确定。

在依照承揽人编制的预算完成工作时，该预算自定作人确认之时起具有效力并成为承揽合同的一部分。

4. 工作价款（预算）可以是约数或者固定数额。当承揽合同无其他指明时，工作价款则被认为是固定的数额。

5. 如果必须进行补充性工作并因此必须大大超过工作价款的概预算时，承揽人应及时通知定作人。定作人如不同意提高承揽合同中已指明的工作价款时，有权拒绝履行合同。在此情况下，承揽人对其已完成的那部分工作，可请求定作人给付价款。

承揽人如果未及时将关于必须提高合同规定的工作价款事宜预先通知定作人时，应履行合同，同时保留依照合同中规定的价格请求给付工作价款的权利。

6. 承揽人无权请求提高固定价款，而定作人也无权请求减少该价款，其中包括在订立承揽合同时不可能预先确定应完成工作的总量或不可能预先确定为此而消耗的必要开支时，也无权请求增加或减少价款。

在由承揽人提供的材料和设备的价值，以及由第三人向承揽人提供的服务的价值发生重大增加，而在订立合同时不可能预见的，承揽人有权要求提高对于既定的价款，而当定作人拒绝履行该请求时，承揽人有权依照本法典第 451 条解除合同。

第 710 条 承揽人费用的节余

1. 当承揽人的实际开支低于在确定工作价款时所计算的费用时，承揽人有权请求按承揽合同规定的价格给付价款，除非定作人能证明，承揽人获得的节余对所完成工作的质量有影响。

2. 在承揽合同中可规定承揽人所获节余在双方当事人之间进行分配。

第 711 条　工作价款的支付方式

1. 如果承揽合同对工作的完成未规定预先给付价款或者未规定在工作完成的各个阶段给付价款,当工作按适当方式在约定期限内,或者经定作人同意提前完成时,定作人应于工作成果最终交付后向承揽人给付约定的价款。

2. 只有在法律和承揽合同规定的情况下的按照法律或合同规定的数额,承揽人才有权要求给付预付款和定金。

第 712 条　承揽人的留置权

当定作人不履行给付约定价款或者承揽人因完成承揽合同其他应得款项的义务时,承揽人有权依照本法典第 359 条和第 360 条的规定,对工作成果,以及属于定作人的设备、为改制(加工)而交付的物、未使用的剩余材料和由承揽人占有的定作人的其他财产予以留置,直到定作人给付有关款项为止。

第 713 条　使用定作人的材料完成工作

1. 承揽人应节约并精打细算地使用定作人提供的材料,完成工作后应向定作人提交材料消耗报表并返还剩余材料,或者经定作人同意,扣除留在承揽人处未经使用的剩余材料的价值而减少工作价款。

2. 如果由于定作人提供材料的瑕疵的原因,工作成果没有达到或者达到的成果存在着使之不适于承揽合同规定的目的,而在承揽合同没有相应条款时不适于一般使用,则承揽人有权要求给付所完成工作的价款。

3. 承揽人如果能够证明,在以适当方式验收材料时不可能发现该材料的瑕疵,则承揽人可以实现本条第 2 款规定的权利。

第 714 条　承揽人对定作人所提供财产未尽妥善保管义务应负担的责任

承揽人对定作人提供的材料、设备、为改制(加工)而移交的物或其他与履行承揽合同有关而由承揽人占有的财产,承担妥善保管的责任。

第 715 条　定作人在承揽人完成工作期间的权利

1. 定作人在不干预承揽人活动的前提下,有权在任何时间对承揽人完成工作的进程和工作质量进行检查。

2. 如果承揽人未及时着手履行承揽合同或者工作进行缓慢,致使工作显然不可能如期完成,则定作人有权解除合同并要求赔偿损失。

3. 如果在工作进行期间已清楚表明该工作将不能以应有的方式完成,定作人有权给承揽人指定合理期限消除瑕疵,而承揽人在指定期限内不履行该项要求的,定作人有权解除承揽合同或者委托他人承担修复工作,该修复费由承揽人负担,同时定作人有权要求赔偿损失。

第 716 条 承揽人应预先告知定作人的情况

1. 发现以下情况时,承揽人应立即通知定作人并在接到定作人指示前中止工作:

定作人提供的材料、设备、技术文件或者为改制(加工)交付的物不适用或不符合质量要求;

执行定作人关于工作完成方式的指示可能对之造成不利后果;

其他承揽人意志以外的、可能对工作成果的适用性和牢固性构成威胁或者使该工作不能如期完成的情况。

2. 如果承揽人未将本条第 1 款所指明的情况通知定作人,或者未等到合同规定的合理答复期限届满而继续工作,以及在合同未规定合理答复期,或者对定作人立即停止工作的指示置之不理,则承揽人无权在对之提出请求以及在他对定作人提出相应请求时援引上述情况。

3. 如果定作人对承揽人就本条第 1 款所指明的各种情况的及时且有根据的预先告知置之不理,不在合理期限内更换不适宜的或者不合质量要求的材料、设备、技术文件或为改制(加工)而交付的物,不变更关于完成工作方式的指示,或者对威胁工作适用性的情况不采取其他的必要消除措施,承揽人有权解除合同并要求赔偿因合同的终止给他造成的损失。

第 717 条 定作人拒绝履行承揽合同

如果承揽合同没有不同规定,定作人可以在工作成果交付前随时解除合同,但对于承揽人接到定作人拒绝履行合同的通知前已完成部分的工作须按比例给付规定的价款。定作人还应向承揽人赔偿因终止合同而造成的损失,但赔偿应以规定的工作总价款与已给付部分间的差额为限。

第 718 条 定作人的协助义务

1. 定作人应在承揽合同规定的情况下,按承揽合同规定的范围和方式对承揽人完成工作给予协助。

定作人不履行该项义务时,承揽人有权要求赔偿造成的损失,包括因停工而引起的额外费用,或者有权要求变更完成工作的期限,或者要求增加合同中规定的工作价款。

2. 因定作人的行为或者过失致使已不可能按照承揽合同完成工作时,承揽人对已完成部分的工作仍有权请求按合同规定的价款给付报酬。

第 719 条 定作人不履行承揽合同的对应义务

1. 当定作人违反承揽合同中应履行的义务,包括不提供材料、设备、技术文件或者应改制(加工)的物,从而阻碍承揽人履行合同,以及存在明显能证明在规定期限内有不履行上述义务的情况时(第 328 条),承揽人有权不开工,对已开始的工作有权中止。

2. 如果承揽合同没有不同规定,在出现本条第 1 款所指的情况时,承揽人有权拒绝履行合同并要求赔偿损失。

第 720 条 定作人验收承揽人所完成的工作

1. 定作人应按承揽合同规定的期限和程序,并在有承揽人参加的情形下检查和接收所完成的工作(工作成果),而当发现有违反合同致使工作成果质量降低的情况或者工作中的其他瑕疵,应立即将该情况向承揽人申明。

2. 定作人在验收工作时如发现该工作有瑕疵,只有在验收书或其他验收证明文件中说明了这些瑕疵或者说明随后有提出消除该瑕疵请求的可能时,才有权援引这些瑕疵。

3. 如果承揽合同没有不同规定,定作人未进行检查即接收工作的,即丧失援引验收时按通常方法即可确定的瑕疵(表面瑕疵)。

4. 定作人在接收工作后发现该工作与承揽合同约定不符,或者发现用通常验收方法不可能确定的其他瑕疵(隐蔽瑕疵),其中包括承揽人故意隐瞒的瑕疵,定作人应在发现之后的合理期限内将此情况通知承揽人。

5. 当定作人和承揽人之间就所完成工作的瑕疵或者就请求的原因产生争议时,根据任何一方当事人的请求都应指定鉴定。鉴定费由承揽人负担,但鉴定确定不存在承揽人违反承揽合同的事实或者承揽人的行为与所发现的瑕疵之间不存在因果关系的情形除外。在上述情况下,鉴定费由请求鉴定方负担;如果该鉴定由双方协议确定,鉴定费由双方平均分担。

6. 如果承揽合同没有不同规定,当定作人拒绝接收所完成的工作时,承揽人从按合同规定应将工作成果交付定作人之日起的满 1 个月,随后又两次通知定作人后,有权将该工作成果出售,出售所得的价款,在扣除一切应给付承揽人的数额后,依照本法典第 327 条规定的程序存入定作人的提存账户。

7. 如果定作人拒不接收所完成的工作而引起工作交付迟延,制作(改制或加工)物意外灭失的风险自物应交付时起移转于定作人。

第 721 条 工作质量

1. 承揽人所完成工作的质量应符合承揽合同的条款,当合同对质量要求的条款未规定或者规定不完全时,应符合通常对同类工作提出的要求。如果法律、其他法律文件或者合同没有不同规定,所完成的工作成果应在交付定作人时具有合同所指明的或者通常要求所确定的品质,并在合理使用期限内适于合同规定的使用目的;如果合同未对其使用进行规定,则应适于该类工作成果的通常使用。

2. 如果法律、其他法律文件规定了或者依照法律、其他法律文件确定的程序规定了对承揽合同完成工作的强制性要求,作为经营者的承揽人应遵照这些强制性要求完成工作。

承揽人按照合同可以承担义务,按照比对双方当事人的强制性要求更高的质量要求完成工作。

第 722 条 工作质量的担保

1. 在法律、其他法律文件、承揽合同或者交易习惯对工作成果规定有担保期时,工作成果在整个担保期内应符合合同的质量条款(第 721 条第 1 款)。

2. 如果承揽合同没有不同规定,工作成果的质量担保应及于工作成果的全部。

第 723 条 承揽人对不合质量的工作应承担的责任

1. 如果法律或合同没有不同规定,承揽人完成工作如违反承揽合同,致使工作成果质量降低,或者出现其他致使工作不适于合同规定的使用目的的瑕疵,或者在合同中没有相应条款时工作不适于通常使用,定作人有权根据自己的选择要求承揽人:

在合理期限内无偿消除瑕疵;

相应减少约定的工作价款。

当承揽合同规定定作人有权消除工作瑕疵时,定作人有权要求承揽人赔偿消除瑕疵的费用(第 397 条)。

2. 承揽人有权以重新无偿完成工作并向定作人赔偿因逾期履行而造成的损失代替消除瑕疵。此时,在工作的性质允许返还的情况下,定作人应将已交付给他的工作成果返还承揽人。

3. 如果工作中有违反承揽合同条款的情况,或者工作成果的其他瑕疵在定作人确定的合理期限内未消除,或者瑕疵重大而不可消除,定作人有权拒绝履行合同并要求赔偿损失。

4. 如果能够证明工作瑕疵的产生是由于承揽人的过错行为或不作为造成的,纵使承揽合同对承揽人工作的某些瑕疵有免责条款也不免除承揽人的责任。

5. 对完成工作提供所需材料的承揽人,应按照卖方对不合质量的商品承担责任的规定对材料的质量负责(第475条)。

第724条 发现工作成果质量问题之期限

1. 如果法律或者承揽合同无不同规定,定作人有权在本条规定的质量发现期内提出与工作成果不合质量要求有关的请求。

2. 如果对工作成果未规定担保期,定作人提出与工作成果瑕疵有关的请求的条件是瑕疵须在合理期限内发现,以自交付工作成果之日起的两年为限,但法律、合同或者交易习惯规定了不同期限的除外。

3. 定作人有权提出与在担保期内发现的工作成果瑕疵有关的请求。

4. 当合同规定的担保期少于两年而定作人于担保期届满后,但在自本条第5款规定的起算时间起两年内发现工作成果瑕疵时,如果定作人能证明,瑕疵是在工作成果交付之前发生,或者因此前已经出现的原因而发生,则承揽人应承担责任。

5. 如果承揽合同没有不同规定,担保期(第722条第1款)自定作人接收或应该接收已完成的工作成果之时起开始计算。

6. 如果法律、其他法律文件、双方协议无另行规定,或者非由承揽合同的特点所决定,本法典第471条第2款和第4款的规定相应地适用于承揽合同担保期的计算。

第725条 对不合质量的工作提出请求的诉讼时效

1. 对因按照承揽合同完成的工作不符合质量而提出请求的诉讼时效期为1年,而对建筑物、构筑物的质量提出请求的诉讼时效期依本法典第196条的规则确定。

2. 如果定作人依照承揽合同部分地接收了工作成果,诉讼时效期从工作成果整体验收之日起开始计算。

3. 如果法律、其他法律文件或者承揽合同规定了担保期,而工作成果瑕疵是在担保期内提出的,则本条第1款所规定的诉讼时效期自提出瑕疵之日起开始计算。

第726条 承揽人向定作人移交信息资料的义务

如果承揽合同有规定,或者信息资料性质决定如无该信息资料便不能依合同指明的目的使用工作成果,则承揽人必须在交付工作成果时一并向定作人交付涉及承揽合同标的物的利用或其他使用的信息资料。

第 727 条 双方对所获信息的保密义务

如果一方因履行承揽合同义务从对方获得关于新的决策和技术知识的信息,其中也包括不受法律保护的决策和知识,以及可视为商业秘密的信息材料(第 139 条),获得该信息的一方,未经对方同意无权将该信息告知第三人。

该信息的利用方式和条件由双方协议确定。

第 728 条 承揽人返还定作人交付的财产

当定作人根据本法典第 715 条第 2 款或者第 723 条第 3 款的规定解除承揽合同时,承揽人应将定作人提供的材料、设备、为改制(加工)而交付的物和其他财产返还定作人或者将上述财产转交给定作人指定的人,如果该返还不可能实现时,则赔偿材料、设备和其他财产的价值。

第 729 条 在工作成果验收前终止承揽合同的后果

定作人根据法律或者合同规定的理由,于承揽人所完成的工作成果验收前中止承揽合同时(第 720 条第 1 款),定作人有权请求向他交付未完成的工作成果,同时向承揽人补偿所发生的开支。

第二节 日常生活承揽

第 730 条 日常生活承揽合同

1. 依照日常生活承揽合同,从事相应经营活动的承揽人承担义务,按照公民(定作人)的要求,完成用于满足定作人的日常生活需要或其他个人需要的一定工作,而定作人承担义务受领工作并给付报酬。

2. 日常生活承揽合同为公开合同(第 426 条)。

3. 对本法典未调整的日常生活承揽合同关系,适用消费者权利保护法和根据该法通过的其他法律文件。

第 731 条 定作人权利的保障

1. 承揽人无权硬行要求定作人将约定外的工作或者服务列入日常生活承揽合同。定作人对合同未规定的工作或者服务有权拒绝给付报酬。

2. 定作人有权在向他交付工作之前随时拒绝履行日常生活承揽合同,但对通知解除合同之前已完成部分的工作,应按比例向承揽人给付约定的报酬,如果在所给付的部分工作价款中未包括承揽人在解除合同前为履行合同而支出的费用,定作人还应向承揽人赔偿该费用。取消定作人上述权利的合同条款自始无效。

第732条　向定作人提供要约信息资料

1. 在订立日常生活承揽合同以前，承揽人应向定作人提供要约所必要的和可靠的信息资料、说明工作的种类和特点、价格和付款方式，以及根据定作人的请求将有关合同的其他事项和相关工作的信息资料告知定作人。如果根据工作性质需要，承揽人应将完成该工作的具体人向定作人指明。

2. 如果未向定作人提供在日常生活承揽合同签订地取得本条第1款所规定的信息资料的可能性，则定作人有权要求承揽人赔偿因没有根据地拒绝签订合同而造成的损失（第445条第4款）。

由于从承揽人处获取的资料信息不全面或者不真实可靠，致使日常生活承揽合同订立后所完成的工作不具备定作人要求的品质，定作人有权解除该合同，对已完成的工作拒绝给付价款并要求赔偿损失。

承揽人如果不向定作人提供本条第1款规定的关于工作的信息材料，则还应对工作交付定作人之后因定作人缺少此种信息材料而产生的工作瑕疵承担责任。

（1999年12月17日第213号联邦法律修订）

第733条　使用承揽人的材料完成工作

1. 如果按照日常生活承揽合同用承揽人的材料完成工作，定作人应于合同订立时给付全部材料费或者给付合同约定的部分材料费，而在定作人受领承揽人完成的工作之时进行费用最终结算。

根据合同，材料可由承揽人提供，材料费可赊账，定作人可以通过分期付款的方式支付材料费。

2. 在日常生活承揽合同订立后承揽人提供的材料价格发生变化时，价格不得重新计算。

第734条　使用定作人的材料完成工作

如果按照日常生活承揽合同使用定作人的材料完成工作，则承揽人于合同订立时在给定作人开具的收据或者其他文件中，应指明按双方协议所确定的材料的准确名称、材料情况描述和价格。对收据或其他类似文件中的材料估价有异议时，定作人可提请法院解决。

第735条　工作的价格和价款的给付

日常生活承揽合同的工作价格由双方协议确定，并且不得高于有关国家机关规定的或者调整的价格。工作价款由定作人在承揽人最终交工后给付。经定作人同意，工作价款也可在合同订立时由定作人全部付清或者以预付款的方式给付。

第 736 条　将已完成工作的使用条件告知定作人

在向定作人交付工作时,承揽人应将为有效和安全使用工作成果必须遵守的要求,以及如不遵守相应要求可能对定作人本人和其他人造成的后果告知定作人。

第 737 条　发现已完成工作的瑕疵之后果

1. 在验收工作成果或者使用该成果发现有瑕疵时,定作人可在本法典第 725 条规定的担保期限内,如没有担保期的可在合理期限内(自验收之日起的 2 年内,对于不动产为验收之日起的 5 年内),根据自己的选择实现本法典第 723 条中规定的其中一项权利,或者请求重新无偿地完成工作,或者请求赔偿自己或者由第三人修复瑕疵而支出的费用。

（1999 年 12 月 17 日第 213 号联邦法律修订）

2. 当发现已完成工作存在重大瑕疵时,如果定作人能够证明,瑕疵在定作人验收前已经产生或者由于验收前发生的原因而产生,则定作人有权向承揽人提出无偿消除瑕疵的请求。如果该瑕疵在自验收之日起的 2 年后发现(对于不动产,在验收之日起的 5 年后发现),但尚属在该工作成果的服务期之内,没有规定服务期的,在自验收工作之日起的 10 年之内,定作人仍享有这一权利。

（第 2 款由 1999 年 12 月 17 日第 213 号联邦法律修订）

3. 当承揽人不履行本条第 2 款规定的要求时,定作人有权在相同期限内请求返还已给付的工作价款或者请求赔偿他以自己的人力或借助于第三人的人力消除瑕疵所消耗的费用,并要求赔偿损失。

（1999 年 12 月 17 日第 213 号联邦法律修订）

第 738 条　定作人不领取工作成果的后果

当定作人不领取已完成的工作成果或者以其他方式规避验收时,承揽人有权在书面通知定作人之后,在自该通知之日起 2 个月后以合理价格出售工作成果,所得价款在扣除承揽人应得的所有款项后,按本法典第 327 条规定的方式提存。

第 739 条　在工作不适当完成或者未按日常生活承揽合同完成时,定作人享有的权利

在工作不适当完成或者未按日常生活承揽合同完成时,定作人可享有本法典第 503 条至第 505 条规定的买方的权利。

第三节　建筑承揽

第740条　建筑承揽合同

1. 依照建筑承揽合同，承揽人应在合同规定的期限内按定作人提出的任务建筑一定客体或者完成其他建筑工程，而定作人应为承揽人创造完成工程的必要条件、验收工作成果并给付约定的价款。

2. 建筑承揽合同的内容是建筑或者改建企业、建筑物（包括住宅）、构筑物或其他客体以及完成安装、调试或与正在建设的工程有不可分割关系的其他工作。如果合同没有不同规定，建筑承揽合同的规则也适用于对建筑物、构筑物的大修。

在合同规定的情况下，承揽人在定作人验收后的合同规定期限内对标的物的使用负担保责任。

3. 如果按照建筑承揽合同完成的工作是为了满足公民（定作人）日常生活或者其他个人需要，则对该合同相应地适用本章第二节关于日常生活承揽合同中定作人权利的规定。

第741条　双方当事人之间风险的分担

1. 作为建筑承揽合同标的的建筑客体意外灭失或者意外损坏的风险，在定作人验收之前由承揽人承担。

2. 如果建筑客体于定作人验收之前灭失或者损坏是由于定作人提供的材料（零件、构件）或者设备质量不好，或者是由于执行了定作人的错误指示而引起的，则承揽人在履行了本法典第716条第1款所规定义务的条件下，有权请求向他给付整个预算所规定的工程价款。

第742条　建筑标的的保险

1. 建筑承揽合同可规定，负担建筑工程项目和在建筑中所利用的材料、设备、其他财产意外灭失或者意外损坏风险一方，或者对工程建设中给他人造成损害承担责任的一方有义务对相应的风险进行投保。

承担投保义务的一方，应向另一方提供按照建筑承揽合同规定的条款订立保险合同的证据，包括关于保险人、保险金额和所投保风险的资料。

2. 投保不免除有关方为预防保险事故发生而采取必要措施的义务。

第743条　技术文件书和预算

1. 承揽人应按照确定项目、工程内容和对工程提出的其他要求的技术文件书,并按规定工程价格的预算进行工程建筑和与工程建筑有关的工作。

在建筑承揽合同无不同规定时,推定承揽人应完成技术文件书和预算中所指定的一切工作。

2. 建筑承揽合同应确定技术文件书的构成和内容,合同还须规定双方中的哪一方以及在什么期限内应提供相应的文件。

3. 在工程建筑过程中,承揽人如发现技术文件书里未考虑到的工作且因此必须进行额外工作和增加建筑工程预算费用,承揽人应将该情况告知定作人。

如果承揽人在10天内未收到定作人的对该告知的答复,而法律或者建筑承揽合同对此未规定不同期限,则承揽人应中止有关工作,因停工引起的损失由定作人负担。如果定作人能证明不存在进行额外工作的必要性,则免除赔偿该损失的责任。

4. 承揽人如不履行本条第3款义务,则无权请求定作人给付已完成额外工作的价款和赔偿因此造成的损失,除非承揽人能证明其行为是为了定作人的利益而必须立即实施的行为,其中包括因为中止工程则可能导致建筑标的灭失或者损坏的情况下而实施行为。

5. 在定作人同意进行额外工作并对该工作支付价款时,承揽人只有当该工作超出其职业活动范围或者由于承揽人意志以外的原因而不能完成工作时,承揽人才有权拒绝完成额外工作。

第744条 技术文件书的修订

1. 如果因修订技术文件书而引起的额外工作的价值不超过预算规定的建筑总价值的百分之十,并且在该额外工作不改变建筑承揽合同规定的工程性质的条件下,定作人有权对技术文件书予以修订。

2. 如对技术文件书的修订超出本条第1款规定的范围,则修订根据双方协商的补充预算进行。

3. 如果由于承揽人的意志以外的原因,工程价值超过预算百分之十以上,承揽人有权根据本法典第450条的规定要求重新审核预算。

4. 承揽人有权请求赔偿因确定和消除技术文件书中的缺陷而花费的合理开支。

第745条 建筑材料和设备的保障

1. 如果建筑承揽合同未规定由定作人全部或者部分保障建筑工程材料,则保障建筑工程材料、包括零件和构件或者设备供应的义务由承揽人负担。

2. 对建筑工程的供应负保障义务的一方,应对之提供的材料或者设备出现一经使用即会降低工程质量的状况负担责任。除非该方能证明,材料的不能使用系由他方应负担责任的情况所致。

3. 如果发现定作人提供的材料或者设备一经使用即会降低工程质量,并且定作人拒绝予以更换,则承揽人有权解除工程建筑承揽合同并要求定作人按已完成工作的比例支付合同价款。

第 746 条 工程价款的给付

1. 定作人应按预算确定的数额和法律或者建筑承揽合同规定的期限和方式给付承揽人完成工程的价款。在法律或者合同没有相关规定时,应依照本法典第 711 条的规定给付。

2. 建筑承揽合同也可以规定于定作人验收标的之后一次全部付清工作价款。

第 747 条 建筑承揽合同中定作人的补充义务

1. 定作人应及时建设提供用地。所提供的土地面积和状况应符合建筑承揽合同规定的条件,而当未规定这种条件时,所提供的土地面积和状况应保障工程及时开工、工程的正常进行和按期竣工。

2. 定作人应在建筑承揽合同规定的情况下和依照该合同规定的程序,将进行工程所必需的建筑物和构筑物交付承揽人使用,保障将货物运送给承揽人,保障铺设临时电力、水和蒸气管道系统以及提供其他服务。

3. 本条第 2 款指明的由定作人提供各项服务的费用支付,依照建筑承揽合同规定的情况和条款进行。

第 748 条 定作人对完成建筑承揽合同工程的检查和监督

1. 定作人有权对工程完成的过程和质量、完成工作的期限(进度)、承揽人所提供材料的质量,以及承揽人是否正确地使用定作人的材料进行检查和监督,但在此种情况下不得干涉承揽人的业务经营活动。

2. 定作人在对工程的完成进行检查和监督时,如发现违反建筑承揽合同条款的情况可能致使工程质量降低或者发现工程的其他瑕疵时,应立即将该情况向承揽人声明。定作人未作出声明的,则失去在今后以发现瑕疵为由提出请求的权利。

3. 在工程建筑过程中,如果定作人的指示不违背建筑承揽合同的条款,也不构成对承揽人业务经营活动的干涉,承揽人应该对所接到的定作人指示予以执行。

4. 承揽人如果以不适当方式完成工作,则无权以定作人对所完成工作不进行检查监督作为免除责任的根据,但法律责成定作人负有检查监督义务的情况除外。

第749条 工程师(工程技术组织)参与实现定作人的权利和履行定作人的义务

定作人为实现对工程建筑的检查监督并在与承揽人的相互关系中为了以自己的名义作出决策,可以不经承揽人的同意独立地与有关的工程师(工程技术组织)订立关于向定作人提供该类服务的合同。在这种情况下,建筑承揽合同应确定该工程师(工程技术组织)与之对承揽人所实施行为的后果有关的职能。

第750条 工程建筑承揽合同中双方当事人的协作

1. 在完成工程建筑和与工程建筑有关的其他工作时,如果发现了妨碍正确履行建筑承揽合同的情况,双方中任何一方均应采取自己能解决的排除妨碍的一切合理措施。不履行该义务的一方,无权请求赔偿相应妨碍未排除而造成的损失。

2. 一方与履行本条第1款规定的义务有关的费用,在建筑承揽合同对此有规定的情况下,应由另一方予以补偿。

第751条 承揽人保护环境和保障建筑工程安全的义务

1. 承揽人在进行建筑和与建筑有关的工作时,应遵守法律和其他法律文件关于保护环境和保障建筑工程安全的要求。

承揽人应对违反上述要求负担责任。

2. 在工程建设过程中,如果使用定作人提供的材料和设备,或者执行定作人的指示可导致违反对双方均有强制力的环境保护和保障建筑工程安全的要求,则承揽人无权使用该材料和设备或执行定作人的指示。

第752条 建筑工程停建的后果

如果建筑承揽合同的工程因双方意志以外的原因而中止,项目停建,定作人应向承揽人全额支付在停建前所完成的工程费用,以及赔偿因工程必须中止和工程必须停建所导致的费用支出,但应扣除承揽人因工程中止已经获得或者可能获得的利益。

第753条 工程的交付和验收

1. 定作人收到承揽人关于准备交付按建筑承揽合同所完成的工程成果的通知后,或者收到关于准备交付合同规定的阶段性工程成果的通知后,应立即着手工程的验收。

2. 如果建筑承揽合同没有不同规定,定作人以自己的费用组织和进行工程的验收。

在法律或者其他法律文件规定的情况下,国家机关和地方自治机关的代表应参加工程成果的验收。

3. 预先接受阶段性工程成果的定作人,负担非因承揽人的过错而产生的工程成果灭失或者毁损的风险后果。

4. 承揽人移交工程成果和定作人验收该成果,双方须签署文书。当一方拒绝在文书上签字时,在文书上应对此作出标明并由另一方签字。

只有在法院认定拒绝签署文件的理由有根据时,交付或验收工作成果的单方文书,方可由法院认定为无效。

5. 在法律或者建筑承揽合同规定的情况下,或者由合同所完成工程的性质所决定,在工程成果验收前应预先进行试验。这种情况下,只有在预先试验取得良好结果的条件下,方能进行验收。

6. 如果定作人发现瑕疵,且该瑕疵使工作成果不能用于建筑承揽合同规定的目的,又不能由承揽人或者定作人消除时,定作人有权拒绝验收工作成果。

第754条 承揽人对工程质量的责任

1. 承揽人对违反技术文件书规定的要求和违反对双方均有强制力的建筑规范和规则,以及未达到技术文件书所指明的工程项目指标,其中包括诸如企业生产能力的指标,须向定作人承担责任。

在改建(更新、改造、修复等)建筑物或构筑物时,承揽人对建筑物、构筑物或者其部分降低或者丧失其牢固性、稳定性、安全性承担责任。

2. 承揽人未经定作人同意轻微违反技术文件书,如能证明它并不影响工程项目的质量,则承揽人不承担责任。

第755条 建筑承揽合同中质量的担保

1. 如果建筑承揽合同没有不同规定,承揽人应担保建筑标的达到技术文件书规定的指标并依照建筑承揽合同在担保期内担保标的能够使用。法定担保期限可由双方协商延长。

2. 在担保期内发现项目有瑕疵(缺陷)的,如果承揽人不能证明该瑕疵的产生是由于标的本身或其部分正常损耗、不正确使用、或者定作人本人或其委任的第三人制订的标的使用说明书不正确,以及定作人本人或其委任的第三人对该项目进行不适当的修理引起的,则承揽人对在担保期内发现的瑕疵负担责任。

3. 由于承揽人应负责任的瑕疵而致标的不能使用的时间不计入担保期。

4. 在担保期内发现存在本法典第 754 条第 1 款所指的瑕疵时,定作人应在发现后的合理期限内将此情况向承揽人声明。

第 756 条　发现建筑工程不符合质量的期限

在提出与工程成果不符合质量要求有关的请求时,适用本法典第 724 条第 1 款至第 5 款确定的规则。

在这种情况下,发现瑕疵的最长期限,依照本法典第 724 条第 2 款和第 4 款的规定,为 5 年。

第 757 条　由定作人负担消除瑕疵的费用

1. 对于承揽人不应负责的瑕疵,建筑承揽合同可以规定承揽人有义务按定作人要求并以定作人的费用消除瑕疵。

2. 当瑕疵的消除与合同的标的无直接关系或者由于承揽人意志以外的原因承揽人不能进行消除时,承揽人有权拒绝履行本条第 1 款规定的义务。

第四节　完成设计和勘察工作的承揽

第 758 条　完成设计和勘察工作的承揽合同

依照完成设计和勘察工作的承揽合同,承揽人(设计人、勘察人)有义务按照定作人布置的任务,编制技术文件书和(或)完成勘察工作,而定作人应接受工作成果并给付报酬。

第 759 条　完成设计和勘察工作的基础资料

1. 依照完成设计和勘察工作的承揽合同,定作人应向承揽人转交设计任务书,以及提供编制技术文件书所必需的其他基础资料。

完成设计工作任务书可以按定作人的委托由承揽人起草。在这种情况下,该任务书自定作人批准之时起对双方具有拘束力。

2. 承揽人应遵守包含在任务书中的和其他完成设计、勘察工作任务其他基础资料中的各项要求,只有经定作人同意,承揽人才有权不遵守上述要求。

第 760 条　承揽人的义务

1. 依照完成设计和勘察工作承揽合同,承揽人的义务是:

按照设计任务书和设计的其他基础资料以及合同完成工作;

与定作人就已经编制技术文件书进行协商,而在必要时与定作人及国家主管机关和地方自治机关一起进行协商;

向定作人交付已经编制好的技术文件书和勘察工作的成果。

未经定作人同意,承揽人无权将技术文件书交付第三人。

2. 依照完成设计和勘察工作承揽合同,承揽人应向定作人保证,第三人无权阻碍或者限制依承揽人编制的技术文件书完成工作。

第761条　承揽人对不适当完成设计和勘察工作的责任

1. 依照完成设计和勘察工作承揽合同,对于编制技术文件书和完成勘察工作不当、包括其后在建筑过程中以及在按技术文件书和勘察工作资料而建设的客体的使用过程中发现的瑕疵,由承揽人承担责任。

2. 如果法律或完成设计和勘察工作承揽合同没有不同规定,当发现在技术文件书和勘察工作中存在瑕疵时,承揽人按照定作人的要求应无偿重新编制技术文件书并相应地进行必要的补充性勘察工作,以及赔偿给定作人造成的损失。

第762条　定作人的义务

如果合同没有不同规定,依照完成设计和勘察工作承揽合同,定作人的义务是:

在工作全部完成后向承揽人全额给付规定的所有工作的价款或者在各个阶段的工作完成后给付其部分价款;

只能将从承揽人处获取的技术文件书用于合同规定的目的,未经承揽人同意不得将技术文件书移交第三人,也不得泄露文件的有关内容;

按合同规定的范围和条件协助承揽人完成设计和勘察工作,和承揽人一起与有关国家机关和地方自治机关就已经编制的技术文件书进行协商;

向承揽人补偿因承揽人意志以外的原因完成设计和勘察工作的基础资料的变更而发生的额外开支;

吸收承揽人参加因所编制的技术文件书或者在完成的勘察工作有瑕疵时第三人向定作人提起的诉讼案件。

第五节　国家所需的承揽工作

第763条　完成国家所需承揽工作的国家合同

1. 为满足俄罗斯联邦或者俄罗斯联邦主体需要,由相关预算资金及预算外财政资金来源负担的工程建筑承揽(第740条)、设计和勘察工作承揽(第758条),根据完成国家所需承揽工作而订立的国家合同进行。

2. 按照完成国家所需承揽工作的国家合同(下称"国家合同"),承揽人应完成建筑工程、设计和生产与非生产性质工程项目的建筑及修理有关的其他工作,并将完成的工作交付国家定作人,而国家定作人应接收所完成的工作成果并给付工作价款或者保障价款的给付。

第764条 国家合同中的双方当事人

在国家合同中,国家定作人是拥有必要投资资源的国家机关,或者是有关国家机关对该投资资源授予处分权的组织,而承揽人是法人或者公民。

第765条 国家合同订立的根据和程序

国家合同订立的根据和程序遵照本法典第527条和第528条的规定确定。

第766条 国家合同的内容

1. 国家合同的内容包括应完成工作的项目和价值、工作的开始期和结束期、拨款和支付工作价款的数额、方式及双方债的履行的担保方式。

2. 当国家合同是国家需要承揽工作的定作配置按招标的结果订立时,国家合同的条款根据提出招标的条件和中标的承揽人在招标中提出的要约确定。

第767条 国家合同的变更

1. 当有关国家机关按规定的程序减少对承揽工作的相应预算拨款时,双方应协商新的期限,而在必要时,还应协商完成工作的其他条件。承揽人有权要求国家定作人赔偿因变更完成工作的期限而造成的损失。

2. 如果法律没有不同规定,与本条第1款所指情况无关的国家合同的变更,依照双方的协议进行。

第768条 国家合同的法律调整

完成国家所需承揽工作的国家合同产生的关系中,对于不受本法典调整的部分,适用对国家所需工作承揽法。

第四编 债的种类

第三十八章 完成科学研究工作、试验设计和工艺工作

第769条 完成科学研究工作、试验设计和工艺工作的合同

1. 依照完成科学研究工作合同,执行人应按定作人确定的技术任务书进行科学研究;而依照完成试验设计和工艺工作合同,执行人应试制新产品样品,编制设计技术文件书或者研制新工艺,而定作人应受领工作并给付工作价款。

2. 与执行人订立的合同既可包括进行研究、研制和制造样品的整个周期,也可包括该周期的各个阶段(组成部分)。

3. 如果法律或者合同没有不同规定,对于完成科学研究工作、试验设计和工艺工作合同履行不能的意外风险,由定作人承担。

4. 完成科学研究工作、试验设计和工艺工作的合同条款,应符合关于专属权(知识产权)的法律和其他法律文件。

第770条 工作的完成

1. 执行人必须亲自进行科学研究。只有经定作人同意,执行人才有权吸收第三人履行完成科学研究工作合同。

2. 在完成试验设计或工艺工作时,如果合同没有不同规定,执行人有权吸收第三人履行合同。对执行人与第三人的关系适用总承揽人和分承揽人的规则(第706条)。

第771条 作为合同标的信息资料的保密

1. 如果完成科学研究工作、试验设计和工艺工作的合同没有不同规定,双方应对涉及合同标的、合同履行过程和所取得成果的信息资料保守秘密。机密的信息资料范围,由合同确定。

2. 对于在完成工作时所获得的并被认定为机密的信息资料,任何一方均承担只有经他方同意才可公开发表的义务。

第772条 双方对工作成果的权利

1. 完成科学研究工作、试验设计和工艺工作合同的双方,有权在合同规定的范围内和依照合同规定的条件使用工作成果,其中包括受法律保护的工作成果。

2. 如果合同没有不同规定,定作人有权使用执行人交付给他的工作成果,包括受法律保护的成果,而执行人也有权为了自己的需要使用他所取得的工作成果。

第773条 执行人的义务

在完成科学研究工作、试验设计和工艺工作合同中,执行人的义务是:

依照与定作人达成协议的技术任务书完成工作并在合同规定的期限内将工作成果交付定作人;

同定作人协商使用属于第三人的受法律保护的智力活动成果的必要性,并取得对该成果的使用权;

如果因执行人的过错在已完成的工作中出现了可能引起偏离技术任务书或合同中规定的技术经济数据问题的瑕疵,执行人以自己的人力和用自己的费用消除瑕疵;

将发现不可能获得预期成果或者不适宜继续工作的情况立即报告定作人;

保障向定作人交付依合同所获得的不侵犯他人专属权的成果。

第774条 定作人的义务

1. 在完成科学研究工作、试验设计和工艺工作合同中,定作人的义务是:

向执行人交付完成工作所必需的信息资料;

接收完成的工作成果并给付价款。

2. 合同还可以规定定作人向执行人颁发技术任务书以及与执行人就工作规划(技术经济数据)或者工作课题进行协商。

第775条 不能获得科学研究工作成果的后果

如果在科学研究工作中发现由于执行人意志以外的情况而不能取得成果,对在发现不可能取得完成科学研究工作合同规定的成果之前已经进行的工作,定作人必须支付费用,但不得高于合同中规定的相关工作部分的价格。

第 776 条 试验设计和工艺工作不能继续进行的后果

在进行试验设计和工艺工作的过程中,发现并非因执行人的过错而产生的不可能或不适宜继续工作的情形时,定作人必须给付执行人已经发生的费用。

第 777 条 执行人违反合同应负的责任

1. 如果不能证明违反完成科学研究工作、试验设计和工艺工作合同的情况并非因执行人的过错而发生时(第 401 条第 1 款),执行人应向定作人承担违反合同的责任。

2. 如果合同规定赔偿损失应以合同中工作的总价值为限,则执行人应在出现瑕疵的工作的价值限度内赔偿其定作人造成的损失。在合同规定的情况下,预期的利益也应予以赔偿。

第 778 条 对完成科学研究工作、试验设计和工艺工作合同的法律调整

完成工作的期限和工作报酬,以及定作人不领取工作成果的后果分别适用本法典第 708 条、第 709 条和第 738 条的规定。

对为国家所需完成科学研究工作、试验设计和工艺工作的国家合同,适用本法典第 763 条至第 768 条的规定。

第四编 债的种类

第三十九章　有偿服务

第 779 条　有偿服务合同

1. 依照有偿服务合同,执行人应依定作人的要求提供服务(实施一定行为或进行一定的活动),而定作人应对该服务给付报酬。

(关于驳回要求认定第 779 条第 2 款不符合《俄罗斯联邦宪法》的申告,可参看俄罗斯联邦宪法法院 2002 年 6 月 6 日第 115 号裁定)

2. 本章的规定适用于提供邮电、医疗、兽医、审计、咨询、信息服务,培训服务,旅游服务和其他服务的合同,但本法典第三十七章、第三十八章、第四十章、第四十一章、第四十四章、第四十五章、第四十六章、第四十七章、第四十九章、第五十一章、第五十三章规定的提供服务的合同除外。

第 780 条　有偿服务合同的履行

如果有偿服务合同没有不同规定,执行人应亲自提供服务。

第 781 条　服务费和给付

1. 定作人须按照有偿服务合同规定的期限和程序,为向其提供的服务给付报酬。

2. 因定作人的过错产生合同履行不能时,如果法律或者有偿服务合同无其他规定,定作人应全额给付服务费。

3. 当双方对所发生的不能履行合同的情况都无责任时,如果法律或者有偿服务合同无另行规定,定作人须补偿执行人已实际支出的费用。

第 782 条　单方拒绝履行有偿服务合同

1. 定作人有权拒绝履行有偿服务合同,但条件是必须向执行人给付其实际支出费用。

2. 执行人只有在赔偿定作人全部损失的条件下,才有权拒绝履行有偿服务合同规定的义务。

第 783 条 有偿服务合同的法律调整

对有偿服务的合同适用关于承揽的一般规定(第 702 条至第 729 条)和日常生活承揽的规定(第 730 条至第 739 条),但上述规定与本法典第 779 条至第 782 条相抵触以及与有偿服务合同标的的特点相抵触的情形除外。

第四编 债的种类

第四十章 运 送

第784条 关于运送的一般规定

1. 运送货物、旅客和行李依照运送合同进行。

2. 运送的一般条款由运输章程和运输法典、其他法律和根据运输章程和运输法典、其他法律颁布的规则确定。

以某些类型的运输形式运送货物、旅客和行李的条件，以及双方当事人在此类运送中的责任由双方协商确定，但本法典、运输章程和运输法典、其他法律和根据它们颁布的规则有不同规定的除外。

第785条 货物运送合同

1. 依照货物运送合同，承运人应将托运人托运的货物运送到目的地，并交给有权接受货物的人（收货人），而托运人应对运送货物给付规定的运费。

2. 订立货物运送合同以制作和向货物托运人签发货运单（提货单或有关运输章程或法典规定的运送货物的其他单证）为凭。

第786条 旅客运送合同

1. 依照旅客运送合同，承运人应当把旅客运送到目的地，而当旅客托运行李时，承运人还应把行李运送到目的地，并将其交给有权受领该行李的人；旅客应交付规定的旅费，而在托运行李时，还应交付规定的行李托运费。

2. 旅客运送合同的签订以客票为凭证，而托运行李的，以行李托运单为凭证。

客票和行李单的格式按照运输章程或者法典规定的程序确定。

3. 按照有关运输章程和运输法典规定的办法，旅客有权：

免费或者以其他优惠条件携带儿童同行；

在额定范围内免费运送随身携带的手提行李；

按运费标准托运行李。

第787条 租船运送合同

依照租船运送合同(租船合同)，一方(船舶出租人)应向他方(租船人)提供为运送货物、旅客和行李而用于一次或者几次航程的一艘或几艘船舶的全部或者部分舱位，并收取运费。

租船运送合同的订立程序，以及上述合同的格式由运输章程和运输法典确定。

第788条 直达联运

在按统一的货运单使用不同的运输形式运送货物、旅客和行李(直达联运)时，运输组织间的相互关系，以及安排这些运送的方式，由有关运输组织之间依直达联运(混合运送)法订立的协议确定。

第789条 使用公共交通工具的运送

1. 商业组织从事的运送是使用公共交通工具的运送，但法律、其他法律文件规定该组织必须根据公民或法人的请求运送货物、旅客和行李的情形除外。

(2003年10月1日第15号联邦法律修订)

哪些组织有义务使用公共交通工具进行运送，按规定的程序公布。

2. 使用公共交通工具的运送合同是公开合同(第426条)。

第790条 运费

1. 运送货物、旅客和行李应收取双方协议确定的运费，但法律或者其他法律文件另有规定的除外。

2. 使用公共运输工具运送货物、旅客和行李的运费，根据运输章程和运输法典所制定的运费价目表确定。

3. 承运人按照货主的要求完成在价目表中未规定的工作和服务，依照双方的协议收费。

4. 承运人为保障向其应交付的运费和其他应付的运送费用，有权留置交付他托运的货物和行李(第359条、第360条)，但法律、其他法律文件、运送合同有不同规定或者债的性质有不同要求的除外。

5. 如果依照法律或者其他法律文件对货物、旅客和行李的运费规定有优惠或者优待条件，则由此而产生的支出应由运输组织以相应的预算资金补偿。

第 791 条　运输工具的提供　货物的装卸

1. 承运人应在其接受的运送合同或者组织运送合同申请单（订单）中规定的期限内,向货物托运人提供性能良好、适于运送相应货物的运输工具以供装货。

托运人有权拒绝所提供的不适于运送相应货物的运输工具。

2. 装（卸）货物要依照合同规定的方式,并应遵守运输章程和运输法典及依照该章程和法典颁布的规则所确定的办法,由运输组织或者货物托运人（收货人）进行。

3. 以货物托运人（收货人）的人力和工具装（卸）货物时应在合同规定的期限内进行,但运输章程和运输法典及依照该章程和法典颁布的规则对该期限有规定的除外。

第 792 条　货物、旅客和行李的运达期限

承运人应当在运输章程和运输法典规定的期限内,将货物、旅客或行李运送到目的地,如未规定该期限,则应在合理期限内运达。

第 793 条　违反运送义务的责任

1. 在不履行或者不适当履行运送义务时,双方负担本法典、运输章程和运输法典以及双方协议中确定的责任。

2. 运输组织与旅客和货主之间订立的关于限制或者取消法律所规定的承运人责任的协议,一律无效,但运输章程和运输法典规定在货物运送时可以有这种协议的情形除外。

第 794 条　承运人不提供运输工具和托运人不使用所提供的运输工具的责任

1. 承运人不按照所接受的托运货物的申请单（订单）提供运送货物的运输工具,而托运人不将货物交付托运或者由于其他原因不使用所提供的运输工具,均承担运输章程和运输法典以及双方协议所规定的责任。

2. 如果未提供运输工具或者不使用所提供的运输工具是由于下述原因之一引起,则承运人和货物托运人免负责任：

不可抗力、其他具有自然灾害性质的现象（火灾、积雪封路、水灾）和战争行动；

依照有关运输章程和运输法典规定的程序,确定某一条线路停止或者限制货物运送；

运输章程和运输法典规定的其他情况。

第 795 条　承运人延误运送旅客的责任

1. 因运送旅客的运输工具迟发,或者该运输工具晚点到达目的地(市内和郊区公共交通运输除外),如果不能证明,迟发或晚点是由于不可抗力,以及因清除运输工具中威胁旅客生命和健康的故障,或承运人意志以外的状况引起时,承运人应按有关运输章程或运输法典规定的金额,向旅客支付罚金。

2. 在旅客因运输工具迟发而拒绝乘坐的情况下,承运人应将运费返还旅客。

第 796 条　承运人对货物或行李的灭失、短缺和毁损(损坏)的责任

1. 在接受货物和行李接受运送后直至将货物交付收货人、收货人授权的人或有权领取行李的人之前发生货物或行李灭失、短缺或损坏的,如果承运人不能证明货物或行李灭失、短缺或损坏是承运人不能预防和不能消除的情况所致,则承运人应承担责任。

2. 在运送货物或者行李时造成的损失,应由承运人按以下办法赔偿:

在货物或者行李灭失、短缺时,按灭失或短缺的货物或行李的价值赔偿;

在货物或者行李损坏时,按其降低的价值赔偿,而在货物或行李不可能恢复时,则按其价值赔偿;

在保价交付运送的货物或者行李灭失时,按货物或者行李的保价金额赔偿。

货物或者行李的价值根据卖方发票上指明的或者合同规定的价格确定,而在无发票或者合同未规定价格时,按照在可比的情况下对类似商品通常收取的价格确定。

3. 承运人在赔偿因货物或行李的灭失、短缺和毁损(损坏)引起的损失的同时,还应返还托运人(收货人)为追索所灭失、短缺和毁损的货物或行李的运费,但该运费包含在货物价值内的除外。

4. 对承运人单方起草的关于未妥善保管货物或行李原因的文件(商业文书、公共格式文件等等)有争议时,应与能够作为货物或者行李的承运人、托运人或者收货人责任根据的其他证明文件一起,交由法院裁定。

第 797 条　关于货物运送的索赔和诉讼

1. 在向承运人提起因货物运送所发生的诉讼之前,必须按照有关运输章程或者运输法典规定的程序先向承运人提出索赔。

2. 托运人或者收货人在承运人全部或者部分拒绝满足请求或者在 30 日内未接到承运人答复的情况下,可向承运人提起诉讼。

3. 因货物运送发生的请求权诉讼时效期限为 1 年,自运输章程和运输法典确定之时起计算。

第 798 条 关于组织运送的合同

承运人和货主在必须进行连续不断的货物运送时可订立组织运送的长期合同。

依照组织运送货物的合同,承运人应在规定的期限内接收货物,而货主应按约定的数量将货物提交运送。在组织运送货物合同中应规定提供运输工具和提交发送货物的数量、期限和其他条件、结算的程序以及组织运送的其他条款。

第 799 条 运输组织之间的合同

不同类型的运输组织之间可以订立关于保障运送货物组织工作的合同(联运协议、货物集中运送、发运的合同等)。该类合同订立的程序由运输章程和运输法典、其他法律文件规定。

第 800 条 承运人对旅客生命和健康损害的责任

承运人对旅客生命和健康损害的责任,除法律或者运送合同规定承运人加重责任的情形外,依照本法典第五十九章的规则确定。

第四编 债的种类

第四十一章 运输代办

第 801 条 运输代办合同

1. 依照运输代办合同,一方(代办人)应以他方(作为客户的货物托运人或者收货人)的费用完成或者组织完成代办合同规定的与运送货物有关的服务,并收取代办费。

运输代办合同可以规定代办人使用客户所选择的运输工具并按照代办人或者客户所选择的运输路线组织货物运送的义务、代办人以客户的名义或者以自己的名义订立货物运送合同(一个或数个)的义务、保障货物的发运和接收以及与运送有关的其他义务。

运输代办合同还可规定送达货物所必需的如下业务作为补充性服务,如取得出口或者进口所需要的单证,办理海关及其他手续,检查货物的数量和状况,装卸货物,为客户交纳其应交纳的关税、税费和其他费用,保管货物,在目的地领取货物以及完成合同规定的其他业务和服务。

2. 本章的规则也适用于依照合同由承运人履行代办人义务的情况。

3. 如果运输代办活动法、其他法律或法律文件没有不同规定,则履行运输代办合同的条款由双方协议确定。

第 802 条 运输代办合同的形式

1. 运输代办合同以书面形式订立。

2. 当代办人履行义务需要客户的委托书,客户应向代办人授予委托书。

第 803 条 运输代办合同中代办人的责任

代办人依照本法典第二十五章的规则确定的依据和数额对不履行或者不适当履行代办合同义务承担责任。

如果代办人能够证明,义务的违反是由于运送合同履行不当引起的,则代办人对客户的责任依照有关承运人向代办人承担责任的相同规则确定。

第 804 条　向代办人提供的单证和其他信息

1. 客户应向代办人提供关于货物品质、货物运送条件的单证和其他信息,以及提供代办人为履行运输代办合同规定的义务所必需的其他资料。

2. 代办人对所获得的信息资料发现有瑕疵时应通知客户,而当信息资料不完全时,应向客户征询必要的补充资料。

3 如果客户不提供必要的信息资料,代办人有权在提供该信息资料前不着手履行相关义务。

4. 客户违反本条第 1 款规定的提供信息资料的义务而对代办人造成的损失的,应承担责任。

第 805 条　由第三人履行代办人的义务

如果运输代办合同并未规定代办人必须亲自履行义务,则代办人有权吸收其他人履行自己的义务。

托付第三人履行义务不免除代办人对客户承担的履行合同的责任。

第 806 条　单方拒绝履行运输代办合同

任何一方都有权拒绝运输代办合同,但应在合理期限内将此情况预先通知他方。

在单方拒绝履行合同时,提出拒绝履行合同的一方向另一方赔偿解除合同造成的损失。

第四编 债的种类

第四十二章 借贷和信贷

第一节 借 贷

第807条 借贷合同

1. 依照借贷合同,一方(出借人)将金钱或以种类特征确定的其他物品交付给另一方(借用人)所有,而借用人应返还出借人同样数额的金钱(借款总额)或所获得的同样数量同种类和同等质量的其他物品。

借贷合同自金钱或者其他物品交付之时起视为订立。

2. 在遵守本法典第140条、第141条和第317条规则的情况下,外币和外汇在俄罗斯联邦境内可以成为借贷合同的标的。

第808条 借贷合同的形式

1. 公民之间的借贷合同,如果借贷数额为法定最低劳动报酬金额10倍以上的,应以书面形式订立;而法人为出借人时,不论借贷数额多少,均应以书面形式订立。

2. 为了证明借贷合同及其条款,可由借用人开具证明出借人将一定数额金钱或者一定数量的物品交付借用人的借条或者其他书据。

第809条 借贷合同的利息

1. 如果法律或者借贷合同没有不同规定,出借人有权按照合同确定的金额和方式向借款人收取借款利息。在合同未规定利息金额条款时,该利息金额以出借人住所地现行的利率确定,而出借人如系法人时,以出借人偿付借款总额或者偿付部分借款的当日其住所地的银行利率(贷款利率)确定。

2. 如无其他约定时,利息于借款偿还之日前按月偿付。

3. 如果合同未有其他明确规定,以下情况可推定为无息借贷合同:

公民之间订立的数额不超过法定最低劳动报酬50倍,而且与其中任何一方从事企业经营活动均无关系的借款;

依照合同交付借用人的不是金钱,而是具有以种类特征确定的其他物品。

第810条　借款人偿还借款的义务

1. 借款人有义务按借贷合同规定的期限和方式,将获取的借款总额偿还出借人。

在合同未规定偿还期限或者偿还期限以请求还款时间确定时,借款人应在出借人提出还款请求权之日起的30天内偿还借款,但合同另有规定的除外。

2. 如果借贷合同无另行规定,无息借款可由借款人提前偿还。

经出借人同意,有息借贷可由借款人提前偿还。

3. 如果借贷合同没有不同规定,自向出借人交付相应款项或将该款项划入出借人银行账户时起,借款被认为已经清偿。

第811条　借款人违反借贷合同的后果

1. 如果法律或者借贷合同无另行规定,在借款人不按期偿还借款时,应按本法典第395条第1款规定的数额,加收自应偿还之日起直到实际偿还之日止的利息,而不论是否已经支付本法典第809条规定的利息。

2. 如果借贷合同规定分部分偿还借款(分期付款),在借款人未按合同规定的期限分期还款时,出借人有权请求借款人将所有剩余的借款连同应付的利息一并提前偿还。

第812条　借贷合同的争议

1. 借用人如能证明,他实际上并未从出借人那里得到金钱、其他物或者得到的数额少于合同的规定,则有权以借贷不实为由对借贷合同提出争议。

2. 借贷合同应以书面形式订立(第808条)时,对于因借贷不实引起的合同争议不得用证人证言提供证明,但在受欺诈、暴力、胁迫、借用人的代理人与出借人恶意串通的影响下或者各种重大情况耦合时订立合同的情况除外。

3. 如果在借用人因借贷不实而对借贷合同提出争议的过程中证实,他确实未从出借人那里得到金钱或者其他物品时,则借贷合同视为未订立。在借用人从出借人那里实际得到的钱或者物品数量少于合同的规定时,则合同视为以金钱或物品的实际所得数量订立。

第813条 借款人失去债的担保的后果

当借款人未履行借贷合同规定的偿还借款的担保义务以及借款人非因出借人应负责任的情况而失去担保或者担保条件降低时,出借人有权请求借款人提前偿还借款并支付应付的利息,但合同有不同规定的除外。

第814条 专用借贷

1. 如果借贷合同的订立以借款人将所借资金用于一定目的为条件(专用借贷),借款人应保障出借人有可能对该借款的专项使用进行监督。

2. 当借款人不履行借贷合同关于借款的专项使用条款,以及违反本条第1款规定的义务时,出借人有权请求借款人提前偿还借款并支付应付的利息,但合同有不同规定的除外。

第815条 票据

如果根据双方当事人的协议,借款人发出标明出票人(本票)或者票据上指明的其他付款人(汇票)于票据规定的期限到来之后无条件地偿付所获借款的票据,则票据双方当事人之间的关系由汇票和本票法调整。

自出票时起本节的规则可适用上述关系,但以不与汇票和本票法相抵触为限。

第816条 债券

在法律或者其他法律文件规定的情况下,借贷合同可以通过发行和出售债券的方式签订。

债券是标明其持有人在债券规定的期限内从债券发行人那里获得债券的票面价值或者其他财产等价物权利的有价证券。债券也为其持有人提供根据债券的票面价值获取债券中确定的利息的权利或者其他的财产权利。

本节的规则适用于债券发行人与债券持有人之间的关系,但以法律或者法定程序未有不同规定为限。

第817条 国家借贷合同

1. 依照国家借贷合同,借用人为俄罗斯联邦、俄罗斯联邦主体,而出借人为公民或者法人。

2. 国家借贷为自愿借贷。

3. 国家借贷合同以出借人购买发行的国家债券或者其他国家有价证券的方式订立,该国家债券和有价证券证明出借人有权在发行流通之债的条件规定的期限内,从借用人那里取得借给借用人的货币资金或者以借贷条款为依据取得的其他财产、规定的利息或者其他财产权。

4. 已发行到流通领域中的借贷的条件不得变更。

5. 国家借贷合同的规则相应地适用于由地方自治组织发行的借贷。

第 818 条 债更新为借贷之债

1. 依照双方的协议,由买卖、财产租赁或者其他原因而发生的债,可用借贷之债更替。

2. 以借贷之债实现债的更替,须遵守债务更新要求(第 414 条)并按照订立借贷合同规定的形式完成(第 808 条)。

第二节 信 贷

第 819 条 信贷合同

1. 依照信贷合同,银行或者其他信贷组织(贷款人)有义务按照合同规定的数额和条件向借贷人提供资金(贷款),而借款人应返还贷款并偿付该贷款的利息。

2. 如果本节规则没有不同规定以及信贷合同的实质未有不同要求,本章第一节规定的规则适用于信贷合同关系。

第 820 条 信贷合同的形式

信贷合同应以书面形式订立。

不遵守书面形式的信贷合同一律无效,该合同为自始无效合同。

第 821 条 拒绝提供或者拒绝受领信贷

1. 如果有情况明显地证明向借款人提供的贷款将不能如期返还,则贷款人有权拒绝向借款人提供信贷合同规定的全部或者部分贷款。

2. 借款人在合同规定的提供贷款期限之前通知贷款人以后,有权拒绝接受全部或者部分贷款,但法律、其他法律文件或者信贷合同有不同规定的除外。

3. 在借款人违反信贷合同规定的使用专用贷款义务时(第 814 条),贷款人也有权拒绝继续按照合同向借款人提供贷款。

第三节 商品信贷和商业信贷

第 822 条 商品信贷

双方当事人可以订立合同,规定一方有向他方提供具有以种类特征确定的物之义务(商品信贷合同)。如果该合同没有不同规定和债的实质没有其他要求,则对该合同适用本章第二节的规定。

关于所提供物的数量、种类、配套、质量、外皮和(或)包装的条款应依照商品买卖合同(第 465 条至第 486 条)的规定履行,但商品信贷合同有不同规定的除外。

第 823 条　商业信贷

1. 如果合同的履行涉及将金钱或者其他以种类特征确定的交付另一方所有,则合同可以规定提供信贷,其中包括以预付款、事先给付、延期或者分期付款的方式支付商品、工作或服务价款的形式提供信贷(商业信贷),但法律有不同规定的除外。

2. 如果产生相关之债的合同规则没有不同规定,并且与该债的性质不相抵触,则本章的规则相应地适用于商业信贷。

第四编 债的种类

第四十三章　财物代理*

第 824 条　财物代理合同

1. 依照财物代理合同,一方(财物代理人)以客户(债权人)因向第三方(债务人)提供商品、完成工作或者给予服务而产生的对该第三方的金钱请求权为对价,向他方(客户)交付或者承担义务交付金钱,而客户将上述金钱请求权让与或者承担义务让与财物代理人。

客户将其对债务人的金钱请求权让与财物代理人也可以是客户为了向财物代理人担保债的履行。

2. 按照财物代理合同,财物代理人的义务可包括为客户进行会计核算,以及向客户提供与让与作为标的的金钱请求权有关的其他财物服务。

第 825 条　财物代理人

银行和其他信贷组织,以及具有进行财物代理活动许可证(执照)的其他商业组织可作为财物代理人订立财物代理合同。

第 826 条　为取得资金而让与的金钱请求权

1. 提供资金的前提是请求权的让与,让与的标的既可以是到期的金钱请求权(现有请求权),也可以是产生于将来的获取资金的权利(未来请求权)。

作为让与标的的金钱请求权,在客户与财物代理人的合同中以应证实该金钱请求权与合同订立时的现有请求权为同一的方式确定,而未来请求权的同一认定不得迟于其产生之时。

2. 在让与未来金钱请求权时,合同规定的作为让与标的金钱请求权本身

---

* 财物代理,在法典上表示为 финансирование под уступку денежного требования,从字面上可译为"以金钱请求权让与为代价取得资金"。——译者注

产生之后,金钱请求权视为已经转让给财务代理人。如果金钱请求权的让与以一定的事件为条件,则该事件发生后让与生效。

在这种情况下不要求再办理金钱请求权让与手续。

第 827 条 客户对财物代理人的责任

1. 如果财物代理合同没有不同规定,客户应对作为让与标的的金钱请求权的有效负责。

2. 如果客户拥有让与金钱请求权的权利,并在让与该请求权时不知道存在债务人有权不履行债务的状况,则作为让与标的的金钱请求权为有效请求权。

3. 在财物代理人向债务人提出履行作为让与标的的请求权时,客户对债务人不履行或者不适当履行该请求权不承担责任,但客户与财物代理人之间的合同有不同规定的除外。

第 828 条 禁止让与金钱请求权的行为无效

1. 即使客户与其债务人之间存在禁止或者限制请求权让与的协议,向财务代理人进行金钱请求权的让与仍为有效。

2. 如果客户让与金钱请求权违反了他与债务人之间关于禁止或者限制让与请求权的协议,则本条第 1 款的规定并不免除客户因该让与而对债务人负担的义务或责任。

第 829 条 金钱请求权的再让与

如果财物代理合同无不同规定,财物代理人不得再次让与金钱请求权。

当合同允许再次让与金钱请求权时,对该再让与相应地适用本章的规定。

第 830 条 债务人向财物代理人履行金钱请求权

1. 债务人在接到客户或者财物代理人关于金钱请求权已让与该财物代理人的书面通知,并且在通知中确定了应该履行的金钱请求权以及指明了接受付款的财务代理人时,债务人应向财物代理人进行支付。

2. 按照债务人的请求,财物代理人应在合理期限内向债务人提供金钱请求权确实已让与财物代理人的证据。如果财物代理人不履行该义务,则债务人有权根据金钱请求权向客户付款,作为向客户履行相应的债务。

3. 债务人依照本法典的规定向财物代理人履行金钱请求权,即免除债务人对客户的相应债务。

第 831 条 财物代理人对从债务人那里取得的资金的权利

1. 如果依照财物代理合同条款,财物代理人向客户提供资金是通过向客户购买请求权的方式实现的,则财物代理人取得对他从债务人那里得到的作为请求权履行的全部款项的权利,而在财物代理人所得金额低于客户请求权的价格时,客户对财物代理人不承担责任。

2. 如果向财务代理人让与金钱请求权是为了担保客户向财务代理人履行债务,并且财物代理合同没有不同规定,则财物代理人应向客户提交报表,并向客户交付超出金钱请求权让与所担保债务的那部分金额。如果财物代理人从债务人那里取得的金额低于请求权让与所担保的客户对财物代理人的债务,则客户仍对剩余部分的债务向财物代理人承担责任。

第 832 条 债务人的对待请求

1. 当财物代理人请求债务人付款时,债务人如果在收到关于请求权已让与财物代理人的通知之前就与客户存在着基于合同的金钱请求权,则有权依照本法典第 410 条至第 412 条的规定提出自己的金钱请求权予以抵消。

2. 债务人因客户违反关于禁止或限制请求权让与的协议而可能向客户提出的请求,对财物代理人不发生效力。

第 833 条 财物代理人获取的金额返还债务人

1. 在客户违反了自己与债务人订立的合同义务时,如果债务人有权直接从客户处获得该金额,则债务人无权请求财物代理人返还按照让与他的请求权已给付他的金额。

2. 如果债务人能证明,财物代理人未履行他向客户承诺的与让与请求权有关的付款之债,或者财物代理人虽然明知客户违反了对债务人的与让与请求权有关的付款的义务,还进行了该付款,则债务人有权直接从客户那里取得因请求权让与所付给财物代理人的金额,而且也有权要求财务代理人返还该金额。

第四编 债的种类

第四十四章　银行存款

第 834 条　银行存款合同

1. 依照银行存款(提存)合同,一方(银行)接受他方(存款人)存入的金钱或者接受为存款人存入的金钱(存款),应该按照合同规定的条件和程序返还存款并给付存款利息。

2. 存款人为公民时,银行存款合同为公开合同(第 426 条)。

3. 如果本章的规则没有不同规定或者银行存款合同的性质未有不同要求,对银行和存款人之间的存款账户关系适用银行账户合同(第四十五章)。

法人无权将存入(提存)的资金转划给他人。

4. 本章对银行的规定,也适用于依法接受法人存款(提存)的其他信贷组织。

第 835 条　吸收资金为存款的权利

1. 银行根据按法定程序颁发的许可证(执照)享有吸收资金为存款的权利。

2. 如果不具有该项权利的人接受公民存款或者违反法律、违反依法通过的银行规则规定的程序接受公民存款时,存款人可以请求立即归还存款以及支付本法典第 395 条规定的存款利息,并请求赔偿除利息数额以外给存款人造成的一切损失。

如果这种人以银行存款合同的条款接受法人资金,则该合同为无效合同(第 168 条)。

3. 如果法律没有不同规定,本条第 2 款规定的后果也适用于以下情况:

通过向公民和法人出售非法发行的股票和其他有价证券的途径吸收资金;

将公民资金吸收为票据和其他有价证券形式的存款,从而排除其持有人请求即付的取款权和存款人行使本章规则规定的其他权利。

第 836 条 银行存款合同的形式

1. 银行存款合同应以书面形式订立。

存款如果以存折、存单、提存单或者以银行向存款人签发的符合法律规定要求、符合依法制定的银行规则并符合适用于银行采取的交易习惯要求的其他单据予以证明，则银行存款合同的书面形式视为已经得到遵守。

2. 不遵守银行存款合同书面形式的合同一律无效。该合同为自始无效合同。

第 837 条 存款的种类

1. 银行存款合同的订立有一经请求即付存款的条款(活期存款)或者以在合同规定的期限届满后返还存款的条款(定期存款)。

合同可以规定不与法律相抵触的以其他条件还款的存款。

2. 对于任何类别的银行存款合同,银行应根据存款人的请求立即支付存款金额或者其部分存款金额,但合同规定了不同还款条件的法人存款除外。

对于公民放弃请求即付的取款权利的合同条款,自始无效。

3. 在定期存款或者与活期存款不同的其他存款于期限届满之前或者银行存款合同所规定的其他情况到来之前按照存款人的请求归还存款时,银行应按照相应金额的活期存款利息的数额支付存款利息,但合同规定了不同利息的除外。

4. 如果存款人不请求返还到期的定期存款,而在合同规定的情况到来后存款人不请求返还以其他还款条件存入的存款,则合同视为按活期存款条件延长,但合同有不同规定的除外。

第 838 条 存款的利息

1. 银行依照银行存款合同规定的金额向存款人给付存款利息。

在合同未规定应给付的利息金额时,银行必须依照本法典第 809 条第 1 款规定的数额给付利息。

2. 如果银行存款合同没有不同规定,银行有权变更活期存款的利率。

在银行降低利率的情况下,新的利率适用于通知存款人降息以前存入的存款,从该通知之时起满 1 个月后生效,但合同有不同规定的除外。

3. 银行存款合同规定的公民定期存款的利率,或者在合同规定的情况发生后支取存款的利率,银行不得单方降低,但法律有不同规定的除外。按照银行与法人订立的此种银行存款合同,利率不得单方变更,但法律或者合同有不同规定的除外。

第 839 条 存款利息的计算和给付方式

1. 银行存款额的利息从该款存入银行的第二天起计算,算至存款归还存款人的前一天(含前一天),而如果按照其他理由从存款人账户上注销,则算至注销的前一天(含前一天)。

(2005 年 3 月 21 日第 22 号联邦法律修订)

2. 如果银行存款合同没有不同规定,按照存款人的请求于每季度期满后从存款总额中向存款人单独给付存款利息,到期未取的利息计入存款总额一并计算利息。

返还存款时应给付在取款时所有加算的利息。

第 840 条 归还存款的担保

1. 银行应该通过法定强制保险的方式担保归还公民的存款,而在法律规定的情况下也可用其他方式担保。

(第 1 款由 2003 年 12 月 23 日第 182 号联邦法律修订)

2. 银行归还法人存款的担保方式由银行存款合同规定。

3. 订立银行存款合同时,银行应向存款人提供关于确保归还存款的信息。

4. 在银行不履行法律或者银行存款合同规定的归还存款的担保义务时,以及在丧失担保或者该担保条件降低时,存款人有权请求银行立即归还存款,给付本法典第 809 条第 1 款规定的存款利息并赔偿造成的损失。

第 841 条 第三人将资金存入存款人的账户

如果银行存款合同无不同规定,当第三人说明存款人账户的必要资料并将资金以存款人名义存入银行时,资金应列入存款人账户。在这种情况下推定存款人向第三人提供了有关账户的必要资料并同意接受第三人的资金。

第 842 条 为第三人利益存款

1. 存款可以用一定的第三人的名义存入银行。如果银行存款合同没有不同规定,该第三人自他向基本存款人权利银行提出取款的请求之时起,或者以其他方式向银行表示行使该权利的意愿之时起,即取得存款人的权利。

在为公民或者法人的利益存款时,指明该公民的姓名(第 19 条)或者法人的名称(第 54 条)是有关银行存款合同的实质条款。

为合同订立时已死亡公民的利益或者于此前不存在的法人的利益而订立的银行存款合同,自始无效。

2. 在第三人表示行使存款人权利的意愿之前,订立银行存款合同的人对他存入账户上的资金可以行使存款人的权利。

3. 关于为第三人利益的合同规则(第 430 条),适用于为第三人利益的银行存款合同,但以不与本条规则和银行存款的性质相抵触为限。

第 843 条　存折

1. 如果双方的协议没有不同规定,同公民订立银行存款合同和资金存入其存款账户以存折证明。银行存款合同可以规定发给记名存折或无记名存折。

无记名存折为有价证券。

在存折上应记明由银行认证的银行名称和所在地(第 54 条),在银行分支机构存款的,还应记明有关分支机构的名称和所在地;存款账号;存入账户的所有金额、所有取款的金额和截至向银行提交存折时账户上的存款余额。

如果不能证明存款的其他情况,则存折上指明的存款数据是银行和存款人之间结算存款的依据。

2. 取款、给付存款利息和执行存款人关于从存款账户上将资金划拨给他人的指示,均凭存折由银行完成。

如果记名存折遗失或者损坏不能用于出具时,银行可按照存款人的申请向他开出新的存折。

遗失无记名存折时,权利的恢复按照对无记名有价证券规定的程序(第 148 条)实现。

第 844 条　存款单(提存单)

1. 存款单(提存单)是证明款项存入银行以及存款人(存单持有人)在规定期限届满之后在开出存款单的银行或该银行的分支机构领取存款和存款单上约定的利息的有价证券。

2. 存款单(提存单)可以是无记名的或者是记名的。

3. 在提前向银行出具存款单(提存单)取款的情况下,银行应给付存款并按活期存款给付利息,但存款单(提存单)条款规定了不同利率的除外。

第四编 债的种类

第四十五章 银行账户

第 845 条 银行账户合同

1. 依照银行账户合同,银行有义务接受进款并将进款记入给客户(账户占有人)建立的账户上,并执行客户关于从账户上划拨和给付相关资金及进行其他账户业务的指示。

2. 银行在担保客户资金自由处分权的同时,可以利用账户上现有的资金。

3. 银行无权规定和控制客户对资金的使用方向,无权对客户按照自己的意志处分资金的权利作出法律或者银行账户合同所没有的其他限制。

4. 本章关于银行的规则,也适用于其他信贷组织在依照所取得的许可证(执照)订立和履行银行账户合同的情形。

第 846 条 银行账户合同的订立

1. 在订立银行账户合同时,按双方当事人协商一致的条件为客户或者客户所指定的人在银行开立账户。

2. 客户按照银行公布的开立该类账户的条件提出开立账户的建议,而且该条件又符合法律和依法规定的银行规则的要求时,银行有义务与客户订立银行账户合同。

银行无权拒绝法律、银行的设立文件和向其颁发的许可证(执照)所规定的开立账户的相关业务,但银行在不具有该服务的可能性而拒绝时或者法律或其他法律文件允许拒绝的情况除外。

当银行无理由地规避订立银行账户合同时,客户有权向银行提出本法典第 445 条第 4 款规定的请求。

第 847 条 账户资金处分权的认证

1. 以客户名义执行从账户上划拨资金和支付资金指示的人的权利,由客户向银行提交法律、依法制定的银行规则和银行账户合同规定的单据予以证明。

2. 客户根据第三人请求,其中包括与客户向该人履行自己的债有关的请求,可以向银行作出关于从账户上注销资金的指示。如果该指示采用书面形式并能证实是有该请求权的人提出的相关请求,银行则应接受该指示。

3. 合同可以规定账户上资金处分权的认证方式,它们是:电子付款方式和在账户上使用类似亲笔签字(第160条第2款)、代码、识别用语和能证实指示确系由有此授权的人作出的其他方式。

第848条 由银行执行的账户业务

如果银行账户合同无其他规定,银行应该为客户完成法律、依法确立的银行规则和银行实践中适用的交易习惯对该类账户所规定的业务。

第849条 账户业务期限

如果银行账户合同没有规定更短的期限时,银行应在接到有关付款单据后的一天内将进款列入客户账户。

如果法律、依法颁布的银行规则或者银行账户合同没有规定不同期限时,银行应按照客户的指示在接到有关付款单据后的一天内支付资金,或者从客户的账户上划拨资金。

第850条 账户贷款

1. 如果客户的账户上已无资金,而银行仍依照银行账户合同从该账户上付款(账户贷款),则自进行此种付款之日起,被认为银行是向客户提供了相应数额的贷款。

2. 账户贷款双方当事人的权利和义务由关于借贷和信贷的规则确定(第四十二章),但银行账户合同有不同规定的除外。

第851条 向银行支付完成账户业务的费用

1. 在银行账户合同规定的情况下,客户应对银行完成的处理账户上资金的业务向其支付服务费。

2. 本条第1款规定银行服务费,银行可在每季度期满后从客户账户上的资金中提取,但银行账户合同有不同规定的除外。

第852条 银行使用账户上的资金应支付的利息

1. 如果银行账户合同无其他规定,银行使用客户账户上的资金应支付利息,该利息金额列入账户。

利息金额在合同规定的期限内列入账户,而在合同未规定该期限的情况下,利息金额于每季度期满后列入。

2. 本条第1款规定的利息依照银行账户合同确定的金额由银行支付,而在合同中没有相关条款时,按照银行通常支付的活期存款利息金额支付(第838条)。

第853条 银行和客户关于账户对待请求权的抵消

银行向客户提出的与账户贷款(第850条)和向银行支付服务费(第851条)的有关请求权,以及客户向银行提出的因使用资金支付利息的请求权(第852条),可以通过抵消(第410条)终止,但银行账户合同有不同规定的除外。

上述请求权的抵消由银行进行。银行应依照合同规定的程序和期限将所进行抵消的情况通知客户,如果双方当事人未约定相应条款,则应按银行实践中向客户提供账户资金情况的通常方式和通常期限通知客户。

第854条 从账户上注销资金的根据

1. 银行按照客户的指示从账户上注销资金。

2. 如果无客户关于注销账户上资金的指示,只有依照法院的判决,以及在法律或者银行和客户之间合同规定的情况下才允许注销资金。

第855条 将资金从账户上注销的顺序

1. 账户上有资金且该资金足够满足对账户已提出的全部请求时,则按照客户的指示和其他注销文件的次序(按日历次序)实现资金销账,但法律另有规定的除外。

2. 当账户资金不足以全部满足已提出的请求时,依照以下顺序进行资金销账:

第一顺序:按照为满足因致人生命和健康损害的赔偿请求权,以及追索赡养费的请求权所规定的从账户上划拨或者支付资金的执行文件销账;

第二顺序:按照为了与按劳动合同以及与按其他合同工作的人结算退职金和劳动报酬所规定的划拨或者支付资金的执行文件销账,包括根据著作权合同给付酬金;

第三顺序:按照为了与按劳动合同(其他合同)工作的人员结算劳动工资所规定划拨或者支付资金的付款文件,以及将资金扣除到俄罗斯联邦赡养基金、俄罗斯联邦社会保险基金和强制医疗保险基金的付款文件进行销账;

(1997年10月24日第133号联邦法律、2003年1月10日第8号联邦法律修订)

第四顺序:按照向预算和预算外基金拨款的支付文件销账,第三顺序已规定的销账不在此限;

(1996年8月12日第110号联邦法律修订)

第五顺序:按照规定满足其他金钱请求权的执行文书销账;

(1996年8月12日第110号联邦法律修订)

第六顺序:按照日历顺序依据其他付款文书销账;

(1996年8月12日第110号联邦法律修订)

对同一顺序的请求,依文书到达的日历先后顺序进行销账。

第856条 银行完成账户业务不当时应承担的责任

当银行未及时地将客户的进款列入账户或者无根据地将资金销账,以及不执行客户关于从账户上划拨或者给付资金的指示时,银行应按照本法典第395条规定的方式和金额偿付有关金额的利息。

第857条 银行秘密

1. 银行应保证对银行账户和银行存款、账户业务和客户情况保守秘密。

2. 构成银行秘密的信息资料,只能由客户本人或者其代理人提供。只有在法律规定的情况下并依法律规定的程序才可以向国家机关和其公职人员提供此种信息资料。

(第2款由2004年12月30日第219号联邦法律修订)

3. 如银行泄露构成银行秘密的信息资料,被侵权的客户有权请求银行赔偿所造成的损失。

第858条 对账户处分的限制

不得限制客户处分账户上资金的权利,但法律规定查封账户上的资金或者暂停账户业务的情况除外。

第859条 银行账户合同的解除

1. 按照客户的申请可随时解除银行账户合同。

2. 有下列情形之一的,银行账户合同可以由法律解除:

当客户账户上的资金额低于银行规则或者合同规定的最低数额,而且从银行将此事预先通知之日起1个月内不能将该资金额提高时;

1年期间该账户没有业务,但合同有不同规定的除外。

3. 账户上的资金余额应在收到客户有关书面申请后的7日内按客户的指示给付客户或者划拨到其他账户。

4. 银行账户合同的解除是结清客户账户的依据。

第 860 条 银行的账户

如果法律、其他法规或者依法确定的银行规则没有不同规定,本章的规则适用于同业往来账户、同业往来分账户和其他银行账户。

第四编 债的种类

第四十六章 结　算

第一节　结算的一般规定

第 861 条　现金结算和非现金结算

1. 公民参加的与之从事经营活动无关的结算,可通过不限制数额的现金方式进行(第 140 条)或者以非现金方式进行。

（关于驳回要求认定第 861 条第 2 款不符合《俄罗斯联邦宪法》的申告的问题,可参看俄罗斯联邦宪法法院 2001 年 7 月 5 日裁定）

2. 法人之间的结算以及公民参加的与其经营活动有关的结算,以非现金方式进行。如果法律没有规定,上述人之间的结算也可以现金进行。

3. 如果法律没有不同规定并且对所采用的结算形式未约定条件,则非现金结算应通过银行和开立有关账户的其他信贷组织(下称"银行")进行。

第 862 条　非现金结算的形式

1. 在实现非现金结算时,允许用委托付款、信用证、支票、托收结算以及法律和依法制定的银行规则或者以银行实践中适用的交易习惯规定的其他形式进行结算。

2. 合同双方有权选择并在合同中规定本条第 1 款中指明的任何一种结算方式。

第二节　委托付款结算

第 863 条　委托付款结算的一般规定

1. 在进行委托付款结算时,银行应按照付款人的委托使用付款人账户上的资金,并在法律规定或者依法确定的期限内,将一定的资金额划入付款人所指定的人在该银行或者在其他银行的账户上,但银行账户合同或者在银行实践中适用的交易习惯规定了更短期限的除外。

2. 本节的规则适用于在银行未立账户的人通过银行实现与划拨资金有关的关系,但法律和依法制定的银行规则另有规定或者该关系的性质有不同要求的除外。

3. 进行委托付款结算的程序由法律以及依法制定的银行规则和适用于银行实践中的交易习惯调整。

第 864 条　银行执行付款委托的条件

1. 付款委托和与之一起提交的结算单证的内容和结算方式应符合法律规定的和依法制定的银行规则的要求。

2. 当付款委托不符合本条第 1 款所规定的要求时,银行可查清委托的内容。该查询应在收到付款委托后立即向付款人提出。在法律或者依法制定的银行规则规定的期限内未接到答复,或者在未规定期限时在合理的期限内未接到答复的情形下,银行可不履行该委托并将委托退还付款人,但法律、依法制定的银行规则或者银行与付款人之间的合同有不同规定的除外。

3. 如果付款人与银行之间的合同无其他规定,银行以付款人账户上的现金执行付款委托。银行履行委托时应遵守将资金从账户上注销的顺序(第 855 条)。

第 865 条　委托的执行

1. 银行在接受付款人的付款委托后,应该在本法典第 863 条第 1 款规定的期限内,将相应的资金额划拨到资金受领人的银行,以便使该资金列入委托中所指明的人的账户。

2. 银行在完成将资金划拨到客户委托中所指明账户的业务时,有权吸收其他银行参加。

3. 银行应该按照付款人的请求及时将履行委托的情况通知付款人,办理通知书的方式和对通知书内容的要求,由法律、依法制定的银行规则或者双方的协议规定。

第 866 条　不执行或者不适当执行委托的责任

1. 在不执行或者不适当执行客户委托的情形下,银行应依照本法典第二十五章规定的根据和数额承担责任。

2. 如果不执行或者不适当执行委托是由于被吸收参加执行付款人委托的

银行违反结算业务的规则引起,则法院可责成该银行承担本条第 1 款规定的责任。

3. 如果银行违反结算业务实施规则而招致非法扣留资金时,银行应该依照本法典第 395 条规定的方式和金额偿付利息。

第三节 信用证结算

第 867 条 信用证结算的一般规定

1. 在信用证结算时,按照付款人关于开立信用证的委托并依照付款人指示进行工作的银行(开证银行),应向受款人进行付款或者进行汇票的支付、承兑或贴现,或者授权其他银行(执行银行)向受款人进行付款或者进行汇票的支付、承兑或贴现。

关于执行银行的规则适用于向受款人进行付款或者进行汇票的支付、承兑或贴现的开证银行。

2. 在开立抵偿(已存入)信用证的情况下,开证银行在开立信用证时应将付款人的资金或者向付款人提供信贷的信用证金额(抵偿),在开证银行债的全部有效期内转拨执行银行支配。

在开立非抵偿信用证(担保)的情况下,执行银行有权从其管理的开证银行账户上注销信用证的全部金额。

3. 进行信用证结算的程序由法律以及依法制定的银行规则和适用于银行实践中的交易习惯调整。

第 868 条 可撤销信用证

1. 开证银行无须预先通知受款人即可变更和撤销的信用证为可撤销信用证。信用证的撤销对于开证银行不产生对受款人的任何债务。

2. 执行银行如在办理付款或者其他业务时,未接到变更信用证条款或者撤销信用证的通知,则应按可撤销信用证进行付款或其他业务。

3. 如果信用证条款上未明确作出不同规定,则信用证为可撤销信用证。

第 869 条 不可撤销信用证

1. 未经受款人同意不得取消的信用证为不可撤销信用证。

2. 按照开证银行的请求,参加信用证业务的执行银行可确认不可撤销信用证(保兑信用证)。该确认意味着执行银行按照信用证条款对开证银行的债务有付款的补充义务。

由执行银行确认的不可撤销信用证未经执行银行同意,不得变更或者解除。

第870条 信用证的执行

1. 为执行信用证,受款人应向执行银行提交确认履行信用证全部条款的单证。违反其中任何一项条款时,信用证的执行不发生。

2. 如果执行银行进行付款或者按照信用证的条款进行其他业务,开证银行应向执行银行补偿所支出的费用。上述费用以及开证银行与执行信用证有关的所有其他费用由付款人补偿。

第871条 拒绝接收单证

1. 如果执行银行拒绝接收外表特征与信用证条款不相符合的单证,则应立即将此事告知受款人和开证银行,并指明拒绝的原因。

2. 如果开证银行收到由执行银行接收的单证后,认为单证的外表特征与信用证条款不符,有权拒绝接收该单证,并有权请求执行银行返还违反信用证条款已付给受款人的数额,而根据非抵偿信用证则有权拒绝补偿已给付的数额。

第872条 银行违反信用证条款的责任

1. 除本条规定的情况外,开证银行向付款人承担违反信用证条款的责任,而执行银行应向开证银行承担违反信用证条款的责任。

2. 在执行银行无根据地对抵偿信用证和保兑信用证拒绝付款时,执行银行向受款人承担责任。

3. 在执行银行因违反信用证条款对抵偿信用证和保兑信用证不正确地支付资金时,执行银行可向付款人承担责任。

第873条 信用证的失效

1. 有下列情形之一的,信用证在执行银行失效:

信用证期限届满;

按照受款人在信用证有效期届满之前放弃使用信用证的申请,如果信用证条款规定可以进行放弃;

按照付款人关于全部或者部分撤销信用证的请求,如果信用证条款规定可以进行撤销。

执行银行应将信用证失效的情况告知开证银行。

2. 抵偿信用证的未使用金额应在信用证失效的同时立即退还开证银行。开证银行应将退还的金额列入付款人所存入的资金账户上。

第四节 托收结算

第874条 托收结算的一般规定

1. 在托收结算时,银行(托收行)应该按照客户的委托,以客户的费用执行接受付款人付款和(或)承兑付款的委托行为。

2. 受客户委托的托收银行有权吸收其他银行(代收行)执行委托。

进行托收结算的程序由法律、依法制定的银行规则和银行实践中适用的交易习惯调整。

3. 在不履行或者不适当履行客户委托时,托收银行应依照本法典第二十五章规定的根据和数额向客户承担责任。

如果不履行或者不适当履行客户的委托是由于代收行违反了结算业务规则,则可由该银行对答户承担责任。

第875条 执行托收委托

1. 当缺少某个单证或者单证的外表特征与托收委托不相符合时,代收银行应立即将此情况通知委托托收的人。在不能消除上述瑕疵时,银行有权退还单证不予以执行。

2. 单证按其收到的形式提交给付款人,银行为办理托收业务作出的必要注明和背书除外。

3. 如果单证应按提示付款,代收银行应按收到的托收委托立即付款。

如果单证应于其他期限付款,代收银行为获得付款人的承兑应立即按照托收委托提交单证承兑,而付款的请求应在单证中指明的付款日期到来之前作出。

4. 当银行规则或者在托收委托中有特别许可可以部分付款时可以接受部分付款。

5. 收取(兑现)的金额,应立即由代收银行转交托收银行处分,托收银行应将该金额列入客户的账户,代收银行有权从兑现的数额中扣除应向它支付的报酬和费用的补偿。

第876条 关于所进行业务的通知

1. 如果未获得付款和(或)承兑,代收银行应立即将未付款或拒绝承兑的原因通知托收银行。

托收银行应立即将此情况通知客户,向客户征询关于下一步行动的指示。

2. 在银行规则规定的期限内,如无该期限而在合理期限内未接到下一步行动的指示时,代收银行有权将单证退还托收银行。

第五节 支票结算

第 877 条 支票结算的一般规定

1. 支票是发票人委托银行按支票上所指明的数额向持票人无条件付款的有价证券。
2. 支票上的付款人只能是接受发票人有权通过开出支票进行处分的资金的银行。
3. 支票在其提示期限届满前不得撤销。
4. 支票的开出并不清偿该支票所要履行的金钱债务。
5. 支票在付款程序中使用的方式和条件由本法典调整,而本法典未调整的部分,由其他法律和依法制定的银行规则调整。

第 878 条 支票的要素

1. 支票应包含有以下内容:
（1）票据正文有"支票"字样的名称;
（2）要求付款人支付一定金额的委托;
（3）付款人的名称和应从何账户付款;
（4）付款的货币单位;
（5）支票签发的日期和地点;
（6）签发支票的人即发票人的签名。
如果支票上缺少上述要素中的任何一项,则支票无效。
未指名签发地点的支票,视为在发票人所在地签发。
指明利息的支票视为未指明。
2. 支票的格式和填写方法由法律和依照法律制定的银行规则确定。

第 879 条 支票付款

1. 支票以发票人的资金付款。
在资金提存的情况下,为抵偿支票资金而进行提存的方式和条件由银行规则确定。
2. 支票应由付款人在法律规定的期限内在提示支票的条件下付款。
3. 支票的付款人必须采取一切可能采取的方式证明支票的真实性,以及证明支票的提示人确系支票的权利人。

在背书支票付款时,付款人必须检查背书的正确性,而不是检查背书人的签名。

4. 由于付款人对伪造、偷窃或遗失的支票进行付款而造成的损失,根据谁对损失的造成存在过错而由付款人或发票人承担责任。

5. 对支票付款的人,有权要求向他交付支票和取得付款的收据。

第 880 条　支票权的转让

1. 支票权的转让依照本法典第 146 条规定的程序进行,同时应遵守本条的规则。

2. 记名支票不得转让。

3. 在汇票上向付款人所作的背书具有付款收据的效力。

付款人作出的背书一律无效。

根据背书占有所取得支票的人,如其权利以若干连续背书为依据,视为该汇票的合法占有人。

第 881 条　付款担保

1. 支票付款可以通过票据保证进行担保或部分担保。

支票付款担保(票据保证)可以由付款人以外的任何人提供。

2. 票据担保应在支票的正面或附页上通过签注"已提供票据保证"并指明何人为何人提供保证。如果未指明何人为何人提供保证,则视为票据保证系为发票人提供。

票据保证应由票据保证人签字,并指明保证人的住所地和完成背书的日期;而保证人为法人的,则应指明法人的所在地和完成背书的日期。

3. 票据保证人与被提供票据保证的人承担相同的责任。

即使票据保证人所担保的债由于未遵守形式以外的任何理由而无效时,票据保证人的债仍然有效。

4. 票据保证人如对支票进行了付款,则取得由支票产生的对抗被担保人的权利和对抗对被担保人负有义务的人的权利。

第 882 条　凭支票兑付

1. 将支票提交为发票人服务的银行托收以取得付款,为提示支票付款。

支票付款依照本法典第 875 条规定的程序进行。

2. 按照已兑付支票将资金划入持票人的账户,应在从付款人那里取得付款之后进行,但持票人与银行之间的合同有不同规定的除外。

第883条 拒付支票的证明

1. 拒付支票应以下列方式之一予以证明：
（1）公证人制成的拒付证书或者按照法定程序制成的意义相同的文书；
（2）付款人在反映支票提示付款日期的支票上填入的拒付标注；
（3）兑付银行作出的说明支票已及时提交但未付款标注并指明日期。

2. 拒付证书和意义相同的文书应在支票提示期限届满之前作出。

如果支票的提示是在期限的最后一天，拒付证书或者意义相同的文书可在下一个工作日作出。

第884条 关于支票未付款的通知

持票人应在制成拒付证书或者意义相同文书之日后的两个工作日期间内，将未付款的情况通知自己的背书人和发票人。

每个背书人应在其接到通知后的两个工作日内，将其接到的通知传达到自己的背书人，该通知也在同一期间内发往票据保证人。

在上述期间内未寄出通知的人不丧失自己的权利，该人应赔偿因未通知支票未付款可能发生的损失。赔偿损失的数额不得高于支票的金额。

第885条 支票未付款的后果

1. 如果付款人拒绝对支票付款，持票人有权按照自己的选择，向对支票负有义务的一人、数人或所有的人（发票人、票据保证人、背书人）提起诉讼，上述人向持票人负连带责任。

2. 持票人有权依据本法典第395条第1款的规定，请求上述人：
支付支票金额和为获得付款自己所支出的费用以及利息。
对支票负有义务的人在其对支票付款后也享有该权利。

3. 持票人对本条第1款所指的诉讼，可以在支票提示付款期限结束之日起的6个月内提起。义务人相互间根据诉讼的返还代偿请求权，在有关义务人满足请求权之日起或者自向该有关义务人提起诉讼之日起的6个月届满后消灭。

第四编 债的种类

第四十七章 保　管

第一节 保管的一般规定

第886条 保管合同

1. 依照保管合同,一方(保管人)应当保管另一方(寄存人)交给他的财物,并完好地返还该财物。

2. 作为保管人的商业组织,或者将保管作为自己的一项职业活动目的的非商业组织(职业保管人),在保管合同中可以规定保管人在合同规定期限内负有接受寄存人财物进行保管的义务。

第887条 保管合同的形式

1. 在本法典第161条规定的情况下,保管合同应以书面形式订立。同时,公民之间(第161条第1款第2项)的保管合同,如果交付保管财物的价值为法定最低劳动报酬额10倍以上,则要求以书面形式订立。

规定保管人负有对接受财物进行保管义务的保管合同,不论该合同当事人为谁以及交付保管的财物的价值如何,均应以书面形式签订。

在非常状况下(火灾、自然灾害、突发疾病、袭击威胁等等)财物交付保管的,可用证人证言证明。

2. 如果在财物被接受保管时保管人向寄存人出具下列证明之一,则视为已遵守保管合同的一般书面形式：

完好的收据、发票、证明书或者由保管人签字的其他书据；

号牌(号码)、证明接受保管物的其他标志,如果接受保管物的上述证明形式应为法律或法律文件所规定或为该类保管通常使用的形式。

3. 未遵守保管合同普通书面形式的,双方当事人在对保管人接受保管的财物和保管人返还的财物是否为同一财物而发生争议时,并不丧失援引证人证言的权利。

第 888 条 履行接受保管财物的义务

1. 按照保管合同承担接受保管财物义务的保管人(第 886 条第 2 款),无权要求将该财物交付给他保管。

但果寄存人如在合同规定的期限内未将财物交付保管,则应对未实现的保管给保管人造成的损失向保管人承担责任,但法律或者保管合同另有规定的除外。如果寄存人在合理期限内向保管人声明拒绝其服务,则免除寄存人的上述责任。

2. 如果保管合同没有不同的规定,在合同约定期限内未向保管人交付财物时,保管人免除接受财物进行保管的义务。

第 889 条 保管期限

1. 保管人应在保管合同约定的保管期限内保管财物。

2. 如果合同未规定保管期限并且从合同条款中不可能确定保管期限,保管人应在寄存人提取财物之前保管该物。

3. 如果保管期限以寄存人提取财物的时间确定,在该情况下保管人有权在通常保管期限届满之后,要求寄存人将物取回,但应为寄存人取回财物提供合理的期限。寄存人不履行该义务时,产生本法典第 899 条规定的后果。

第 890 条 非特定物保管

在保管合同明文规定的情况下,从一个寄存人接受进行保管的财物可以同其他寄存人的同种类同质量的物混合(非特定物保管)。返还给寄存人的财物应为相等或者双方约定数量的同一种类同一质量。

第 891 条 保管人保障财物完好的义务

1. 保管人应采用保管合同规定的一切措施以保障保管的财物完好无损。

当合同未规定该措施条款或者条款不全时,保管人也应采取与交易习惯和债的性质相适应的措施,包括与保管的财物性质相适应的措施,只要合同未排除采取这些措施的必要性。

2. 保管人对交付于他的财物在任何情况下都应采取由法律、其他法律文件或者依照法律、其他法律文件确定的程序(防灾、防疫、保卫等)规定的措施。

3. 如果保管为无偿保管,保管人应当像对自己的财产一样关心所保管的财物。

第 892 条 交付保管的财物的使用

非经寄存人同意保管人无权使用交付保管的财物,也无权将财物提供给第三人使用,但为了保障物的完好而必须使用被保管财物并且与保管合同不相抵触的情形除外。

第 893 条 保管条件的变更

1. 在必须变更保管合同规定的财物保管条件时,保管人应立即将此情况通知寄存人并等待答复。

如果变更保管条件是为消除财物的灭失、短缺或者损坏的危险所必需,保管人不必等待寄存人的答复,有权变更保管的方式、地点和其他保管条件。

2. 如果在保管期间出现了财物有遭受损失的现实危险或者财物已遭受损失,或者产生了不能保障财物之完好的情况且不能等寄存人采取及时措施时,保管人有权依照保管物的价格独立地出售所保管的财物或者部分保管的财物。如果上述情况是由于保管人不应负担的责任原因引起,保管人有权用出卖财物所获的价款补偿自己的费用。

第 894 条 危险品的保管

1. 如果寄存人在将易燃、易爆或者有危险性的财物交付保管时未预先将财物的性质告知保管人,则保管人可随时排除其危险或者销毁该财物而不必向寄存人赔偿损失。因保管该财物给保管人和第三人造成的损失,寄存人应负赔偿责任。

把危险品交付职业保管人保管时,如果品名不正确而保管人在接受保管时不能通过外观检查确认物的危险性,则适用本款第 1 款规定的规则。

在有偿保管时,对本款规定的情况,已交付的保管费不予返还;如果保管费未交付的,保管人可追索全部保管费。

2. 本条第 1 款第 1 项所指的财物,保管人明知其情况并同意保管,虽遵守了保管条件,但仍对周围环境或者对保管人、第三人的财产构成危险而且情况又不允许保管人请求寄存人立即取回该财物,或者寄存人不履行该请求,则保管人可排除财物的妨害危险或者销毁该财物而不必向寄存人赔偿损失。在这种情况下,寄存人对因该财物的保管而造成的损失不向保管人和第三人承担赔偿责任。

第 895 条 将财物转交第三人保管

如果保管合同无不同的规定,保管人无权不经寄存人同意将财物转交第三人保管,但保管人为了寄存人的利益不得不转交第三人保管并且不可能获得寄存人同意的情况除外。

保管人将财物转交第三人保管的情况应立即通知寄存人。

将财物转交第三人保管时,寄存人与原保管人之间的合同条款继续有效,原保管人对接受保管的第三人的保管行为与对自己的行为一样承担负责。

第896条　保管费

1. 保管费应于保管期限届满后给付保管人,而如果规定分阶段给付保管费时,则应在每一阶段届满后给付相应部分的保管费。

2. 当逾期给付保管费且逾期的期限超过其应给付的期限一半以上时,保管人有权拒绝履行合同并请求寄存人立即取回寄存的保管财物。

3. 如果保管合同因保管人不应负责任的情况于约定期限届满前终止,保管人有权请求按比例给付保管费;而在本法典第894条第1款规定的情况下,保管人有权请求给付全额保管费。

如果保管合同因保管人应负责任的情况而提前终止,保管人无权请求给付保管费,已给付的金额应返还寄存人。

4. 如果保管期限届满后寄存人未取回保管的财物,他应向保管人按比例给付继续保管财物的费用。该规则也适用于寄存人在保管期限届满前应该取回财物的情况。

5. 如果保管合同无其他规定,则适用本条的规则。

第897条　保管费用的补偿

1. 如果保管合同没有不同规定,保管人保管财物的开支应包括在保管费内。

2. 在无偿保管时,寄存人应补偿保管人为保管财物所支出的必要费用,但法律或者保管合同有不同规定的除外。

第898条　额外保管费

1. 超出该类物的通常保管费用并且双方在合同订立时未能预见的保管费用(额外保管费),如果寄存人同意或者事后赞同该费用,以及在法律、其他法律文件或者合同规定的其他情况下,寄存人应向保管人补偿。

2. 在必须发生保管费用时,保管人应征询寄存人对该费用的同意。如果寄存人在保管人指定期限内或者在答复所必需的正常期限内未表示不同意,则视为其同意额外保管费。

如果保管人未收到寄存人对额外保管费的事先同意而支出了该费用,尽管根据情况寄存人有可能同意,然而事后寄存人未表示赞同,则保管人要求补偿额外保管费只能以在不支出该费用的情况下可能使保管物受到的损失为限。

3. 如果保管合同没有不同规定,额外保管费应在保管费之外另行补偿。

第 899 条　寄存人取回财物的义务

1. 约定的保管期限届满,或者根据本法典第 889 条第 3 款由保管人提供的取回物的期限届满后,寄存人应立即将交付保管的财物取回。

2. 在寄存人不履行取回财物的义务,包括规避取回该物时,如果保管合同无不同规定,保管人有权于书面通知寄存人后自行按保管地价格出售该财物,而如果根据估价该财物的价值超出法定最低劳动报酬额 100 倍,则有权依本法典第 447 条至第 449 条规定的程序进行拍卖。

出售财物所得的价款,在扣除保管人应得的款项以及出售费用后,交给寄存人。

第 900 条　保管人返还财物的义务

1. 保管人应将交付其保管的原物返还寄存人或者其指定的受领人,但合同规定非特定物保管(第 890 条)的除外。

2. 保管人应按财物接受保管时的状态返还,但应考虑到财物的品质自然降低、自然损耗或者因物的自然属性引起的其他变化。

3. 如果保管合同没有不同规定,保管人在返还保管的财物的同时,应返还该财物在保管期间所获得的天然孳息及法定孳息。

第 901 条　保管人责任的根据

1. 保管人依照本法典第 401 条规定的根据对所保管财物的灭失、短缺或者损坏承担责任。

职业保管人如果不能证明,保管物的灭失、短缺或者损坏是因不可抗力,或者因保管人于接受保管物时不知道且不可能知道的财物之特性,或者是因寄存人故意或重大过失引起,则应对保管物的灭失、短缺或者损坏承担责任。

2. 保管人只有在其有故意或者重大过失时,才对在寄存人取回保管物的义务开始后而发生的财物灭失、短缺或者损坏(第 899 条第 1 款)承担责任。

第 902 条　保管人责任的数额

1. 财物的灭失、短缺或者损坏给寄存人造成的损失,应依照本法典第 393 条的规定由保管人赔偿,但法律或者合同有不同规定的除外。

2. 在无偿保管时,财物灭失、短缺或者损坏给寄存人造成的损失,按以下数

额赔偿:

(1) 保管的财物灭失和短缺的——按灭失和短缺物的价值赔偿;

(2) 保管物损坏的——按财物所降低的价值的金额赔偿。

3. 如果财物的毁损使之不能按原来的用途使用,而保管人又应对之负责,则寄存人有权拒绝受领该财物并要求赔偿该财物的价值及其他损失,但法律或者保管合同有不同规定的除外。

第 903 条 保管人所受到损失的赔偿

寄存人应当赔偿由于所寄存物的特性而给保管人造成的损失,但保管人在接受该财物保管时知悉和应该知悉这种特性的除外。

第 904 条 依寄存人的请求终止保管

即使合同规定的保管期尚未终止,只要寄存人要求,保管人即应立即返还保管的财物。

第 905 条 保管的一般规定对某些种类保管的适用

如果本法典第 907 条至第 926 条关于某些种类的保管的规则和其他法律没有不同规定,则保管的一般规定(第 886 条至第 904 条)适用于这些种类的保管合同。

第 906 条 法定保管

如果法律没有不同规定,则本章的规则适用于因法律而产生的保管之债。

第二节 商品仓储保管

第 907 条 仓储保管合同

1. 依照仓储保管合同,商品仓库(保管人)应保管货主(寄存人)交存的商品,收取保管费,并完好地返还该商品

商品仓库是从事商品保管作为经营活动及提供有关保管服务的组织。

2. 如果合同的订立及商品入库以仓单为凭(第 912 条),则仓储保管合同的书面形式视为已得到遵守。

第 908 条 公用仓库保管商品

1. 如果根据法律、其他法律文件确定,商品仓库有义务接受任何货主的商品进行保管,则该商品仓库为公用仓库。

(2003 年 1 月 10 日第 15 号联邦法律修订)

2. 公用仓库签订的仓储保管合同为公开合同(第 426 条)。

第 909 条 商品仓库在接受商品及保管期间对商品的检查

1. 如果仓储保管合同没有不同规定,商品仓库在接受商品保管时应以自己的费用对商品进行检查并确定其数量(单位数量、商品的件数或者度量单位——重量、体积)和外观状况。

2. 在保管期间,商品仓库应向货主提供商品检查或者抽样检查的可能性,如果保管为非特定物保管,则应向货主提供取样和为保障商品完好采取必要措施的可能性。

第 910 条 保管条件及商品状态的变更

1. 为保障寄存商品的完好性而需变更保管条件时,商品仓库有权独立地采取必要的措施。但是,如果仓储保管合同规定的货物保管条款需要重大变更,则商品仓库应将所采取的措施通知货主。

2. 在保管期间发现货物的损坏超出仓储保管合同协商的范围或者超出一般自然损耗时,商品仓库应立即制作有关情况的文书并在当天通知货主。

第 911 条 商品返还货主时对商品数量和状态的检查

1. 在返还商品时,货主和商品仓库均有权要求查看和检查商品的数量。由此引起的费用由要求查看和检查的一方承担。

2. 如果仓库在将商品返还货主时,双方未对货物共同查看或者检查,因不适当保管而使物短缺或者损坏的声明应在提取物时向仓库书面提出,而对于在提取商品时不能以通常方法发现短缺及损坏的,书面声明应在取回商品的 3 天内提出。

当货主未按本款第 1 段进行声明时,如果没有其他的证明,则视为仓库依照仓储保管合同的条款返还了商品。

第 912 条 仓储凭证

1. 商品仓库出具下列仓储单证之一作为接受商品进行保管的凭证:
(1) 两联仓储;
(2) 单式仓储证明;
(3) 仓储收据。

2. 两联仓储证明由仓储和抵押证明(栈单)两部分组成,它们可以分开独立使用。

3. 由两部分组成的两联仓储证明和单式仓储证明均为有价证券。

4. 按照两联仓储证明或者单式仓储证明接受保管的商品,在其保管期内可以通过抵押相关证明的方式作为抵押标的。

第 913 条　两联仓储证明

1. 两联仓储证明的每一联应同样指明:
（1）接受商品保管的商品仓库名称和所在地;
（2）仓储证明的入库登记册序号;
（3）寄存商品的法人名称或者公民的姓名,以及货主的所在(住所地);
（4）接受保管的商品的名称和数量——单位数量和(或)商品的件数和(或)度量单位(重量、体积);
（5）如果商品的保管期限已确定,应指明该期限或者指明货物存放到提取之时;
（6）保管费的数额或者计算数额的收费标准以及保管费的支付办法;
（7）签发仓储证明的日期。

两联仓储证明的每一联都应有同一授权人的签名并加盖同一商品仓库的印章。

2. 不符合本条要求的书据,不是两联仓储证明。

第 914 条　仓储证明和抵押证明持有人的权利

1. 仓储证明和抵押证明的持有人对仓库内保管的商品具有完全的处分权。

2. 抵押证明与仓储证明分开时,仓储证明持有人有权处分商品,但于抵押债务消灭前不得从仓库取走商品。

3. 抵押证明持有人与仓储证明持有人为不同人时,抵押证明持有人有权依照抵押证明所得的贷款和利息的数额将商品抵押。商品抵押时,应在仓储证明上作出相应记载。

第 915 条　仓储证明和抵押证明的转让

仓储证明和抵押证明可按照转让背书同时或者单独转让。

第 916 条　依照两联仓储证明交付商品

1. 仓储证明和抵押证明(两联仓储证明)的持有人必须同时提交这两个证明,商品仓库才能向证明持有人交付商品。

2. 仓储证明持有人如无抵押证明,但已清偿抵押证明所抵押的债务时,商品仓库可以凭仓储证明向该证明持有人交付商品,但条件是在提交仓储证明时还应一并提交已偿付抵押证明担保的全部债务的收据。

3. 如果商品仓库违反本条要求,向没有抵押证明又未偿付抵押证明所担保债务的仓储证明持有人交付了商品,则应按抵押证明所担保的全部金额向抵押证明持有人承担给付责任。

4. 仓储证明和抵押证明的持有人有权请求分批交付货物。此时,应将原有证明交回并换取仓库尚存商品的新证明。

第 917 条　单式仓储证明

1. 单式仓储证明为无记名证明。

2. 单式仓储证明应包括本法典第 913 条第 1 款第 1 项、第 2 项、第 4 项至第 7 项和最后一项的内容,并指明其为凭票给付。

3. 不符合本条要求的单证,不是单式仓储证明。

第 918 条　具有对财物处分权的保管

如果法律、其他法律文件或者合同规定商品仓库对交付给它保管的商品有权处分时,对双方当事人的关系适用本法典第四十二章关于借贷的规则,但商品返还的时间和地点由本章规则确定。

第三节　特殊种类的保管

第 919 条　当铺保管

1. 当铺保管合同是对公民所属财物的保管,该合同为公开合同(第 426 条)。

2. 当铺保管合同的订立以当铺向寄存人签发记名保管收据为凭。

3. 交付当铺保管的财物,应根据在接受保管物之时及接受地点的商业中对该种类和该质量的财物通常确定的价格,由双方协议估价。

4. 当铺应以自己的费用按本条第 3 款所作估价的全部金额对所接受保管的商品投保,受益人为寄存人。

第 920 条　未从当铺取回的财物

1. 如果寄存人在与当铺约定的期限内不取回交付当铺保管的财物,当铺应在 2 个月内保管该物并按保管合同的规定对此收取费用。2 个月期满后,当铺对不领取的财物可按照法典第 358 条第 5 款规定的程序出售。

2. 出售未领取财物所得的价款,用以清偿保管费及当铺应得的其他款项。剩余数额由当铺返还给寄存人。

第 921 条　贵重物品在银行的保管

1. 对有价证券、贵重金属和宝石、其他贵重物品和其他重要物品,包括文件,银行可接受进行保管。

2. 在银行订立贵重物品的保管合同以银行向寄存人签发记名保管单证为凭,该单证的提交是向寄存人交付所保管贵重物品的依据。

第 922 条　用银行个人保管箱保管贵重物品

1. 贵重物品的银行保管合同可以规定,寄存人(用户)使用或者银行向寄存人提供由银行负责保卫的个人保管箱(在银行隔离地区的分格保管箱)保管贵重物品。

依照银行个人保管箱保管贵重物品的合同,用户有权自己将贵重物放入保管箱和从中取出该物,为此,银行应向用户交付保管箱钥匙、用户保密卡,或者能证明用户有权开启保管箱和取出保管物的其他标志或凭证。

合同的条款可以规定用户有权在银行使用个人保管箱中保管的贵重物品。

2. 依照用户使用银行个人保管箱保管贵重物品的合同,银行接受应在保管箱保管的贵重物品,对用户将贵重物品及从中取出贵重物品进行监督,并在取出后将贵重物品返还用户。

3. 依照向用户提供个人保管箱在银行保管贵重物品的合同,银行应保障用户存入和取出其贵重物品不受任何人监督,包括不受银行监督。

银行有义务对进入用户保管箱所在场地进行监控。

如果向用户提供个人保管箱在银行保管贵重物品的合同没有不同规定,银行又能证明,根据保管条件任何人未经用户许可均不可能接触保管箱,或者接触保管箱是由于不可抗力所致,则免除银行对保管箱内物品未妥善保管的责任。

4. 银行对于将保管箱提供他人使用而银行对保管箱内的物品不承担责任的合同,适用本法典租赁合同的规则。

第 923 条　运输组织寄存处的保管

1. 公用运输组织管理的寄存处应接受旅客和其他公民的寄存物,而不论他们有无乘坐交通工具的票证。运输组织寄存处的保管合同为公开合同(第 426 条)。

2. 寄存处(自动寄存处除外)接受寄存物以发给寄存人收据或号牌为凭证。在收据或者号牌遗失时,按照寄存人出具的说明该物品属于寄存人所有的证据交付寄存物。

3. 寄存处负责保管物品的期限依照本法典第 784 条第 2 款第 2 项的规则确

定,但当事人协议规定了更长期限的除外。在规定期限内不领取的寄存物,寄存处应继续保管 30 天。该期限届满后,可依本法典第 899 条第 2 款规定的程序将未领取的物品出售。

4. 交付寄存处保管的物品,因灭失、短缺或者毁损给寄存人造成的损失,保管人应于寄存人提出赔偿要求之时起 24 小时内,按寄存人交付保管时的物品估价金额赔偿。

第 924 条　各单位存衣处的保管

1. 如果物品在交付保管时,对保管未约定报酬或者未以其他明显方式约定报酬,则各单位存衣处的保管推定为无偿保管。

保管人对交付存衣处的物品,不论保管有偿或者无偿,均应采取本法典第 891 条第 1 款和第 2 款规定的全部措施以保障物品的完好。

2. 本条的规定也适用于对公民未交付保管但为保管而遗留在各单位和运输工具上属于保管场所范围内的外衣、帽子或者其他类似物品的保管。

第 925 条　旅店保管

1. 旅店作为保管人且无须与居住于该店的人(房客)有特别约定,应对房客存放于旅店的物品之灭失、短缺或者损坏承担责任,但金钱、其他外币、有价证券和其他贵重物品除外。

存放于旅店的物品是指托付给旅店工作人员的物品,或者存放于客房、其他指定场所的物品。

2. 如果房客的金钱、其他外币、有价证券和其他贵重物品由旅店接受保管,或者由房客将物品存入旅店为其提供的个人保管箱,不论该保管箱在客房或者在旅店其他处所,旅店对上述物品的灭失均应承担责任。如果旅店能证明,根据保管条款任何人在未经房客批准时均不可能接触保管箱或者由于不可抗力才能够接触保管箱,则免除旅店对保管箱内的物品未妥善保管的责任。

3. 房客发现自己的物灭失、短缺或者损坏时,应立即向旅店管理人员申报。否则,旅店对物品未妥善保管不承担责任。

4. 旅店作出关于对房客物品的未妥善保管不承担责任的公告,并不免除旅店的责任。

5. 本条的规则相应地适用于对公民在汽车旅馆、休养所、寄宿公寓、疗养院、浴池和其他类似场所的物品保管。

第 926 条　保管为争议标的之物品(争讼物)

1. 依照争讼物保管合同,两个或者数个对物品之权利产生争议的人将该物品交付第三人保管,负保管义务的第三人于争议解决后,依法院的裁判或者依全体争议人的协议将物品返还给应取得该物品之人(协议扣押)。

2. 作为两个或者数个人之间的争议标的的物品,可依法院的判决按照扣押财产的程序交付保管(司法扣押)。

司法扣押物品的保管人,既可以是法院指定的人,也可以是由争议方协议确定的人。在两种情形下均要求征得保管人的同意,但法律有不同规定的除外。

3. 依财产扣押程序寄存保管的物,可以是动产,也可以是不动产。

4. 依扣押程序对物品进行保管的保管人,有权要求争议各方给付保管费,但合同或者法院对扣押财产的判决有不同规定的除外。

第四编 债的种类

第四十八章 保 险

第 927 条 自愿保险和强制保险

1. 保险根据公民或者法人(投保人)与保险组织(保险人)订立的财产保险合同或者人身保险合同实现。

人身保险合同是公开合同(第 426 条)。

2. 如果法律规定法律中所指的人作为投保人,有义务以自己的费用或者以利害关系人的费用对他人的生命、健康或者财产或者对自己向他人负担的民事责任投保(强制保险)时,保险依照本章的规则通过订立合同的方式实现。对保险人而言,由投保人提出条件而订立保险合同,不具有强制性。

3. 法律可以规定有关预算提供的资金对公民的生命、健康和财产实行强制保险的情况(国家强制保险)。

第 928 条 不得保险的利益

1. 对违法利益不得进行保险。
2. 对参与赌博、抽彩和打赌的亏损不得进行保险。
3. 对为释放人质而可能被迫支出的费用不得进行保险。
4. 与本条第 1 款至第 3 款相抵触的保险合同条款,自始无效。

第 929 条 财产保险合同

1. 依照财产保险合同,一方(保险人)承担义务收取合同约定的费用(保险费),而在合同规定的事件(保险事故)发生时,以合同确定的数额(保险金)为限,向他方(投保人)或者享有合同利益的其他人(受益人)赔偿因该事件对所投保财产造成的损失,或者与投保人其他财产利益有关的损失(保险赔付)。

2. 依照财产保险合同,可投保的财产利益有:

（1）某种财产的遗失（灭失）、短缺或者损坏的风险（第930条）；

（2）因对他人生命、健康或者财产造成损害所生之债的责任风险，而在法律规定情况下及依照合同责任情况下的民事责任（第931条和第932条）；

（3）由于经营者的对方当事人违反自己的义务，或者由于经营者意志以外的情况而变更经营活动的条件从而造成经营活动亏损的风险，其中包括未获取预期收入的风险——经营风险（第933条）。

第930条　财产保险

1. 为了依据法律、其他法律文件或者合同对财产的保存享有利益的人（投保人或受益人）的利益，可以依照财产保险合同对财产进行投保。

2. 当投保人或者受益人对所投保财产的保存没有保险利益时，所订立的财产保险合同无效。

3. 为受益人的利益订立的财产保险合同可以不指出受益人的姓名或者名称（保险"应由谁负担费用"）。

在订立这种合同时，应向投保人签发保险单作为凭证。在投保人或者受益人依该合同实现权利时，必须向保险人提交该保险单。

第931条　损害责任保险

1. 依照致他人生命、健康或者财产所生之债的责任风险的保险合同，可以对投保人本人或者应负责任的其他人的责任风险投保。

2. 在保险合同中应指出损害责任险的被保险人，如果在合同中未指明被保险人，则视为被保险的是投保人本人的责任险。

3. 即使合同是为了投保人或者致人损害的其他责任人或者合同中未指明的人的利益而订立的，损害责任风险的保险合同仍视为可能被损害的人（受益人）的利益而订立。

4. 如果致人损害责任风险是因强制保险而投保，以及在法律或者此种责任保险合同规定的其他情况下，受益人有权以保险金为限直接向保险人提出损害赔偿的请求。

第932条　合同责任保险

1. 在法律规定的情况下，允许对违反合同的责任风险投保。

2. 依照合同责任风险保险合同，只能对投保人本人的责任风险投保。不符合此要求的保险合同，自始无效。

3. 即使保险合同是为他人利益而订立，或者合同中未规定为谁的利益而订立，违反合同责任风险的保险合同也视为投保人依照原合同条款为应对之承担责任的人,即受益人的利益而订立。

第 933 条　经营风险的保险

依照经营风险保险合同,只能对投保人本人的经营风险并只有为投保人的利益而投保。

对非投保人经营风险投保的保险合同,自始无效。

对非投保人的利益投保的经营风险保险合同,视为为投保人的利益而订立。

第 934 条　人身保险合同

1. 依照人身保险合同。

一方(保险人)收取他方(投保人)所付的合同规定的费用(保险费),在投保人本人或者合同指定的公民(被保险人)的生命、健康受到损害,或者被保险人达到一定年龄、在其生活中发生合同规定的其他事件(保险事故)时,保险人有义务一次或者分期向另一方给付合同约定的金额(保险金)。

取得保险金的权利应属于合同为其利益而订立的人。

2. 如果合同中未指定其他人为受益人时,则人身保险合同视为为被保险人的利益而订立。在合同的被保险人死亡,而合同中未指定其他受益人的,被保险人的继承人为受益人。

如果人身保险合同是为了被保险人以外的人的利益,包括不是被保险人的投保人的利益时,只有经过被保险人的书面同意,人身保险合同才可以订立。未经此种同意而订立的合同可以根据被保险人提起的诉讼而被认定为无效,而在被保险人死亡时,可以根据其继承人提起的诉讼而被认定为无效。

第 935 条　强制保险

1. 法律可责成法律中指定的人对以下事项负投保义务:

对法律规定的他人的生命、健康或者财产投保,以防止他们的生命、健康或者财产受到损害;

因损害他人的生命、健康、财产或者违反与他人的合同可能发生的自己的民事责任风险。

2. 公民可不对自己的生命或者健康依法进行强制保险。

3. 在法律规定的情况下或者按照法律规定的程序,可责成对国家或者地方自治组织所有的财产享有经营权或者业务管理权的法人对该财产投保。

4. 如果投保义务不是根据法律,而是依据合同而产生,其中包括财产投保的义务根据与财产占有人的合同或者依据作为财产所有权人的法人的设立文件而产生,则该保险不是本条意义上的强制保险,也不产生本法典第 937 条规定的后果。

第936条 强制保险的实行

1. 强制保险以对该保险负有义务的人(投保人)与保险人订立合同的方式实现。

2. 实行强制保险由投保人负担费用,但在法律规定的情况下由旅客负担保费的旅客强制保险除外。

3. 应进行强制保险的客体、应投保的风险和保险金的最低数额由法律确定,而在本法典第935条第3款规定的情况下,由法律或者依照法定程序规定。

第937条 违反强制保险规则的后果

1. 依法享有强制保险利益的人,如果他知道保险未实行,则有权通过诉讼程序请求负有保险义务的人实行该保险。

2. 如果负有保险义务的人不实行该保险或者所订立的保险合同条款与法律规定的条款相比对受益人更为不利,则在发生保险事故时,负有保险义务的人,须按正常保险时应给付的保险赔偿向受益人承担责任。

3. 如果负有保险义务的人由于不履行投保义务或者不适当履行该义务而不正当地储蓄钱款,则应依本法典第395条的规定,根据国家保险监督机构提起的诉讼,将该钱款连同利息一并收归俄罗斯联邦所有。

第938条 保险人

持有从事相关种类保险许可证(执照)的法人可以作为保险人订立保险合同。

保险组织应具备的要求、申请从事其活动的许可证程序和对该活动实现国家监督的程序,由保险法规定。

第939条 投保人和受益人依照保险合同履行义务

1. 只要合同没有不同规定或者投保人的义务已由合同的受益人履行,为受益人利益订立的保险合同,也包括被保险人为受益人时,均不得免除投保人依照该合同履行义务。

2. 在受益人依照财产保险合同提出给付保险赔偿金或者依照人身保险合同提出给付保险金请求时,保险人有权请求受益人,包括受益人为被保险人的,依照保险合同履行义务,包括投保人应履行而未履行的义务。不履行或者未及时履行此前应履行的义务的后果之风险,由受益人承担。

第 940 条 保险合同的形式

1. 保险合同应以书面形式订立。

不以书面形式订立的保险合同一律无效,但国家强制保险合同除外(第 969 条)。

2. 保险合同可用编制一份文件的方式订立(第 434 条第 2 款)或者根据投保人的书面或者口头申请由保险人发给投保人由保险人签署的保险单(证明书、证书、收据)的方式订立。

在后一种情况下,投保人对保险人提出的签约条件的承诺应以接受保险人签发的本款第一段所列文件予以证明。

3. 保险合同订立时,保险人有权使用由他制作的或者由各保险人联合组织制作的各种保险的标准合同格式(保险单)。

第 941 条 根据总保险单实施的保险

1. 同类财产(商品、货物等)以相同条件在一定期限内分批连续保险,可以按照投保人与保险人的协议,根据一个保险合同——总保险单实现。

2. 投保人对于按照总保险单保险的每批财产,均应在该总保险单规定的期限内将该保险单约定的信息资料告知保险人。如果未规定期限,则应在收到该资料后立即通知。即使在收到该资料时应由保险人赔偿损失的可能性已不复存在,投保人也不免除该义务。

3. 依照投保人的请求,保险人应把列入总保险单内的各批财产的保险单分批发给投保人。

如果分批保险单的内容与总保险单内容不符,应以分批保险单为准。

第 942 条 保险合同的实质条款

1. 订立财产保险合同时,投保人与保险人应就以下条款达成协议:

(1) 作为保险标的的一定财产或者其他财产利益;

(2) 保险所防备的事件(保险事故)的性质;

(3) 保险金额;

(4) 合同的有效期。

2. 订立人身保险合同时,投保人与保险人应就以下条款达成协议:

(1) 被保险人;

(2) 被保险人的生命中保险所防备的事件(保险事故)的性质;

(3) 保险金额;

(4) 合同有效期。

第 943 条　根据保险规则确定保险合同的条款

1. 保险合同订立的条款可以根据由保险人或者由保险人联合组织通过、赞同、确定的相关种类的保险标准规则（保险规则）确定。

2. 如果合同（保险单）明文规定适用保险规则，而且这些规则本身与合同在同一文件（保险单）中规定，或者列举在保险单的背面，或者另附于保险单，则保险规则所包含的条款，虽未列入保险合同（保险单），但仍对投保人（受益人）具有强制力。在最后一种情况下，订立合同时发给投保人保险规则的事项应在合同中记载以作证明。

3. 保险合同订立时，投保人和保险人可以约定变更或者排除保险规则的某些规定，也可以约定对该规则进行补充。

4. 投保人（受益人）为维护自己的利益有权援引保险合同（保险单）中引用的相关种类的保险规则，即使这些规则因本条的规定对他并不具有强制力。

第 944 条　保险合同订立时投保人应提供的信息资料

1. 保险合同订立时，对于确定保险事故发生概率和保险事故可能造成损失的数额具有实质意义的情况（保险危险），如果保险人不知悉也不可能知悉这些情况，则投保人应该将自己知悉的情况告知保险人。

保险人在标准格式保险合同（保险单）中或者以书面质询的方式特别说明的情况，在任何情形下均为具有实质意义的情况。

2. 如果保险合同是在投保人未回答保险人的问题的情况下订立的，则保险人以后不能以投保人未告知有关情况为由而要求解除合同或者确认合同无效。

3. 如果在保险合同订立后确定，关于本条第 1 款所规定的情况，投保人告知保险人的是明知虚假的信息材料，则保险人有权请求确认合同无效并适用本法典第 179 条第 2 款规定的后果。

如果投保人未告知的情况已经不复存在，保险人不得要求确认保险合同无效。

第 945 条　保险人对保险危险的评定权

1. 在订立财产保险合同时，保险人有权对被保险的财产进行检查，而且在必要时为确定财产的实际价值有权指定鉴定。

2. 订立人身保险合同时，保险人为评定被保险人的实际健康状况有权对其诊查。

3. 保险人依据本条对保险危险的评定对投保人不具有强制力，投保人有权提出不同的证明。

第 946 条　保险秘密

保险人无权泄露因其职业活动而得到的关于投保人、被保险人和受益人及其健康状况以及财产状况的信息材料。保险人违反保险秘密的,应按照其侵权的种类和侵权的性质,依照本法典第 139 条或者第 150 条的规则承担责任。

第 947 条　保险金

1. 保险人按照财产保险合同应给付的保险赔偿或者依照人身保险合同应给付的金额(保险金),依照本条的规定由投保人和保险人协商确定。

2. 在财产保险或者经营风险保险中,如果保险合同没有其他规定,保险金不应高于被保险标的的实际价值(保险价值)。该价值为:

对财产而言,保险合同订立之日该财产在其所在地的实际价值;

对经营风险而言,可以预计到的投保人在保险事故发生时可能受到的损失。

3. 在人身保险合同和民事责任保险合同中,保险金由双方自行商定。

第 948 条　财产保险价值的争议

保险合同已确定的财产保险价值,嗣后不得提出异议,但保险人在合同订立前未行使自己的保险危险评定权(第 945 条第 1 款)而被故意引导致使对该价值发生误解的情形除外。

第 949 条　不完全的财产保险

如果在财产保险或者经营风险保险合同中保险金低于保险价值,保险人于保险事故发生时,应该按保险金与保险价值的比例赔偿投保人(受益人)所受到的那部分损失。

合同可以确定更高的保险赔偿数额,但不得高于保险价值。

第 950 条　补充性财产保险

1. 在财产保险或者经营风险保险仅为对部分保险价值投保的情况下,投保人(受益人)有权进行补充性保险,包括向其他保险人实现补充性保险,但所有保险合同的保险金总额不得超过保险价值。

2. 不遵守本条第 1 款规则的,产生本法典第 951 条第 4 款规定的后果。

第 951 条　保险超出保险价值的后果

1. 如果财产保险或者经营风险合同规定的保险金超过保险价值,则超出保险价值的那部分保险合同自始无效。

在这种情况下,已交付的多余部分的保险费不应予以返还。

2. 如果保险合同规定保险费为分期交纳并且在本条第 1 款规定的情况确定之时保险费尚未完全交纳,则剩余的保险费应按保险金额减少的比例减少交纳。

3. 如果保险合同中保险金过高是由于投保人的欺诈引起的,则保险人有权请求确认合同无效,并有权要求投保人赔偿因此而造成的损失,赔偿的数额为保险人从投保人那里得到的超出保险费的金额。

4. 本条第 1 款至第 3 款规定的规则也相应地适用两个或者数个保险人对同一标的进行保险(重复保险)从而使保险金超过保险价值的情况。

每个保险人在这种情况下应给付的保险赔偿金,按相应保险合同最初保险金减少的比例相应减少。

第 952 条 不同保险危险的财产保险

1. 对财产和经营风险的不同保险危险,既可以由一个保险合同,也可以由几个单独的保险合同进行投保,包括与不同的保险人订立保险合同。

在这种情形下,允许所有合同的保险金总额高于保险价值。

2. 如果依本条第 1 款订立的两个或者几个合同规定,保险人有义务对同一保险事故发生引起的同一个后果给付保险赔偿,则对这种合同的相应部分适用本法典第 951 条第 4 款规定的规则。

第 953 条 共同保险

保险标的可以按照一个保险合同由数个保险人共同保险(共同保险)。如果在该合同中未确定每个保险人的权利和义务,则他们对财产保险合同的保险赔偿金或者人身保险合同的保险金的给付向投保人(受益人)承担连带责任。

第 954 条 保险费和保险费交纳

1. 保险费是指投保人(受益人)应按照保险合同规定的方式和期限向保险人交纳的保险费用。

2. 保险人在确定根据保险合同交纳的保险费数额时,有权根据保险标的和保险危险的性质,适用由保险人制定的确定按单位保险金收取保险费的保险费率。

在法律规定的情况下,保险费的数额根据由国家保险监督机关制定或者调整的保险费率确定。

3. 如果保险合同规定保险费分期交纳,则合同规定可以在规定的期限内未交纳定期保险费的后果。

4. 如果保险事故在定期保险费交纳前发生,而保险费又逾期交纳,则保险人在根据财产保险合同确定给付保险赔偿或者根据人身保险合同确定给付保险金数额时有权扣除逾期的保险费数额。

第 955 条 被保险人的变更

1. 在损害责任风险保险合同(第 931 条)是为投保人以外的他人的损害责任投保的情况下,如果合同没有不同规定,则投保人有权在保险事故发生前的任何时间将该被保险人更换为其他人,但应事先将此情况书面通知保险人。

2. 人身保险合同中指明的被保险人,只有在经被保险人本人和保险人同意的情况下,才可由投保人更换为其他人。

第 956 条 受益人的变更

投保人有权在书面通知保险人后,以其他人更换保险合同中确定的受益人。

经被保险人同意而指定的人身保险合同受益人(第 934 条第 2 款),只有在被保险人同意时才允许变更。

当受益人履行了保险合同中的某项义务或者向保险人提出了支付保险赔偿或者保险金请求以后,受益人不能再更换为其他人。

第 957 条 保险合同效力的开始

1. 如果保险合同没有不同规定,保险合同从交付保险费之时或者从交付第一次保险费之时起生效。

2. 如果合同未规定保险合同生效的其他期限,受保险合同制约的保险效力及于保险合同生效后发生的保险事故。

第 958 条 保险合同的提前终止

1. 如果保险合同生效后,由于保险事故以外的情况而发生保险事故的可能性不复存在,因而保险危险的存在终止,则保险合同可于其期限届满前终止。这种情况包括:

被保险的财产因保险事故以外的原因而灭失;

为经营活动风险或者与该经营活动有关的民事责任风险投保的人依照规定程序终止经营活动。

2. 投保人(受益人)有权随时解除保险合同,尽管在解除合同时由于本条第 1 款规定的情况发生保险事故的可能性并未消失。

3. 由于本条第 1 款规定的情况而提前终止保险合同时,保险人有权按照保险合同有效时间的比例收取部分保险费。

投保人(受益人)提前终止合同时,已经交纳给保险人的保险费不予退还,但合同有不同规定的除外。

第959条 保险合同有效期内保险危险增加的后果

1. 在财产保险合同有效期内,如果合同订立时告知保险人的情况发生重大变化,而这些变化又可能对保险危险的增加发生重大影响,则投保人(受益人)有义务立即将他知悉的有关情况通知保险人。

在任何情况下,保险合同(保险单)中以及在交付投保人的保险规则中约定的变化都视为重大变化。

2. 保险人接到引起保险危险增加的情况的通知后,有权请求变更保险合同的条款或者就危险的增加请求交纳与之相应的补充保险费。

如果投保人(受益人)不同意变更保险合同条款或者拒绝补付保险费,保险人有权依照本法典第二十九章的规定请求解除合同。

3. 投保人或者受益人不履行本条第1款规定的义务时,保险人有权请求解除保险合同并请求赔偿解除合同造成的损失(第453条第5款)。

4. 如果引起保险危险增加的情况已经消失,则保险人无权请求解除保险合同。

5. 在人身保险中,只有在合同有明文规定时,才发生本条第2款和第3款规定的保险合同有效期内保险危险变更的后果。

第960条 被保险财产的权利向他人的移转

当被保险财产的权利从受益人移转于他人时,该合同的权利和义务也移转于对该财产取得权利的人,但是根据本法典第235条第2款规定的根据丧失财产权利和放弃所有权的情况除外(第236条)。

接受被保险财产的权利的人,应将此情况立即书面通知保险人。

第961条 将保险事故的发生通知保险人

1. 财产保险合同的投保人在得知保险事故发生后,应将事故的发生立即通知保险人或者其代理人。

如果合同规定了通知期限和(或)方式,则应在合同约定的期限内按照合同规定的方式进行通知。

受益人知道保险合同是为其利益而订立的,如果他有意享有保险赔偿权利,则受益人也负有同样的通知义务。

2. 不履行本条第1款规定的义务时,保险人有权拒绝给付保险赔偿金,除非能够证明,保证人已及时获悉保险事故的发生,或者保险人不掌握有关情况并不影响其给付保险赔偿金的义务。

3. 如果人身保险合同中的保险事故是被保险人死亡或者其身体健康受到损害,则本条第 1 款和第 2 款的规定也相应地适用人身保险合同。在这种情况下,合同所规定的通知保险人的期限不得少于 30 天。

第 962 条 保险事故损失的减少

1. 当财产保险合同规定的保险事故发生时,投保人应采取在当时情形下合理和可行的措施,以减少可能的损失。

如果保险人告知投保人要采取什么措施,投保人应遵照保险人的指示采取措施。

2. 以减少应由保险人赔偿的损失为目的而支出的费用,如果该费用为必要费用或者为了执行保险人的指示而支出,即使所采取的有关措施没有成效,保险人均应予以补偿。

该费用按保险金对保险价值的比例补偿,而不论这些费用加上其他损失的赔偿是否可能超过保险金。

3. 如果投保人故意不采取合理的和可行的措施以减少可能的损失,则对此而产生的损失,保险人不负赔偿责任。

第 963 条 因投保人、受益人或者被保险人的过错而发生保险事故的后果

1. 如果保险事故的发生是由于投保人、受益人或者被保险人的故意所致,则保险人免除给付保险赔偿的责任,但本条第 2 款、第 3 款规定的情况除外。

法律可以规定因投保人或者受益人的重大过失而发生保险事故时免除保险人按财产保险合同给付保险赔偿金的情况。

2. 在致人生命或者健康损害民事责任的保险合同中,如果损失是由责任人的过错所致,不免除保险人按照合同给付保险赔偿金的义务。

3. 在按照保险合同应在被保险人死亡时给付保险金的情况下,如果其死亡的发生是因为自杀,而此前保险合同的有效期已不少于 2 年,不免除保险人给付保险金的责任。

第 964 条 保险人免于给付保险赔偿和保险金的根据

1. 如果法律或者保险合同没有不同规定,由于以下原因之一发生保险事故时,保险人免予给付保险赔偿和保险金:

核爆炸、核辐射或者核放射性污染;

战争行动以及军事演习或者其他军事行动;

国内战争、各种群众骚乱或者罢工。

2. 如果财产保险合同没有不同的规定,保险人对被保险财产根据国家机关

的指令而被收缴、没收、征用、查封或者销毁而产生的损失免于给付保险赔偿金。

第965条 投保人的损害赔偿请求权向保险人的移转(代位权)

1. 如果财产保险合同没有不同规定,保险人在给付保险赔偿金后,投保人(受益人)对造成保险损失赔付的责任人的请求权,以保险赔偿金数额为限移转给保险人。但是,排除对故意造成损失的人的请求权向保险人移转的合同条款,自始无效。

2. 移转给保险人的请求权依照调整投保人(受益人)和损失责任人之间关系的规则实现。

3. 投保人(受益人)应将所有的文件和证据移交保险人并向保险人告知为保险人实现移转给他的请求权所必需的一切信息材料。

4. 如果投保人(受益人)放弃自己对保险赔付损失责任人的请求权,或者因投保人(受益人)的过错已不可能实现该权利,则免除保险人全部给付或者就有关部分给付保险赔偿的责任,保险人还有权请求返还多给付的赔偿金额。

第966条 与财产保险有关的请求权的诉讼时效

由财产保险合同产生的请求权诉讼,可于2年内提出。

第967条 再保险

1. 按照保险合同由保险人负担的给付保险赔偿或者给付保险金的风险,可依照保险人与其他(一个或者数个)保险人订立的再保险合同,向其他保险人全部或者部分投保。

2. 如果再保险合同没有不同规定,对再保险合同适用本章规定的适用于经营风险保险关系的规则。同时,保险合同(基本合同)中的保险人订立再保险合同后即是后一个合同的投保人。

3. 在再保险中,保险人仍为向基本保险合同的投保人按照该合同给付保险赔偿或者保险金的责任人。

4. 可以连续订立两个或者数个再保险合同。

第968条 相互保险

1. 公民和法人可对本法典第929条第2款所列财产和其他财产利益,根据相互原则将为此所必需的资金联合到相互保险社的形式投保。

2. 相互保险社对自己成员的财产和其他财产利益进行保险并为非商业组织。

相互保险社法律地位的特性和其活动的条件,由相互保险法依照本法典确定。

3. 相互保险社对自己成员的财产和财产利益的保险直接根据社员资格进行,但该社的设立文件规定在此情况下应订立保险合同的除外。

如果相互保险法、有关保险社的设立文件或者由该社确定的保险规则没有不同规定,本章规定的规则适用于相互保险社与其社员之间的保险关系。

4. 在相互保险法规定的情况下,允许通过相互保险的形式实现强制保险。

5. 如果保险社的设立文件规定了相互保险社可以作为保险人承保该社社员以外的人的利益,保险社又以商业组织的形式建立,具有从事相应种类保险的许可证(执照)并符合保险业组织法规定的其他要求,则相互保险社可从事社员以外的人的利益的保险活动。

对相互保险社社员以外的人的利益之保险,由相互保险社依照本章规定的规则根据保险合同实现。

第 969 条 国家强制保险

1. 为了保障公民的社会利益和国家利益,法律可规定对一定范畴的国家公职人员的生命、健康和财产实行国家强制保险。

实行国家强制保险的费用用国家预算为此目的而划拨给有关部门和其他联邦行政机关(投保人)的资金开支。

2. 国家强制保险直接根据有关国家强制保险的法律和其他法律文件,由这些文件所指明的国家保险组织或者其他国家组织(保险人)实行,或者根据保险人和投保人依上述法律文件订立的保险合同实现。

3. 国家强制保险按照关于该种保险的法律和其他法律文件确定的数额向保险人交纳保险费。

4. 如果关于国家强制保险的法律和其他法律文件没有不同的规定,有关保险关系的特性也无不同要求,则本章规定的规则适用于国家强制保险。

第 970 条 保险的一般规则对特殊险种的适用

本章的规则适用于外国对非商业风险的投资保险、海洋保险、医疗保险、银行存款保险和养老保险,但以关于上述险种的法律未有不同规定为限。

第四编 债的种类

第四十九章 委 托

第971条 委托合同

1. 依照委托合同,一方(受托人)应当以他方(委托人)的名义和费用实施一定的法律行为。受托人所实施法律行为的权利和义务直接产生于委托人。

2. 委托合同可以指明受托人有权以委托人的名义实施行为的期限,或者不指明该期限。

第972条 受托人的报酬

1. 如果法律、其他法律文件或者委托合同规定应给付报酬,则委托人应向受托人给付报酬。

当委托合同与双方或者其中一方从事经营活动有关时,委托人应向受托人给付报酬,但合同有不同规定的除外。

2. 在有偿委托合同中未规定报酬的数额或者报酬给付方式的条款时,应在委托完成后依照本法典第424条第3款确定的数额给付报酬。

3. 作为商业代理人的受托人(第184条第1款),有权根据本法典第359条留置其占有的应交付委托人的物,以担保依照委托合同实现自己的请求权。

第973条 依照委托人的指示执行委托

1. 受托人有义务根据委托人的指示执行委托于他的任务。委托人的指示应合法、可行和具体。

2. 如果按照事物的情况违背委托人的指示是为了委托人的利益所必需,并且受托人不能事先征询委托人的意见,或者在合理期限内未得到对自己征询的答复时,受托人有权违背委托人的指示。一旦通知成为可能,受托人应将未按指示办事的情况告知委托人。

3. 委托人可授予作为商业代理人的受托人(第 184 条第 1 款)有为委托人的利益违背其指示而无须对此预先征询的权利。在这种情况下,商业代理人应在合理期限内将未按指示办事的情况告知委托人,但委托合同有不同规定的除外。

第 974 条　受托人的义务

受托人有义务：

亲自执行委托于他的事项,但本法典第 976 条规定的情形除外；

依委托人请求向委托人汇报委托执行过程的全部情况；

立即向委托人转交为执行委托而实施法律行为的一切所得；

执行委托后或者委托合同于执行委托前终止时,立即将尚未过期的委托书返还委托人。如果合同的条款或者委托的性质要求提交附有证明文件的报告,还应提交相关报告。

第 975 条　委托人的义务

1. 委托人应向受托人授予实施委托合同规定的法律行为的(一份或多份)委托书,但本法典第 182 条第 1 款第 2 项规定的情况除外。

2. 如果合同没有不同规定,委托人有义务：

补偿受托人所花的费用；

保障受托人为执行委托所必需的资金。

3. 委托人应及时接受受托人按照委托合同所完成的全部事项。

4. 如果依照本法典第 972 条的规定委托合同为有偿合同,委托人应向受托人给付报酬。

第 976 条　转委托

1. 只有在本法典第 187 条规定的情况和依照该条规定的条件,受托人才有权转交他人(复代理人)执行委托。

2. 委托人有权拒绝受托人选择的复代理人。

3. 如果委托合同中已为受托人指出可能的复代理人,则受托人对复代理人的选择和复代理人管理的事项均不承担责任。

如果合同中未规定受托人有转托他人执行委托的权利,或者虽规定此项权利,但合同未指明复代理人,则受托人应对复代理人的选择负责。

第 977 条　委托合同的终止

1. 委托合同终止的原因如下：

委托人撤销委托；

受托人辞却委托；

委托人或者受托人死亡；

委托人或者受托人中的某一方被认定为无行为能力人、限制行为能力人或者被宣告为失踪人。

2. 委托人有权随时撤销委托，受托人也有权随时辞却委托。放弃该权利的协议自始无效。

3. 如果委托合同规定了受托人作为商业代理人的行为，则拒绝委托合同的一方当事人应在30日之前将委托合同终止的事宜通知另一方，但合同规定了更长期限的除外。

作为商业代理人的法人改组时，委托人有权不预先通知而撤销委托。

第978条 委托合同终止的后果

1. 如果委托合同终止于受托人完成全部委托事项之前，委托人应补偿受托人办理委托事项时所支出的费用，而在应给付受托人报酬时，还应对受托人已完成的工作给付相应的报酬。本规则不适用于受托人获悉或者应该获悉委托合同已经终止之后完成委托事项的情况。

2. 委托人撤销委托不作为赔偿因委托合同终止给受托人造成损失的根据，但终止规定受托人为商业代理人行为的合同除外。

3. 受托人辞却执行委托不作为赔偿因委托合同终止给委托人造成损失的根据，但受托人辞却委托使委托人失去以其他方式维护自己利益，以及辞却执行规定受托人为商业代理人行为合同的情况除外。

第979条 受托人的继承人和作为受托人的法人清算人的义务

在受托人死亡的情形下，其继承人应通知委托人终止委托合同和采取必要措施保护委托人财产，包括保护委托人的财产和文件，并随后将该财产交付委托人。

作为受托人的法人清算时，其清算人也负有此项义务。

第四编 债的种类

第五十章　未受委托为他人利益的行为

第 980 条　为他人利益行为的条件

1. 未经利害关系人的委托、未接受其他指示或者预先允诺同意,为防止利害关系人人身或财产受到损害,为履行其债务或者为了他的其他合法利益的行为(为他人利益的行为),应从利害关系人的明显利益和好处出发,以及根据利害关系人实际的或可能的意愿,以实际情况所必需的关心和慎重态度实施。

2. 本章的规定不适用国家和地方自治机关为实现其某项活动宗旨而为他人利益实施的行为。

第 981 条　通知利害关系人为其利益所实施的行为

1. 为他人利益实施行为的人,一旦有可能便应将该情况通知利害关系人,并于合理期限内等待利害关系人作出赞同或不赞同该行为的决定,只要该等待对利害关系人不会造成严重损失。

2. 如果该行为是利害关系人在场时实施的,则不要求将为其利益的行为专门通知该利害关系人。

第 982 条　利害关系人赞同为其利益所实施行为的后果

如果利害关系人对未受其委托而为其利益所实施的行为表示赞同,即使是口头赞同,则对双方以后的关系适用关于委托合同或者与该行为性质相适应的其他合同之规定。

第 983 条　利害关系人不赞同为其利益所实施行为的后果

1. 如果行为人获悉利害关系人不予赞同之后仍为他人利益而实施行为,则利害关系人无论对实施该行为的人,还是对第三人,均不承担责任后果。

2. 以防止处于危险中的人的生命危险为目的的行为,在即使违背该人的意志的情况下也允许实施,而履行扶养某人的义务,即使违背了扶养义务人的意志也应予以实施。

第984条 为他人利益所实施行为人的损失之补偿

1. 依照本章规则实施为他人利益行为的人所支出的必要费用和其他实际损失,应由利害关系人补偿,但本法典第983条第1款指出的行为所引起的费用除外。

为他人利益的行为未达到预期结果时,仍保留要求补偿必要费用和其他实际损失的权利。但为防止他人财产受损失而实施行为的,补偿的数额不得超出财产的价值。

2. 在得到利害关系人赞同后(第982条)为他人利益实施行为的人因该行为所支出的费用和其他损失,依照相关类型的合同规则补偿。

第985条 为他人利益实施行为的报酬

如果法律、与利害关系人的协议或者交易习惯对获取报酬的权利有规定,则为他人利益实施行为的人,在其行为对利害关系人带来有益结果时,有权获取报酬。

第986条 为他人利益订立合同的后果

为他人利益订立合同时,合同产生的义务移转于利害关系人,其条件是利害关系人赞同该合同以及另一方当事人不反对该义务的移转或者另一方当事人在订立合同时知道或者应该知道合同是为他人的利益而订立。

当该合同义务移转于为之而订立合同的人时,该合同的权利也应移转于该人。

第987条 为他人利益实施行为而产生的不当得利

如果行为的直接目的不是保障他人的利益,其中包括行为人错误地认为是为自己的利益所为的行为,均导致他人的不当得利,则应适用本法典第六十章的规定。

第988条 为他人利益实施行为造成损失的赔偿

为他人利益实施行为给利害关系人或者第三人造成损失的损害赔偿关系,由本法典第五十九章的规则调整。

第989条 为他人利益实施行为的人的报告

为他人利益实施行为的人,应向享有该行为利益的人提交报告,并指明所获收入和所花费用以及其他损失。

第四编 债的种类

第五十一章 行　纪

第990条　行纪合同

1. 依照行纪合同,一方(行纪人)承担义务按照另一方(寄售人)的委托,以自己的名义,但用寄售人的费用实施一个或几个法律行为,并收取酬金。

按照行纪人与第三人订立的合同,行纪人取得权利并成为义务人,即使合同中已指明寄售人或者寄售人在履行合同方面直接与第三人发生关系。

2. 行纪合同的订立可以规定一定的有效期或不规定有效期,可以规定或者不规定合同的履行地,可以规定寄售人有义务不授权第三人为寄售人的利益和用寄售人的费用实施已经委托行纪人实施的行为,也可以不规定此项义务,规定或者不规定有关作为行纪标的物的商品种类的条款。

3. 法律或其他法律文件可以规定某些种类行纪合同的特点。

第991条　行纪酬金

1. 寄售人应向行纪人给付酬金,而在行纪人为第三履行合同承担担保责任(履行义务担保)的情况下,寄售人还应该按照行纪合同规定的数额和方式给付额外的酬金。

如果合同未规定给付酬金的数额和方式,而酬金数额又不能根据合同条款确定,则酬金应在行纪合同履行后按本法典第424条第3款的规定确定的数额给付酬金。

2. 如果由于寄售人的原因致使行纪合同没有履行,则行纪人仍有权取得行纪酬金以及请求补偿支出的费用。

第992条　行纪委托的执行

行纪人对接受的委托,应依照行纪人的指示以对寄售人最有利的条件执行,如果在行纪合同中没有该指示,则应依照交易习惯或其他通常提出的请求予以执行。

当行纪人以比寄售人指示更为有利的条件完成委托行为时,如果双方的协议没有不同规定,多得的利益在寄售人和行纪人之间平分。

第993条 不履行为寄售人订立的合同的责任

1. 行纪人对于第三人不履行由寄售人负担费用而与第三人订立的合同不向寄售人负担责任,但行纪人在选择第三人时未尽其必要的慎重或者对履行合同负担保责任(履行义务担保)的情形除外。

2. 在第三人不履行行纪人与之订立的合同时,行纪人应立即将该情况通知寄售人,收集必要的证据,并按照寄售人的请求,依照请求权让与规则(第382条至第386条、第388条、第389条)向寄售人转让该合同的权利。

3. 允许根据本条第2款将合同的权利让与寄售人,而不论行纪人与第三人是否有禁止或限制此种让与的协议。但是,如果违反禁止或者限制权利让与的协议而让与权利,行纪人仍应对第三人负担责任。

第994条 分行纪

1. 如果行纪合同没有不同规定,行纪人为履行该合同有权同他人订立分行纪合同,行纪人对分行纪人的行为仍向寄售人承担责任。

根据分行纪合同,在与分行纪人的关系上,行纪人取得寄售人的权利和义务。

2. 行纪合同终止前,非经行纪人同意,寄售人无权与分行纪人发生直接关系,但行纪合同有不同规定的除外。

第995条 违背寄售人指示

1. 如果根据情况,为了寄售人的利益之必需,行纪人又不能预先征询寄售人意见或者在合理期限内未能得到寄售人对该征询的答复时,行纪人有权违背寄售人的指示。一旦通知寄售人成为可能,行纪人应立即通知寄售人未按其指示办事的情况。

寄售人可授予具有经营者资格的行纪人无须预先征询即可不按寄售人指示办事的权利,在这种情形下,行纪人应在合理期限内通知寄售人未按其指示办事的情况,但行纪合同有不同规定的除外。

2. 行纪人以低于与寄售人约定的价格售出财产时应向寄售人补足差额,除非能证明,他不可能按照约定价格出售财产并且以较低价格出售是为了防止更大亏损的发生。在行纪人有义务预先征询寄售人同意的情况下,行纪人还应该证明他不按寄售人指示办事是不可能获得寄售人的预先同意。

3. 如果行纪人以高于与寄售人约定的价格购进财产,寄售人不愿受领该购买物时,寄售人应在接到行纪人与第三人订立合同的通知后的合理期限内,向行纪人作出有关声明。否则,则该购买物视为被寄售人所接受。

如果行纪人声明自己负担价格的差额,则寄售人无权拒绝为他订立的合同。

第 996 条 对行纪标的物的权利

1. 由寄售人交给行纪人的物或者行纪人以寄售人的费用购置的物,为寄售人所有。

2. 行纪人有权依照本法典第 395 条留置其占有的应交付寄售人或者交付寄售人指定的人的物,以担保自己在行纪合同中的请求权。

当寄售人被宣告资不抵债(破产)时,行纪人的该留置权终止,而他对寄售人的请求权应以留置的物之价值为限,并依照本法典第 360 条与抵押担保请求权同等予以满足。

第 997 条 从应付给寄售人的数额中满足行纪人的请求

行纪人有权根据本法典第 410 条的规定从由寄售人负担费用的全部进款中扣除按照行纪合同应付给行纪人的金额。但是,如果寄售人的债权人在请求权清偿顺序中先于抵押权人,则债权人仍有权从行纪人留置的数额中满足该请求权。

第 998 条 行纪人对寄售人财产灭失、短缺或损坏的责任

1. 行纪人对其占有的寄售人财产的灭失、短缺或损坏,向寄售人承担责任。

2. 如果行纪人在接受寄售人寄来的财产或者为寄售人接收交付给行纪人的财产时,外观检查即可发现该财产的损坏或短缺,以及当寄售人的财产在行纪人处被某人损坏的情况下,行纪人应采取措施保护寄售人权利,搜集必要的证据并将所有情况立即通知寄售人。

3. 在行纪人对其占有的寄售人的财产未投保时,只有在寄售人指示行纪人用寄售人费用对该财产投保,或者依照行纪合同或者交易习惯行纪人须对该财产投保时,行纪人才对此承担责任。

第 999 条 行纪人的报告

行纪人执行委托后应向寄售人提交报告并按行纪合同将全部所得交付寄售人。寄售人如对报告有异议,应在自接到报告之日起 30 日内通知行纪人,但双方的协议规定不同期限的除外。反之,在不存在其他协议时,报告视为被接受。

第1000条 寄售人接受按照行纪合同履行的事项

寄售人有义务：

接受行纪人依行纪合同所完成的所有事项；

检查行纪人为他购置的财产，并将该财产上发现的瑕疵立即通知行纪人；

免除行纪人因履行行纪委托而向第三人承担的义务。

第1001条 补偿执行行纪委托支出的费用

寄售人除向行纪人给付行纪酬金并在有关情况下再给付为第三人履行合同义务进行担保的额外报酬外，还应补偿行纪人为履行行纪委托而支出的费用。

如果法律或者行纪合同没有不同规定，则行纪人无权对其占有的寄售人财产要求补偿保管费。

第1002条 行纪合同的终止

行纪合同由于以下原因终止：

寄售人拒绝履行合同；

行纪人在法律或者合同规定的情况下拒绝履行合同；

行纪人死亡，宣告为无行为能力人、限制行为能力人或失踪人；

作为行纪人的个体经营者被宣告为资不抵债（破产）。

行纪人被宣告为资不抵债（破产）时，行纪人为执行寄售人的指示而为其订立的合同的权利和义务移转给寄售人。

第1003条 寄售人撤销行纪委托

1. 寄售人有权随时撤销对行纪人的委托而拒绝履行行纪合同。行纪人有权要求赔偿因委托撤销而引起的损失。

2. 在行纪合同未指明其有效期时，寄售人应于30天内将终止合同的事宜通知行纪人，但合同规定了更长通知期限的除外。

在这种情况下，寄售人应向行纪人给付在合同终止前已实施法律行为的酬金，并补偿行纪人在合同终止前所花的费用。

3. 在撤销委托的情形下，寄售人应在行纪合同规定的期限内，而如果未规定该期限，则应立即处分自己置于行纪人处的财产。如果寄售人未履行该义务，行纪人有权以寄售人的费用将该财产交付保管或者按尽可能对寄售人有利的价格出售。

第1004条 行纪人拒绝履行行纪合同

1. 如果行纪合同没有不同规定，行纪人无权拒绝履行合同，但合同未指明其有效期的除外。在这种情况下,如果合同未规定更长的通知期限,则行纪人应于 30 天内将终止合同的事宜通知寄售人。

行纪人应采取必要的措施以保障寄售人财产的完好。

2. 寄售人应从接到行纪人拒绝履行委托事项通知之日起 15 日内处分自己置于行纪人处的财产,但行纪合同规定了不同期限的除外。如果寄售人未履行该义务,则行纪人有权以寄售人的费用将该财产交付保管或者按尽可能对寄售人有利的价格出售。

3. 如果行纪合同没有不同规定,拒绝执行委托的行纪人,对其在合同终止前实施的行为仍有收取行纪酬金的权利,对在合同终止前所支出的费用仍有要求补偿的权利。

第四编 债的种类

第五十二章 代 办

第1005条 代办合同

1. 依照代办合同,一方(代办人)应根据另一方(委托人)的委托,以自己的名义、用委托人的费用或者以委托人的名义和费用实施法律性质的行为或其他行为,并收取代办费。

按照代办人以自己的名义和以委托人的费用与第三人订立的合同,代办人取得权利并为义务人,即使合同中已指明委托人或者委托人直接参与和第三人履行合同。

按照代办人以委托人的名义和费用与第三人订立的合同,权利义务直接产生于委托人。

2. 在以书面形式订立代办合同规定代办人享有以委托人的名义实施法律行为一般权能的情况下,委托人在与第三人的关系中,无权援引代办人不具有此权能,除非能够证明,第三人知道或者应该知道代办人的权能受到限制。

3. 代办合同可规定一定的有效期或者不规定有效期。

4. 法律可以规定某些种类代办合同的特点。

第1006条 代办费

委托人应按照代办合同规定的金额和方式向代办人给付代办费。

在代办合同未规定代办费数额并且根据合同条款也不能确定其数额时,应遵照本法典第424条第3款确定的金额给付。

在合同条款未规定代办费的给付方式时,委托人应在代办人向他提交前一时期报告后的一星期内给付代办费,但根据合同的性质或者交易习惯要求以其他方式给付代办费的除外。

第1007条 代办合同对委托人和代办人权利的限制

1. 代办合同可以规定委托人有义务不与合同规定区域内进行工作的其他代办人订立类似的代办合同,或者有义务在该区域内不从事与代办合同标的类似活动的独立活动。

2. 代办合同可以规定代办人有义务不与其他委托人订立履行区域与代办合同规定的区域全部或部分相同的类似代办合同。

3. 如果代办合同的条款规定代办人只能向一定范畴的买方(定作人)或者只能对合同规定区域有住所地或所在地的买方(定作人)出售商品、完成工作或提供服务,该条款自始无效。

第1008条 代办人的报告

1. 在履行代办合同的过程中,代办人应按合同规定的方式和期限向委托人提交报告书。在合同没有相应条款时,代办人应随着合同的履行或者于合同效力终止后提交报告书。

2. 如果代办合同没有不同规定,代办人应在报告上附具使用委托人费用所发生开支的必要凭证。

3. 委托人对代办人的报告有异议时,如果双方的协议未规定其他的期限,委托人在接到报告之日起30日内将异议通知代办人,否则报告将视为被委托人所接受。

第1009条 分代办合同

1. 如果代办合同没有不同规定,代办人为履行合同有权同其他人订立分代办合同,但代办人对分代办人的行为向委托人负责。在代办合同中可以规定代办人有义务订立分代办合同,同时指出或不指出分代办合同的具体条款。

2. 分代办人无权以代办合同委托人名义同第三人订立合同,但根据本法典第187条第1款的规定分代办人可根据转委托实施的行为除外。该转委托的方式和后果由本法典第976条的规则确定。

第1010条 代办合同的终止

代办合同由于以下原因而终止:

一方拒绝履行未规定有效期的合同;

代办人死亡、被宣告为无行为能力人、限制行为能力人或失踪人;

作为代办人的个体经营者被认定资不抵债(破产)。

第 1011 条 委托合同规则和行纪合同规则对代办关系的适用

对代办合同产生的关系,根据代办人依照该合同条款是以委托人的名义还是以自己的名义实施行为而分别适用本法典第四十九章或第五十一章的规则,但以这些规则不与本章的规则或代办合同的实质相抵触为限。

第四编 债的种类

第五十三章 财产的委托管理

第1012条 财产委托管理合同

1. 依照财产委托管理合同,一方(管理设立人)将财产交付另一方(受托管理人)于一定期限内委托管理,而另一方应为管理设立人的利益或者管理设立人指定的人(受益人)的利益而对该财产进行管理。

财产交付委托管理并不引起该财产所有权移转给受托管理人。

2. 受托管理人在实现财产委托管理时,为受益人的利益有权按照财产委托管理合同对该财产实施任何法律性质的行为和事实行为。

法律或者合同可对财产委托管理的某些行为作出限制性规定。

3. 受托管理人以自己的名义对所交付的财产实施委托管理行为时,应指明他是以受托管理人的身份实施行为的。如果实施的行为不要求书面形式,受托管理人以此身份实施行为的事宜已通知了另一方,而且在书面文件中于受托管理人姓名或者名称之后加注了"托.管."的字样,则视为已遵守了这一条件。

如果未指明受托管理人的行为是以该身份实施的,则受托管理人个人应向第三人承担义务,并且只能以属于他的财产向第三人承担责任。

第1013条 委托管理的客体

1. 委托管理的客体可以是企业和其他财产综合体、属于不动产的某些客体、有价证券、无纸有价证券证明的权利、专属权和其他财产。

2. 金钱不能作为委托管理的独立客体,但法律规定的情形除外。

3. 处于经营或者业务管理之下的财产,不得交付委托管理。只有在对该财产进行经营或业务管理的法人清算之后,或者财产的经营权和业务管理权终止,而该财产依照法律规定的其他根据移转归所有权人占有时,此种财产才得交付委托管理。

第 1014 条　管理设立人

委托管理的设立人为财产所有权人,而在本法典第 1026 条规定情况下为其他人。

第 1015 条　受托管理人

1. 受托管理人可以是个体经营者或者商业组织,但单一制企业除外。

在依照法定根据进行财产委托管理的情形下,不具有经营者身份的公民或者非商业组织可为受托管理人,但机构除外。

2. 财产不应交付国家机关或者地方自治机关委托管理。

3. 受托管理人不能是财产委托管理合同的受益人。

第 1016 条　财产委托管理合同的实质条款

1. 财产委托管理合同应指明:

交付委托管理的财产的构成;

为了法人或者公民的利益进行财产管理时该法人的名称或公民的姓名(管理设立人或者受益人);

合同规定给付报酬时,给付管理人的报酬的数额和形式;

合同的有效期。

2. 财产委托管理合同的期限不得超过 5 年。对于交付委托管理的某些种类的财产,法律可规定合同有可能订立的不同最长期限。

合同有效期届满后当事人一方未声明合同终止时,则视为以合同规定的同样期限和条款延长。

第 1017 条　财产委托管理合同的形式

1. 财产委托管理合同应以书面形式订立。

2. 不动产委托管理合同应以不动产出售合同规定的形式订立。

将不动产交付委托管理应按照移转该财产所有权的同样程序进行国家登记。

3. 不遵守财产委托管理合同的形式或者违反将不动产交付委托管理须国家登记的要求的,合同一律无效。

第 1018 条　处于委托管理中的财产之独立

1. 交付委托管理的财产既独立于管理设立人的其他财产,也独立于受托管理人的财产。对该财产受托管理人有独立的资产负债表,并根据该资产负债表进行独立核算。为了对与委托管理有关的活动进行结算,应开设单独的银行账户。

2. 对管理设立人债务的追索不得涉及他交付委托管理的财产,但管理设立人资不抵债(破产)的除外。管理设立人破产时,该财产的委托管理终止,并将该财产列入破产财团。

第 1019 条　设立抵押的财产交付委托管理

1. 将抵押财产交付委托管理时,抵押权人不失去对该财产的追索权。

2. 应该预先告知受托管理人所交付委托管理的财产已设立了抵押。如果受托管理人不知道或者不应知道交付他委托管理的财产已被设立抵押时,他有权请求法院解除财产委托管理合同并请求给付按合同应给付他的一年的报酬。

第 1020 条　受托管理人的权利和义务

1. 受托管理人在法律和财产委托管理合同规定的范围内对所交付委托管理的财产行使所有权人的权能。受托管理人在财产委托管理合同规定的情形下对不动产进行处分。

2. 受托管理人因财产委托管理行为而取得的权利,列入所交付委托管理的财产构成。受托管理人因该行为而产生的义务,使用该财产进行履行。

3. 为了维护委托管理财产的权利,受托管理人有权请求排除一切侵犯其权利的行为(第 301 条、第 302 条、第 304 条、第 305 条)。

4. 受托管理人按照财产委托管理合同规定的期限和方式就自己的活动情况向管理设立人和受益人提交报告书。

第 1021 条　财产委托管理的移转

1. 受托管理人应亲自进行财产的委托管理,但本条第 2 款规定的情况除外。

2. 如果财产委托管理合同对受托管理人有相关授权,或者受托管理人取得管理设立人的书面同意,或者为保障管理设立人或受益人的利益而为情势所迫,并且在这种情况下又不可能在合理期限内得到管理设立人的指示,则受托管理人可以委托他人以受托管理人的名义实施管理财产的必要行为。

受托管理人应对他所选择的受托人的行为与对自己的行为一样承担相同责任。

第 1022 条　受托管理人的责任

1. 受托管理人如在受托管理财产时对受益人或管理设立人的利益未尽其应有的关心,应赔偿受益人在财产委托管理期间的预期利益,而向管理设立人在扣除财产的自然损耗的情况下赔偿财产的灭失或损坏造成的损失,以及赔偿预期的利益。

受托管理人如果不能证明,损失的发生是由于不可抗力或者受益人或管理设立人的行为所致,则应对该损失承担责任。

2. 受托管理人超越权限范围或者违反对他的限制性规定而实施法律行为所生的债务,由受托管理人个人负担。如果参加法律行为的第三人不知悉和不应知悉该越权或限制性的规定,则发生的债务应按本条第3款规定的方式履行。管理设立人在这种情况下可以请求受托管理人赔偿给他造成的损失。

3. 由于财产委托管理而产生的债务,应用该财产进行清偿。当该财产不足以清偿时,可追索受托管理人的财产,而当受托管理人的财产也不够清偿时,则用管理设立人未交付委托管理的财产清偿。

4. 财产委托管理合同可规定由受托管理人提供抵押担保,以担保赔偿因不适当履行财产委托管理合同而可能给管理设立人或受益人造成的损失。

第1023条　给受托管理人的报酬

受托管理人有权取得财产委托管理合同规定的报酬,以及取得对他在财产委托管理时所支出必要费用的补偿,上述报酬和补偿从使用该财产所取得的收入中支付。

第1024条　财产委托管理合同的终止

1. 财产委托管理合同由于以下原因之一而终止:

作为受益人的公民死亡或者作为受益人的法人消灭,但合同有不同规定的除外;

受益人拒绝按合同获取收益,但合同有不同规定的除外;

作为受托管理人的公民死亡,被宣告为无行为能力人、限制行为能力人或者失踪人,以及作为受托管理人的个体经营者被宣告资不抵债(破产);

由于受托管理人不能亲自实施财产委托管理,受托管理人或者管理设立人撤销委托管理;

在向受托管理人给付合同约定的报酬的条件下,管理设立人由于本条第4段以外的原因而撤销合同;

管理设立人是作为经营者的公民而被宣告为资不抵债(破产)。

2. 在一方撤销财产委托管理合同时,如果合同没有规定其他通知期限,应于合同终止前3个月内通知另一方。

3. 财产委托管理合同终止时,受委托管理的财产应交付管理设立人,但合同有不同规定的除外。

第1025条 将有价证券交付委托管理

在将有价证券交付委托管理时,可规定将不同的人交付委托管理的有价证券合并一起共同进行管理。

受托管理人处分有价证券的权限由委托管理合同确定。

有价证券委托管理的特点由法律规定。

本章的规则相应地适用于无纸有价证券证明的权利(第149条)。

第1026条 依照法律规定的根据对财产进行的委托管理

1. 在下列情形下也可以设立财产委托管理:

在本法典第38条规定的情况下必须对被监护人的财产进行经常性管理;

根据指定了遗嘱执行人的遗嘱;

法律规定的其他根据。

2. 如果法律没有不同规定或者非由该关系的性质决定,对根据本条第1款指出的理由设立的财产委托管理关系相应地适用本章规定的规则。

在依本条第1款指出的理由设立财产委托管理的情形下,本章规则规定的管理设立人的权利,相应地属于监护和保护机构、遗嘱执行人或法律规定的其他人。

第四编 债的种类

第五十四章 商业特许

第1027条 商业特许合同

1. 依照商业特许合同,一方(权利人)应向另一方(使用人)提供在使用人的经营活动中定期或者不定期地使用属于权利人的专属权综合体的权利,包括权利人的商业名称和(或)商业标识权、受保护的商业信息权以及合同规定的其他专有权客体——商标权、服务标志权等等,并收取使用费。

2. 商业特许合同规定在一定范围内(如规定最小使用范围和(或)最大使用范围)使用权利人专属权综合体、商业信誉和商业经验,并针对经营活动的一定范围(出售从权利人处获取的或者由使用人生产的商品,进行其他商业活动、完成工作、提供服务)规定或不规定使用区域。

3. 商业特许合同的当事人可以是商业组织和以个体经营者资格注册的公民。

第1028条 商业特许合同的形式和登记

1. 商业特许合同应以书面形式订立。

不遵守书面形式的合同无效。该合同自始无效。

2. 作为特许合同权利人的法人或者个体经营者,由哪个国家机关进行注册,商业特许合同就由哪个机关进行登记。如果作为权利人的法人或者个体经营者是在外国国家注册的,则商业特许合同的登记由对为使用人的法人或者个体经营者进行注册的机关登记。

在与第三人的关系中,合同的双方当事人只有从其登记时起才有权援引合同。

如果客体是受专利法保护的,则商业特许合同还应该在联邦专利和商标行政管理机关进行登记。不遵守这一要求的合同自始无效。

第 1029 条 商业再特许

1. 商业特许合同可以规定使用人有权准许他人使用提供给他的专属权综合体或者部分专属权综合体,再特许条件由使用人同权利人协商或者在商业特许合同中规定。在合同中可以规定使用人有义务在一定期限内向一定数量的人依再特许条件提供上述权利的使用权。

商业再特许合同的期限不能超过原商业特许合同的期限。

2. 如果商业特许合同无效,则在其基础上订立的商业再特许合同也无效。

3. 如果有上定期限的商业特许合同没有不同规定,则在合同提前终止时,商业再特许合同次权利人(商业特许合同的使用人)的权利和义务移转给权利人,但权利人拒绝该合同的权利和义务的情形除外。这一规定相应地适用于对未订期限的商业特许合同解除时的情况。

4. 如果商业特许合同没有不同规定,使用人对再使用人的行为给权利人造成的损害承担补充责任。

5. 如果再特许的特点未有不同要求,则本章关于商业特许合同的规定适用于商业再特许合同。

第 1030 条 商业特许合同的使用费

商业特许合同的使用费可由使用人向权利人以固定的一次付款或者分期付款的方式、从所得中扣款的方式、在权利人交付转卖商品的批发价上加价的方式,或以合同规定的其他形式给付。

第 1031 条 权利人的义务

1. 权利人有义务:

向使用人转交技术和商业文件,并向使用人提供实现商业特许合同所享有权利之其他必要信息,以及对使用人及其工作人员就实现与该权利的有关问题进行指导;

在保证按规定的方式办理许可证后向使用人交付合同规定的许可证。

2. 如果商业特许合同没有不同规定,权利人有义务:

保障对商业特许合同进行登记(第 1028 条第 2 款);

向使用人提供经常性的技术咨询协助,包括协助培训和提高工作人员的技能;

对使用人根据商业特许合同生产的商品(完成的工作,提供的服务)的质量进行监督。

第1032条 使用人的义务

根据使用人依商业特许合同进行活动的性质和特点,使用人有义务:

在进行合同规定的活动时按照合同规定的方式使用权利人的商业名称和(或)商业标识;

保障依照合同生产的商品、完成的工作、提供的服务的质量与直接由权利人生产的类似商品、完成的工作或者提供服务的质量相符合;

遵守权利人旨在保障专属权综合体的使用性质、方法和条件与权利人的使用相一致的细则和指示,其中包括遵守关于使用人在依合同行使所享有的权利时对所使用的商业场所内外装饰的指示;

向买方(定作人)提供他们直接向权利人购买(定购)商品(工作、服务)情况下所能期望得到的一切补充服务;

不泄露权利人的生产秘密和从权利人那里获得的其他机密商品信息;

如果合同规定再特许义务时,提供约定数量的再特许;

以对买方(定作人)最明显的方式向买方告知使用人(定作人)系按照商业特许合同而使用商业名称、商业标识、商标、服务标志和其他个别化手段。

第1033条 商业特许合同中双方权利的限制

1. 商业特许合同可以规定对双方当事人依该合同限制产生之权利的权限,其中包括:

权利人有义务不向他人提供相同专属权综合体在使用人固定的区域内使用,或者在该区域内自己不从事类似的活动;

使用人有义务在商业特许合同效力所及的地域内,在使用属于权利人的专属权进行经营活动方面不与权利人竞争;

使用人拒绝从权利人的竞争者(潜在的竞争者)那里按照商业特许合同取得类似的权利;

使用人有义务在行使依照合同提供的专属权时,就所使用商业场所的位置以及其内外部的装饰,同权利人进行协商。

考虑到市场的有关情况或者当事人的经济地位,如果限制性条款与反垄断法相抵触,根据反垄断机构或者利害关系人的请求,限制性条款可以被认定为无效。

2. 限制商业特许合同双方当事人权利的以下条款,自始无效:

权利人有权确定使用人出售商品的价格或者使用人完成工作(提供服务)的价格,或者确定该价格的最高限或者最低限;

使用人仅对一定范畴的买方(定作人)或者仅对合同规定地域有所在地(住所地)的买方(定作人)有权出售商品、完成工作或者提供服务。

第 1034 条 权利人对于向使用人提出请求权的责任

对于向使用人提出的关于使用人依照商业特许合同所出售的商品(完成的工作、提供的服务)不合质量的请求,权利人承担补充责任。

向作为权利人产品(商品)制作人的使用人提出的请求,权利人应与使用人共负连带责任。

第 1035 条 使用人订立新一期商业特许合同的权利

1. 以适当方式履行了自己义务的使用人,有权于商业特许合同期限届满后,以同样的条件订立新的一期合同。

2. 如果自合同期届满之日起 3 年内,权利人在商业特许合同的合同效力所及区域内不与他人订立类似商业特许合同,也不同意订立类似的商业再特许合同,则权利人有权拒绝订立新一期商业特许合同。如果在 3 年期限届满前,权利人希望在合同终止后把原提供给使用人的同样权利提供给某人,权利人应向使用人建议订立新的合同或者赔偿给使用人造成的损失。在签订新合同时,对使用人的有利条款不得低于已终止合同的条款。

第 1036 条 商业特许合同的变更

商业特许合同可依照本法典第二十九章的规定予以变更。

商业特许合同的双方当事人在同第三人的关系中,如果不能证明第三人事先知道或者应该知道关于合同变更的事宜,则只能从该变更依本法典第 1028 条第 2 款规定的程序进行登记时起才有权援引合同的变更。

第 1037 条 商业特许合同终止

1. 如果商业特许合同未规定期限,则每一方均有权随时撤销合同,但应在 6 个月内将撤销事宜通知对方,但合同规定了更长期限的除外。

2. 提前解除规定期限的商业特许合同,以及解除未规定期限的商业特许合同,均应依照本法典第 1028 条第 2 款规定程序登记。

3. 在属于权利人的商业名称和商业标识的权利终止而未以新的类似权利代替时,商业特许合同即终止。

4. 当权利人或者使用人被宣告为资不抵债(破产)时,商业特许合同终止。

第 1038 条 当事人变更时商业特许合同继续有效

1. 提供使用人使用的包括在专属权综合体中的某项专属权移转于其他人,

不是商业特许合同变更和解除的根据。在属于已经移转的专属权的那部分权利和义务上,合同的当事人即为新的权利人。

2. 权利人死亡时,权利人依商业特许合同的权利和义务移转至继承人,其条件是该继承人已注册为个体经营者或者自开始继承之日起6个月内注册为个体经营者。反之,合同终止。

死亡权利人权利的行使和义务的履行,在继承人接受该权利和义务之前,或者继承人作为个体经营者注册之前,由公证员指定的管理人实现。

第1039条 权利人商业名称和商业标识变更的后果

当权利人变更自己的商业名称或商业标识,而该商业名称或商业标识的使用权属于专属权综合体,则商业特许合同对新的商业名称或商业标识有效,只要使用人不请求解除合同和赔偿损失。在合同继续有效时,使用人有权请求相应减少应付给权利人的使用费。

第1040条 商业特许合同提供使用的专属权终止的后果

如果在商业特许合同有效期内,依照该合同所提供使用的专属权的有效期届满,或者该权利依据其他原因终止,则商业特许合同继续有效,但涉及已终止权利的规定除外。如果合同没有不同规定,则使用人有权请求相应地减少应付给权利人的使用费。

在属于权利人的商业名称或商业标识权终止的情况下,产生本法典第1037条第2款和第1039条规定的后果。

第四编 债的种类

第五十五章　普通合伙

第 1041 条　普通合伙合同

1. 依照普通合伙合同(共同活动合同),两人或者数人(合伙人)为获取利润或达到其他不与法律相抵触的目的,承担义务不组成法人而联合自己的出资并共同从事活动。

2. 为从事经营活动而订立普通合伙合同的当事人,只能是个体经营者和(或)商业组织。

第 1042 条　合伙人的出资

1. 投入共同事业的一切,包括金钱、其他财产、专业知识和其他知识、技能和技巧,以及商业信誉和业务联系,均为合伙人的出资。

2. 如果根据普通合伙合同或者依实际情况未得出其他结论,合伙人的出资推定为价值均等。合伙人出资的货币价值按照合伙人之间的协议确定。

第 1043 条　合伙人的共同财产

1. 合伙人投入的其享有所有权的财产,以及因共同活动而生产的产品和从共同活动中获取的天然孳息和法定孳息为合伙人的按份共有财产,但法律或者普通合伙合同有不同规定或者另由债的性质有不同要求的除外。

合伙人投入的其不享有所有权的财产,为全体合伙人的利益而使用,与他们的共有财产一起共同构成合伙人的共同财产。

2. 对合伙人共同财产的会计核算可由合伙人委托参加普通合伙合同的法人之一进行。

3. 合伙人共同财产的使用依照其共同协议进行,协议不成时,依法院确定的方式进行。

4. 合伙人维护共同财产的义务和与履行该义务有关费用的补偿方式由普通合伙合同确定。

第1044条 合伙人共同事务的管理

1. 在管理共同事务时,如果普通合伙合同未规定由普通合伙合同的某些参加人或者全体参加人共同管理合伙事务,则每个合伙人都有权代表全体合伙人进行活动。

在共同管理事务时,实施每一法律行为均须全体合伙人的同意。

2. 在与第三人的关系中,代表全体合伙人实施法律行为的合伙人的权利,以其他合伙人授予他的委托书或者以书面普通合伙合同为凭。

3. 在与第三人的关系中,各合伙人不能援引对合伙人管理共同事务权能的限制,除非各合伙人能证明,在订立合同时第三人知道或者应该知道存在此种限制。

4. 代表全体合伙人实施法律行为的合伙人,如果该合伙人管理共同事务而实施此种法律行为的权利受到限制,或者以自己的名义为全体合伙人的利益订立了合同,可以请求补偿自己负担的费用,但须有充足的理由断定,这些法律行为确为全体合伙人的利益所必需。因此种法律行为遭受损失的各个合伙人,有权请求赔偿损失。

5. 有关合伙人共同事务的决议,如果普通合伙合同没有不同规定,应由合伙人全体一致通过。

第1045条 合伙人的信息权

每个合伙人,无论是否被授权管理合伙人的共同事务,都有权了解管理事务的全部文件资料。放弃或者限制此项权利,包括依照合伙人的协议对该权利的放弃或者限制,自始无效。

第1046条 合伙人的共同开支和亏损

与合伙人共同活动有关的开支和亏损的抵补方式,由合伙人协议确定。无协议时,每个合伙人依其对合伙共同事务的出资比例负担开支和亏损。

完全免除任何一个合伙人参加抵补共同开支和亏损的协议,自始无效。

第1047条 合伙人负担共同债务的责任

1. 如果普通合伙合同与其参加人从事的经营活动无关,则每一合伙人以自己的全部财产对合伙共同债务按其对共同事务出资的比例负担责任。

合伙人对非合同产生的共同债务,负连带责任。

2. 如果普通合伙合同与其参加人从事的经营活动有关,则合伙人对全部共同债务负连带责任,而不论债务产生的根据如何。

第 1048 条　利润的分配

对于共同活动所获得的利润,由合伙人按其对共同事务的出资比例进行分配,但普通合伙合同或者合伙人之间的其他协议有不同规定的除外。取消某个合伙人参加分配利润的协议,自始无效。

第 1049 条　按照合伙人的债权人之请求分出该合伙人的份额

普通合伙合同参加人的债权人有权依照本法典第 255 条的规定提出从共同财产中分出该参加人份额的请求。

第 1050 条　普通合伙合同的终止

1. 普通合伙合同因以下原因终止:

某合伙人被宣告为无行为能力人、限制行为能力人或者为失踪人,但普通合伙合同或者以后的协议规定继续保留其余合伙人之间的合同关系的除外;

某合伙人被宣告为资不抵债(破产),但本款第 2 段规定的情形除外;

合伙人死亡或者参加普通合伙合同的法人清算或者改组,但普通合伙合同或者以后的协议规定继续保留其余合伙人之间的合同关系或者规定由其继承人(权利继受人)接替死亡的合伙人(被清算或改组的法人)的除外;

某合伙人拒绝继续参加无期限的普通合伙合同,但本款第 2 段规定的情形除外;

有期限的普通合伙合同根据合伙人之一在他与其他合伙人的关系中提出的请求而解除,但本款第 2 段规定的情形除外;

普通合伙合同期限届满;

根据合伙人的债权人的请求而分出该合伙人的份额,但本款第 2 段规定的情形除外。

2. 普通合伙合同终止时,由合伙人交付给合伙人共同占有和(或)共同使用的物,无偿地返还给交付该物的合伙人,但当事人间的协议有不同规定的除外。

从普通合伙合同终止时起,其参加人对尚未向第三人履行的共同债务负连带责任。

合伙人对共有财产的分割和对已产生的共同请求权的分割依照本法典第 252 条规定的方式进行。

将特定物品投入到共有财产中的合伙人,于普通合伙合同终止时,在维护其余合伙人和债权人的利益的条件下,有权通过司法程序请求返还该物。

第 1051 条 无期限普通合伙合同的解除

合伙人要求解除无期限普通合伙合同的申请,应在他打算退出合同前的 3 个月以前提出。

限制解除无限期普通合伙合同权利的协议,自始无效。

第 1052 条 按照一方的请求解除普通合伙合同

除本法典第 450 条第 2 款规定的根据外,以规定期限或规定目的作为解除条件的普通合伙合同的一方当事人,有权根据正当理由请求解除自己与其余合伙人之间的合同关系,同时赔偿因解除合同而给其余合伙人造成的损失。

第 1053 条 普通合伙合同解除时合伙人的责任

当普通合伙合同并不因某个参加人拒绝继续加入合伙的申请或者并不按照某个合伙人解除合同的请求而终止时,终止加入合伙合同的人,对在其加入合同期间内产生的共同债务,与他仍为普通合伙合同参加人时一样,向第三人承担责任。

第 1054 条 隐名合伙

1. 普通合伙合同可以规定,该合同的存在对第三人不公开(隐名合伙)。对隐名合伙适用本章关于普通合伙的规则,但本条有不同规定或者隐名合伙的实质有不同要求的除外。

2. 在同第三人的关系中,隐名合伙的每个参加人均以自己的全部财产对他以自己的名义为合伙人的共同利益而实施的法律行为承担责任。

3. 在合伙人的关系中,在其共同活动过程中产生的债务关系为共同债务关系。

第四编 债的种类

第五十六章 悬　赏

第1055条　给付奖赏的义务

1. 在广告中公开宣布对在广告指定期限内完成指定合法行为的人给付金钱奖赏或者给付其他奖赏（悬赏）的人，应向完成相应行为的任何人，包括对拾得遗失物或者向悬赏人告知必要信息资料的人，给付所允诺的奖赏。

2. 在悬赏能确定谁为奖赏允诺人的条件下，给付奖赏的义务即产生。对允诺作出响应的人，有权请求以书面形式确认悬赏，如果实际上悬赏广告并非由广告中所指明的人作出时，承担不提出这一要求的后果。

3. 如果在悬赏中未指明奖赏的金额，则该金额与悬赏人协商确定，有争议时，由法院确定。

4. 无论有关行为的完成是因悬赏而为或与悬赏无关，均发生给付奖赏的义务。

5. 当广告中指明的行为由数人完成时，领取奖赏的权利由这数人中最先完成该行为的人获得。

如果广告中指明的行为由两个以上的人完成且不能确定谁为最先完成该行为的人，以及在行为是由两个以上的人同时完成时，则奖赏在他们中平均分配或者按他们之间协议规定的其他数额分配。

6. 如果悬赏广告没有不同规定并且广告指定行为的性质也无不同要求，完成的行为是否符合广告中指定的要求应由悬赏人确定，而在有争议时，由法院确定。

第1056条　悬赏的撤销

1. 公开宣布给付奖赏的人有权以同样的形式撤销该允诺，但下列情形除外:广告本身规定或广告本身要求不得撤销;对允诺奖赏的行为给出了一定期限;在宣布撤销时已经有一人或数人完成了广告中所指定行为。

2. 悬赏的撤销不免除悬赏人赔偿响应人因实施广告中指定行为而支出费用的义务,但以广告中指明的奖赏为限。

第四编 债的种类

第五十七章 公开竞赛

第 1057 条 公开竞赛的组织

1. 公开宣布对优秀完成工作或取得其他成果给付奖金或其他奖励(给付奖励)的人,应该向依据竞赛条件而被确认为优胜者的人给付(颁发)约定的奖励(公开竞赛)。

2. 公开竞赛应以达到某种社会公益为目的。

3. 公开竞赛可以公开方式进行,此时竞赛组织者的要约通过报刊或者其他大众信息媒体向一切有意参加者公布,或者以非公开方式进行,此时要约根据竞赛组织者的选择向一定范围的人发出。

公开竞赛可将其参加人的技能作为先决条件,此时,竞赛组织者应对有意参加竞赛的人进行初选淘汰。

4. 公开竞赛的公告至少应包含以下内容:任务的实质,工作成果或者其他成就的评定标准和程序,工作成果及成就提交的地点、期限和方式,奖励的金额和形式,以及公布竞赛结果的方式和期限。

5. 本章的规定适用于内容包括与竞赛获胜者订立合同之债的公开竞赛,但以本法典第 447 条至第 449 条没有不同的规定为限。

第 1058 条 公开竞赛的条件变更和公开竞赛的撤销

1. 宣布公开竞赛的人只有在规定交付工作期限的前半期内,才有权变更竞赛条件或者撤销竞赛。

2. 对变更竞赛条件或者撤销竞赛的通知,应以宣布竞赛的同样方式作出。

3. 在变更竞赛条件或者撤销竞赛时,宣布竞赛的人,应补偿任何人在获悉或者应该获悉有奖竞赛条件变更或者撤销有奖竞赛前因完成广告规定的工作所支出的费用。

宣布竞赛的人如果能够证明,该工作的完成与竞赛无关,其中包括工作在竞赛前已经完成或者所完成的工作明显不符合竞赛的条件,可免除补偿费用的责任。

4. 如果在变更竞赛条件或者撤销竞赛时违反了本条第 1 款或者第 2 款的要求,宣布有奖竞赛的人应对完成符合广告规定条件工作的人给付奖励。

第 1059 条 给付奖励的决定

1. 给付奖励的决定应按竞赛广告中确定的方式和期限作出并通知公开竞赛的参加人。

2. 如果广告中指明的工作成果由两个以上的人共同完成,奖励依据这些人之间达成的协议分配。如果该协议未达成,则奖励分配的方式由法院决定。

第 1060 条 获奖的科学、文学和艺术作品的使用

如果公开竞赛的标的是创作科学、文学和艺术作品,并且竞赛的条件没有不同规定,则宣布有奖竞赛的人享有与获奖作品的作者订立关于作品使用并向其支付相应报酬的合同之优先权。

第 1061 条 将提交的作品返还公开竞赛的参加人

如果有奖竞赛的公告没有不同规定,且所完成的工作性质无不同要求,宣布有奖竞赛的人应将未获奖的作品返还竞赛的参加人。

第四编 债的种类

第五十八章 进行赌博和打赌

第1062条 与组织或参加赌博和打赌有关的请求权

公民和法人与组织或参加赌博和打赌有关的请求,不应受司法保护,但在受到欺诈、暴力、胁迫或者在其代理人与赌博和打赌的组织者恶意串通的影响下而参加赌博和打赌的人的请求,以及本法典第1063条第5款规定的请求除外。

第1063条 国家或地方自治组织进行或者依其许可进行彩票、赌马和其他博彩

1. 如果彩票、赌马(相互打赌)和其他风险博彩的组织者是俄罗斯联邦、俄罗斯联邦各主体和地方自治组织、从被授权的国家机关和地方自治机关按法定程序取得这种博彩进行权的人,以及彩票的组织者是从被授权的国家机关和地方自治机关按法定程序取得相关权利的法人,则组织者与参加人之间的关系以合同为基础。

(2003年1月10日第15号联邦法律、2003年11月11日第138号联邦法律修订)

2. 在博彩规则规定的情况下,组织者与参加人之间的合同以发行彩票、收据或其他凭证以及其他方式形成。

(2003年11月11日第138号联邦法律修订)

3. 订立本条第1款所列合同的要约,应包括举行博彩的期限和确定中奖的程序及中奖金额的条款。

如果博彩的组织者在规定期限内取消竞赛的举办,竞赛参加人有权要求组织者赔偿因博彩取消或者改期而造成的实际损失。

4. 博彩的组织者应按博彩条件规定的获奖金额、形式(金钱或实物)和期限向依据彩票、赌马和其他博彩规则而中奖的人给付所赢的奖品或奖金,如果该规则未指明期限,则从博彩结果确定之时起10日内或者在法律规定的其他期限内

向中奖者给付。

（2003年11月11日第138号联邦法律修订）

5. 在博彩组织者未履行本条第4款所规定的义务时，彩票、赌马和其他博彩的获奖人有权请求组织者给付所赢的奖品或奖金，并请求赔偿因组织者一方违反合同所造成的损失。

第四编 债的种类

第五十九章 因损害发生的债

第一节 损害赔偿的一般规定

第1064条 损害责任的一般根据

1. 造成公民人身或财产损害及法人财产损害的,应由致害人赔偿全部损失。

法律可以责成非致害人的损害赔偿责任。

法律或合同可以规定致害人在赔偿损害之外有向受害人给付补偿的义务。

2. 致害人如果能够证明损害并非因其过错所致,免负赔偿责任。法律也可以规定致害人虽无过错但仍需负赔偿损害的情况。

3. 合法行为致人损害的,在法律规定的情形下,应负赔偿责任。

损害如系应受害人的请求或者经其同意所致,而致害人的行为并不违反社会道德原则,可以拒绝赔偿。

第1065条 损害的预防

1. 将来发生的损害危险,可作为提起禁止该危险活动诉讼的依据。

2. 如果损害系企业、构筑物的经营或其他生产活动所致,并且该活动正在继续致害或构成新的损害危险,法院有权责成被告除赔偿损失外,还须暂停或终止有关活动。

只有当暂停或终止有关活动违背社会利益时,法院方可驳回请求暂停或终止该活动的诉求。驳回暂停或终止该活动的诉讼请求时,受害人仍有权请求赔偿该活动所造成的损害。

第1066条　正当防卫致人损害

正当防卫所造成的损害,如防卫行为未超过正当防卫限度,不应予以赔偿。

第1067条　紧急避险致人损害

紧急避险所造成的损害,即为了排除对本人或者他人构成威胁的危险而造成的损害,如果该危险在当时情况下不可能以其他方法排除,紧急避险所致损害应由致害人赔偿。

法院可以斟酌造成损害的情况,责成因致害人的行为而受益的第三人负赔偿责任,或者全部或者部分免除该第三人或者致害人的损害赔偿责任。

第1068条　法人或公民对其工作人员所致损害的责任

1. 法人或者公民对其工作人员在履行劳动(公务、职务)义务中所致损害,承担赔偿责任。

根据本章的规定,公民如系依照有关法人或者公民下达的任务并处于该法人或公民安全监督之下,按照劳动合同(契约)或者民事法律合同完成工作,即为法人或者公民的工作人员。

2. 商业公司和生产合作社对其参加人(成员)在从事其经营、生产或者其他活动时所造成的损害,承担赔偿责任。

第1069条　国家机关、地方自治机关及其公职人员致人损害的责任

国家机关、地方自治机关或其公职人员实施违法行为(不作为),包括颁布不符合法律或者不符合国家机关或者地方自治机关文件的其他法律文件而给公民或者法人造成的损害,应予以赔偿责任。该项赔偿分别由俄联邦国库、联邦各主体国库或地方自治组织国库的财产负担。

第1070条　调查、侦查、检察机关及法院的违法行为致人损害的责任

1. 因非法判人以罪、非法追究刑事责任、非法采用羁押或者具结不外出的强制措施,以拘留或劳动改造的方式非法处以行政处罚而给公民造成的损害,用俄联邦国库的财产负担赔偿责任,而在法律规定的情形下,用俄联邦主体国库或地方自治组织国库的财产赔偿,而且不论调查、侦查、检察机关及法院的公职人员有无过错,均应依法定程序全部赔偿。

2. 调查、侦查、检察机关及法院的违法活动给公民和法人造成的损害,如未发生本条第1款所列之后果,则依本法典第1069条所规定的根据和方式进行赔偿。在审判时所造成的损害,如果法院的刑事判决认定法官有罪过并刑事判决已经生效时,应予以赔偿。

第 1071 条　以国库财产赔偿损害时代表国库的机关和个人

当依照本法典或其他法律的规定损害应用俄联邦国库的财产、联邦主体国库的财产或者地方自治组织国库的财产进行赔偿时,如果依照本法典第 125 条第 3 款的规定该责任不由其他机关、法人或公民负担,则由相应财政机关代表国库。

第 1072 条　由责任险的投保人赔偿损害

法人或公民如为受害人利益依自愿保险或强制保险程序对自己责任投保(第 931 条、第 935 条第 1 款),当保险赔偿金不足以完全赔偿损害时,应赔偿保险赔偿金与实际损失之间的差额。

第 1073 条　不满 14 岁的未成年人致人损害的责任

1. 不满 14 岁未成年人(幼年人)造成的损害,如其父母(收养人)或者监护人不能证明损害非因其过错所致,则该未成年人的父母(收养人)或者监护人承担损害赔偿责任。

2. 如果需要监护的幼年人处于教育、医疗、居民社会保障机构以及依法作为幼年人监护人的其他类似机构(第 35 条),而该机构又不能证明损害非因幼年人的过错所致,则应对幼年人所致损害承担赔偿责任。

3. 如果幼年人在处于教育、教养、医疗或其他应对之实施监督的机构,或者在依合同实施监督的人的监督管理之下时致人损害,而各该机构或者个人又不能证明损害非因实施监督中的过错所致,则应承担损害赔偿责任。

4. 父母(收养人)、监护人、教育、教养和医疗机构以及其他人对幼年人致人损害的赔偿责任,不因该幼年人成年或者取得足以进行损害赔偿的财产而消灭。

如果父母(收养人)、监护人或者本条第 3 款所列其他公民死亡或者无力赔偿对受害人生命或者健康所造成的损害,而致害人已成为完全行为能力人,且具有进行赔偿的足够财产,则法院斟酌受害人和致害人的财产状况及其他情况,有权作出由致害人全部或者部分负担赔偿责任的判决。

第 1074 条　年满 14 岁不满 18 岁的未成年人致人损害的责任

1. 年满 14 岁不满 18 岁的未成年人致人损害的,依照一般规定独立承担责任。

2. 如果年满 14 岁不满 18 岁的未成年人没有收入或其他赔偿损害的足够财产,则其父母(收养人)或保护人如果不能证明损害非因未成年人过错所致,则应负赔偿责任,或者赔偿其不足部分。

父母(收养人)、保护人和有关机构对年满 14 岁不满 18 岁的未成年人致人损害的赔偿责任,因致害人成年或虽未成年但已有收入或者拥有进行赔偿的足够财产,以及成年之前已取得行为能力而终止。

第1075条　被剥夺亲权的父母对未成年人致人损害的责任

父母在被剥夺亲权后的3年内未成年子女致人损害的,如其致害行为系因父母未正确履行父母责任所致,则法院可责成父母对未成年子女所造成损害承担责任。

第1076条　被认定为无行为能力的公民致人损害的责任

1. 被认定为无行为能力的公民致人损害的,应由其监护人或对之负有监督义务的组织承担赔偿责任,除非他们能证明损害非因其过错所致。

2. 监护人或负有监督义务的组织,对被认定为无行为能力的公民致人损害的责任,不因该行为人后来被认定具有行为能力而终止。

3. 如果监护人死亡或无足够的资金用以赔偿对受害人的生命或健康所致损害,而致害人本人有该资金,则法院斟酌受害人和致害人的财产状况及其他情况,有权作出由致害人本人全部或部分承担赔偿责任的判决。

第1077条　被认定为限制行为能力的公民致人损害的责任

因滥用酒精饮料或吸食麻醉品而被限制行为能力的公民致人损害的,由致害人本人负赔偿责任。

第1078条　不能理解自己行为意义的公民致人损害的责任

1. 具有行为能力的公民或者年满14岁不满18岁的未成年人,在不能理解自己行为意义或者不能控制自己行为的状态下致人损害的,不对所造成的损害负责。

如果受害人的生命或健康受到损害,法院可斟酌受害人和致害人的财产状况及其他情况,责成致害人承担全部或部分赔偿责任。

2. 如果致害人本人酗酒、吸毒或以其他方式使自己处于不能理解自己行为的意义或不能控制自己行为的状态,则不能免除致害人的责任。

3. 如果致害人因为精神病而在不能理解自己行为意义或不能控制自己行为的状态下致人损害,则法院可以责成与致害人共同生活、知其有精神障碍却未提出认定其无行为能力请求且具有劳动能力的配偶、父母、成年子女负担赔偿责任。

第1079条　对周围人群有高度危险的活动致人损害的责任

1. 法人和公民,如果其活动对周围人群具有高度危险(使用交通工具、机械、高压电能、原子能、爆炸物品剧毒物品等等,从事建筑和其他与建筑有关的活动等等),只要不能证明损害是由于不可抗力或受害人的故意所致,则必须赔偿高度危险来源所造成的损害。法院也可依本法典第 1083 条第 2 款和第 3 款的规定全部或部分免除高度危险来源占有人的责任。

对高度危险来源的享有所有权、经营权或业务管理权或者其他占有法律依据的(租赁权、交通工具的管理权委托书、有关机关关于交付高度危险来源的指令等)法人或者公民承担损害赔偿责任。

2. 高度危险来源的占有人,如果能够证明高度危险来源是因他人违法行为而脱离占有人的占有,则对该来源所致损害不承担责任。在这种情况下,高度危险来源所造成损害应由其非法占有人承担责任。当高度危险来源的占有人对该来源非法脱离其占有存在过错时,则既可由高度危险来源的占有人,也可由非法占有人承担赔偿责任。

3. 高度危险来源的占有人因该来源的相互作用(交通工具的碰撞等等)而致第三人损害的,依本条第 1 款规定的根据,承担连带责任。

因高度危险来源的相互作用给占有人造成的损害,依照一般根据进行赔偿(第 1064 条)。

第 1080 条 共同致人损害的责任

共同造成损害的人,向受害人承担连带责任。

按照受害人的申请并为其利益,法院有权依照本法典第 1081 条第 2 款规定的规则确定份额后,责成共同致害人按份额承担责任。

第 1081 条 对致害人的追偿权

1. 对他人(执行公务、职务或其他劳动义务的工作人员,驾驶交通工具的人员等)所造成损害承担了赔偿责任的人,有权向致害人请求返还(追偿)已付的赔偿金额,但法律规定不同金额的除外。

2. 对共同致害负担了赔偿责任的致害人,有权请求其他致害人依每人的过错程度给付应向受害人给付的相应份额。当过错程度不能确定时,份额应均等。

3. 俄罗斯联邦、俄罗斯联邦主体或地方自治组织在对调查、侦查、检察机关及法院的公职人员致人损害(第 1070 条第 1 款)负赔偿责任时,如果法院的刑事判决认定该公职人员有罪过且刑事判决已经生效,则有权向该公职人员进行追偿。

4. 根据本法典第 1073 条至第 1076 条的规定赔偿了损害的人,无权向致害人追偿。

第1082条 损害赔偿的方式

法院在满足损害赔偿请求权时,应根据案件情况责成对损害负有责任的人以实物赔偿损害(给付同种类和同质量的物、修复被损坏的物等)或赔偿损失(第15条第2款)。

第1083条 斟酌受害人的过错和致害人的财产状况

1. 因受害人的故意而发生的损害,不应予以赔偿。

2. 如果受害人本人的重大过失促成损害的发生或使损害扩大,则应根据受害人和致害人的过错程度减少赔偿金额。

受害人存在重大过失而致害人没有过错,在致害人的责任不以过错为必要条件时,应减少致害人赔偿的数额或免除赔偿损害,但法律有不同规定的除外。对公民生命或健康造成的损害,不得免除损害赔偿。

在赔偿额外费用(第1085条第1款)、赔偿与抚养人死亡有关的损害(第1089条)以及赔偿丧葬费(第1094条)时,不考虑受害人的过错。

3. 法院可斟酌致害公民的财产状况,减少其赔偿损害的金额,但损害由其故意行为所致的情形除外。

第二节 对公民的生命和健康造成损害的赔偿

第1084条 履行合同或其他义务时对公民生命和健康所致损害的赔偿

履行合同义务以及履行军务、警务和其他有关职务时给公民的生命或健康造成的损害,依本章规定的规则进行赔偿,但法律或合同规定更高责任的除外。

第1085条 健康损害的赔偿范围和性质

1. 造成公民残废或健康的其他损害时,应赔偿受害人已失去的或预期能获得的工资(收入),以及因健康损害而引起的额外费用,其中包括治疗、补充营养、购置药品、安装假肢义眼、护理、疗养治疗、购置专门交通工具、从事其他职业的培训费等,只要确定受害人需要此类帮助和护理且又无权无偿获取这些帮助和护理的。

2. 在确定受害人失去的工资(收入)时,因受害人残废或其他健康损害而给予的残废津贴,以及在其健康损害前或者损害后规定的其他赡养金、补助费和其他类似的进项不予考虑(不计入损害赔偿金之内),并且也不得因此减少损害赔偿的金额。受害人于健康损害后所领取的工资(收入)也不得计入损害赔偿金之内。

3. 本条规定的对受害人赔偿的范围和应向其给付的赔偿金额,可根据法律或合同予以增加。

第 1086 条 因健康损害而失去的工资(收入)的确定

1. 应赔偿受害人失去的工资(收入)的金额,按照其残废前或者健康受到其他损害前或者其失去劳动能力前的月平均工资百分比确定,该百分比应与受害人失去职业劳动能力的程度相当,而在没有职业劳动能力时,则应与丧失一般劳动能力的程度相当。

2. 受害人失去的工资包括他按照劳动合同和民事合同在本职工作以及在兼职工作中领取的列入所得税征收范围的所有各种劳动报酬。一次性给付,包括未休假的补偿费和离职时的退职金,不列入受害人失去工资的范围,暂时失去劳动能力或者怀孕及产假期间给付的补助金则应计算在内。从事经营活动的收入,以及作者的稿费也应列入失去的工资范围,而经营活动的收入根据税务检查机关的资料确定。

各类工资(收入)均按税前金额计算。

3. 受害人月平均工资(收入)的计算方法是将健康损害前 12 个月工作的工资(收入)总额除以 12。如果受害人于损害时工作少于 12 个月,则月平均工资(收入)的计算办法是用健康损害前实际工作月数的工资(收入)总额除以工作的月数。

受害人的工作不满一个月的月份,根据他本人的意愿用之前的满工月的月份代替,或者在不能代替时,不计算该月份。

4. 如果受害人于损害时如果没有工作,则根据本人意愿按其退职前的工资计算或者当地与之技能相当的工作人员的一般报酬数额计算,但不得少于依法确定的俄罗斯联邦整体居民最低生活标准额。

(2002 年 11 月 26 日第 152 号联邦法律修订)

5. 如果受害人于残废前或健康受到其他损害前的工资(收入)中发生了能改善其财产状况的稳定变化(提高了职务工资,调任报酬较高的工作,全日制学校毕业后参加了工作,以及在能证明受害人的劳动报酬有稳定变化和可能变化的其他情况下),在确定其月平均工资(收入)时,仅计算在相关变化之后已经得到的或应该得到的工资(收入)。

第 1087 条 对未成年人健康损害的赔偿

1. 在造成不满 14 岁(幼年人)又无工资(收入)的未成年人残废或健康的其他损害时,对损害负有责任的人,应赔偿因健康毁损所支出的费用。

2. 当受到健康损害的幼年人年满 14 岁后,以及在给年满 14 岁不满 18 岁且无工资(收入)的未成年人造成损害的情形下,对损害负有责任的人,除了应赔偿受害人因健康受到损害所支出的费用外,还应按照依法确定的俄罗斯联邦整体居民最低生活标准额赔偿与丧失或降低其劳动能力有关的损害。

(2002 年 11 月 26 日第 152 号联邦法律修订)

3. 如果未成年人在其健康受到损害时有工资,损害则依据该工资的数额赔偿,但不得低于依法确定的俄罗斯联邦整体居民最低生活标准额。

(2002 年 11 月 26 日第 152 号联邦法律修订)

4. 健康曾经受到损害的未成年人在开始从事劳动活动后,有权请求根据所领取的工资增加损害赔偿金额,但不得低于其职务报酬数额或当地同类技能工作人员的工资额。

第 1088 条 对因扶养人死亡而受到损失的人的赔偿

1. 在受害人(扶养人)死亡的情况下,有损害赔偿请求权的人是:

依靠死者供养或在死者生前有权要求死者供养的无劳动能力的人;

死者死亡后出生的子女;

父或母、配偶或家庭其他成员,不论有无劳动能力,只要不工作并从事照管受死者供养的未满 14 岁的或者已满 14 岁但根据医疗机关证明其身体状况需要他人照顾的死者的子女、孙子女、兄弟姐妹;

靠死者供养并在死者死后 5 年内丧失劳动能力的人;

父或母、配偶或者家庭其他成员,只要不工作而从事照管死者的子女、孙子女、兄弟姐妹并在照管期间内也丧失劳动能力的,他们在结束对上列人的照管后仍享有损害赔偿请求权。

2. 损害赔偿的期限为:

对未成年人的赔偿——到年满 18 周岁止;

对年满 18 岁的学生的赔偿——到全日制学校学习毕业时止,但不得超过 23 周岁;

对 55 岁以上的妇女和 60 岁以上的男子的赔偿——终身;

对残废人的赔偿——在残废期间内;

对照管受死者供养的死者子女、孙子女、兄弟姐妹的父或母、配偶或家庭中其他成员的赔偿——到所照管的孩子年满 14 周岁或健康状况改变时止。

第 1089 条 扶养人死亡时的损害赔偿金额

1. 给付因扶养人死亡而享有损害赔偿请求权的人的赔偿数额。

应以该请求权人于死者在世时按本法典第1086条的规则确定的死者工资（收入）中获得的或有权获得的扶养费的份额确定。在确定对上列人的赔偿时，死者在世时所领取的赡养金、终生扶养金和其他类似的款项与工资（收入）一并列入死者收入中。

2. 确定赔偿金额时，因扶养人死亡发给这些人的抚恤金、扶养人死亡前或者死亡后发给这些人的其他各类赡养金以及由这些人领取的工资（收入）和助学金，都不列入赔偿的范围。

3. 因扶养人死亡而规定向每一个损害赔偿请求权人的赔偿金额不应继续重新计算，但以下情况除外：

扶养人死亡后其子女出生；

给付照管死亡扶养人的子女、孙子女、兄弟姐妹的人的赔偿金的发放或终止；

赔偿的数额可由法律或合同予以增加。

第1090条　损害赔偿数额的嗣后变更

1. 丧失部分劳动能力的受害人，如其劳动能力因健康损害而与判决损害赔偿时相比嗣后又有降低，有权随时请求负有赔偿责任的人相应地增加赔偿数额。

2. 如果受害人的劳动能力与判决损害赔偿时相比有所提高，则对受害人的健康损害负有赔偿责任的人，有权请求相应地减少赔偿数额。

3. 如果负有损害赔偿责任的公民曾因本法典第1083条第3款的规定而减少赔偿金额，在其财产状况有所改善时，受害人有权请求增加赔偿数额。

4. 致人损害的公民，如果其财产状况因残废或达到退休年龄而与损害赔偿判决时相比有所降低，法院可根据该公民的请求减少赔偿数额，但损害由其故意行为造成的情形除外。

第1091条　因生活费提高而增加损害赔偿数额

（2002年11月26日第152号联邦法律修订）

在生活费提高时，造成生命或健康损害而应给付公民的赔偿金额，应按法定程序依生活费指数相应提高（第318条）。

第1092条　损害赔偿的给付

1. 因受害人劳动能力降低或者因受害人死亡引起的损害赔偿，按月给付。

有正当理由时，法院斟酌致害人给付的可能性，可依有损害赔偿请求权的公民的请求判决一次性给付，但对3年以上的赔偿不适用一次性给付。

2. 对额外费用的赔偿（第1085条第1款），可以按医学鉴定结论确定的期间为限判决赔偿将来应给付的费用,以及在必须预先给付有关的服务费和财产费,其中包括获得疗养费、路费和专门交通工具费时,也可判决先行给付。

第1093条　法人终止情况下的损害赔偿

1. 按规定程序被认定对生命或健康损害负赔偿责任的法人改组时,给付有关费用的责任由其权利继受人承担。损害赔偿的请求也应向该权利继受人提出。

2. 按规定程序被认定对损害生命或健康负赔偿责任的法人清算时,有关款项应按照法律或其他法律文件确定的规则,一次总括给付受害人。

法律或其他法律文件也可规定按一次付清款项的其他情况。

第1094条　丧葬费的赔偿

对受害人死亡负有责任的人,应向支付丧葬费的人赔偿必要的丧葬费。

支付丧葬费的人取得的丧葬补助金,不列入损害赔偿的范围。

第三节　因商品、工作或服务的瑕疵致人损害的赔偿

第1095条　因商品、工作或服务瑕疵致人损害的赔偿依据

因商品、工作或服务的结构、配方的瑕疵或者其他瑕疵,以及因关于商品(工作或服务)的信息不真实或不充分而造成的公民生命、健康或财产的损害及法人财产的损害,应由商品的出售者或制造者,完成工作或提供服务的人(执行人)予以赔偿,而不论他们是否有过错,也不论受害人与他们是否存在合同关系。

本条的规则仅适用于以消费为目的而不是用于经营活动为目的而购买商品(完成工作、给予服务)的情形。

第1096条　商品、工作或服务的瑕疵致人损害的责任人

1. 因商品瑕疵致人损害的,应依受害人的选择,由商品的出售者或制造者赔偿。

2. 因工作或服务瑕疵致人损害的,应由完成工作或提供服务的人(执行人)赔偿。

3. 因未提供充分或真实的商品(工作、服务)信息而致人损害的,应由本条第1款和第2款所列之人赔偿。

第1097条　因商品、工作或服务瑕疵致人损害的赔偿期限

1. 因商品、工作或服务瑕疵致人损害,如果损害系在商品(工作、服务)的适

用期或服务期内发生,或者在未规定适用期或服务期时损害于商品(工作、服务)生产之日起的 10 年内发生,应该予以赔偿。

(1999 年 12 月 17 日第 231 号联邦法律修订)

2. 在下列情况下,无论损害何时发生,均应予以赔偿:

违反法律要求而未规定适用期或服务期;

商品的买方、工作成果的定作人或接受服务的人未预先被告知关于在适用期或服务期届满后应采取哪些必要行为以及不采取这些行为而可能出现的后果,或者未向他们提供充分而真实的关于商品(工作、服务)的信息。

(1999 年 12 月 17 日第 231 号联邦法律修订)

第 1098 条 因商品、工作或服务瑕疵致人损害的免责依据

商品的出售者或者制造者、工作或服务的执行人,如能证明损害的发生是因为不可抗力或者由于消费者违反了商品、工作成果及服务的使用规则或保管规则,可免除赔偿责任。

第四节 精神损害的补偿

第 1099 条 一般规定

1. 对公民精神损害补偿的依据和数额,依本章和本法典第 151 条的规则确定。

2. 侵犯公民财产权的行为(不作为)所造成的精神损害,在法律规定的情形下应予以补偿。

3. 精神损害的补偿独立于应赔偿的财产损害。

第 1100 条 精神损害补偿的依据

在以下情况下,无论致害人有无过错,均应补偿精神损害:

高度危险来源造成公民生命或健康损害;

非法判人以罪、非法追究刑事责任、非法适用羁押和具结不外出的强制措施、非法处以拘留或劳动改造等行政处罚而给公民造成损害;

传播诋毁名誉、侵害人格尊严和商业信誉而造成的损害;

法律规定的其他情况。

第 1101 条 精神损害补偿的方式和数额

1. 精神损害的补偿以金钱形式进行。

2. 精神损害补偿的数额,由法院根据给受害人造成身体和精神痛苦的性质

决定。当以过错为损害赔偿的依据时,法院还要根据致害人的过错程度确定赔偿数额。在确定精神损害补偿的数额时,应斟酌合理性和公正性的要求。

受害人身体和精神痛苦的性质,由法院根据受害人精神受到损害的实际情况以及受害人的个人特点作出评定。

第四编 债的种类

第六十章　因不当得利而发生的债

第1102条　返还不当得利的义务

1. 没有法律、其他法律文件或者合同的依据,靠损害他人(受损人)利益而取得财产或者积聚财产的人(受益人),应将无根据取得或者积聚的财产(不当得利)返还受损人,但本法典第1109条规定的情况除外。

2. 不当得利的发生不论是因财产取得人、受损人本人、第三人行为的结果或他们意志以外的原因造成,都适用本章的规定。

第1103条　返还不当得利的请求权与保护民事权利的其他请求权的相互关系

如果本法典、其他法律或者其他法律文件没有不同规定,并且相关关系的性质也无不同要求,本章规定的规则也应适用于以下请求权:

(1) 关于返还无效法律行为之履行的请求;

(2) 财产所有权人关于财产脱离非法占有的请求;

(3) 债的一方基于该债向他方提出的返还履行的请求;

(4) 损害赔偿的请求,包括不当得利人的非善意行为造成损害的赔偿请求。

第1104条　用实物返还不当得利

1. 属于受益人不当得利的财产,应以实物返还受损人。

2. 对于受益人在知道或者应该知道该不当取得或积聚财产系不当得利之后所发生的该财产的任何短少或者损坏,包括意外短少或损坏,受益人均应向受损人承担责任,在此之前,受益人仅对其故意或者重大过失造成财产短少或损坏承担责任。

第1105条　赔偿不当得利的价值

1. 如果不能以实物返还不当取得或者积聚的财产,受益人应按取得该财产时的实际价值赔偿受损人,如果受益人在得知不当得利后未立即赔偿财产的价值,则还应赔偿财产价值后来发生变化而引起的损失。

2. 虽无获取他人财产之意图,但无根据地临时使用他人财产或者使用他人服务的人,应按使用结束时或使用发生地的实际价格,向受损人赔偿因该使用而获取的利益。

第1106条 向他人无根据移转权利的后果

依据不存在或者无效的债,以转让请求权的方式或者以其他形式将属于自己的权利移转给他人的人,有权请求恢复原状,包括请求返还证明所转让权利的文件。

第1107条 赔偿受损人预期的收益

1. 不当取得或者积聚财产的人,对于自其知道或者应当知道不当得利时起从该财产中已经获得或者应当获得的全部收益,向受损人返还或者赔偿。

2. 对不当取得的金钱,应加算自受益人知道或者应该知道其不当取得或积聚资金时起使用他人资金的利息(第395条)。

第1108条 赔偿用于应返还财产的费用

在返还不当取得或积聚的财产(第1104条)或者赔偿其价值(第1105条)时,受益人有权要求受损人赔偿维护和保管财产的必要费用折抵受益人所取得的利益。受益人如故意扣留应返还的财产,则丧失该费用的赔偿请求权。

第1109条 不应返还的不当得利

下列财产不应作为不当得利返还:

(1)在履行期限到来之前为履行债务而交付的财产,但债有不同规定的除外;

(2)诉讼时效期限届满后为履行债务而交付的财产;

(3)工资和相当于工资的报酬、退休金、津贴、助学金、致人生命或健康损害的赔偿金、赡养费和作为生活费发给公民的其他金钱,但公民有非善意行为和存在计算错误的除外;

(4)为履行不存在的债而交付的金钱或者其他财产,但受益人须能证明,请求返还财产的人知道债的不存在或者是为了慈善目的而提供该财产。

俄罗斯联邦总统　Б.叶利钦
莫斯科,克里姆林宫
1996年1月26日
第14号联邦法律

俄罗斯联邦民法典
第三部分

国家杜马 2001 年 11 月 1 日通过
联邦委员会 2001 年 11 月 14 日批准
2004 年 12 月 2 日第 156 号联邦法律修订

第五编 继承法

第六十一章 继承的一般规定

第1110条 继承

1. 通过继承,死亡人的财产(遗产)依照权利概括继受程序,即作为统一的整体、在同一时刻、以不变的形式移转给他人,但本法典的规则有不同规定的除外。

2. 继承由本法典和其他法律调整,在法律规定的情况下,也由其他法律文件调整。

第1111条 继承的根据

继承有遗嘱继承和法定继承。

法定继承在未经遗嘱改变时以及在本法典规定的其他情况下实行。

第1112条 遗产

遗产包括继承开始之日属于被继承人的物和其他财产,包括财产权利和义务。

遗产不包括与被继承人的人身不可分割地联系在一起的权利和义务,其中包括领取赡养金的权利、因公民生命或健康受到损害而取得赔偿的权利,以及本法典或其他法律不允许通过继承移转的权利和义务。

遗产不包括人身非财产权和其他非物质利益。

第1113条 继承的开始

继承随着公民的死亡而开始。法院宣告公民死亡即产生与公民死亡相同的法律后果。

第1114条 继承开始的时间

1. 继承开始之日为公民死亡之日。在公民被宣告死亡时,继承开始的时间为法院宣告其死亡的判决生效之日,而在依照本法典第 45 条第 3 款推定公民死亡的日期为其死亡日期时,继承开始的时间为法院判决所确定的死亡日期。

2. 在同一日死亡的公民,在继承的权利继受上被认为是同时死亡,不相互继承。每个死亡人的继承人均参加继承。

第 1115 条 继承发生的地点

继承发生的地点是被继承人的最后住所地(第 20 条)。

如果被继承人的财产在俄罗斯联邦境内,而其最后住所地不明或在俄罗斯联邦境外,则俄罗斯联邦境内遗产继承发生的地点为遗产所在地。如果上述遗产不在同一地点,则继承发生地为财产中的不动产所在地或最有价值部分的不动产的所在地,而没有不动产时,则为动产所在地或最有价值部分的动产的所在地。财产的价值按市场价格确定。

第 1116 条 能够成为继承人的人

1. 继承人可以是:继承开始时尚在人世的公民,以及于被继承人尚在人世时受孕而于继承开始后活着出生的公民。

在遗嘱继承时,继承人还可以是遗嘱中指定的、继承开始时存在的法人。

2. 在遗嘱继承时,俄罗斯联邦、俄罗斯联邦各主体、地方自治组织、外国国家和国际组织也能够成为继承人,而在法定继承时,俄罗斯联邦依照本法典第 1151 条也能够成为继承人。

第 1117 条 无权继承的人

1. 如果按照司法程序证实,公民以自己的故意违法行为针对被继承人、被继承人的某个继承人,或者反对被继承人遗嘱中所表达之最后意志的实现从而促使或企图促使自己或他人成为继承人,或者以此促使或企图促使增加自己或他人应得的遗产份额,则该公民既不能依法继承,也不得依遗嘱继承。但是,公民对丧失继承权之后被继承人遗赠的财产,享有继承权。

如果依照司法程序父母被剥夺了对子女的亲权,在继承开始时也没有恢复亲权,则父母在该子女死后不得依法继承。

2. 恶意逃避履行依法扶养被继承人义务的公民,可以由法院根据利害关系人的请求排除其依法继承的权利。

3. 依照本条的规定没有继承权的人或法院排除其继承权的人(无权继承的人)必须依照本法典第六十章返还不当取得的遗产中的全部财产。

4. 本条的规则相应地适用于有权取得必继份额遗产的继承人。

5. 本条的规则亦适用于遗赠(第 1137 条)。如果遗赠的标的是为无权继承的受遗赠人完成一定的工作或者向他提供一定的服务,则受遗赠人必须向执行遗赠的继承人补偿为他完成的工作或所提供服务的价值。

第五编 继承法

第六十二章 遗嘱继承

第1118条 一般规定
1. 对死后财产的处分可以仅通过订立遗嘱的方式进行。
2. 遗嘱可以由订立时具有完全行为能力的公民订立。
3. 遗嘱应由被继承人亲自订立。不允许通过代理人订立遗嘱。
4. 遗嘱只能是一个人的遗嘱处分。不允许二人以上订立一份遗嘱。
5. 遗嘱是在继承开始后产生权利和义务的单方法律行为。

第1119条 遗嘱自由
1. 公民有权按照自己的意志通过立遗嘱将财产给予任何人，有权以任何方式确定继承人在遗产中的份额，有权剥夺一个、数个或者全部法定继承人的继承权，而无须说明剥夺的原因，以及有权在遗嘱中包括本法典关于遗嘱的规则所规定的其他处分，有权废止或变更已经订立的遗嘱。

遗嘱自由受关于必继份额规则（第1149条）的限制。

2. 公民没有义务将订立遗嘱、遗嘱的内容、变更或废止遗嘱的事宜通知任何人。

第1120条 对任何财产设立遗嘱的权利

立遗嘱人有权订立对任何财产进行处分的遗嘱，其中包括对他将来可能取得的财产订立遗嘱。

立遗嘱人可以订立一份遗嘱或几份遗嘱处分自己的财产或自己的部分财产。

第1121条 在遗嘱中指定继承人和指定再继承人
1. 立遗嘱人可以为一人或几人的利益订立遗嘱（第1116条），这一人或几人可以是法定继承人,也可以不是法定继承人。

2. 立遗嘱人可以在遗嘱中说明他在遗嘱中指定的继承人或法定继承人于继承开始前死亡或者与立遗嘱人同时死亡,或者在继承开始后而尚未接受遗产时死亡,或者因其他原因不接受遗产或放弃遗产,或者无权继承或作为无权继承人被排除继承时指定的另一继承人(再继承人)。

第1122条 遗嘱继承时继承人在遗产中的份额

1. 遗嘱继承时,如果将遗产给予两个或几个继承人而未指明其份额和未指明遗产中的哪些物和权利给予哪一个继承人,则认为所有遗嘱继承人的份额均等。

2. 在遗嘱中指明每个继承人在不可分物(第133条)中应得的实物部分并不导致遗嘱无效,此时的份额被视为相当于该物各部分的价值。继承人使用该不可分物的办法依照遗嘱中指定的该物的各个部分确定。

不可分物按实物各部分进行遗嘱处分的,如果各继承人一致同意,则对该物继承权证明应指出各继承人的份额和该物的使用办法。如果继承人之间存在争议,则各继承人的份额和不可分物的使用办法由法院裁定。

第1123条 遗嘱秘密

公证员、遗嘱的其他证明人、翻译人员、遗嘱执行人、见证人以及代替立遗嘱人在遗嘱上签字的人,无权在继承开始前泄露涉及遗嘱内容、遗嘱的订立、变更或废止的信息材料。

如果遗嘱秘密受到侵害,立遗嘱人有权要求赔偿精神损害以及使用本法典规定的维护民事权利的其他方式。

第1124条 关于遗嘱形式和订立程序的一般规则

1. 遗嘱应该以书面形式订立并经公证员证明。

在本法典第1125条第7款、第1127条和第1128条第2款规定的情况下,也允许由其他人证明。

不遵守本条关于遗嘱书面形式和遗嘱证明的规则的,遗嘱无效。

只有在本法典第1129条规定的情况下,才允许作为例外以普通书面形式订立遗嘱。

2. 如果依照本法典的规则在遗嘱书写、签字、证明时或在送交公证员时应有见证人在场,则下列人员不能作为见证人,也不能代替立遗嘱人在遗嘱上签字:

公证员或进行遗嘱证明的其他人;

遗嘱的受益人或受遗赠人以及他们的配偶、子女和父母；

不具有完全行为能力的公民；

文盲；

因身体缺陷而不能完全理解所发生事情本质的公民；

不足够通晓遗嘱所使用语言的人员,但书写秘密遗嘱的情形除外。

3. 如果依照本法典的规则在遗嘱书写、签字、证明或交付公证员时必须有见证人在场,则在实施上述行为时没有见证人在场的遗嘱无效,而见证人不符合本条第 2 款所规定要求的也可以成为认定遗嘱无效的根据。

4. 遗嘱上必须指明进行证明的地点和日期,但本法典第 1126 条规定的情形除外。

第 1125 条 经过公证的遗嘱

1. 经过公证的遗嘱应该是由立遗嘱人书写的或者由立遗嘱人口授并由公证员记录的。在书写或记录遗嘱时可以使用技术手段(电子计算机、打字机等)。

2. 由立遗嘱人口授、公证员记录的遗嘱,应该在签字前由立遗嘱人在公证员在场时全文阅读。如果立遗嘱人不能亲自阅读遗嘱,则应由公证员向立遗嘱人诵读遗嘱,对公证员向其诵读的事项,应在遗嘱上进行相应的背书,说明立遗嘱人不能亲自阅读遗嘱的原因。

3. 遗嘱应该由立遗嘱人亲笔签字。

如果立遗嘱人由于身体缺陷、严重疾病或不识字而不能在遗嘱上亲笔签字时,可以根据立遗嘱人的请求在公证员在场的情况下由其他公民签字。遗嘱上应说明立遗嘱人不能亲笔签字的原因,以及根据应遗嘱人的请求在遗嘱上签字的公民的身份证件的内容在遗嘱上注明其姓、名、父称和住所地。

4. 在书写遗嘱和进行遗嘱公证时,可以根据立遗嘱人的愿望有见证人在场。

如果遗嘱书写和公证时有见证人在场,则见证人也应在遗嘱上签字,并根据其身份证件在遗嘱上注明其姓、名、父称和住所地。

5. 公证员必须向见证人和代替立遗嘱人在遗嘱上签字的人说明必须保守遗嘱秘密(第 1123 条)。

6. 在进行遗嘱公证时,公证员必须向立遗嘱人解释本法典第 1149 条的内容并在遗嘱上对此进行相应的背书。

7. 如果法律赋予地方自治机关和俄罗斯联邦领事机构的公职人员实施公

证行为的权利,则遗嘱可以由有关公职人员代替公证员进行证明,同时必须遵守本法典关于遗嘱形式、遗嘱公证程序和关于遗嘱秘密的规则。

第1126条　秘密遗嘱

1. 立遗嘱人有权订立遗嘱,而不向包括公证员在内的任何人提供了解遗嘱内容的可能性(秘密遗嘱)。

2. 秘密遗嘱应该由立遗嘱人亲笔书写和签字。不遵守这些规则的遗嘱无效。

3. 秘密遗嘱装在封口的信封内,在有两名见证人在场的情况下交付公证员,见证人应在信封上签字。经见证人签字的信封然后当着见证人的面由公证员装入另一信封,公证员在该另一信封上背书,说明向公证员交付秘密遗嘱的立遗嘱人的情况、接受遗嘱的地点和日期、与每位见证人身份证件一致的见证人的姓、名、父称和住所地。

公证员在从立遗嘱人那里接受装有遗嘱的信封时,必须向立遗嘱人解释本条第2款以及第1149条的内容,并将此事项在第二个信封上进行相应的背书,还应向立遗嘱人发给证明接受秘密遗嘱的文件。

4. 在收到关于立秘密遗嘱人死亡的证明后,公证员应在15日内当着至少两名见证人和希望在场的法定继承人中利害关系人的面开启装有遗嘱的信封。信封开启后,信封中所装遗嘱立即由公证员宣读,之后公证员制作证明开启装有遗嘱文件的信封和包含遗嘱全文的笔录,并同见证人一起在笔录上签字。遗嘱的原件存放在公证员处,而将经过公证的遗嘱复印件发给继承人。

第1127条　与公证遗嘱相当的遗嘱

1. 下列遗嘱相当于经过公证的遗嘱:

(1) 在医院、军队医院、其他住院医疗机构治疗或居住在养老院和残废人福利院的公民的遗嘱,经过这些医院、军队医院、其他住院医疗机构的处室的主任医生、副主任医生或值班医生以及军队医院院长、养老院和残废人福利院院长或主任医生证明的;

(2) 在悬挂俄罗斯联邦国旗的船舶上航行的公民的遗嘱,经过这些船舶船长证明的;

(3) 进行勘察、北极考察或其他类似考察的公民的遗嘱,经过考察队首长证明的;

(4) 军人的遗嘱,而在没有公证员的部队驻地,这些部队文职人员及其家属的遗嘱以及军人家属的遗嘱,经过部队指挥员证明的;

(5) 在剥夺自由场所服刑的公民的遗嘱,经过剥夺自由场所首长证明的。

2. 与公证遗嘱相当的各种遗嘱,应该在有证明人和见证人在场的情况下由立遗嘱人签字,见证人也应在遗嘱上签字。

在其他方面,对此种遗嘱分别适用本法典第1124条和第1125条的规则。

3. 依照本条的规则经过证明的遗嘱,一旦有可能时,应由遗嘱证明人经过司法机关送交立遗嘱人住所地的公证员。如果遗嘱证明人知悉立遗嘱人的住所地,遗嘱应直接送交相应的公证员。

4. 如果在本条第1款规定的某种情况下意欲订立遗嘱的人表示希望聘请公证员并有现实的可能完成立遗嘱人的意愿,则依照本条第1款有权证明遗嘱的人员必须采取一切措施将公证员请到立遗嘱人处。

第1128条 对银行资金权利的遗嘱处分书

1. 公民存入银行或公民在银行任何其他账户上的资金,可以按照公民的意志或者按照本法典第1124条至第1127条规定的程序进行遗嘱处分,或者通过在资金所在银行机构订立书面遗嘱处分书的方式进行遗嘱处分。对于账户上的资金,这种遗嘱处分书具有公证遗嘱的效力。

2. 对银行资金权利的遗嘱处分书应该由立遗嘱人亲笔签字,并指明制作的日期,还应由有权接受执行客户对其账户资金处分的银行工作人员进行证明。设立银行资金遗嘱处分的程序由俄罗斯联邦政府规定。

3. 已经对之设立遗嘱处分的银行资金权利属于遗产并应依照本法典按一般根据进行继承。这些资金凭继承权证明书并依照继承权证明书发给继承人,但本法典第1174条第3款规定的情形除外。

4. 本条的规则分别适用于有权吸收存款或开立公民资金账户的其他信贷组织。

第1129条 非常情况下的遗嘱

1. 如果公民处于显然有生命危险的情势下并因为非常情况而没有可能依照本法典第1124条至第1128条订立遗嘱,则公民可以用普通书面形式对自己的财产表示最后的意志。

公民以普通书面形式表示自己的最后意志,如果立遗嘱人在两名见证人在场的情况下亲笔书写并签署了从内容上可以看出是一份遗嘱的文件,则这种文件被承认是遗嘱。

2. 如果立遗嘱人在该种非常情况消除之后的一个月内尚未利用可能性以本法典第1124条至第1128条规定的任何形式订立遗嘱,则在本条第1款第1

项所列情况下订立的遗嘱无效。

3. 在非常情况下依照本条所立的遗嘱,只有在法院根据利害关系人的请求证实了遗嘱系在非常情况下订立这一事实后,方可执行。上述请求应在接受遗产的期限届满之前提出。

第 1130 条　遗嘱的废止和变更

1. 立遗嘱人有权在遗嘱订立后的任何时间废止或变更遗嘱,而不必说明废止或变更的原因。

废止或变更遗嘱不需要任何人的同意,包括不需要在被废止或变更的遗嘱中指定为继承人的人员的同意。

2. 立遗嘱人有权通过订立新的遗嘱废止原来的整个遗嘱或者通过废止或变更遗嘱中遗嘱处分的某些内容来变更遗嘱。

后来的遗嘱如未明确说明废止原来的遗嘱或原来遗嘱中的某些内容,则完全废止原来的遗嘱或废止其与后来遗嘱相抵触的部分。

已经被后来的遗嘱完全或部分废止的遗嘱不得恢复,即使后来的遗嘱又被立遗嘱人完全或部分废止。

3. 在后来的遗嘱无效的情况下,继承依照原来的遗嘱进行。

4. 遗嘱也可以通过声明作废的方式废止。关于遗嘱作废的声明应该依本法典规定的订立遗嘱的形式。本条第 3 款的规则相应地适用于关于遗嘱作废的声明。

5. 在非常情况下订立的遗嘱(第 1129 条)只能废止或变更在非常情况下订立的遗嘱。

6. 在银行的遗嘱处分书(第 1128 条)只能废止或变更相应银行中资金权利的遗嘱处分书。

第 1131 条　无效遗嘱

1. 如果违反本法典的规定致使遗嘱无效,视遗嘱无效的根据的不同分为由法院认定无效的遗嘱(可撤销遗嘱)或无需法院认定即无效的遗嘱(自始无效遗嘱)。

2. 遗嘱可以由法院根据被遗嘱侵害了权利和利益的人的请求认定为无效。不允许在继承开始前对遗嘱提出争议。

3. 笔误和其他书写、签署和证明遗嘱程序上的轻微错误,如果法院确认它们不影响对立遗嘱人意思表示的理解,不能成为认定遗嘱无效的理由。

4. 可以认定整个遗嘱无效,也可以认定遗嘱中的某些遗嘱处分内容无效。

遗嘱中部分遗嘱处分的内容无效,如果可以推定即使是在无效部分的遗嘱不存在的情况下其余部分也会包含在遗嘱中,则不影响遗嘱中其余部分的效力。

5. 遗嘱无效不剥夺遗嘱所指定的继承人或受遗赠人依法继承或依其他的有效遗嘱继承的权利。

第 1132 条　遗嘱的解释

公证员、遗嘱执行人或法院在解释遗嘱的时候应该注意遗嘱所含词语的字面意义。

如果遗嘱中的某一项内容的字面意义不清,则应该通过将该项内容与其他内容和整个遗嘱的含义进行对照来确定它的意义。在这种情况下应该保证最充分地实现可以推断出的立遗嘱人意志。

第 1133 条　遗嘱的执行

遗嘱由继承人根据遗嘱执行,但遗嘱全部或一定部分由遗嘱执行人执行的情况除外(第 1134 条)。

第 1134 条　遗嘱执行人

1. 立遗嘱人可以委托他在遗嘱中指定的人——遗嘱执行人执行遗嘱,而不论该人是不是继承人。

一个人同意成为遗嘱执行人可以由该人在遗嘱上,或者在遗嘱所附的声明上,或者在继承开始之日起的一个月内送交公证员的声明上作亲笔背书表示。

如果一个人在继承开始之日起的一个月内事实上已经开始执行遗嘱,即被认为同意成为遗嘱执行人。

2. 在继承开始后,如果发生妨碍遗嘱执行人执行遗嘱的情况,则法院可以根据遗嘱执行人本人的请求,也可以根据继承人的请求免除遗嘱执行人执行遗嘱的义务。

第 1135 条　遗嘱执行人的权限

1. 遗嘱执行人的权限依委托他作为遗嘱执行人的遗嘱,并由公证员所颁发的证明书予以证明。

2. 如果遗嘱没有不同规定,遗嘱执行人应该为执行遗嘱采取一切必要措施,其中包括:

(1) 保证依照遗嘱中所表示的被继承人的意志和依照法律向继承人移交其应得的遗产;

(2) 独立地或者通过公证员采取措施保护遗产和为继承人的利益管理

遗产；

（3）领取被继承人应得的金额或其他财产，以便在这些财产不得交付他人时（第1183条第1款）移交给继承人；

（4）执行遗嘱委托或者要求继承人执行遗赠（第1137条）或遗嘱委托（第1139条）。

3. 遗嘱执行人有权以自己的名义进行与执行遗嘱有关的事项，其中包括在法院、其他国家机关和国家机构办理有关事项。

第1136条 遗嘱执行费用的补偿

遗嘱执行人有权要求用遗产补偿与执行遗嘱有关的必要费用，以及在遗嘱有规定的情况下有权要求在有关费用之外用遗产向他支付报酬。

第1137条 遗赠

1. 立遗嘱人有权要求一个或几个遗嘱继承人或法定继承人用遗产为一人或几人（受遗赠人）的利益履行财产性质的义务，受遗赠人取得请求履行此项义务的权利（遗赠）。

遗赠应该在遗嘱中确定。

遗嘱的内容可以仅包括遗赠。

2. 遗赠的标的可以是：向受遗赠人交付遗产中的物归其所有、占有或使用；向受遗赠人移转遗产中的财产权；为受遗赠人取得并向他交付其他财产；为受遗赠人完成一定的工作或提供一定的服务，或为受遗赠人的利益实现分期付款等等。

立遗嘱人还可以责成房屋、住宅或其他住房的继承人向他人提供该住房或住房的一部分在该他人有生之年的或一定期限的使用权。

在遗产的所有权以后向他人发生移转时，根据遗赠提供的该财产的使用权继续有效。

3. 对受遗赠人（债权人）和接受遗赠命令的继承人（债务人）之间的关系，适用本法典关于债权债务的规定，但从本编的规则和遗赠的实质得出不同结论的除外。

4. 取得遗赠的权利在继承开始之日起的3年内有效，也不得移转给他人。但是遗嘱中可以给受遗赠人指定另一受遗赠人，以应对下列情况：遗嘱中指定的受遗赠人在继承开始前死亡或与被继承人同时死亡，或者受遗赠人拒绝接受遗赠或者不行使领受遗赠的权利，或者依照本法典第1117条第5款的规则被剥夺领受遗赠的权利。

第 1138 条　遗赠的执行

1. 被立遗嘱人要求履行遗赠义务的继承人,应该履行遗赠义务,但以在移转给他的遗产扣除他应偿付立遗嘱人的债务后的价值为限。

如果被要求履行遗赠义务的继承人在遗产中享有必继份额,则他履行遗赠的义务以移转给他的遗产中超过必继份额的那部分的价值为限。

2. 如果遗赠的义务由几名继承人履行,则遗赠按每个继承人在遗产中的份额比例对每个继承人设定负担,但遗嘱有不同规定的除外。

3. 如果受遗赠人在继承开始之前死亡或与立遗嘱人同时死亡,或者拒绝领受遗赠(第 1160 条)或者在继承开始之日起的 3 年内不行使领受遗赠的权利,或者依照本法典第 1117 条第 5 款的规则被剥夺领受遗赠的权利,则有义务执行遗赠的继承人免除这一义务,但给受遗赠人指定了另一受遗赠人的情形除外。

第 1139 条　遗嘱委托

1. 立遗嘱人可以在遗嘱中委托一个或几个遗嘱继承人或法定继承人实施旨在实现公益目的的财产性质的或非财产性质的行为(遗嘱委托),如果遗嘱中已经为执行这一委托分割出了部分遗产,则也可以要求遗嘱执行人履行这一义务。

立遗嘱人还有权责成一个或几个继承人饲养属于立遗嘱人的家养动物以及对之进行必要的监管和照料。

2. 如果遗嘱委托的标的是实施财产性质的行为,则对遗嘱委托相应地适用本法典第 1138 条的规则。

3. 利害关系人、遗嘱执行人和任何继承人有权要求通过司法程序执行遗嘱委托,但遗嘱有不同规定的除外。

第 1140 条　执行遗赠或遗嘱委托的义务向其他继承人的移转

如果由于本法典所规定的情况被要求履行遗赠义务或实施遗嘱委托的继承人应得的遗产份额移转给其他继承人,在从遗嘱或法律中不能得出不同结论时,则该其他继承人应该执行遗赠或遗赠委托。

第五编 继承法

第六十三章 法定继承

第1141条 一般规定

1. 法定继承人按照本法典第1142条至第1145条和第1148条规定的顺序参加继承。

有下列情形之一时,由每后一顺序的继承人继承:没有前面顺序的继承人,即前面顺序的继承人不存在;他们中的任何人都无权继承或所有继承人均被排除继承(第1117条);他们所有的人均被剥夺继承权(第1119条第1款);他们中的任何人均未接受遗产;他们中的所有人均放弃遗产。

2. 同一个顺序的继承人继承的份额均等,但代位继承的继承人除外(第1146条)。

第1142条 第一顺序继承人

1. 第一顺序的法定继承人是被继承人的子女、配偶和父母。

2. 被继承人的孙子女(外孙子女)及其后代代位继承。

第1143条 第二顺序继承人

1. 如果没有第一顺序继承人,则第二顺序的法定继承人是被继承人的同父同母兄弟姐妹和同父异母(同母异父)兄弟姐妹、被继承人的祖父母和外祖父母。

2. 被继承人同父同母兄弟姐妹和同父异母(同母异父)兄弟姐妹的子女(被继承人的侄子侄女、外甥外甥女)代位继承。

第1144条 第三顺序继承人

1. 如果没有第一顺序和第二顺序继承人,则第三顺序的法定继承人是被继承人父母的同父同母兄弟姐妹和同父异母(同母异父)兄弟姐妹(被继承人的叔伯姑舅姨)。

2. 被继承人的堂(表)兄弟姐妹代位继承。

第1145条　以后顺序的继承人

1. 如果没有第一、第二和第三顺序的继承人(第1142条至第1144条),被继承人的不属于前几个顺序继承人的第三、第四、第五亲等的亲属取得法定继承权。

亲等按间隔亲属的出生次数确定。被继承人自己的出生不包括在内。

2. 以下亲属依照本条第1款进行继承:

第四顺序为第三亲等的亲属——被继承人的曾祖父母和外曾祖父母;

第五顺序为第四亲等的亲属——被继承人亲侄子女和亲外甥外甥女的子女(侄孙子女和侄外孙子女)、被继承人祖父母和外祖父母的亲兄弟姐妹(表、堂祖父母);

第六顺序为第五亲等的亲属——被继承人侄孙子女和侄外孙子女的子女(侄重孙子女和外侄重孙子女)、被继承人的表(堂)兄弟姐妹的子女(表、堂侄子女)以及被继承人表(堂)祖父母的子女(表、堂叔伯姑舅姨)。

3. 如果没有前几个顺序的继承人,第七顺序的法定继承人则为继子、继女、继父、继母。

第1146条　代位继承

1. 在本法典第1142条第2款、第1143条第2款和第1144条第2款规定的情况下,法定继承人在开始继承前死亡或与被继承人同时死亡的,其份额依代位继承移转给相应的后代并由他们均分。

2. 法定继承人如果由被继承人剥夺了继承权(第1119条第1款),则其后代不得代位继承。

3. 法定继承人在继承开始前死亡或与被继承人同时死亡的,如该继承人依照本法典第1117条第1款不享有继承权,则其后代不得代位继承。

第1147条　被收养人和收养人的继承

1. 在法定继承时,被收养人及其后代与收养人及其亲属等同于亲生(血亲)。

2. 被收养人及其后代在被收养人的亲生父母和其他亲属死亡后不享有法定继承权,而被收养人的亲生父母和其他亲属在被收养人及其后代死后也不享有法定继承权,但本条第3款所规定的情形除外。

3. 如果依照《俄罗斯联邦家庭法典》,被收养人依照法院的判决仍然保留着与亲生父或母或其他亲属的关系,被收养人及其后代在这些亲属死后依法继承,而后者在被收养人及其后代死后亦依法继承。

依照本款的继承不排除依本条第 1 款的继承。

第 1148 条 被继承人所供养的无劳动能力人的继承

1. 属于本法典第 1143 条至第 1145 条规定的法定继承人的公民,在继承开始之日无劳动能力,但又不属于参加继承的顺序,如果在被继承人死亡前有一年以上受被继承人供养,则无论他是否与被继承人共同生活,则与该顺序的法定继承人同等享有法定继承权。

2. 法定继承人包括不属于本法典第 1142 条至第 1145 条所规定的继承人的范围,但在继承开始时无劳动能力并且在被继承人死亡前至少一年受被继承人供养和与之共同生活的公民。在有其他法定继承人的情况下,他们与参加继承的该顺序的继承人享有同等继承权。

3. 在没有其他法定继承人时,本条第 2 款所列受被继承人供养的无劳动能力人自动成为第八顺序继承人进行继承。

第 1149 条 遗产中的必继份额权利

1. 被继承人的未成年子女或无劳动能力的子女、无劳动能力的配偶和父母,以及无劳动能力的受供养人,应根据本法典第 1148 条第 1 款和第 2 款参加继承的,不论遗嘱的内容如何,均应继承至少每一法定继承人应得份额的一半(必继份额)。

2. 取得遗产中必继份额的权利用遗产中未立遗嘱的部分给付,即使这可能导致其他法定继承人对该部分遗产权利的减少,而在未立遗嘱部分的财产不足以实现必继份额权利时,则用已立遗嘱的财产给付。

3. 有权取得必继份额的继承人以任何根据从遗产中的全部所得,其中包括为该人利益规定的遗赠的价值,均计入必继份额。

4. 如果享有必继份额的继承人在被继承人在世时对必继份额财产并未使用,而遗嘱继承人却用于居住(房屋、住宅、其他住房、别墅等等)或用作主要生活来源(劳动工具创作室等等),而必继份额权利的实现可能导致无法向遗嘱继承人交付这些遗产,则法院可以考虑享有必继份额权的继承人的财产状况,减少必继份额或者判决不给付必继份额。

第 1150 条 配偶的继承权

属于被继承人尚在人世的配偶的遗嘱继承权和法定继承权,不减少其对婚姻存续期间与被继承人共同积累而属于共有的那部分财产的权利。已故配偶一方在该财产中的份额,依本法典第256条确定,属于遗产并按本法典规定的规则移转给继承人。

第1151条 无主财产的继承

1. 有下列情形之一者,死亡人的财产被认为是无主财产:

既不存在法定继承人,也无遗嘱继承人;

继承人中的任何人均无权继承或所有继承人均被排除继承(第1117条);

继承人中的任何人均不接受遗产;

所有继承人均放弃遗产而且其中任何人均未指明为另一继承人而放弃(第1158条)。

2. 无主财产按法定继承程序归俄罗斯联邦所有。

3. 取得无主财产的程序和登记办法,以及移转给俄罗斯联邦所有或地方自治组织所有的程序由法律规定。

第五编 继承法

第六十四章　遗产的取得

第 1152 条　接受遗产

1. 继承人须接受遗产方能取得遗产。

无主财产(第 1151 条)的取得不需要接受。

2. 继承人接受部分遗产即表示接受他应得的全部遗产,而不论遗产包括什么和遗产所在何处。

在继承人同时按照几个根据(遗嘱继承,法定继承,或者通过转继承或直接因继承开始而继承等等)继承时,继承人可以按其中任何一个、几个或全部根据接受应得的遗产。

接受遗产不允许有先决条件或附带条件。

3. 一个或几个继承人接受遗产不表示其余继承人接受遗产。

4. 已经接受的遗产被认为自继承开始之日起属于继承人,而不论实际接受的时间;如果继承人对该财产的权利应进行国家登记,则不论进行国家登记的时间,亦自开始继承之日被认为属于继承人。

第 1153 条　接受遗产的方式

1. 接受遗产的方式是继承人向继承开始地的公证员或依法有权颁发遗产权证明书的公职人员递交关于接受遗产的申请或递交请求颁发继承权证明书的申请。

如果继承人的申请由他人交给公证员或邮寄给公证员,则继承人在申请书上的签字应由公证员、有权实施公证行为的公职人员(第 1125 条第 7 款)或有权依照本法典第 185 条第 3 款证明委托书真实有效的人员予以证明。

如果委托书专门规定了接受遗产的权限,则可以通过代理人接受遗产。法定代理人接受遗产不需要委托书。

2. 如果继承人实施了证明他事实上接受遗产的行为,其中包括:

继承人参加占有和管理遗产;

继承人采取措施维护遗产,保护遗产不受第三人的侵害或请求;

用自己的经费维护遗产;

用自己的经费偿付被继承人的债务或从第三人那里取得被继承人应得的款项。

只要不能证明不同的事实,则认为继承人接受了遗产。

第1154条　接受遗产的期限

1. 遗产可以在继承开始之日起的6个月内接受。

如果继承开始于推定被继承人死亡(第1114条第1款)之日,则遗产可以在法院关于宣告被继承人死亡的判决生效之日起的6个月内接受。

2. 如果由于继承人放弃遗产或因继承人依照本法典第1117条规定的根据被排除继承而其他人产生继承权,则该其他人可以在其继承权产生之日起的6个月内接受遗产。

3. 仅因其他继承人不接受遗产而取得继承权的人,可以在本条第1款所规定期限结束之日起的3个月内接受遗产。

第1155条　规定期限届满后接受遗产

1. 继承人错过了接受遗产的规定期限(第1154条)时,如果继承人不知悉也不应知悉继承的开始或因其他正当理由错过了接受遗产的期限,而且错过期限的继承人在错过期限的理由不复存在后的6个月内向法院提出请求,则法院可以根据继承人的申请恢复该期限并确认继承人接受遗产。

法院在确认继承人接受遗产之后,要确定所有继承人在遗产中的份额,必要时应采取措施维护新继承人取得应继份额的遗产(本条第3款)。以前颁发的继承权证明书由法院认定无效。

2. 在接受遗产的规定期限届满后,继承人不向法院提出请求亦可以接受遗产,其条件是已接受遗产的其余继承人书面表示同意。如果其余继承人提出这种书面同意没有公证员在场,则他们在同意文书的签字须依照本法典第1153条第1款第2项规定的程序予以证明。继承人的同意是公证员撤销以前所颁发的继承权证明书和颁发新证明书的根据。

如果根据以前颁发的继承权证明书已经进行了不动产的国家登记,则公证员关于撤销以前颁发的证明书的决定和新的证明书是在国家登记中进行相应变更的根据。

3. 在接受遗产的规定期限届满后依照本条的规则接受遗产的继承人,有权取得他依照本法典第 1104 条、第 1105 条、第 1107 条和第 1108 条应得的遗产。在本条第 2 款规定的情况下,本条第 2 款规则的适用以继承人之间的书面协议没有不同的规定为限。

第 1156 条 遗产接受权的移转(转继承)

1. 如果遗嘱继承人或法定继承人于继承开始前死亡而未能在规定期限内接受遗产,则其接受其应得遗产的权利移转给他的法定继承人,而如果对所有遗产已经立了遗嘱,则移转给他的遗嘱继承人(转继承)。依照转继承程序接受遗产的权利不包括在他死后开始继承的遗产之中。

2. 属于已经死亡的继承人的接受遗产的权利,可以由他的继承人依照一般根据实现。

如果继承人死后接受遗产所剩的期限少于 3 个月,则该期限延长至 3 个月。

在接受遗产的规定期限届满后,如果法院发现已死亡的继承人的继承人因正当理由错过了该期限,则可以由法院依照本法典第 1155 条确认他们已经接受遗产。

3. 继承人接受作为必继份额(第 1149 条)的那部分遗产的权利,不得移转给他的继承人。

第 1157 条 放弃遗产的权利

1. 继承人有权为了第三人的利益放弃遗产(第 1158 条),或者同时并不确定他为了谁的利益而放弃遗产。

在继承无主财产时,不允许放弃遗产。

2. 继承人有权在接受遗产的规定期限(第 1154 条)内放弃遗产,其中包括他已经接受的遗产。

如果继承人已经实施证明他已经事实上接受遗产的行为(第 1153 条第 2 款),法院根据该人的请求也可以在规定期限届满后确认他放弃遗产,如果发现他确因正当理由错过该期限。

3. 放弃遗产后不得变更或收回放弃。

4. 如果继承人是未成年人或被认定为无行为能力人或限制行为能力人,则须经监护和保护机关的事先批准才允许放弃遗产。

第 1158 条 为他人的利益放弃遗产和放弃部分遗产

1. 为了其他未被剥夺继承权(第 1119 条第 1 款)的遗嘱继承人或任何顺序法定继承人的利益,包括代位继承或依转继承程序(第 1156 条)参加继承的人员的利益,继承人有权放弃遗产。

不允许为了上述任何人的利益而放弃:

遗嘱继承的财产,如果被继承人的全部财产均遗嘱处分给他所指定的继承人;

遗产中的必继份额(第1149条);

对继承人已指定其继承人(第1121条)。

2. 不允许为了本条第1款所指人员以外的人的利益而放弃遗产。

放弃遗产也不允许有附带条件或先决条件。

3. 不允许放弃继承人应得的部分遗产。但是,如果继承人同时因几种根据而参加继承(遗嘱继承、法定继承、转继承和直接因开始继承而继承,或者在其他法定情况下),继承人有权放弃他因其中一个根据、几个根据或所有根据而应得的遗产。

第1159条　放弃遗产的方式

1. 继承人通过向继承开始地的公证员和依法有权颁发继承权证明书的公职人员递交放弃遗产申请书的方式放弃遗产。

2. 如果放弃遗产的申请书不是由继承人本人,而是由他人向公证员递交的或者邮寄的,则继承人在申请书上的签字应该按照本法典第1153条第1款第2项规定的程序加以证明。

3. 如果委托书中有相关的专门授权,可以通过代理人放弃遗产。法定代理人放弃遗产无需委托书。

第1160条　放弃领受遗赠的权利

1. 受遗赠人有权放弃领受遗赠(第1137条)。在这种情况下,不允许放弃为他人的利益放弃领受遗赠,也不允许有附带条件的或先决条件的放弃领受遗赠。

2. 如果受遗赠人同时又是继承人,则本条所规定的权利与他接受遗产或放弃遗产的权利无关。

第1161条　继承份额的增加

1. 如果:

继承人不接受遗产;

继承人放弃遗产,而未指明为了另一继承人的利益而放弃(第1158条);

继承人没有继承权或者因本法典第1117条所规定的根据被排除继承;

遗嘱无效,

则退出的继承人应得的那部分遗产按其他继承人在遗产中的所占份额的比例移转给其他参加继承的法定继承人。

但是,如果被继承人订立遗嘱将全部财产给予他所指定的继承人,则放弃遗产的继承人或由于其他根据退出继承的继承人应得的那部分遗产按其余遗嘱继承人在遗产中的比例移转给其余继承人,但遗嘱对该部分遗产作了不同处分的情形除外。

2. 如果对放弃遗产或由于其他原因退出继承的继承人已经指定了再继承人(第1121条第1款),则不适用本条的规则。

第1162条 继承权证明书

1. 继承权证明书由公证员或依法有权实施公证行为的公职人员或依法实施公证行为的公职人员在继承开始地颁发。

继承权证明书根据继承人的申请发给。根据继承人的愿望,继承权证明书可以发给所有的继承人,也可以分别发给每个继承人,可以发给所有遗产的继承权证明书,也可以发给部分遗产的继承权证明书。

无主财产由俄罗斯联邦继承时(第1151条),继承权证明书的颁发程序相同。

2. 如果在颁发继承权证明书之后发现了继承权证明书未涉及的遗产,则应颁发补充继承权证明书。

第1163条 颁发继承权证明书的期限

1. 继承权证明书可以在继承开始之日起的6个月后的任何时间颁发给继承人,但本法典规定的情况除外。

2. 无论是法定继承还是遗嘱继承,如果有确切的材料证明,除申请颁发继承权证明书的人外,不存在有权继承遗产或继承相应部分遗产的其他继承人,则继承权证明书均可以在继承开始之日起的6个月后发给。

3. 继承权证明书的颁发依照法院的判决中止,以及继承人已经在母腹中而尚未出生时中止。

第1164条 继承人的共有

在法定继承时,如果遗产移转给两个或几个继承人,而在遗嘱继承时,如果遗产依遗嘱属于两个或几个继承人,而又未指明每个继承人应继承的具体财产,则遗产自继承开始之日起归继承人按份共有。

对继承人的共有适用本法典第十六章关于按份共有的规则,同时考虑本法典第1165条至第1170条的规则。但是在分割遗产时,在自继承开始之日起的3

年内适用本法典第1168条至第1170条的规则。

第1165条 依照继承人的协议分割遗产

1. 属于两个或几个继承人按份共有的遗产,可以依照继承人之间的协议进行分割。

对遗产分割协议适用本法典关于法律行为形式和合同形式的规则。

2. 包含不动产的遗产的分割协议,其中包括关于从遗产中分出一个或几个继承人份额的协议,可以由继承人在取得继承权证明书之后签订。

继承人如对不动产权利签订了分割协议,则不动产权利的国家登记根据遗产分割协议和此前颁发的继承权证明书办理,而如果在他们签订分割协议前已经进行了继承人不动产权利的国家登记,则国家登记根据遗产分割协议进行。

3. 继承人在签订协议时所进行的遗产分割与继承权证明书规定的继承人应得遗产份额不符的,不得成为拒绝对分割遗产后所得财产权利进行国家登记的理由。

第1166条 遗产分割时对婴儿利益的保护

如果继承人已在母腹尚未出生,则遗产的分割只能在该继承人出生后方能进行。

第1167条 遗产分割时对未成年人、无行为能力的人和限制行为能力人的利益的保护

如果继承人中有未成年的公民、被认定为无行为能力的或限制行为能力的公民,则遗产的分割应遵守本法典第37条的规则进行。

为了保护上述继承人的合法利益,应将拟定遗产分割协议(第1165条)和法院审理遗产分割案件的情况通知监护和保护机关。

第1168条 遗产分割时对不可分物的优先权

1. 如果不可分物(第133条)原属于继承人与被继承人共有,而遗产又包含继承人对不可分物的权利,则该继承人在遗产分割时优先于其他以前不是共有人的继承人享有取得该共有物的权利作为自己的继承份额,而不论其他继承人是否使用该物。

2. 经常使用在遗产中的不可分物(第133条)的继承人,在遗产分割时对不使用该物也不是该物共有人的继承人享有作为其继承份额取得该物的优先权。

3. 如果遗产中的住房(房屋、住宅)等不能实物分割,则在遗产分割时,继承开始前居住在该处而且没有其他住房的继承人对于不是住房所有人的其他继承

人享有作为其继承份额取得该住房的优先权。

第1169条 遗产分割时对日常家居用品及日常生活用品优先权

直至继承开始之日与被继承人共同生活的继承人,在遗产分割时享有作为其继承份额取得家居用品及日常生活用品的优先权。

第1170条 所得遗产与继承份额不相当时的补偿

1. 继承人依照本法典第1168条或第1169条申请优先取得的财产超过其继承份额的,该继承人应将遗产中的其他财产移转给其余继承人或给予其他补偿,其中包括给付相应的钱款以补偿差额部分。

2. 如果所有继承人的协议没有不同约定,一个继承人在向其他继承人进行相应补偿后可以实现优先权。

第1171条 遗产的保护和管理

1. 为了维护继承人、受遗赠人和其他利害关系人的权利,遗嘱执行人或继承开始地的公证员应采取本法典第1172条和第1173条所规定的措施和保护和管理遗产的其他必要措施。

2. 公证员根据一个或几个继承人、遗嘱执行人、地方自治机关、监护和保护机关或为保护遗产而工作的其他人的申请采取保护和管理遗产的措施。在指定了遗嘱执行人(第1134条)的情况下,公证员与遗嘱执行人协商采取保护和管理遗产的措施。

遗嘱执行人自主或根据一个或几个继承人的请求采取保护和管理遗产的措施。

3. 为了查明遗产和保护遗产,银行、其他信贷机构和其他法人必须根据公证员的查询将被继承人在它们那里的财产情况告知公证员。公证员仅可以把取得的有关资料通知遗嘱执行人和继承人。

4. 公证员在考虑到遗产的性质和价值,以及考虑继承人开始占有遗产的必要时间而确定的期限内采取保护和管理遗产的措施,但该期限不得超过继承开始之日起的6个月,而在本法典第1154条第2款和第3款和第1156条第2款规定的情况下,不得超过继承开始之日起的9个月。

遗嘱执行人在执行遗嘱所必需的期间内采取保护和管理遗产的措施。

5. 如果遗产处于不同地点,则继承开始地的公证员应通过司法机关向有关遗产所在地的公证员送交必须予以执行的保护和管理遗产委托书。如果继承开始地的公证员知悉谁应该采取措施保护遗产,则此种委托书应送交给相应的公证员或公职人员。

6. 保护和管理遗产的程序,包括进行遗产清点登记的程序,由公证法规定。依照遗产保管合同和遗产委托管理合同应得报酬的最高数额由俄罗斯联邦政府规定。

7. 如果法律规定地方自治机关公职人员或俄罗斯联邦领事机构公职人员有权实施公证行为,则可以由相应公职人员采取保护和管理遗产的必要措施。

第 1172 条　遗产的保护措施

1. 为了保护遗产,公证员应在两名符合本法典第 1124 条第 2 款规定要求的见证人在场的情况下进行遗产的清点登记。

进行遗产的清点登记时,遗嘱执行人、继承人可以在场,在相应情况下的监护和保护机关代表也可以在场。

根据前款人员的申请,应根据继承人之间的协议进行遗产评估。在达不成协议时,未达成协议的遗产或部分遗产的评估由独立评估人员进行,费用由要求评估的人负担,以后再按每个继承人所得遗产价值的多少按比例分摊这些费用。

2. 遗产中的现金由公证员提存保管,而外汇、贵金属、宝石和宝石制品以及不需要管理的有价证券,按本法典第 921 条规定按保管合同交由银行保管。

3. 如果公证员获悉,遗产中还有武器,他应将此情况通知内务机关。

4. 本条第 2 款和第 3 款所列以外的遗产,如果不需要管理,则由公证员按合同方式交由一个继承人保管,而在不可能将该遗产交给继承人保管时,可以按公证员的裁量交付他人保管。

如果是遗嘱继承,而且指定了遗嘱执行人,则遗嘱执行人独立保障上述遗产的保管,或者根据遗嘱执行人的裁量通过与一个继承人或他人签订保管合同的方式进行保管。

第 1173 条　遗产的委托管理

如果遗产包括不仅需要保护,而且需要管理的财产(企业、商业合伙或商业公司注册资本中的股份、有价证券、专属权等等),公证员应依照本法典第 1026 条作为委托管理发起人签订这些财产的委托管理合同。

如果继承依遗嘱进行,且已经指定了遗嘱执行人,则委托管理合同发起人的权利属于遗嘱执行人。

第 1174 条　因被继承人死亡而发生的费用及因遗产的保护和管理而发生的费用的偿付

1. 因被继承人死亡前患病所发生的费用、丧葬费(包括被继承人墓地的必要费用)、遗产的保护和管理费用以及与遗嘱的执行有关的费用,用遗产进行偿付,但以遗产的价值为限。

2. 关于偿付本条第 1 款所列费用的请求,可以向接受遗产的继承人提出,而在继承开始前,可以向遗嘱执行人或对遗产提出。

这种费用应在向被继承人的债权人清偿债务前偿付,并以移转给每个继承人的遗产的价值为限。偿付的顺序如下:第一顺序——偿付因被继承人患病和丧葬而发生的费用,第二顺序——用于保护和管理遗产的费用,第三顺序——与遗嘱执行有关的费用。

3. 为了支付被继承人的丧葬费,可以使用被继承人所有的任何资金,包括在银行存款和账户上的资金。

被继承人存款和开立账户的银行,必须按照公证员的决定向公证员决定中指定的人员提供资金以支付上述费用。

如果继承人依遗嘱取得被继承人的银行存款和其他账户上的资金,包括通过在银行的遗嘱处分书(第 1128 条)取得的情形,则继承人有权在继承开始之日起的 6 个月内的任何时间支取存款或从被继承人账户上支取资金作为被继承人丧葬的必要费用。

银行依照本款向继承人或公证员决定中所指定人员支付的丧葬费用不得超过支取这些资金之日的法定最低劳动报酬额的 100 倍(2004 年 12 月 2 日第 156 号联邦法律修订)。

本款的规则相应地适用于有权吸收公民的资金作为存款和开立其他账户的其他信贷组织。

第 1175 条 继承人偿付被继承人债务的责任

1. 接受遗产的继承人,应对被继承人的债务承担连带责任(第 323 条)。

每个继承人对被继承人的债务的责任以移转给他的遗产的价值为限。

2. 依照转继承程序(第 1156 条)接受遗产的继承人,在该财产价值范围内对作为该财产原所有人的被继承人的债务承担责任,而不以该财产对转让遗产接受权的原继承人的债务承担责任。

3. 被继承人的债权人有权在为相应请求权规定的诉讼时效期内向接受遗产的继承人提出自己的请求。在遗产接受前,债权人的请求可以向遗嘱执行人或对遗产提出。在后一种情况下,法院在继承人接受遗产前或将无主财产按继承程序移交给俄罗斯联邦前中止接受遗产案件的审理。

在被继承人的债权人提出请求时,为相应请求规定的诉讼时效期不得中断、中止或恢复。

第五编 继承法

第六十五章　某些种类财产的继承

第1176条　与参加商业合伙、商业公司和生产合作社有关的权利的继承

1. 无限公司和两合公司参加人、有限责任公司或补充责任公司的参加人、生产合作社社员的遗产包括该参加人(社员)在相应合伙、公司或合作社注册资本(财产)中的股份(股金)。

如果依照本法典、其他法律或商业合伙、商业公司或生产合作社的设立文件,继承人参加合伙、公司或合作社需要公司其余参加人或合作社其余社员的同意,而继承人又得到这种同意,则继承人有权依照本法典、其他法律或相应法人的设立文件的规则对相关情况所作的规定从商业合伙、商业公司或生产合作社取得所继承股份(股金)的实际价值或与之相当的财产。

2. 两合公司投资人的遗产包括他在注册资本中的股份。获得该股份的继承人成为两合公司的投资人。

3. 股份公司股东的遗产包括属于他的股票。获得股票的继承人成为股份公司的股东。

第1177条　与参加消费合作社有关的权利的继承

1. 消费合作社社员的遗产包括他的股金。

住宅合作社、别墅合作社或其他消费合作社社员的继承人有权成为相应合作社的社员。该继承人不得被拒绝加入合作社。

2. 被继承人的股金移转给几个继承人时,继承人中谁可以被接受加入消费合作社的问题,以及向不成为合作社社员的继承人支付他们应得的金额或代替金额的实物的程序、方式和期限,由关于消费合作社的立法和有关合作社的设立文件规定。

第 1178 条 企业的继承

继承开始前以个体经营者资格注册的继承人,或者遗嘱继承人是商业组织的,在遵守本法典第 1170 条规则的条件下,在遗产分割时有权优先取得遗产中的企业(第 132 条)作为自己的继承份额。

如果继承人中的任何人均不享有上述优先权或者不行使此优先权,则遗产中的企业不得进行分割,而依照各继承人的份额归继承人按份共有,但接受包括企业的遗产的继承人的协议有不同规定的除外。

第 1179 条 农场(畜牧场)成员财产的继承

1. 农场(畜牧场)的任何成员死亡后,依照一般根据并遵守本法典第 253 条至第 255 条和第 257 条至第 259 条的规则开始和进行继承。

2. 如果农场(畜牧场)成员死亡,而他的继承人本人不是该农场(畜牧场)的成员,则他有权按其所继承遗产的份额从农场(畜牧场)成员共同共有财产中的取得补偿。给付补偿的期限由继承人与农场(畜牧场)的协议规定,在达不成协议时,则由法院裁定,但不得超过继承开始之日起的 1 年。如果农场(畜牧场)成员与上述继承人未达成不同协议,则被继承人在该财产中的份额被认为是与农场(畜牧场)其他成员的份额相等。如果继承人被吸收参加农场(畜牧场),则不向他进行补偿。

3. 如果农场(畜牧场)成员死后该农场(畜牧场)终止(第 258 条第 1 款),包括由于被继承人是农场(畜牧场)的唯一成员而终止,而继承人中没有人愿意继续经营农场(畜牧场),则农场(畜牧场)的财产应依照本法典第 258 条和第 1182 条在继承人中进行分割。

第 1180 条 限制流通物的继承

1. 被继承人所有的武器、烈性物质和剧毒物质、麻醉品和精神药物以及其他限制流通物(第 129 条第 2 款第 2 项)属于遗产,按照本法典规定的一般根据进行继承。接受包括上述物品的遗产不需要专门许可。

2. 在继承人取得专门许可之前,对遗产中限制流通物应按法律对有关财产规定的办法采取保护措施。

如果继承人被拒绝发给专门许可,则继承人对该物品的所有权应依照本法典第 238 条的规定终止,而销售财产所取得的金额在扣除销售费用后应移交给继承人。

第 1181 条 土地的继承

属于被继承人所有的土地或土地终身继承占有权属于遗产并按本法典规定

的一般根据进行继承。接受包括土地的遗产不需要专门许可。

在土地或土地终身继承占有权继承时,该土地界限内的表层(土壤层)、封闭的水体、树林和植物均作为遗产进行继承。

第1182条 土地分割的特点

1. 属于继承人共有的土地在分割时应考虑对相应用途土地所规定的最低面积。

2. 在土地不能按照本条第1款的办法进行分割时,土地移转给以其继承份额取得该土地的优先权的继承人。对其余继承人的补偿按照本法典第1170条规定的办法进行。

如果继承人中任何人均不享有取得土地的优先权或者均不行使此种优先权,则继承人对该土地的占有、使用和处分按照按份共有的条件进行。

第1183条 尚未给付的生活费的继承

1. 应向被继承人给付,但被继承人生前由于任何原因尚未领取的工资和与工资相当的款项、退休金、奖学金、社会保险金、生命和健康损害赔偿金,赡养金以及公民作为生活费应得的其他钱款,属于与死者共同生活的家庭成员所有,以及属于无劳动能力的受供养人所有,而不论他们是否与死者共同生活。

2. 根据本条第1款的付款请求应在继承开始之日起的4个月内向义务人提出。

3. 如果不存在依本条第1款有权领取尚未给付被继承人应得款项的继承人,或者继承人不在规定期限内提出给付这些款项的请求,则相应款项列入遗产并按本法典规定的一般根据进行继承。

第1184条 国家或地方自治组织按优惠条件提供的财产的继承

国家或地方自治组织因被继承人残废或其他类似情况按优惠条件提供给他的交通工具和其他财产,属于遗产,亦按本法典规定的一般根据进行继承。

第1185条 国家奖励和荣誉奖章、纪念章的继承

1. 授予被继承人的、适用俄罗斯联邦国家奖励立法的国家奖励,不属于遗产。在获奖人员死后,这些奖励依照关于俄罗斯联邦国家奖励的立法规定的程序转交给他人。

2. 属于被继承人的而不适用俄罗斯联邦国家奖励立法的国家奖励、荣誉奖章和其他纪念章,包括所收藏的奖励和奖章,属于遗产并按本法典规定的一般根据进行继承。

第六编 国际私法

第六十六章　一般规定

第1186条　如何确定应适用于有外国人参加的或含有其他涉外因素的民事法律关系的法

1. 当民事法律关系有外国公民或外国法人参加或含有其他涉外因素,包括民事权利的客体处在国外时,对之应适用的法根据俄罗斯联邦签署的国际条约、本法典、其他法律(第3条第2款)和俄罗斯联邦承认的惯例确定。

确定国际商事仲裁应适用的法律的特点,由国际商事仲裁法规定。

2. 如果依照本条第1款不能确定应该适用的法律,则适用与涉外民事法律关系最相近的国家的法律。

3. 如果俄罗斯联邦签署的国际条约含有应对相应关系适用的实体法规范,则不得再根据冲突规范确定适用于完全由这些实体法规范调整的问题的法律。

第1187条　在确定应适用的法律时法律概念的定性

1. 在确定应适用的法律时,法律概念的解释依照俄罗斯法,但法律有不同规定的除外。

2. 如果在确定应适用的法律时,需要进行法律定性的概念是俄罗斯法中所没有的,或者俄罗斯法中的名称不同或者内容不同不能依照俄罗斯法进行解释,则在对之定性时适用外国法。

第1188条　具有多种法律制度国家的法的适用

如果应该适用一个国家的法律,而该国存在几种法律制度,则适用依照该国法确定的法律制度。如果不可能依照该国法确定哪一种法律制度应该适用,则适用与该关系联系最密切的法律制度。

第 1189 条 相互原则

1. 外国法在俄罗斯联邦的适用与相关国家对这种关系是否适用俄罗斯法无关,但法律规定根据相互原则适用外国法的情形除外。

2. 如果外国法的适用取决于相互原则,在不能证明不同情形时,则推定相互原则的存在。

第 1190 条 反致

1. 依照本编的规则对外国法的任何系属,均应视为对实体法的系属,而不是对有关国家冲突法的系属,但本条第 2 款规定的情形除外。

2. 如果外国法的反致规定适用关于自然人法律地位的俄罗斯法(第 1195 条至第 1200 条),则可以适用外国法的反致。

第 1191 条 外国法规范内容的确定

1. 法院在适用外国法时,法院应依照相关国家对该国法律规范的官方解释、适用的实践和理论确定其内容。

2. 为了确定外国法规范的内容,法院可以按照规定程序向俄罗斯联邦司法部以及在俄罗斯联邦和国外的其他主管机关和组织请求协助和解释,或者聘请专家。

案件的参加人可以提交证明文件,以说明他们为证明自己的请求或异议所援引的外国法的内容,或者以其他方式帮助法院确定这些规范的内容。

与双方当事人从事经营活动有关的请求,法院可以规定对外国法规范内容的证明责任在于各方当事人。

3. 如果依照本条的规范采取了措施仍然不能在合理的期限内确定外国法的内容,则适用俄罗斯法。

第 1192 条 强制性规范的适用

1. 如果俄罗斯立法的强制性规范由于其本身的规定或由于其特殊意义,包括对于保障民事流转关系参加者的权利和合法利益方面的特殊意义,而不论应适用的法均调整相应的关系,则本编的规范不得影响俄罗斯立法中强制性规范的效力。

2. 在依照本编的规则适用某国的法律时,法院可以注意与法律关系密切相关的其他国家的强制性规范,如果依照该国法这些规范不论适用何种法律均应调整相应的法律关系。在这种情况下,法院应该考虑这些规范的目的和性质以及适用或不适用的后果。

第六十六章　一般规定

第 1193 条　公共秩序保留

在特殊情况下,如果外国法规范的适用显然违背俄罗斯联邦法律秩序的基本原则(公共秩序),依照本编的规则应该适用的外国法规范不得适用。在这种情况下,必要时可以适用俄罗斯法的相应规范。

不得以有关外国的法律、政治或经济制度不同于俄罗斯的法律、政治或经济制度为由而拒绝适用外国法的规范。

第 1194 条　报复(反措施)

对于那些对俄罗斯公民和法人的财产权和人身非财产权实行专门限制的国家,俄罗斯联邦政府可以对其公民和法人的财产权和人身非财产权规定对应的限制(报复)。

第六编 国际私法

第六十七章　确定法律地位时应适用的法

第1195条　自然人的本国法

1. 自然人的本国法是指其国籍所在国的法。
2. 如果自然人除俄罗斯联邦国籍外还具有外国国籍,则其本国法为俄罗斯法。
3. 如果外国公民在俄罗斯联邦境内有住所地,则其本国法为俄罗斯法。
4. 当一个人具有几重外国国籍时,其本国法为该人的住所地国法。
5. 无国籍人的本国法是其住所地国法。
6. 难民的本国法是庇护国的法。

第1196条　确定自然人民事权利能力时应适用的法

自然人的民事权利能力由其本国法确定。除法律规定的情形外,外国公民和无国籍人在俄罗斯联邦享有与俄罗斯联邦公民平等的民事权利能力。

第1197条　确定自然人民事行为能力时应适用的法

1. 自然人的民事行为能力由其本国法确定。
2. 依其本国法不具有民事行为能力的自然人,如果依照行为实施地法他具有民事行为能力,则不得援引他不具有行为能力,除非能够证明另一方当事人知悉或显然应该知悉他不具有行为能力。
3. 在俄罗斯联邦,自然人无行为能力或限制行为能力的认定服从俄罗斯法。

第1198条　确定自然人姓名权时应适用的法

自然人的姓名权、姓名权的行使和姓名权的保护由其本国法确定,但本法典或其他法律有不同规定的除外。

第1199条 对监护和保护应适用的法

1. 对未成年人、无行为能力的或限制行为能力的成年人的监护或保护根据被设定或撤销监护或保护的人的本国法设定或撤销监护或保护。

2. 监护人(保护人)实行监护(保护)的义务由被任命为监护人(保护人)的人的本国法确定。

3. 监护人(保护人)与被监护人(被保护人)之间的关系依任命监护人(保护人)的机构的国家的法确定。但是,如果被监护人(被保护人)在俄罗斯联邦有住所地,则适用俄罗斯法,只要俄罗斯法的适用对他更为有利。

第1200条 认定自然人失踪或宣告自然人死亡时应适用的法

在俄罗斯联邦,认定自然人失踪和宣告自然人死亡适用俄罗斯法。

第1201条 确定自然人从事经营活动的能力时应适用的法

自然人不组成法人而作为个体经营者从事经营活动的权利由该自然人以个体经营者资格进行注册的国家的法确定。如果不要求强制登记而不能适用这一规则,则适用从事经营活动的主要场所所在国的法律。

第1202条 法人的本国法

1. 法人的本国法是法人设立地国的法。

2. 根据法人的本国法确定:

(1) 一个组织作为法人的法律地位;

(2) 法人的组织法形式;

(3) 对法人名称的要求;

(4) 法人设立、改组和清算的问题,包括权利继受问题;

(5) 法人权利能力的内容;

(6) 法人取得民事权利和承担民事义务的程序;

(7) 法人的内部关系,包括法人与其参加人之间的关系;

(8) 法人对自己的债务承担责任的能力。

3. 如果法人的机关或代表实施法律行为地国的法律中没有关于法人机关或代表实施法律行为的限制,则法人不得援引此类限制,除非能够证明法律行为的另一方当事人知悉或显然应该知悉此类限制。

第1203条 依照本国法不具有法人资格的组织的本国法

依照外国法不具有法人资格的外国组织的本国法,是该组织成立地国的法。对这种组织的活动,如果可以适用俄罗斯法,则相应地适用本法典中调整法人活动的规则,但法律、其他法律文件以及关系的实质有不同规定的除外。

第1204条 国家参与涉外民事法律关系

对于国家参与的涉外民事法律关系,按照一般根据适用本编的规则,但法律有不同规定的除外。

第六编 国际私法

第六十八章 对财产关系和人身非财产关系应适用的法

第1205条 关于对物权应适用的法的一般规定

1. 不动产和动产的所有权和其他物权的内容及其行使和保护,由该财产所在地国的法确定。

2. 财产属于动产还是属于不动产,依该财产所在地国法确定。

第1206条 对物权的产生和终止应适用的法

1. 财产所有权和其他物权产生和终止的根据依照作为所有权和其他物权产生根据的行为或其他情况发生时财产所在地国的法律确定,但法律有不同规定的除外。

2. 所有权和其他物权根据法律行为产生和终止的,如果法律行为是对正在运输途中的财产订立的,则依照该财产启运地国的法律确定,但法律有不同规定的除外。

3. 财产所有权和其他物权因取得时效而产生和终止的,依照取得时效期终止时财产所在地国的法律确定。

第1207条 船舶、航空器和航天器的物权应适用的法

对于应该进行国家注册的航空器、海洋船舶、内河船舶、航天器的所有权和其他物权及其实现和保护,适用其注册地国的法律。

第1208条 对诉讼时效应适用的法

诉讼时效按照对相应关系应适用的法确定。

第1209条 对法律行为的形式应适用的法

1. 法律行为的形式服从于其实施地法。但在国外实施的法律行为,只要遵守了俄罗斯法律的要求,不得以未遵守形式规定为由而认定为无效。

本条第1款第1段规定的规则也适用于委托书的形式。

2. 对外经济法律行为的形式,只要一方当事人为俄罗斯的法人,即服从俄罗斯法,而不论该法律行为的实施地何在。如果法律行为的一方当事人是从事经营活动的自然人,只要其本国法依照本法典第1195条的规定为俄罗斯法的,亦适用这一规则。

3. 涉及不动产的法律行为的形式,服从于该财产所在地国的法律,而对涉及列入俄罗斯联邦国家登记簿的不动产的法律行为,其形式应服从俄罗斯法。

第1210条 合同当事人选择法律

1. 合同双方当事人在签订合同时或签订合同后可以协议选择对该合同的权利和义务应适用的法。当事人所选择的法律适用于动产的所有权和其他物权的产生和终止,但不得损害第三人的权利。

2. 双方当事人选择应适用的法的协议应该直接表示或者应该从合同条款或案件情况的总和中可以确定。

3. 双方当事人在合同签订后对应适用的法所作的选择,如果不损害第三人的权利,则具有溯及既往的效力并视为自合同签订之时起有效。

4. 双方当事人既可以对整个合同,也可以对合同的个别部分选择应适用的法律。

5. 如果从选择应适用法律之时存在的情况的总和中可以得出结论认为,合同实际上仅与某一国有关,则当事人选择另一国法律不能妨碍合同与之联系的国家的强制性规范的效力。

第1211条 在当事人未选择法律时对合同应适用的法

1. 如果当事人没有关于选择对合同应适用法律的协议,则对合同适用与合同联系最密切的国家的法律。

2. 如果从法律、合同条款或案件情况的总和中不能得出不同结论,则实施对合同内容具有决定性意义的履约一方住所地国或主要活动地国的法律被认为是与合同联系最为密切的国家的法律。

3. 如果从法律、合同条款或实质以及案件情况的总和中不能得出不同结论,则下列一方的履行视为对合同内容具有决定性的意义:

(1) 买卖合同中——卖方;

（2）赠与合同中——赠与人；

（3）租赁合同中——出租人；

（4）无偿使用合同中——出借人；

（5）承揽合同中——承揽人；

（6）运送合同中——承运人；

（7）运输代办合同中——代办人；

（8）借贷（信贷）合同中——出借人（债权人）；

（9）财务代理（以转让请求权为条件的信贷）合同中——财务代理人；

（10）银行存款（提存）合同和银行账户合同中——银行；

（11）保管合同中——保管人；

（12）保险合同中——保险人；

（13）委托合同中——受托人；

（14）行纪合同中——行纪人；

（15）代办合同中——代办人；

（16）商业特许合同中——权利持有人；

（17）抵押合同中——抵押人；

（18）担保合同中——担保人；

（19）许可证合同中——许可人。

4. 如果从法律、合同条款或实质以及案件情况的总和中不能得出不同结论，与合同联系最密切的国家分别为：

（1）建筑承揽合同及设计和勘探承揽合同中——相应合同规定的主要成果完成地国；

（2）普通合伙合同中——该合伙进行主要活动进行地国；

（3）拍卖、招标或交易所订立的合同中——拍卖、招标进行地或交易所所在地国。

5. 对含有不同合同因素的合同，如果从法律、合同条款或合同的实质以及案件情况的总和中不能得出不同结论，则适用与整个合同联系最密切的国家的法。

6. 如果合同使用了国际流转中通用的商业术语，只要合同没有不同规定，则认为双方当事人约定对他们的关系适用相应商业术语所表示的交易习惯。

第1212条 对消费者参与的关系应适用的法

1. 如果合同的一方当事人是为了个人、家庭和其他需要而不是为从事经营活动而利用、取得或定作或有意利用、取得或定作动产(工作、服务)的自然人,则对应适用于合同的法的选择不得剥夺该自然人(消费者)依照消费者住所地国法的强制性规范所享有的对其权利的保护,但有下列情形之一的除外:

(1)在该国订立合同之前已经对消费者提出了要约或已经有了广告,而消费者也实施了订立合同所必需的行为;

(2)消费者的另一方当事人或另一方当事人的代理人在该国接受定作;

(3)定作动产、完成工作和提供服务系消费者在另一国家所为,但访问该国是另一方当事人为促成消费订立合同而倡议的。

2. 如果双方当事人没有关于应适用的法律的协议而且存在本条第1款所列情形,则对有消费者参加的合同适用消费者住所地国法。

3. 本条第1款和第2款规定的规则对下列合同不得适用:

(1)运送合同;

(2)完成工作和提供服务的合同,如果工作应该在消费者住所地国以外的国家完成或服务应该在消费者住所地国以外的国家提供。本款的例外不及于按共同价格进行运送服务的合同(而不论共同价格中是否包括其他服务的价值),也不适用于旅游服务合同。

第1213条 对不动产合同应适用的法

1. 如果双方当事人没有约定对不动产合同应适用的法,则适用与合同联系最密切的国家的法。如果从法律、合同条款或合同的实质以及案情的总和中不能得出不同结论,则与合同联系最密切的国家被认为是不动产所在地国。

2. 对关于俄罗斯联邦境内的土地、矿山、独立水体或其他不动产的合同,适用俄罗斯法。

第1214条 对设立有外国人参加的法人的合同应适用的法

对设立有外国人参加的法人的合同应适用合同规定的法人设立地国的法。

第1215条 对合同应适用的法的效力范围

依照本法典第1210条至第1214条和第1216条的规则应适用于合同的法决定以下事项:

(1)合同的解释;

(2)合同当事人的权利和义务;

(3)合同的履行;

(4)不履行或不正确履行合同后果;

(5)合同的终止;

（6）合同无效的后果。

第1216条 对请求权转让应适用的法

1. 对原债权人与新债权人之间关于转让请求权的协议，应依照本法典第1211条第1款和第2款决定应适用的法。

2. 是否允许请求权的转让、新债权人与债务人之间的关系、新债权人可以向债务人提出该请求的条件以及债务人适当履行债务的问题，均由对作为转让标的的请求权应适用的法决定。

第1217条 对因单方法律行为产生的债权债务关系应适用的法

对因单方法律行为而产生的债权债务关系，如果从法律、合同条款或合同的实质以及案情的总和中不能得出不同结论，则适用承担单方债务的当事人住所地国的法律或从事活动的主要地点国的法律。

在哪一国颁发委托书，则对单方法律行为委托书的有效期和终止的根据适用该国的法律。

第1218条 对支付利息应适用的法

金钱之债中利息的收取、利息计算的办法和数额依对相应债权债务应适用的法。

第1219条 对因致人损害而产生的债权债务应适用的法

1. 对因致人损害而产生的债权债务，应适用成为损害赔偿根据的行为或其他情况发生地国的法。如果由于该行为或其他情况而在另一国发生损害，只要致害人预见到或者应该预见到损害在该另一国发生，则可以适用该另一国的法律。

2. 对因在国外造成的损害而产生的债权债务，如果双方当事人是同一国的公民或法人，则适用该国的法律。如果当事人不是同一国的公民，但在同一国有住所地，则适用该国的法律。

3. 在造成损害的行为实施后或造成损害的其他情况发生后，双方当事人可以约定对因致人损害而产生的债权债务适用法院所在地国的法律。

第1220条 对因致人损害而产生的债权债务应适用的法的效力范围

根据对因致人损害而产生的债权债务应适用的法，决定下列事项：

（1）当事人承担致人损害责任的能力；

（2）责成不是致害人的人承担责任；

（3）责任的根据；

（4）限制责任和免除责任的根据；

（5）损害赔偿的方式；

（6）损害赔偿的范围和数额。

第1221条 对商品、工作、服务的瑕疵而造成的损害的责任应适用的法

1. 对于因商品、工作、服务的瑕疵而造成的损害的赔偿请求，根据受害人的请求适用：

（1）商品出售人或制作人或其他致害人住所地国或主要活动从事地国的法律；

（2）受害人住所地国的法律或主要活动从事地国的法律；

（3）工作完成地国、服务提供地国的法律，或者商品购买地国的法律。

只有在致害人不能证明商品进入有关国家未得到他的同意的情况下，受害人才可以选择本款第2项和第3项规定的法律。

2. 如果受害人不行使本条规定的选择权，则根据本法典第1219条确定应适用的法。

3. 本条的规则相应地适用于因商品、工作或服务的信息不真实、不充分而发生的损害赔偿请求。

第1222条 对因不正当竞争而产生的债权债务关系应适用的法

对因不正当竞争而产生的债权债务关系，应适用不正当竞争所涉及市场的所在国的法律，但从法律或债的实质得出不同结论的除外。

第1223条 对因不当得利而产生的债权债务应适用的法

1. 对因不当得利而产生的债权债务，应适用不当得利发生地国的法律。

双方当事人可以约定对此种债权债务适用法院所在地国的法律。

2. 如果不当得利因现存的和可以推定的法律关系而产生，而根据这种法律关系取得了和保管了财产，则对因不当得利而产生的债权债务应适用该法律关系服从的或可以服从的国家的法律。

第1224条 对继承关系应适用的法

1. 继承关系根据被继承人的最后住所地国的法律确定，但本条有不同规定的除外。

不动产的继承根据不动产所在地国的法律确定，而列入俄罗斯联邦国家登记簿的不动产的继承，根据俄罗斯法确定。

2. 订立遗嘱和废止遗嘱的能力，包括订立和废止不动产遗嘱的能力，以及

遗嘱的形式或废止遗嘱的文件的形式,均根据立遗嘱人订立遗嘱时或制作废止遗嘱文件时的住所地国的法律。但是,如果遗嘱和废止遗嘱的文件符合遗嘱订立地或废止文件制作地的法律或符合俄罗斯法律,则不得以遗嘱或废止遗嘱的文件不符合形式为由而认定它们无效。

俄罗斯联邦总统　B.普京
莫斯科,克里姆林宫
2001 年 11 月 26 日
第 146 号联邦法律

俄罗斯联邦民法典
第四部分

国家杜马 2006 年 11 月 24 日通过
联邦委员会 2006 年 12 月 8 日批准

第七编 智力活动成果和个别化手段的权利

第六十九章 一般规定

第1225条 受保护的智力活动成果和个别化手段

1. 智力活动成果和与之相当的受到法律保护的法人、商品、工作、服务和企业的个别化手段(知识产权)包括：
（1）科学、文学和艺术作品；
（2）电子计算机程序；
（3）数据库；
（4）演出；
（5）音像制品；
（6）无线和有线的广播、电视节目；
（7）发明；
（8）实用新型；
（9）外观设计；
（10）育种成果；
（11）集成电路布局设计；
（12）生产秘密(know-how)；
（13）商业名称；
（14）商标和服务标志；
（15）商品产地名称；
（16）商业标识。

2. 知识产权受法律保护。

第1226条 智力权利

承认对智力活动成果和与之相当的个别化手段(智力活动成果和个别化手

段)的智力权利,智力权利包括作为财产权的专属权,而在本法典规定的情况下,还包括人身非财产权和其他权利(追续权、形象直接利用权等)。

第1227条 智力权利与所有权

1. 智力权利与表现相应智力活动成果或个别化手段的物质载体(物)的所有权无关。

2. 物之所有权的转让不引起该物所表现之智力活动成果或个别化手段智力权利的转让或提供,但本法典第1291条第2款规定的情形除外。

第1228条 智力活动成果的作者

1. 智力活动成果的作者是以创造性劳动创作该成果的公民。

不对该成果作出本人创造性贡献的公民,包括对成果作者提供技术、咨询、组织方面或物质方面协助或帮助的,或者只是促进办理成果权利或其利用权的公民,以及对完成相关工作进行监督的公民,都不是智力活动成果的作者。

2. 智力活动成果的作者享有著作权,而在本法典规定的情况下,享有署名权和其他人身非财产权。

作者身份权、姓名权和作者的其他人身非财产权利不可转让和不可移转。对这些权利的放弃一律无效。

作者的著作者身份和姓名受无限期保护。作者死后,作者身份和姓名的保护可由任何利害关系人行使,但本法典第1267条第2款和第1316条第2款规定的情形除外。

3. 创造性劳动所创造的智力活动成果的专属权,原始地产生于作者。此项权利可以依照合同转让给他人,也可以按照法律规定的其他根据移转于他人。

4. 二人以上以共同创造性劳动(合作)创作智力活动成果的,其权利属于合作者共同所有。

第1229条 专属权

1. 对智力活动成果或个别化手段享有专属权的公民或法人(权利持有人)有权按照自己的意志以任何不与法律相抵触的方式使用该成果或手段。权利持有人可以处分智力活动成果或个别化手段的专属权(第1233条),但本法典有不同规定的除外。

权利持有人可以按照自己的意志许可或者禁止他人使用智力活动成果或个别化手段。不禁止并不视为同意(许可)。

除本法典规定的情形外,不经权利持有人的同意,他人不得使用智力活动成果或个别化手段。使用智力活动成果或个别化手段(包括以本法典规定的方式进行使用)的,如果这种使用未经权利持有人的同意,则属于非法并应承担本法典、其他法律规定的责任,但法律允许权利持有人以外的人利用智力活动成果或个别化手段的情形除外。

2. 智力活动成果或个别化手段(商业名称除外)的专属权可以属于一人所有或几人共同所有。

3. 当智力活动成果或个别化手段的专属权属于几人共同所有时,每个权利持有人均可以按照自己的意志使用该成果或手段,但本法典或权利持有人的协议有不同规定的除外。共同享有专属权的权利持有人之间的关系由他们的协议规定。

共同使用智力活动成果或个别化手段的收入在权利持有人中平均分配,但他们之间的协议有不同规定的除外。

智力活动成果或个别化手段专属权的处分由权利持有人共同进行,但本法典有不同规定的除外。

4. 在本法典第 1454 条第 3 款、第 1466 条第 2 款、第 1510 条第 1 款和第 1519 条第 1 款规定的情况下,某一项智力活动成果或某一项个别化手段的独立专属权可以同时属于不同的人。

5. 智力活动成果或个别化手段专属权的限制,包括在允许不经权利持有人同意、但权利持有人保留取得报酬的权利使用智力活动成果的情况下的限制,由本法典规定。

上述限制的规定不得无理损害智力活动成果或个别化手段的正常使用,也不得以无理方式损害权利持有人的合法利益。

第 1230 条　专属权的有效期

1. 除本法典规定的情形外,智力活动成果或个别化手段专属权在规定期限内有效。

2. 智力活动成果或个别化手段专属权有效期的长短、有效期的计算和延长的根据和办法,以及有期限届满之前专属权的终止根据和程序,由本法典规定。

第 1231 条　专属权和其他智力权利在俄罗斯联邦境内的效力

1. 俄罗斯联邦签署的国际条约和本法典规定的智力活动成果或个别化手段的专属权,在俄罗斯联邦境内有效。

不属于专属权的人身非财产权,依照本法典第 2 条第 1 款第 4 项的规定在俄罗斯联邦境内有效。

2. 在依照俄罗斯联邦签署的国际条约承认智力活动成果或个别化手段专

属权的情况下,权利的内容、对权利的限制、行使与保护的程序由本法典规定,而不论专属权发生国的法律作何规定,但相关国际条约或本法典有不同规定的除外。

第1232条　智力活动成果或个别化手段的国家注册

1. 在本法典规定的情况下,智力活动成果或个别化手段的专属权只有在该成果或手段进行了国家注册时才能获得承认和保护。

2. 如果依照本法典智力活动成果或个别化手段应进行国家注册,则该成果或手段专属权的依合同转让、抵押或依照合同提供该成果与手段的使用权,以及成果或手段专属权的无合同移转,也应该进行国家注册,注册的程序和条件由俄罗斯政府规定。

3. 智力活动成果或个别化手段专属权按合同转让的国家注册、此项权利抵押的国家注册,以及依照合同提供智力活动成果或个别化手段使用权的国家注册,均通过相应合同的注册进行。

4. 在本法典第1239条规定的情况下,智力活动成果或个别化手段使用权国家注册的根据是法院的有关判决。

5. 智力活动成果或个别化手段专属权按继承转让时,进行国家注册的根据是继承权证明书,但本法典第1165条规定的情形除外。

6. 智力活动成果或个别化手段专属权转让合同或者向他人提供智力活动成果或个别化手段使用权的合同,不遵守国家注册要求的,一律无效。智力活动成果或个别化手段专属权的无合同移转如不遵守国家注册要求,则这种移转视为没有进行。

7. 在本法典规定的情况下,智力活动成果或个别化手段的国家注册可以按照权利持有人的愿望进行。在这种情况下,对被注册的智力活动成果或个别化手段适用本条第2款至第6款的规则,但本法典有不同规定的除外。

第1233条　专属权的处分

1. 权利持有人可以用任何不与法律和专属权的实质相抵触的方式处分属于他的智力活动成果或个别化手段专属权,包括通过合同向他人转让(专属权转让合同)或在合同规定的限度内向他人提供智力活动成果或个别化手段的使用权(许可合同)。

许可合同的订立并不导致专属权向被许可人的移转。

2. 对于处分智力活动成果或个别化手段专属权的合同,包括对专属权转让合同和许可合同(分合同),只要本编的规则未有不同规定以及专属权的内容和实质允许,应适用关于债的一般规定(第307条至第419条)和关于合同的一般规定(第420条至第453条)。

3. 合同未明文规定智力活动成果或个别化手段专属权系完全转让的,视为许可合同,但为复杂客体专门制造或正在制造的智力活动成果(第1240条第1款第2项)签订的合同除外。

4. 专属权转让合同或许可合同的条款,如限制公民在某一智力活动领域创造某一种类的智力活动成果的权利或限制将智力活动成果的专属权转让给他人的,自始无效。

5. 在签订智力活动成果或个别化手段专属权抵押合同的情况下,在合同有效期内,抵押人有权不经抵押权人的同意使用该智力活动成果或个别化手段和对智力活动成果或个别化手段以及有权对其专属权进行处分,但合同有不同规定的除外。

第1234条　专属权转让合同

1. 根据专属权转让合同,一方(权利持有人)将智力活动成果或个别化手段专属权完全转让或承担义务完全转让给另一方(权利取得人)。

2. 在本法典第1232条第2款规定的情况下,专属权转让合同以书面形式订立并应进行国家注册。不遵守书面形式或国家注册要求的,合同无效。

3. 根据专属权转让合同,权利取得人有义务向权利持有人给付合同规定的报酬,但合同有不同规定的除外。

如果在专属权有偿转让合同中没有关于报酬数额的条款或者确定报酬数额的条款,则合同视为没有订立。在这种情况下,不得适用本法典第424条第3款所规定的确定合同价格的规则。

4. 智力活动成果或个别化手段专属权在专属权转让合同签订之时从权利持有人移转给权利取得人,但双方协议有不同规定的除外。如果专属权转让合同应该进行国家注册(第1232条第2款),则智力活动成果或个别化手段专属权在合同进行国家注册之时从权利持有人移转给权利取得人。

5. 如果权利取得人严重违反在专属权转让合同规定的期限内向权利持有人给付取得智力活动成果或个别化手段专属权的报酬的义务(第450条第2款第1项),原权利持有人有权通过司法程序将专属权取得人的权利再移转给自己并要求赔偿损失,但专属权已经移转给权利取得人的情形式除外。

如果专属权未移转给权利取得人,权利取得人违反在合同规定期限内给付取得专属权报酬的义务,则权利持有人可以单方面拒绝合同并要求赔偿合同解除所造成的损失。

第 1235 条　许可合同

1. 根据许可合同,一方——智力活动成果或个别化手段专属权持有人(许可人)向另一方(被许可人)提供或承担义务提供在合同规定限度内使用该成果或手段的权利。

被许可人只能在许可合同规定的权利限度内和按许可合同规定的方式使用智力活动成果或个别化手段。许可合同未明文规定的使用智力活动成果或个别化手段的权利,视为未向被许可人提供。

2. 许可合同以书面形式签订,但本法典有不同规定的除外。

在本法典第1232条第2款规定的情况下,许可合同应进行国家注册。

不遵守书面形式或国家注册要求的,许可合同无效。

3. 许可合同中应该规定允许使用智力活动成果或个别化手段的地域。如果合同没有指明允许使用该成果或手段的地域,则被许可人有权在俄罗斯联邦全境使用。

4. 许可合同的有效期不得超过智力活动成果或个别化手段专属权的有效期。

如果许可合同未规定有效期,则合同的有效期视为 5 年,但本法典有不同规定的除外。

专属权终止时,许可合同亦随之终止。

5. 根据许可合同,被许可人有义务向许可人给付合同规定的报酬,但合同有不同规定的除外。

如果在有偿许可合同中没有关于报酬数额的条款或者确定报酬数额程序的条款,则合同视为没有订立。在这种情况下,不得适用本法典第 424 条第 3 款所规定的确定合同价格的规则。

6. 许可合同应该规定:

(1) 合同标的:指出合同提供使用权的智力活动成果或个别化手段,同时指出在相应情况下证明智力活动成果或个别化手段专属权的文件号码和颁发日期(专利证书、证明);

(2) 智力活动成果或个别化手段的使用方式。

7. 智力成果或个别化手段专属权向新权利持有人的移转,不是变更或解除前权利持有人所签订的许可合同的根据。

第 1236 条　许可合同的种类

1. 许可合同可以规定：

（1）向被许可人提供智力活动成果或个别化手段的使用权，但许可人仍保留向其他人颁发许可证的权利（普通许可或非排他许可）；

（2）向被许可人提供智力活动成果或个别化手段的使用权，而许可人不再保留向其他人颁发许可证的权利（排他许可）。

2. 如果许可合同没有不同规定，推定许可为普通许可（非排他许可）。

3. 在关于智力活动成果或个别化手段不同使用方式的一个许可合同中，可以含有本条第1款对不同许可合同规定的条款。

第 1237 条　许可合同的履行

1. 被许可人有义务向许可人提交智力活动成果或个别化手段使用的报告，但许可合同有不同规定的除外。如果许可合同规定了提交智力活动成果或个别化手段使用情况报告而没有规定提交的期限和程序，则被许可人有义务根据许可人的要求提交报告。

2. 在许可合同有效期内，许可人有义务不实施任何可能妨碍被许可人在合同规定限度内行使智力活动成果或个别化手段使用权的行为。

3. 以合同未规定的方式使用智力活动成果或个别化手段，或者在合同有效期届满之后进行使用，或者以其他方式在许可合同提供的权利范围之外进行使用，则应承担本法典、其他法律或合同规定的违反智力活动成果或个别化手段专属权的责任。

4. 如果被许可人违反义务，不在合同规定的期限内向许可人给付科学、文学或艺术作品（第七十章）或邻接权客体（第七十一章）使用权报酬，许可人可以单方面拒绝合同并要求赔偿合同解除所造成的损失。

第 1238 条　再许可合同

1. 经许可人书面同意，被许可人可以按照合同向他人提供智力活动成果或个别化手段的使用权（再许可合同）。

2. 根据再许可合同，只能在许可合同为被许可人规定的使用权和使用方式的限度内向再被许可人提供智力活动成果或个别化手段的使用权。

3. 再许可合同的有效期超过许可合同有效期的，视为与许可合同的有效期相同。

4. 被许可人对再被许可人的行为向许可人负责，但合同有不同规定的除外。

5. 对再许可合同适用本法典关于许可合同的规则。

第 1239 条　强制许可

在本法典规定的情况下,法院可以根据利害关系人的请求作出裁判,责成依法院裁判指定的条件向该人提供属于他人的智力活动成果或个别化手段专属权(强制许可)。

第 1240 条　智力活动成果在复杂客体中的使用

1. 组织创造包含几项受保护的智力活动成果复杂客体(电影片、其他影视作品、戏院演出、多媒体产品、统一工艺)的人,根据与有关智力活动成果专属权持有人签订的专属权转让合同或许可合同取得上述成果的使用权。

在组织创造复杂客体的人取得智力活动成果使用权的情况下,如果智力活动成果是专门为该复杂客体而创作或正在创作的,则有关合同被视为专属权转让合同,但双方协议有不同规定的除外。

规定智力活动成果在复杂客体中使用权的许可合同,其有效期和使用地域与相应专属权相同,但合同有不同规定的除外。

2. 许可合同条款,限制智力活动成果在复杂客体中的使用的,一律无效。

3. 在将智力活动成果用于复杂客体时,该作者仍保留对该成果的作者身份权和其他人身非财产权。

4. 在将智力活动成果用于复杂客体时,组织复杂客体创作的人有权署名或有权要求署名。

5. 本条的规则适用于智力活动成果在全部或部分利用联邦预算资金创造的统一工艺中的使用,但以本法典第七十七章未有不同规定为限。

第 1241 条　专属权在无合同情况下向他人的移转

在法律规定的情况下和依照法律规定的程序,包括通过权利继受程序(继承、法人改组)和对权利持有人的财产进行追索时,允许智力活动成果或个别化手段的专属权从权利持有人移转给他人。

第 1242 条　对著作权和邻接权进行集体管理的组织

1. 音像制品的作者、演出人员和制作人及著作权和邻接权的持有人,当他们难于以个人方式行使其权利的时候,或者在本法典允许不经相关持有人同意而使用著作权和邻接权客体并向他们给付报酬的时候,可以成立会员制的非商业组织。这些组织依照权利持有人授予的权限以集体方式负责对相关权利进行管理(著作权集体管理组织)。

成立这样的组织不妨碍其他法人和公民代理著作权和邻接权的持有人。

2. 著作权集体管理组织的成立可以是为管理涉及某一类或几类著作权和邻接权,也可以是为了按特定方式使用相关客体而对著作权和邻接权进行管理,还可以是为了管理任何的著作权和(或)邻接权。

3. 著作权集体管理组织权限的根据是该组织与权利持有人签订的关于移转权利管理权的合同,但本法典第1244条第3款第1段规定的情形除外。

上述合同可以与具有组织成员身份的权利持有人签订,也可以与不是该组织成员的权利持有人签订。在这种情况下,著作权集体管理组织必须承担义务管理这些权利,只要这类权利的管理属于该组织章程规定的活动。著作权集体管理组织权限的根据也可以是与其他组织签订的合同,包括与外国的著作权集体管理组织签订的合同。

对本款第1项和第2项所列合同,适用关于债的一般规定(第307条至第419条)和关于合同的一般规定(第420条至第453条),但以所移交管理的权利的内容或性质未有不同要求为限。本编关于专属权转让合同和许可合同的规则不适用于上述合同。

4. 著作权集体管理组织无权使用其专属权移转给它管理的著作权和邻接权客体。

5. 著作权集体管理组织有权以权利持有人的名义或以自己的名义向法院提出请求,有权实施维护归其管理的权利所必需的其他法律行为。

受托组织(第1244条)也有权以不定范围的权利持有人的名义向法院提出维护该组织所管理的权利之必要请求。

6. 著作权集体管理组织的法律地位、这些组织的职能、其成员的权利和义务由本法典、关于非商业组织的法律以及相关组织的章程规定。

第1243条 著作权集体管理组织履行与权利持有人的合同

1. 对于权利持有人移转给著作权集体管理组织进行管理的权利,著作权集体管理组织与使用者签订合同,向他们提供按一定方式和按普通(非排他)许可条件使用著作权和邻接权客体的权利,并向使用者收取使用这些客体的报酬。当著作权和邻接权客体依照本法典可以不经权利持有人同意但必须向他们给付报酬时,著作权集体管理组织同使用者签订给付报酬的合同并收取此项资金。

著作权集体管理组织如无充分理由,不得拒绝与使用者签订合同。

2. 如果同使用者的合同是权利持有人直接签订的,则著作权集体管理组织只能在该合同有明文规定的情况下收取著作权和邻接权客体的使用费。

3. 使用者必须根据著作权集体管理组织的请求向该组织提交著作权和邻接权客体的使用情况报告,以及提交收取和分配报酬所必需的信息资料和文件,这些材料的清单和提交期限由合同规定。

4. 著作权集体管理组织在权利持有人中进行著作权和邻接权客体使用报酬的分配并向他们转付上述报酬。

著作权集体管理组织有权从上述报酬中扣除收取、分配和转付报酬的必要费用,以及扣除该组织经权利持有人同意并为该组织所代表的权利持有人利益而设立的基金的费用,扣除的数额和办法由该组织的章程规定。

报酬的分配和转付应该按照在著作权集体管理组织章程规定的期限内定期进行,并按相关著作权和邻接权客体实际使用的比例进行,而实际使用情况根据从使用者那里取得的信息材料和文件以及关于著作权和邻接权客体使用情况的其他资料,包括统计性质的资料确定。

在转付报酬的同时,著作权集体管理组织必须向权利持有人提交关于权利使用情况的报告,并说明所收取的报酬数额以及从中扣除的金额。

5. 著作权集体管理组织应制作登记簿,记载权利持有人的情况、移转给该组织管理的权利以及著作权和邻接权客体。登记簿的内容应按该组织规定的程序提交给所有利害关系人,但依法不经权利持有人同意不得泄露的情况除外。

著作权集体管理组织应在公众信息系统上发布关于移转给它管理的权利的信息,包括著作权和邻接权客体的名称、作者或其他权利持有人的姓名。

第1244条 著作权集体管理组织的国家委托

1. 著作权集体管理组织可以取得国家委托,从事下列领域的著作权集体管理:

(1) 已经发表(有歌词或无歌词的)音乐作品和音乐戏剧作品片断进行公开演出、包括转播在内的无线或有线播放(第1270条第2款第6项至第8项)的专属权;

(2) (有歌词或无歌词的)音乐作品被在音像作品中使用时,作为其作者的作曲者对这种音像作品的公开演出或无线和有线播放取得报酬的权利(第1263条第3款);

(3) 造型艺术作品以及文学和音乐作品的作者手稿的追续权(第1293条);

(4) 录音作品和音像作品的作者,演出者和制作者对为个人目的复制录音作品和音像作品取得报酬的权利(第1245条);

(5) 演出者对公开演出以及录音作品无线或有线的商业播出取得报酬的权

利(第1326条);

(6)录音作品的制作者对公开演出以及无线或有线的商业播出取得报酬的权利(第1326条)。

国家委托实行程序公开原则,并考虑包括权利持有人在内的利害关系人的意见,程序由俄罗斯联邦政府规定。

2. 本条第1款所列每一集体管理领域的国家委托,只能由一个著作权集体管理组织取得。

著作权集体管理组织可以取得本条第1款所列集体管理的一个、两个或更多领域的国家委托。

对受托组织的活动,不适用反垄断立法规定的限制。

3. 取得国家委托的著作权集体管理组织(受托组织),除依照本法典第1242条第3款规定的程序与权利持有人签订合同管理他们的权利外,还有权行使未与之签订合同的权利持有人的权利并为他们收取报酬。

受托组织的存在不妨碍成立其他著作权集体管理组织,包括在本条第1款所列集体管理领域成立集体管理组织。只有权利持有人根据本法典第1242条第3款规定的程序向这种组织提供著作权管理权限时,这种组织才能为了权利持有人的利益同使用者签订合同。

4. 权利持有人如未与受托组织签订移转著作权管理合同(本条第3款),有权在任何时间完全或部分拒绝该组织对其著作权的管理。权利持有人应将自己的决定书面通知受托组织。如果权利持有人意欲拒绝受托组织管理的只是部分著作权和(或)邻接权客体上的权利,则权利持有人应向受托组织提交被排除的权利和(或)客体的清单。

自收到权利持有人有关通知之日起的3个月期限届满以后,受托组织必须将权利和(或)客体从与所有使用者的合同中剔除,并将此信息发布到公众信息系统中。受托组织必须将依照以前的合同从使用者那里收到的报酬转付给权利持有人,并依照本法典第1243条第4款第4项的规定提交使用情况报告。

5. 受托组织必须采取合理的和足够的措施确定依照该组织签订的许可合同和转付报酬合同有权取得报酬的权利持有人。如果法律未有不同规定,受托组织无权拒绝依照该组织签订的许可合同和转付报酬合同有权取得报酬的权利持有人加入该组织。

6. 受托组织在被授权的联邦行政机关监督下进行工作。

受托组织必须每年向被授权的联邦行政机关提交工作情况报告,并将报告在全俄信息媒体上公布。报告的形式由被授权的联邦行政机关规定。

7. 受托组织的标准章程按俄罗斯联邦政府规定的程序予以批准。

第1245条 为个人目的自由复制录音作品和音像作品的报酬

1. 录音作品、音像作品的作者、演出者、制作者对为个人目的自由复制录音作品和音像作品有权取得报酬。这种报酬具有补偿性质,用复制所用设备和物质载体的制作者和进口商应交纳的费用支付。

设备和物质载体的清单以及收取有关费用的数额和办法由俄罗斯联邦政府批准。

2. 对为个人目的自由复制录音作品和音像作品收取费用和转付报酬由受托组织进行(第1244条)。

3. 为个人目的自由复制录音作品和音像作品的报酬在权利持有人中按以下比例进行分配:40%归作者,30%归演出者,30%归录音制品和音像制品的制作者。具体作者、演出者的录音作品和音像作品制作者中的报酬分配按有关录音作品和音像作品实际使用的比例进行。报酬分配办法和转付程序由俄罗斯联邦政府确定。

4. 给付为个人目的自由复制录音作品和音像作品报酬的费用不得向出口的设备和物质载体的制造者收取,也不得向非家庭使用的专业设备的制造商和进口商收取。

第1246条 对知识产权领域关系的国家调整

1. 在本法典规定的情况下,为调整知识产权领域内与著作权和邻接权客体有关的关系而颁布法律规范性文件的工作,由被授权在著作权和邻接权领域从事规范性法律调整的联邦行政机关进行。

2. 在本法典规定的情况下,为调整知识产权领域内与发明、实用新型或外观设计、电子计算机程序、数据库、集成电路布局设计、商标和服务标志、商品产地名称有关的关系而颁布规范性法律文件的工作,由被授权在知识产权领域从事规范性法律调整的联邦行政机关进行。

3. 发明、实用新型或外观设计、电子计算机程序、数据库、集成电路布局设计、商标和服务标志、商品产地名称的国家注册等具有法律意义的行为,包括有关注册申请的接受和鉴定、颁发专利证书和证明其持有人对上述智力活动成果和个别化手段享有排他权的证明书,而在法律规定的情况下,还包括与智力活动成果和个别化手段法律保护有关的其他行为,均由联邦知识产权行政机关实施。在本法典第1401条至第1405条规定的情况下,本款所列行为也可以由俄罗斯联邦政府授权的联邦行政机关实施。

4. 对育种成果,本条第 2 款和第 3 款所列行为,由被授权在农业领域从事规范性法律调整的联邦行政机关实施以及管理育种成果的联邦行政机关实施。

第 1247 条　专利代理人

1. 申请人、权利持有人、其他利害关系人在联邦知识产权行政机关办理有关事务可以自主进行,也可以通过在上述联邦机关注册的专利代理人或者通过其他代理人进行。

2. 常住俄罗斯联邦境外的公民、外国法人通过在上述联邦机关注册的专利代理人在联邦知识产权行政机关办理有关事务,但俄罗斯联邦签署的国际条约有不同规定的除外。

如果申请人、权利持有人、其他利害关系人在联邦知识产权行政机关办事是自主进行或通过在上述机关注册的专利代理人以外的代理人进行的,则他们必须根据上述联邦机关的要求告知在俄罗斯联邦境内的通信地址。

专利代理人或其他代理人的权限由申请人、权利持有人或其他利害关系人发给的委托书予以证明。

3. 常住俄罗斯联邦境内的俄罗斯联邦公民可以注册专利代理人资格。对专利代理人的其他要求、资格认定和注册办法以及专利代理人办理与智力活动成果和个别化手段法律保护有关事务的权限,由法律规定。

第 1248 条　与智力权利保护有关的争议

1. 与受到侵犯的和被提出争议的智力权利的保护有关的争议,由法院审理和解决(第 11 条第 1 款)。

2. 在本法典规定的情况下,递交的审查专利、实用新型、外观设计、育种成果、商标、服务标志和商品产地名称申请,这些智力活动成果和个别化手段的国家注册、颁发相应的权利证明文件、对给予这些成果和手段以法律保护或者法律保护的终止等有关关系中,智力权利的保护分别由联邦知识产权行政机关和联邦育种成果行政管理机关通过行政程序进行(第 11 条第 2 款),而在本法典第 1401 条至第 1405 条规定的情况下,由俄罗斯联邦政府授权的联邦行政机关进行(第 1401 条第 2 款)。这些机关的决议自作出之日起生效。对这些决议可以按法定程序向法院提出异议。

3. 联邦知识产权行政机关和在该机关下成立的专利争议局,以及联邦育种成果行政管理机关依照本条第 2 款规定的程序审理和解决争议的规则,分别由从事知识产权领域规范性法律调整的联邦行政机关和在农业领域从事规范性法律调整的联邦行政机关规定。依照本条第 2 款规定的程序审理和解决与发明有关争议的规则,则由被授权的机关规定(第1401条第2款)。

第 1249 条 专利费和其他规费

1. 实施与下列事项有关的具有法律意义的行为的,应分别交纳专利费和其他规费:发明、实用新型、外观设计或育种成果的专利、与电子计算机程序、数据库、集成电路布局设计、商标和服务标志的国家注册;商品产地名称的国家注册;专属权、以及与专属权转移他人和处分这种权利的合同的国家注册。

2. 哪些具有法律意义的行为与电子计算机程序、数据库和集成电路布局设计有关并应交纳国家规费,规费的数额、交纳的办法和期限,以及减免、缓交和退还国家规费的根据由俄罗斯联邦税收立法规定。

除本条第 1 款规定的行为外,哪些具有法律意义的行为的实施应交纳专利费和其他规费、规费的数额、交纳的办法和期限、减免、缓交和退还的根据由俄罗斯联邦政府规定。

第 1250 条 智力权利的保护

1. 智力权利以本法典规定的方式进行保护,同时应考虑被侵犯权利的实质和侵权的后果。

2. 本法典规定的保护智力权利的方式可以根据权利持有人、著作权集体管理组织以及在法律规定情况下根据其他人的请求予以适用。

3. 侵权人无过错的,不免除其终止侵犯智力权利行为的义务,也不排除对侵权人适用旨在维护智力权利的措施。不论侵权是否有过错,均应公布法院关于已经发生的侵权行为的裁判(第 1252 条第 1 款第 5 项)、制止侵犯智力活动成果和个别化手段的行为或构成构成侵权威胁的行为,费用由侵权人负担。

第 1251 条 人身非财产权的保护

1. 在作者的人身非财产权受到侵犯时,权利的保护通过确认权利、恢复原状、制止侵权和构成侵权威胁的行为、补偿精神损害、公布侵权的裁判等方式进行。

2. 本条第 1 款的规定,也适用于第 1240 条第 4 款、1260 条第 7 款、第 1263 条第 4 款、1295 条第 3 款、第 1323 条第 1 款、第 1333 条第 2 款和 1338 条第 1 款第 2 项所规定权利的保护。

3. 作者名誉、人格和商业信誉的保护依照本法典第 152 条进行。

第 1252 条 专属权的保护

1. 智力活动成果和个别化手段专属权的保护可通过提出以下请求的方式

进行：

（1）要求确认权利的请求——对否定或以其他方式不承认权利持有人的权利，从而侵犯其利益的人提出；

（2）要求制止侵权行为或构成侵权威胁的行为的请求——对实施这种行为或正在进行这种行为之必要准备的人提出；

（3）赔偿损失的请求——对未与权利持有人签订合同而非法使用智力活动成果或个别化手段（无合同使用）或以其他方式侵犯其专属权并对之造成损失的人提出；

（4）依照本条第5款要求没收物质载体的请求——向物质载体的制作者、进口商、保管人、承运人、卖方、其他传播人、非善意取得人提出；

（5）要求公布法院关于侵权行为的裁判并指出真正权利持有人的请求——对专属权侵权人提出。

2. 在侵犯专属权案件中，可以通过诉讼保全程序对于已经提出侵犯智力活动成果或个别化手段专属权的物质载体、设备和材料采用诉讼立法规定的保全措施，包括对物质载体、设备和材料进行扣押。

3. 在本法典对某些智力活动成果或个别化手段有规定的情况下，当专属权受到侵犯时，权利持有人有权不要求赔偿损失，而要求侵权人给付侵犯上述权利的补偿金。在这种情况下，侵权事实得到证明时，补偿金应当追索。同时，免除要求权利保护的权利持有人关于损失数额的证明责任。

补偿金的数额由法院在本法典规定的限度内，根据侵权行为的性质和其他案情并考虑请求的合理性和公正性予以确定。

权利持有人有权请求侵权人对每次非法使用智力活动成果或个别化手段支付补偿金或者对全部侵权行为整体支付补偿金。

4. 如果制作、传播或以其他方式使用以及进口、运送或保管反映智力活动成果或个别化手段的物质载体导致侵犯这种成果或手段载体的专属权时，这种物质载体被视为侵权物品，并应依照法院裁判禁止流通或予以销毁，而不给予任何补偿，但法律规定了其他后果的除外。

5. 主要用于或其准备用于实施侵犯智力活动成果或个别化手段专属权的设备、其他装置和材料，应根据法院裁判禁止流通并予以销毁，费用由侵权人负担，但法律规定没收作为俄罗斯联邦收入的情况除外。

6. 如果各种不同的个别化手段（商业名称、商标、服务标志、商业标识）相同或雷同并由于这种雷同或近似可能误导消费者和（或）另一方当事人的，在先取得专属权的个别化手段享有优先权。该专属权的持有人可以依照本法典规定的程序请求认定对雷同或近似商标(服务标志)提供的法律保护无效或要求完全或部分禁止使用雷同或近似的商业名称或商业标识。

本款所指部分禁止使用的意义是：

对商业名称——禁止在一定种类的活动中使用；

对商业标识——禁止在一定区域内和(或)一定种类的活动中使用。

7. 如果侵犯智力活动成果或个别化手段专属权的行为被认定为不正当竞争，则对受到侵犯的专属权既可以采用本法典规定的方式进行保护，也可以依照反垄断立法进行保护。

第1253条 法人和个体经营者侵犯专属权的责任

如果法人多次或严重侵犯智力活动成果和个别化手段的专属权，则法院可以按照检察长的请求依本法典第61条第2款的规定作出对该法人进行清算的裁判。

如果公民实施此种侵权行为，则他作为个体经营者的活动可以根据法院的民事判决或刑事判决按法定程序予以终止。

第1254条 被许可人权利保护的特点

如果第三人侵犯已经颁发使用排他许可的智力活动成果或个别化手段的专属权，从而侵犯了被许可人根据许可合同取得的权利，则被许可人除采取其他方式维护自己的权利外，还可以采用本法典第1250条、第1252条和第1253条规定的方式维护自己的权利。

第七编 智力活动成果和个别化手段的权利

第七十章 著作权

第1255条　著作权

1. 科学、文学和艺术作品的智力权利是著作权。
2. 作品的作者享有下列权利：
（1）作品的专属权；
（2）作者身份权；
（3）署名权；
（4）作品的不可侵犯权；
（5）作品的发表权。
3. 在本法典规定的情况下，作者除享有本条第2款规定的权利外，还享有其他权利，包括职务作品使用的报酬权、撤回权、造型艺术作品的追续权和利用权。

第1256条　科学、文学和艺术作品专属权在俄罗斯联邦境内的效力

1. 科学、文学和艺术作品的专属权及于：
（1）在俄罗斯联邦境内发表的，或虽未发表、但以某种客观形式存在于俄罗斯联邦境内的作品，其专属权归作者（作者的权利继受人）所有，而不论他们的国籍；
（2）在俄罗斯联邦境外发表的，或虽未发表，但以某种客观形式存在于俄罗斯联邦境外的作品，其专属权归属于作为俄罗斯联邦公民的作者（其权利继受人）所有；
（3）在俄罗斯联邦境外发表的，或虽未发表，但以某种客观形式存在于俄罗斯联邦境外的作品，依照俄罗斯联邦签署的国际条约，在俄罗斯联邦境内其专属权归属于作为其他国家公民或无国籍人的作者（其权利继受人）所有。

2. 如果作品在俄罗斯联邦境外初次发表后的 30 日内又在俄罗斯联邦境内发表,作品亦视为在俄罗斯联邦首次发表。

3. 当依照俄罗斯联邦签署的国际条约在俄罗斯联邦境内向作品提供保护时,作品的作者或其他原始权利持有人依照成为著作权取得根据的法律事实发生地国的法律确定。

4. 只有当作品未因为在作品创作地国规定之专属权有效期届满而成为社会财富,并且在俄罗斯联邦也未因本法典规定的作品专属权有效期届满而成为社会财富的情况下,在俄罗斯联邦境内才能依照俄罗斯联邦签署的国际条约向作品提供保护。

在依照俄罗斯联邦签署的国际条约向作品提供保护时,这些作品在俄罗斯联邦的专属权有效期不得超过作品创作地国专属权的有效期。

第 1257 条 作品的作者

科学、文学艺术作品的作者是以创造性劳动创作该作品的公民。如果不能证明相反的情况,原作或作品上以作者身份署名的人,被视为作品的作者。

第 1258 条 合作

1. 以共同的创造性劳动创作作品的公民是合作者,而不论该作品是不可分割的整体还是由规章具有独立意义的部分组成的。

2. 以合作方式创作的作品,由合作者共同使用,但合作者的协议有不同规定的除外。如果该作品为不可分割的整体,则任何一位合作者如无充分理由均无权禁止该作品的使用。

作品的一部分如可以脱离其他部分而独立使用,则具有独立意义的部分可以由该部分的作者根据自己的意志使用,但合作者之间的协议有不同规定的除外。

3. 在分配使用作品和处分作品专属权所得收入时,对合作者的关系相应地使用本法典第 1229 条第 3 款的规则。

4. 每位合作者均有权独立采取措施维护自己的权利,包括在合作者创作的作品为不可分割整体的情况下。

第 1259 条 著作权客体

1. 著作权客体是下列科学、文学和艺术作品,而不论作品的价值和用途,也不论其表现方式:

文学作品;

戏剧和音乐戏剧作品、剧本;

舞蹈作品和哑剧作品；

有歌词或无歌词的音乐作品；

音像作品；

绘画作品、雕塑作品、素描作品、工业品艺术设计作品、连环画、连环漫画作品和其他造型艺术作品；

装饰实用艺术和舞台布景艺术作品；

建筑、城市建筑、园林建筑艺术作品，包括其设计、图纸、文字描述和立体沙盘模型；

摄影作品和以类似摄影的方式获得的作品；

地图、地质图和属于地理学、印刷术和其他科学的绘图、平面图、草图和造型图；

其他作品。

著作权客体也包括作为文学作品受到保护的电子计算机程序。

2. 著作权客体包括：

(1) 派生作品，即由另一作品加工而成的作品；

(2) 汇编作品，即在材料的选择和布局上体现创造性劳动成果的作品。

3. 著作权适用于已经发表的或虽未发表，但以包括书面形式、口头形式（公开讲演、公开演出和其他类似形式）、描述形式、录音和录像以及其他类似大容量形式在内的客观形式表现出来的作品。

4. 著作权的产生、行使和保护不需要作品进行登记注册或履行任何其他手续。

对电子计算机程序和数据库，可以依照本法典第1262条根据权利持有人的愿望进行注册。

5. 著作权不适用于技术性、组织性和其他任务的思想、理念、原则、方法、程序、体系、方式、决策，程序编制的发现、事实和语言。

6. 著作权客体不包括：

(1) 国家机关和地方自治组织的机关的官方文件，包括法律、其他规范性文件、法院裁判，立法、行政和司法性质的其他材料，国际组织的正式文件以及上述文件的官方译文；

(2) 国家象征物和标志（国旗、国徽、勋章、钱币等）以及地方自治组织的象征物和标志；

(3) 没有具体作者的民间创作；

(4) 仅具有信息性质的关于事件和事实的报导（当日新闻报道、电视节目表、交通工具时刻表等)。

7. 著作权适用于作品的各部分、作品名称、作品的人物,只要就其性质而言它们能够被视为作者独立的创造性劳动成果并符合本条第3款的要求。

第1260条 翻译作品、其他派生作品　汇编作品

1. 翻译者以及其他派生作品(加工、摄制成电影或电视、乐曲改编、改编成剧本或其他类似作品)的作者分别享有原作翻译和进行其他加工的著作权。

2. 文集的汇编者和其他汇编作品(文学选集、百科全书、数据库、地图集或其他类似作品)享有材料选择或布局(汇编)的著作权。

数据库是以客观形式出现的、独立材料(文章、计算、规范性文件、法院裁判和其他类似材料)的总和,其系统化方式应该使这些材料可以借助于电子计算机检索和加工。

3. 派生作品或汇编作品的翻译者、汇编者或其他作者在遵守被用于创作派生作品或汇编作品的原作者权利的条件下行使自己的著作权。

4. 派生作品或汇编作品的翻译者、汇编者和其他作者的著作权作为独立著作权客体的权利受到保护,而与派生作品或汇编作品原作者的权利的保护无关。

5. 收入文集或其他汇编作品的原作者,有权使用自己的作品而与汇编作品无关,但与汇编者的合同有不同规定的除外。

6. 翻译作品、文集中其他派生作品和汇编作品的著作权不妨碍其他人对同一原著进行翻译或加工,也不妨碍对相同材料进行不同选择的布局创作自己的汇编作品。

7. 百科全书、百科字典、科学作品的定期和持续文集、报纸、杂志和其他期刊的出版者有权利用这些出版物。出版者有权在这些出版物被使用的任何场合署名或要求署名。

收入这种出版物中作品的作者或专属权其他持有人保留其专属权,而与出版者和其他人整体使用出版物的权利无关,但这些专属权移转给出版者或其他人以及依照法定根据移转给出版者或其他人的情形除外。

第1261条 电子计算机程序

可以用任何语言和任何形式表现的各种电子计算机程序(包括运行系统和综合程序),包括原始文档和源代码,其著作权享有与文学作品相同的保护。电子计算机程序是以客观形式出现的、为获得一定结果而用于电子计算机和其他电子计算机装置运行的数据和命令的总和,包括在编制电子计算机程序过程中获得的预备材料以及由电子计算机程序派生的音像再现形式。

第 1262 条　电子计算机程序和数据库的国家注册

1. 权利持有人在电子计算机程序和数据库专属权的有效期内可以按照自己的意愿在联邦知识产权行政管理机关对电子计算机程序和数据库进行注册。

包含构成国家机密信息资料的电子计算机程序和数据库不得进行国家注册。申请国家注册的人（申请人）依照俄罗斯联邦的立法对泄露电子计算机程序和数据库所包含的构成国家机密的信息资料承担责任。

2. 电子计算机程序和数据库进行国家注册的申请（注册申请）应该仅针对一个电子计算机程序和/或一个数据库。

申请书应该包含以下内容：

关于电子计算机程序或数据库进行国家注册的申请并说明权利持有人，以及作者（如果作者不拒绝以作者身份进行注册），并应注明每位作者的住所地或所在地；

辨认电子计算机程序或数据库的交存材料，包括简要说明；

证明已经按规定数额交纳国家规费的凭证和证明存在减免或缓交国家规费理由的文件。

办理注册的规则由进行知识产权领域规范性法律调整的联邦行政机关规定。

3. 联邦知识产权行政管理机关根据注册申请书审查是否存在必要的文件和材料，这些文件和材料是否符合本条第 2 款的要求。如果审查的结果是肯定的，则上述机关将电子计算机程序或数据库分别列入《电子计算机程序登记簿》和《数据库登记簿》，向申请人颁发国家注册证书，并将有关已经注册的电子计算机程序或数据库的信息在该机关的官方通报上公布。

作者或其他权利持有人根据上述联邦机关的要求或者由本人主动要求，有权在通报公布信息材料之前对注册申请书进行补充、说明和更正。

4. 电子计算机程序和数据库进行国家注册的程序、国家注册证书的格式、证书所包含项目以及联邦知识产权行政管理机关官方通报上公布的信息清单，由进行知识产权领域规范性法律调整的联邦行政机关规定。

5. 已经注册的电子计算机程序或数据库专属权的转让，以及电子计算机程序或数据库专属权无合同移转他人，均应在联邦知识产权行政管理机关进行国家登记。

关于变更专属权持有人的信息材料应根据已登记的合同或其他权利证明文件列入《电子计算机程序登记簿》或《数据库登记簿》，并在联邦知识产权行政管理机关的正式公报上公布。

6. 列入《电子计算机程序登记簿》或《数据库登记簿》的信息资料,除非有能证明相反的情况,视为真实可靠的信息资料。申请人对提交注册的信息资料的真实可靠性承担责任。

第1263条 音像作品

1. 音像作品是由固定的一组相互联系的影像(有伴音或无伴音)组成的、用于借助相应装置进行视听的作品。音像作品包括电影作品,以及用类似电影的手段表现出来的作品(电视片、录像片和其他类似作品),而不论其原始的或后续的固定方式。

2. 音像作品的作者是:
（1）导演/出品人;
（2）编剧;
（3）作为专门用于该音像作品的音乐作品(有歌词或无歌词)作者的作曲者。

3. 在音像作品公开演出或进行无线或有线播放时,用于音像作品的音乐作品(有歌词或无歌词)的作曲者仍保留对利用其音乐作品的报酬权。

4. 音像作品制作者,即组织该作品创作的人(制片人),其权利依本法典第1240条确定。

制作者有权在任何音像作品上署名或者要求署名。如果没有不同证据,音像作品的制作者被认为是以通常方式在该作品上署名的人。

5. 作为组成部分进入音像作品之作品的作者,不论该作品是原来已经存在的(剧本所依据的原作的作者等),或者是在音像作品创作过程中创作的(摄影师、美术师等),保留对自己作品的专属权,但是该专属权已经移转给制作者或其他人以及按法律规定的其他根据移转给制作者或其他人的情形除外。

第1264条 官方文件、象征和标志的设计

1. 官方文件设计,包括官方文件的正式翻译设计,以及官方象征或标志的设计等的著作权,属于创作该设计的人(设计人)。

官方文件、象征和标志的设计人有权公布该设计,但定作它们的国家机关、地方自治组织机关或国际组织禁止的情形除外。在公布设计时,设计人有权指出自己的姓名。

2. 国家机关、地方自治机关或国际组织可以不经设计人的同意将官方文件、象征和标志的设计用于制作相应的官方文件、制作象征物和标志,如果设计已经由设计人公布,以供这些机关或组织使用或者设计人已经送交相应机关或

组织。

在根据相应设计制作官方文件、制作官方象征或标志时,可以按照制作官方文件、象征物或标志的国家机关、地方自治机关或国际组织的意志对设计进行补充或修改。

在国家机关、地方自治机关或国际组织正式接受设计以后,设计便可以使用,而不指出设计人的姓名。

第 1265 条 作者身份权和署名权

1. 作者身份权——被确认为作品作者的权利和作者的署名权——以自己的真名、化名(笔名)或不署名(匿名)使用和准许使用作品的权利,包括在向他人转让或移转作品的专属权时,均为不可转让和不可移转的权利。对这些权利的放弃自始无效。

2. 在匿名或化名发表作品时(除作者的化名不构成对其身份的怀疑的情况外),如没有不同情况的证据,作品上指出其名称的出版者(第 1287 条)被视为作者的代理人并有权以代理人资格维护作者的权利和保障作者权利的行使。在作品的作者公开自己的身份并主张自己的作者身份权之前,适用这一规定。

第 1266 条 作品不受侵犯权和保护作品不受歪曲

1. 不允许不经作者同意对其作品进行修改、压缩和补充、使用时加插图、序言、注释或作任何说明(作品不受侵犯权)。

在作者死后使用作品时,对作品享有专属权的人有权准许对作品进行修改、压缩或补充,其条件是不得歪曲作者的原意,不得破坏作品的完整性,也不得与作者在遗嘱、书信、日记中或在其他书面形式中明确表达的意志相抵触。

2. 当发生篡改、歪曲或以其他形式修改作品,从而有损于名誉、人格或商业信誉,以及蓄意实施这种行为的情形时,作者有权依照本法典第 152 条的规则请求维护其名誉、人格和商业信誉。在这种情况下,根据利害关系人的请求,允许在作者死后维护其名誉和人格。

第 1267 条 作者死后作者身份权、署名权和作品不受侵犯权的保护

1. 作者身份权、署名权和作品不受侵犯权无限期受到保护。

2. 作者有权通过指定遗嘱执行人的程序(第 1134 条)指定在自己死后维护其作者身份权、署名权和作品不受侵犯权的人(第 1266 条第 1 款第 2 项)。该人终身行使这些权限。

在没有指出权利维护人时,或者作者指定的人拒绝行使有关权限时,以及被指定人死亡后,作者身份权、署名权和作品不受侵犯权的维护由作者的继承人、

继承人的权利继受人和其他利害关系人进行。

第 1268 条 发表作品的权利

1. 作者有权发表自己的作品,即有权实施或同意实施发表、公开展示、公开演出、进行无线或有线播出以及以其他任何方式使作品初次为公众所了解的行为。

在这种情况下,发表是指以任何物质形式,根据作品的性质将作品复制成能满足受众合理需要的份数而使其流通。

2. 作者如根据合同将作品转让给他人使用,视为同意发表该作品。

3. 作者在世时未发表的作品,如果作品的发表不违背作者在书面形式(遗嘱、书信、日记等)明确表达的意志,则可以在其死后由作品专属权持有人发表。

第 1269 条 撤回权

作者有权放弃原先作出的发表作品的决定(撤回权),但必须赔偿作出这种决定给被转让作品专属权或作品使用权的人造成的损失。如果作品已经发表,作者也必须公开声明其撤回。在这种情况下,作者有权在赔偿损失后使原先已经发行的作品退出流通。

本条的规则不适用于电子计算机程序、职务作品和复杂客体上的作品(第 1240 条)。

第 1270 条 作品的专属权

1. 作品的作者或其他权利持有人享有依照本法典第 1229 条以任何形式和以任何不与法律相抵触的方式(包括本条第 2 款所列方式)使用作品的专属权(作品的专属权)。权利持有人可以处分作品的专属权。

2. 以下行为,不论其实施是否以获取利润为目的,均视为作品的使用:

(1) 复制作品,即以任何物质形式,包括用录音或录像形式对作品或作品的一部分制作一份或更多份;将二维作品以三维形式制作一份或更多份,或者用二维形式将三维作品制作一份或更多份。在这种情况下,用电子载体记录作品,包括写入电子计算机内存,均视为作品的使用。但如果写入为暂时的,并构成工艺流程不可分割的实质部分,而该工艺流程以合法利用作品记录或合法向公众公布作品为唯一目的,则不属于使用作品。

(2) 通过出售或其他转让原作或其复制品的行为传播作品。

(3) 公开放映作品,即直接或借助于磁带、幻灯片、电视镜头或其他技术手段在屏幕上演示作品,以及直接或借助于技术手段、不按先后顺序在超出通常家庭范围的人数众多的公开场所或自由出入场所放映音像作品,而不论作品是在其展示场所被接收或在另一场所与展示的同时被接收。

（4）为传播目的而进口作品的原件或复制件。

（5）出租作品的原件或复制件。

（6）公开演出作品，即由人演出或借助于技术手段（广播、电视和其他技术手段）进行演出，以及在自由入场的公开场所或者在超出通常家庭范围的人数众多的场所放映音像作品（有伴音或无伴音），而不论作品是在其上演或放映场所被接收或在另一场所与上演或放映的同时被接收。

（7）播放作品，即通过广播或电视（包括转播）公开播放（包括放映或演出）作品，有线播放的除外；这种情况下的播放是指使作品产生视觉和（或）听觉效果的任何行为，而不论受众是否实际接受。在作品通过卫星播放时，播放是指卫星从地面站接收信号再从卫星转输信号从而使作品可能为公众了解，而不论受众是否实际接收。如果编码手段是无线广播组织或经该组织的同意向不限范围的人群提供的，则播放编码信号亦视为播放。

（8）有线播放，即借助于电缆、导线、光纤或类似手段通过广播或电视使作品为公众了解（包括转播）。如果编码手段是由有线广播组织提供给不限范围的人群的，则播放编码信号亦视为播放。

（9）翻译或对作品进行其他加工。这里的加工是指创作派生作品（加工、摄制成电影或电视、改编、改编成剧本等）。电子计算机程序或数据库的加工（改编）是指电子计算机程序或数据库的任何改变，包括将它们从一种语言翻译成另一种语言，但仅为了使程序或数据库在使用人具体技术设备上实现运行或在使用人具体程序控制下进行的改写除外。

（10）建筑艺术、工业品艺术设计、城市建筑或园林建筑设计的具体执行。

（11）用任何人从任何地点和任何时间和根据自己的选择均可以接收的方式发布作品（发布作品）。

3. 实际采用构成作品内容的原理，包括作品中技术的、经济的、组织的或其他的决策，不是本条所指的使用作品，但本条第 2 款第 10 项规定的情形除外。

4. 本条第 2 款第 5 项的规则不适用于电子计算机程序，但该程序为租用的主要客体的情况除外。

第 1271 条　著作权的保护标志

权利持有人为了宣布自己的专属权，有权在每一份作品上使用由下列要素组成的著作权标志：

加圈的拉丁字母 C，即 ©；

权利持有人的姓名或名称；

初次发表的年份。

第 1272 条 已发表作品的原著和复制品的传播

如果合法发布的作品的原著和复制品通过出售或其他转让方式在俄罗斯联邦境内进入民事流转,则作品的原著或复制品的继续传播可以不经权利持有人的同意也不向他给付报酬,但本法典第1293条规定的情形除外。

第 1273 条 为个人目的而自由复制作品

对已经合法发表的作品,允许公民为了个人目的而进行复制,而不必经作者或其他权利持有人的同意,也不给付报酬,但下列情形除外:

(1) 以建筑物或构筑物的形式复制作品；

(2) 复制数据库或其实质部分；

(3) 复制电子计算机程序,但本法典第1280条规定的情形除外；

(4) 翻印(第1275条第2款)书籍(完全地)或乐谱；

(5) 在公开自由出入场所或超过通常家庭范围的人数众多的场所放映音像作品时对音像作品进行录像；

(6) 借助于专业设备并非为了家庭使用而对音像作品进行复制。

第 1274 条 为了信息、科学、教学或文化目的而自由使用作品

1. 允许不经作者或其他权利持有人的同意,也不付报酬,但必须指出被利用作品的作者姓名和出处的作品:

(1) 为了科学、辩论、批评或信息目的在原著或译著中引用数量符合引用目的的合法发表的作品,包括以出版物评述的形式复述报纸、杂志的文章片断；

(2) 使用合法发表的作品和作品片断作为教学性质的出版物、广播电视节目、录音和录像的例子,其数量应符合既定目的；

(3) 对在报刊中合法发表的关于当前经济、政治、社会和宗教问题的作品或已经播出过的同类性质的作品在报道中进行复述、进行无线或有线广播,而作者或其他权利持有人对这种复述或广播未有专门禁止；

(4) 对公开发表的演说、讲话、报告和其他类似作品在报道中复述、进行无线或有线广播,数量符合信息目的的。在这种情况下,作品的作者保留在其作品合集中发表这些作品的权利；

(5) 使用照相、电影摄影、无线或有线广播等方式以当前事件评述的形式复述和向公众报导在事件过程中看见的或听见的作品,其数量应符合信息报导的目的；

(6) 不以营利为目的用盲文或其他专门方式为盲人复制合法发表的作品,但对专门为了以这种方式进行复制而创作的作品除外。

2. 如果图书馆提供合法进入民事流转的作品的复制品作为暂时无偿使用,则这样的使用可以不经作者或其他权利持有人的同意,也不给付报酬。在这种情况下,如果作品是数码形式的,则图书馆作为暂时无偿使用包括馆际相互使用图书资源而提供的作品只能在馆舍内提供,并且其使用条件应排除用数码形成复制作品的可能性。

3. 以另一合法发表的作品(原作)为基础创作文学的、音乐的或其他模拟性作品或讽刺体裁作品,以及使用这种模拟性作品或讽刺作品,可以不经原作者或专属权持有人同意,也不向他给付报酬。

第 1275 条 以翻印方式自由使用作品

1. 在下列情况下,不以营利为目的翻印一份作品时,允许不经作者或其他权利持有人同意,也不给付报酬,但必须指出被使用作品的作者姓名和出处(第 1273 条第 4 项):

(1) 对合法发表的作品——由图书馆或档案馆为恢复、替代已经遗失或损坏的作品以及为其他图书馆提供它们因某种原因而遗失的藏书中的作品;

(2) 对文集、报纸和其他期刊中合法发表的某些文章、小篇幅作品,以及对合法发表的书面作品的片断(有插图或无插图)——由图书馆或档案馆根据公民请求用于教学和科学目的,以及教育机构用于课堂教学。

2. 翻印是指借助于任何非出版用技术手段复制作品。翻印不包括用电子形式(包括数码形式)、光学形式或机读形式制作或保存作品的复印件,但借助于技术手段制作用于进行翻印的临时文本的情况除外。

第 1276 条 自由利用在公开自由进入场所展示的作品

对于在公开自由进入场所展示的摄影作品、建筑艺术作品或造型艺术作品,允许不经作者或其他权利持有人同意也不给付报酬而复制以及进行无线或有线广播,但是以这种方式描述作品构成复制、无线和有线广播的主要客体以及用于商业目的的情形除外。

第 1277 条 音乐作品的自由公开演奏

允许不经作者或其他权利持有人的同意也不给付报酬在官方仪式、宗教仪式或葬礼上公开演奏音乐作品,其数量应符合该仪式的性质。

第 1278 条　为执法活动而自由复制作品

为了进行行政违法行为案件的诉讼以及为了其他案件的询问、侦查和法庭审理，允许不经作者或其他权利持有人的同意也不给付报酬而使用作品，使用的数量应符合使用的目的。

第 1279 条　无线广播组织为短期使用而自由录制作品

无线广播组织有权不经作者或其他权利持有人的同意也不额外给付报酬为了短期使用该组织已取得播放权的作品而录制作品，但录制必须是由广播组织为了广播而借助自己的设备进行。在这种情况下，该组织必须在录制之日起的6个月内销毁录制作品，但与权利持有人协商或法律规定了更长期限的情形除外。该录制品如果仅具有文献性质，也可以不经权利持有人同意而保存在国家或自治地方的档案馆。

第 1280 条　自由复制电子计算机程序和数据库　电子计算机程序解码

1. 电子计算机程序或数据库的合法占有人（使用人）有权不经作者或其他权利持有人的同意也不给付额外报酬实施下列行为：

（1）为了在使用人的技术设备上运行而对电子计算机程序或数据库修改和为该程序或数据库用途运行而实施必要的行为，包括记录和储存到电子计算机（一台电子计算机或一个使用人的网络）的内存，以及修正明显的错误，但与权利持有人的合同有不同规定的除外；

（2）制作电子计算机程序或数据库的备份，但该备份只能是为了存档的目的或者在原程序丢失、毁坏或不能使用时替代合法取得的原程序。在这种情况下，电子计算机程序或数据库的备份不得用于本款第1项规定以外的目的，如果备份的占有不再合法时，应该予以销毁。

2. 电子计算机程序的合法占有人有权不经权利持有人的同意也不额外给付报酬实施通过本条第1款第1项规定的行为对电子计算机程序进行学习、研究和试验，以确定作为电子计算机程序任何成分基础的目的和原则。

3. 如果出于使电子计算机程序的合法占有人独立编制的电子计算机程序能与正在编码的程序兼容之必需，电子计算机程序的合法占有人有权不经权利持有人的同意也不额外给付报酬复制目标代码并改变成源文件（编制电子计算机程序）或委托他人实施这些行为，但必须遵守下列条件：

（1）达到兼容目的所必需的信息此前未曾被该人从其他来源得到过；

（2）上述行为仅针对被解码电子计算机程序中为实现兼容所必需的部分实施；

（3）通过解码获得的信息，只能为了使电子计算机程序的合法占有人独立编制的电子计算机程序与其他程序兼容才能使用，而不得转让给他人，但如果是为了使独立编制的程序与其他程序兼容之必需的情形除外。这种信息也不得用于编制与被解码电子计算机程序种类相同的电子计算机程序，或者用于实施其他侵犯电子计算机程序专属权的行为。

4. 本条规则的适用不应对电子计算机程序或数据库的正常使用造成不应有的损失，也不应该以其他非正当方式损害作者和其他权利持有人的合法利益。

第 1281 条　作品专属权的有效期

1. 作品的专属权在作者有生之年和作者死后下一年 1 月 1 日起的 70 年有效。

合作创作的作品的专属权，在最后死亡作者的有生之年和最后死亡作者死后下一年的 1 月 1 日起的 70 年。

2. 匿名或化名发表的作品，专属权的有效期为其合法发表下一年 1 月 1 日起的 70 年。如果上述期限内匿名或化名发表作品的作者公开自己的身份或其身份已经不再有怀疑，则其作品专属权的有效期适用本条第 1 款的规定。

3. 作者死后发表的作品，专属权的有效期为发表之后的 70 年，自发表之后下一年的 1 月 1 日起算，其条件是作品在作者死后 70 年内发表。

4. 如果作者受到迫害而死后被昭雪，则专属权的有效期顺延，自作者昭雪的下一年的 1 月 1 日起的 70 年。

5. 如果作者曾在伟大卫国战争期间工作或者参加过伟大卫国战争，专属权的有效期在本条规定的基础上延长 4 年。

第 1282 条　作品转变为社会财富

1. 科学、文学、艺术作品无论已经发表的或者未发表的，一旦专属权有效期届满，即成为社会财富。

2. 对已经成为社会财富的作品，任何人可以自由使用，无需任何同意或许可，也不必给付报酬。在这种情况下，作者的身份、作者的姓名和作品的不受侵犯权受到保护。

3. 已经成为社会财富的未发表作品，可以由任何人自由发表，只要发表不违背作者用书面形式（遗嘱、书信、日记等）明确表示的意志。

合法发表该作品的公民的权利，由本法典第七十一章规定。

第 1283 条　作品专属权的继承

1. 作品的专属权可以继承。

2. 在本法典第 1151 条规定的情况下,遗产所包括的专属权终止,作品即成为社会财富。

第 1284 条 对作品专属权和作品许可使用权的追索

1. 对属于作者的作品专属权不允许进行追索。但是对作者根据合同向他人转让专属权或作品使用许可合同而产生的请求权,以及对使用作品的收益,允许进行追索。

对属于非作者本人而属于他人的专属权以及属于被许可人的使用作品的权利,可以进行追索。

本款第 1 段的规则,在专属权有效期内适用于作者的继承人、继承人的继承人等等。

2. 如果为了对属于被许可人的作品使用权进行追索而进行公开拍卖,作品的作者有优先购买权。

第 1285 条 作品专属权的转让合同

根据作品专属权转让合同,作者或其他权利持有人向取得人全部转让或承担义务全部转让属于他的作品专属权。

第 1286 条 提供作品使用权的许可合同

1. 根据许可合同,一方——作者或其他权利持有人(许可人)向另一方——(被许可人)提供或承担义务提供在合同规定的限度内使用作品的权利。

2. 许可合同以书面形式签订。提供在期刊中使用作品的合同可以用口头形式签订。

3. 提供电子计算机程序或数据库使用权的许可合同允许每位使用人同有关权利持有人订立附合合同,附合合同的条款在所取得的程序或数据库上叙述或在其包装上叙述。如同这些条款的规定,使用人开始使用该程序或数据库即表示同意合同的签订。

4. 在有偿许可合同中,应该规定使用作品的报酬或计算报酬的办法。

在这种合同中可以规定分若干次或定期向许可人给付报酬,或者按收入的百分比提成或者以其他形式付酬。

俄罗斯联邦政府有权对某些种类作品的使用规定最低限度的稿酬标准。

第 1287 条 出版许可合同的特别条款

1. 根据作者或其他权利持有人与出版者签订的提供作品使用权的许可合同,出版者根据合同有义务出版作品,被许可人必须在合同规定的期限届满之前开始使用作品(出版许可合同)。如果不履行这一义务,许可人有权拒绝合同而不赔偿因此给被许可人造成的损失。

如果合同中没规定开始使用作品的具体期限,则使用应该在该类作品和使用方式通常的期限内开始。许可人可以按照本法典第450条规定的理由和程序解除此种合同。

2. 如果出版许可合同根据本条第1款的规定解除,则许可人有权要求向他全额支付合同规定的报酬。

第1288条　著作定作合同

1. 根据著作定作合同,一方(作者)承担义务根据另一方(定作人)的定作在物质载体上或以其他形式创作合同规定的科学、文学或艺术作品。

作品的物质载体归定作人所有,但双方的协议规定物质载体由定作人暂时使用的除外。

著作定作合同是有偿合同,但双方协议有不同规定的除外。

2. 著作定作合同可以规定向定作人转让应该由作者创作的作品的专属权,或者规定向定作人提供在合同规定的限度内使用作品的权利。

3. 如果著作定作合同规定向定作人转让作者应创作的作品的专属权,则对合同相应地适用本法典关于专属权转让合同的规则,但合同的实质有不同要求的除外。

4. 如果著作定作合同的签订附带有向定作人提供在合同规定限度内使用作品的权利,则对合同相应地适用本法典第1286条和第1287条的规定。

第1289条　著作定作合同的履行期限

1. 著作定作合同规定创作的作品,应在合同规定的期限内交付定作人。

未规定和不能确定履行期限的合同,视为没有签订。

2. 如果著作定作合同的履行期已到,必要时或者有正当理由时,可以向作者提供时间为合同履行期四分之一的优惠期,但双方协议规定了更长优惠期的除外。在本法典第1240条第1款规定的情况下适用这一规则,但合同有不同规定的除外。

3. 依照本条第2款向作者提供的优惠期届满时,定作人有权单方面拒绝著作定作合同。

在合同规定的期限届满时,如果合同尚未履行,而从合同的条款显然可以认为,违反合同履行期使定作人丧失了对合同的兴趣,则定作人还有权直接拒绝合同。

第 1290 条 作品作者的合同责任

1. 根据作品专属权转让合同和许可合同,作者的责任限于对另一方造成的实际损失的数额,但合同规定了作者责任更少数额的情况除外。

2. 如果作者应该对著作定作合同的不履行或不适当履行承担责任,则作者必须向定作人返还预付款,在合同规定违约金的情况下,还必须支付违约金。在这种情况下,上述给付的总额以给定作人造成的损失为限。

第 1291 条 作品原件的转让和作品专属权

1. 在作者转让作品的原件(手稿、绘画、雕塑作品的原件等),包括根据著作定作合同转让原件时,作者仍保留作品的专属权,但合同有不同规定的除外。

如果作品的专属权未移转给原件取得人,则原件取得人有权不经作者同意也不给付报酬而展出所取得并归其所有的原件,以及有权将原件复制到展览会目录或关于取得人收藏品的出版物中,还有权将该作品的原件在他人举办的展览会上展出。

2. 如果对作品享有专属权的所有权人并非作品作者本人,在他转让作品的原件时,作品的专属权一并移转给原件取得人,但合同有不同规定的除外。

3. 本条中涉及作品作者的规则,在作品专属权有效期内,也适用于作者的继承人以及继承人的继承人,以此类推。

第 1292 条 形象直接利用权

1. 造型艺术作品的作者有权要求作品原件的所有权人向他提供复制自己作品的可能性(形象直接利用权)。在这种情况下不得要求原件的所有权人将作品运送给作者。

2. 建筑艺术作品的作者有权要求原件的所有权人提供对作品进行照相和摄像的可能性,但合同有不同规定的除外。

第 1293 条 追续权

1. 在作者转让造型艺术作品原作的情况下,如果该作品每次公开转卖时作为卖方、买方或居间人参与的有造型艺术馆、艺术沙龙、商店或其他类似的组织,作者均有权按转卖价款的百分比提成,从卖方那里取得报酬(追续权)。百分比的数量以及给付报酬的条件和程序由俄罗斯联邦政府规定。

2. 作者对文学作品和音乐作品的手稿也依照本条第 1 款的规定享有追续权。

3. 追续权不可转让,但在专属权有效期内可以继承。

第 1294 条 建筑艺术、城市建筑和园林建筑艺术作品作者的权利

1. 建筑艺术、城市建筑和园林建筑艺术作品的作者有依照本法典第 1270 条第 2 款和第 3 款的规定享有使用自己作品的专属权,包括制作建筑文件和实现建筑艺术、城市建筑和园林建筑设计而使用作品。

实现建筑艺术、城市建筑和园林建筑设计只能使用一次,但关于设计创作的合同有不同规定的除外。设计与根据设计执行的建筑文件只有经作者同意才得重复使用。

2. 建筑艺术、城市建筑和园林建筑艺术作品的作者有权对制作建筑文件实行监督,并有权对建筑物或构筑物以及其他实现其设计的事项实行作者监理。实行作者监督和作者监理的程序由联邦建筑艺术与城市建筑行政机关规定。

3. 建筑艺术、城市建筑和园林建筑艺术作品的作者有权请求建筑艺术、城市建筑和园林建筑艺术设计的定作人提供参加实现其设计的权利,但合同有不同规定的除外。

第 1295 条 职务作品

1. 工作人员在规定的劳动职责范围内创作的科学、文学或艺术作品(职务作品),著作权属于作者。

2. 职务作品的专属权属于雇主,但雇主与作者之间的劳动合同或其他合同有不同规定的除外。

如果雇主在职务作品提交给他支配的 3 年内未开始使用该作品,也不将专属权转让给他人或者也不通知作者关于作品的保密事宜,则职务作品的专属权归作者。

如果雇主在本款第 2 段规定的期限内开始使用作品或向他人转让作品的专属权,则作者有权取得报酬。当雇主决定对作品实行保密并因此不在上述期限内开始使用作品,作者亦享有取得报酬的权利。报酬的数额、雇主给付报酬的条件和程序由雇主与工作人员的合同规定,有争议时,由法院决定。

3. 如果依照本条第 2 款的规定,职务作品的专属权属于作者,则雇主有权按照服务于工作任务的方式并在任务范围内使用作品,并有权发表该作品,但雇主与工作人员的合同有不同规定的除外。在这种情况下,作者使用职务作品的权利不受限制,使用作品的方式不受工作任务的制约,以及使用方式虽服务于工作任务,但可以超出雇主任务的范围。

雇主在使用职务作品时可以指明其姓名或名称或要求指出其姓名或名称。

第 1296 条　按定作编制的电子计算机程序和数据库

1. 如果电子计算机程序或数据库的创作是合同的标的(定作),则电子计算机程序或数据库的专属权属于定作人,但承揽人(执行人)与定作人之间的合同有不同规定的除外。

2. 如果电子计算机程序或数据库的专属权依照本条第 1 款属于定作人,则在合同没有不同规定的情况下,承揽人(执行人)有权在专属权整个有效期内按照无偿普通(非排他)许可的条件为了本人的需要而使用该程序或数据库。

3. 如果依照定作人与承揽人(执行人)的合同,电子计算机程序或数据库的专属权属于承揽人,则定作人有权在专属权整个有效期内按照无偿普通许可(非排他许可)的条件为了自己的需要而使用该程序或数据库。

4. 如果按定作编制电子计算机程序或数据库的作者对电子计算机程序或数据库不享有专属权,则有权依照本法典第 1295 条第 2 款第 3 段取得报酬。

第 1297 条　完成合同工作而编制的电子计算机程序和数据库

1. 如果电子计算机程序或数据库是在完成定作合同或完成科学研究、试验设计或工艺设计工作合同时编制的,而工作并未明文规定编制电子计算机程序或数据库,则电子计算机程序或数据库的专属权属于承揽人(执行人),但承揽人与定作人之间的合同有不同规定的除外。

在这种情况下,如果合同没有不同规定,则定作人有权在专属权整个有效期内按普通(非排他)许可的条件为实现签订合同之目的而使用该电子计算机程序或数据库,而不再额外给付报酬。当承揽人(执行人)向他人转让电子计算机程序或数据库的专属权时,定作人保留使用电子计算机程序或数据库的权利。

2. 如果依照承揽人(执行人)与定作人的合同,电子计算机程序或数据库的专属权转让给定作人或定作人指定的第三人,则承揽人(执行人)有权在专属权的整个有效期内为了本人的需要按无偿普通(非排他)许可的条件使用他编制的电子计算机程序或数据库,但合同有不同规定的除外。

3. 本条第 1 款所指电子计算机程序或数据库的作者,如不享有对电子计算机程序或数据库的专属权,则有权依照本法典第 1295 条第 2 款第 3 段的规定取得报酬。

第 1298 条　根据国家或地方自治机关的合同而创作的科学、文学和艺术作品

1. 科学、文学或艺术作品如果是为了国家或自治地方需要而根据国家或自治地方合同而创作的,则其专属权属于作为合同执行人的作者或合同的其他执行人所有,除非国家或自治地方合同规定此项权利属于作为国家或自治地方定

作人的俄罗斯联邦、俄罗斯联邦主体或地方自治组织所有,或者属于执行人与俄罗斯联邦、执行人与俄罗斯联邦主体或者执行人与地方自治组织共同所有。

2. 如果依照国家或自治地方合同的规定,科学、文学或艺术作品的专属权属于俄罗斯联邦、俄罗斯联邦主体或地方自治组织,则执行人必须通过与自己的工作人员和第三人签订合同从而取得所有权利或保证取得所有权利,以便将权利转让给俄罗斯联邦、俄罗斯联邦主体或地方自治组织。在这种情况下,执行人有权要求赔偿他因为向第三人取得相关权利而花费的开支。

3. 如果根据国家和自治地方合同为国家或地方自治机关的需要而创作的科学、文学和艺术作品的专属权依照本条第 1 款不属于俄罗斯联邦、俄罗斯联邦主体或地方自治组织所有,则权利持有人必须根据国家定作人或地方自治组织定作人的请求向国家或地方自治组织指定的人提供相关科学、文学、艺术作品的无偿普通(非排他)许可,以供国家或地方自治组织的需要而进行使用。

4. 如果根据国家和地方自治机关的合同为国家或地方自治机关的需要而创作的科学、文学和艺术作品的专属权属于俄罗斯联邦、俄罗斯联邦主体或地方自治组织,或者属于执行人与俄罗斯联邦、执行人与俄罗斯联邦主体或者执行人与地方自治组织共同所有,则国家定作人和地方自治组织定作人在通知执行人以后,有权为了国家和自治地方的需要而提供使用该科学、文学或艺术作品的无偿普通(非排他)许可。

5. 工作人员,如其专属权依照本条第 2 款移转给执行人,有权依照本法典第 1295 条第 2 款第 3 段取得报酬。

6. 本条的规则也适用于为国家或自治地方需要的国家和自治地方合同并未规定,但在执行该合同过程中编制的电子计算机程序或数据库。

第 1299 条 著作权保护的技术手段

1. 著作权保护的技术手段是可以控制获取作品、防止或限制实施作者或其他权利持有人不允许对作品实施之行为的任何工艺、技术装置或它们的组件。

2. 对作品不允许实施下列行为:

(1)不经作者或其他权利持有人的许可,排除通过技术手段确定的对作品使用的限制;

(2)对任何工艺、任何技术装置或其组件进行制作、传播、出租、提供临时无偿使用、进口、广告宣传,为获取利润而使用这种技术手段,或提供相关的服务,如果由于这种行为使利用技术手段保护著作权成为不可能,以及这些技术手段不再能保证对此种权利进行适当保护的;

（3）在违反本条第2款的情况下，作者或其他权利持有人有权根据自己的选择要求侵权人赔偿损失或依照本法典第1301条给付补偿金，但本法典允许不经作者或其他权利持有人的同意使用作品的情形除外。

第1300条　关于著作权的信息

1. 关于著作权的信息是任何确定作品、作者或其他权利持有人的信息，或者在作品原件或复制件所包含的、所附注的或者因为进行无线或有线广播或者因向公众发布作品而出现的关于作品使用条件的信息，以及任何包含这种信息的数字和代码。

2. 对作品不允许实施下列行为：

（1）不经作者或其他权利持有人的同意去除或变更关于著作权的信息；

（2）不经作者或其他权利持有人同意去除或变更作品上关于著作权的信息后复制、传播、为传播目的进口、公开演出、进行无线或有线广播、向公众公布作品。

3. 在违反本条第2款规定的情况下，作者或其他权利持有人有权按照自己的选择要求侵权人赔偿损失或依照本法典第1301条给付补偿金。

第1301条　侵犯作品专属权的责任

在作品的专属权受到侵犯的情况下，作者或其他权利持有人除使用本法典（第1250条、第1252条和第1253条）规定的其他维护方式和责任措施外，还有权依照本法典第1252条第3款根据自己的选择要求侵权人给付补偿金代替赔偿损失。

补偿金的数额由法院决定，从1万卢布至500万卢布；

作品所有复制件价值的2倍或作品使用权价格的2倍，作品使用权价格按可比情况下合法使用作品应收取的金额计算。

第1302条　侵犯著作权案件的诉讼保全

1. 如果推定作品为赝品，法院可以禁止被告人或有足够理由被认为侵犯了著作权的人为了使作品进入民事流转而实施一定的行为（制作、复制、出租，进口或其他本法典规定的使用行为，以及运输、保管或占有）。

2. 法院可以扣押被推定为赝品的全部作品、用于或准备用于制作或复制赝品的材料和设备。

如果有足够的材料说明发生了侵犯著作权的事实，调查机关或侦查机关必须采取措施查找和扣押被推定为赝品的作品以及用于或准备用于制作或复制赝品的材料和设备，包括在必要时采取措施收缴这些作品并交付责任保管。

第七编 智力活动成果和个别化手段的权利

第七十一章 邻接权

第一节 一般规定

第1303条 基本规定

1. 演出活动结果(演出)、录音作品、电视节目的无线或有线广播(无线或有线广播组织的广播)、数据库的内容的智力权利,以及科学、文学和艺术作品在成为社会财富以后初次发表的智力权利,为与著作权相邻接的权利(邻接权)。

2. 邻接权包括专属权,在本法典规定的情况下还包括人身非财产权。

第1304条 邻接权的客体

1. 邻接权的客体是:

(1) 演员和指挥的表演、作为出品人的戏剧导演的导演(演出),如果这些演出可以借助于技术手段复制和传播的形式表现出来;

(2) 录音作品,即演出或其他声音或声音再现的录音,但不包括包含在音像作品里的录音;

(3) 无线或有线广播组织的节目,包括该无线或有线广播组织自己制作的节目或按照其定作使用其经费由另一组织制作的节目;

(4) 数据库中保护构成数据库材料内容不被非法提取和重复使用的部分;

(5) 在成为社会财富以后发表的科学、文学和艺术作品中保护作品发表人权利的部分。

2. 邻接权的产生、行使和保护不需要邻接权各客体进行登记或办理其他手续。

3. 对演出、无线或有线广播组织的节目广播、录音、无线或有线广播组织的广播节目,如果在其原创地国尚未因该国规定的这些客体专属权有效期届满而成为社会财富而在俄罗斯也未由于本法典规定的专属权有效期届满而成为社会财富的,在俄罗斯联邦境内依照俄罗斯联邦签署的国际条约向邻接权客体提供保护。

第 1305 条　邻接权的法律保护标志

录音作品的制作人和演出人,以及录音作品或演出的其他专属权持有人为表示其专属权,有权在每份原件或录音复制品上以及在录音制品的外盒上使用邻接权保护标志,邻接权标志由三部分组成:圆圈中的拉丁字母 P,即 ⓟ、专属权持有人的姓名或名称、录音作品初次发表的年份。这种情况下,录音复制品是指直接或间接从录音作品拷贝到任何物质载体上的包括录音作品全部声音或部分声音或其声音表现的复制品。声音再现是指用数码形式出现的、需要使用相应技术手段才能为人的听觉所能感知的声音记录。

第 1306 条　不经权利持有人同意也不给付报酬而使用邻接权客体

在自由使用作品的情况下(第 1273 条、第 1274 条、第 1277 条、第 1278 条和第 1279 条)和在本章规定的其他情况下,允许不经权利持有人同意也不给付报酬而使用邻接权客体。

第 1307 条　邻接权客体专属权转让合同

根据邻接权客体专属权转让合同,一方——录音作品的演出人、制作人、无线或有线广播组织、数据库制作人、科学、文学和艺术作品的发表人或其他权利持有人向另一方——专属权取得人全部转让或承担义务全部转让相应邻接权客体的专属权。

第 1308 条　提供邻接权客体使用权的许可合同

根据许可合同,一方——录音作品的演出人、制作人、无线或有线广播组织、数据库制作人、科学、文学或艺术作品的发表人或其他权利持有人(许可人)向另一方(被许可人)提供或承担义务提供在合同规定限度内使用邻接权客体的权利。

第 1309 条　维护邻接权的技术手段

控制接触邻接权客体、防止或限制实施权利持有人不允许对该客体实施的行为的任何工艺、技术装置或其组件是维护邻接权的技术手段,对它们分别适用本法典第 1299 条和第 1311 条的规定。

第 1310 条　关于邻接权的信息

关于邻接权客体的信息是任何确定邻接权客体或权利持有人的信息,或者相应物质载体上包含的、附注的或者因为对该客体进行无线或有线广播、因向公众发布该客体而出现的关于邻接权客体使用条件的信息以及任何这种信息的包含数字和代码,是关于邻接权客体的信息,对它分别适用本法典第 1300 条和第 1311 条的规定。

第 1311 条　侵犯邻接权客体专属权的责任

如果邻接权客体的专属权受到侵犯,专属权持有人使用本法典(第 1250 条、第 1252 条和第 1253 条)规定的维护方式和责任措施外,还有权依照本法典第 1252 条第 3 款根据自己的选择要求侵权人给付补偿金代替赔偿损失。

补偿金的数额根据法院的裁量,为 1 万卢布至 500 万卢布;

录音作品全部复制品价值的 2 倍或邻接权客体使用权价值的 2 倍,使用权价值按可比情况下合法使用该客体的通常价格计算。

第 1312 条　侵犯邻接权案件的诉讼保全

在侵犯邻接权案件中,为了进行诉讼保全,对被告人或有足够理由是侵犯了邻接权的人,以及对可以推定为赝品的邻接权客体,可以分别适用本法典第 1302 条规定的措施。

第二节　演 出 权

第 1313 条　演出人

演出人(演出的作者)是以创造性劳动完成演出的人——演员(戏剧演员、歌唱演员、音乐演奏人、舞蹈演员或其他扮演角色、读词、朗诵、歌唱、演奏乐器或以其他方式参加文学作品、艺术作品或民间创作作品的演出的人员,包括参加露天舞台节目、杂技节目或木偶节目演出的人员),以及戏剧的导演——出品人(实现戏剧、杂技、木偶、露天舞台或其他戏剧游艺演出的人员)和乐队指挥。

第 1314 条　共同演出的邻接权

1. 共同演出的邻接权属于共同参与创作的演出集体的成员(戏剧演员、乐队成员和其他演出集体的成员),而不论演出是构成不可分割的整体还是由各自具有独立意义的成分组成的。

2. 共同演出的邻接权由演出集体的领导人行使,而当领导人不在时,由演出集体的成员共同行使,但他们的协议有不同规定的除外。如果共同演出构成不可分割的整体,则演出集体中的任何一个成员没有足够的理由均无权禁止共同演出的利用。

共同演出的成分可以单独使用的,即具有独立意义的成分,可以由其演出人根据自己的意志使用,但演出集体成员之间的协议有不同规定的除外。

3. 对演出集体成员分配共同演出收入有关的关系,相应地适用本法典第1229条第3款的规则。

4. 演出集体的每个成员均有权独立采取措施维护其共同演出的邻接权,包括在演出构成不可分割的整体的情况下。

第1315条 演出人的权利

1. 演出人有以下权利:

(1) 演出的专属权;

(2) 作者身份权——被承认是演出作者的权利;

(3) 姓名权——在录音复制品上或演出被利用的其他场合署真名或化名,而在本法典第1314条第1款规定的情况下,有权指出演出集体的名称,但作品使用的性质决定不能指出演出人姓名或演出集体名称的情况除外;

(4) 演出不受侵犯权——保护演出不受任何歪曲的权利,即不允许对录音、无线或有经线广播进行歪曲其意义或破坏其整体性的修改。

2. 演出人员在遵守被演出作品作者著作权的情况下行使自己的权利。

3. 无论被演出作品的著作权是否存在和有效,演出人员的权利均应得到承认并有效。

第1316条 演出人员死后,演出人员身份权、姓名权和演出不受侵犯权的保护

1. 身份权、姓名权和演出不受侵犯权无限期受到保护。

2. 演出人员有权按照指定遗嘱执行人的程序(第1134条)指定在他死后维护其姓名权和演出不受侵犯权的人。该人终身行使其权限。

在没有指定或者被指定人拒绝行使有关权限时,以及在被指定人死后,演出人姓名权和演出不受侵犯权的保护由演出人员的继承人、权利继受人和其他利害关系人进行。

第1317条 演出的专属权

1. 演出人员享受依照本法典第1229条以任何不与法律相抵触的方式(包括以本条第2款规定的方式)使用演出的权利(演出专属权),演出人员可以处分自己的演出专属权。

2. 演出的使用是:

（1）对演出进行无线广播，即通过电台或电视（有线电视除外）公开播放（包括转播）。这里的广播是指使演出成为听觉和（或）视觉可感知的任何行为，而与受众的实际接收无关。在通过卫星对演出进行无线广播时，无线广播是指卫星接收地面信号，再从卫星转输信号，从而使演出能够向公众传播，而与受众的实际接收无关。

（2）有线广播，即电台或电视台借助于电缆、导线、光纤或类似手段将演出向公众广播（包括转播）。

（3）演出的录制，即借助于技术手段在任何物质载体上以可以重复多次感知、复制或广播的形式固定演出的声音和（或）形象或其再现形式。

（4）复制演出录音录像，即制作一份或更多份录音作品或部分录音作品。将演出录制到电子载体上，包括记录到电子计算机内存里，均视为复制，但录制为暂时的或者构成以合法使用为目的或合法将演出向公众传播的工艺流程不可分割的一部分的情形除外。

（5）通过出售或其他转让任何物质载体上的原件或复制品的方式传播演出录音录像。

（6）对演出录音录像实施本条第 1 款和第 2 款规定的行为。

（7）以任何人从任何地点任何时间均可接触演出录音录像的方式向公众公布演出的录音录像（公布录音录像）。

（8）公开播放录音录像，即借助于技术手段在公众自由访问的场所或在超出通常家庭范围的人数众多的公开场所播放演出的录音录像，而不论作品是在其播放场所被接收或在另一场所与播放的同时被接收。

（9）出租演出录音录像的原件或复制品。

3. 如果录音录像的制作是在演出人员同意的情况下进行的，而演出录音录像的复制、无线或有线广播以及公开播放与演出人员同意进行的录制具有相同的目的，则演出的专属权不适用于演出录音录像的复制、无线或有线播放和公开播放。

4. 在与演出人员签订创作音像作品的合同时，推定演出人员同意演出作为音像作品的内容使用。演出人员对音像作品固定的声音或图像的单独使用的同意，应在合同中明示。

5. 在非演出人员利用演出时，相应地适用本法典第 1315 条第 2 款的规则。

第 1318 条 演出专属权的有效期　该权利的继承和转变为社会财富

1. 演出的专属权在演出人员有生之年有效，但不得少于 50 年，自进行演出、录制演出或进行无线或有线广播后下一年的1月1日起计算。

2. 如果演出人员受到迫害而死后得到昭雪,则专属权的有效期顺延,自演出人员昭雪的下一年1月1日起的50年。

3. 如果演出人员曾在伟大卫国战争期间工作或者参加过伟大卫国战争,专属权的有效期在本条第1款规定的基础上延长4年。

4. 对演出专属权的继承,相应地适用本法典第1283条的规则。

5. 专属权有效期届满后,这一权利即成为社会财富。对已经成为社会财富的演出,相应地适用本法典第1282条的规则。

第1319条 对演出专属权和演出许可利用权的追索

1. 对属于演出人员的演出专属权不允许进行追索。但是对作者根据向他人转让演出专属权或因使用许可合同而产生的请求权,以及对利用演出取得的收益,允许进行追索。

对不属于演出人员本人而属于他人的专属权,以及属于被许可人的演出利用权,可以进行追索。

本款第1段的规则,在专属权有效期内,适用于作者的继承人、继承人的继承人,以此类推。

2. 如果为了进行追索而对属于被许可人的作品使用权进行公开拍卖,则演出人员享有优先购买权。

第1320条 职务演出

演出人员为完成职务而进行的演出,以及通过这种方式进行共同演出的,对有关权利相应地适用本法典第1295条的规则。

第1321条 演出专属权在俄罗斯联邦境内的效力

在下列情况下,演出专属权在俄罗斯联邦境内有效:

演出人员是俄罗斯联邦公民的;

初次演出是在俄罗斯联邦境内进行的;

演出已经用录音制品固定下来,而录音制品依照本法典第1328条受到保护的;

演出虽未以录音形式固定下来,但已经被无线或有线播出,而播出节目依照本法典第1332条受到保护的;

在俄罗斯联邦签署的国际条约规定的其他情况下。

第三节 录音作品的权利

第 1322 条 录音作品的制作人

录音作品的制作人是负责创意和对第一次演出或其他声音或其表现形式进行录音的人员。在没有不同证据时,录音作品的制作人是以通常方式在录音作品和(或)其包装上署名的人。

第 1323 条 录音作品制作人的权利

1. 录音作品的制作人有如下权利:
(1) 录音作品的专属权;
(2) 在录音作品和(或)其包装上署名;
(3) 保护录音作品在使用时不被歪曲的权利;
(4) 公布录音作品,即实施通过发表、公开展示、公开演出、无线或有线广播或其他方式使录音作品初次向公众发表。同时,经制作人同意将足够满足受众合理需要的数量的录音作品复制品投入流通的行为也是发表录音作品。

2. 录音作品的制作人行使自己的权利须遵守作品作者的权利和演出人员的权利。

3. 录音作品的制作人权利的承认和有效与著作权和演出人员权利是否存在和有效无关。

4. 在录音作品和(或)其包装上署名的权利和保护录音作品不受歪曲的权利在公民的有生之年或作为录音作品制作人的法人终止之前受到保护。

第 1324 条 录音作品的专属权

1. 录音作品的制作人享有以任何不与法律相抵触的方式(包括以本条第 2 款规定的方式)依照本法典第 1229 条使用录音作品的权利(录音作品的专属权)。录音作品的制作人可以处分录音作品专属权。

2. 录音作品的使用是:
(1) 公开演出,即借助于技术手段在向公众开放的场所或在超出通常家庭范围的人数众多的公开场所播放音像作品,而不论作品是在其播放场所被接收或在另一场所与播放的同时被接收。
(2) 进行无线广播,即通过电台或电视(包括转播)向公众播放录音作品,但有线广播除外。这里的播放是指使录音作品能产生听觉效果的行为,而不论受众是否收听。在通过卫星进行无线广播时,播放是指卫星从地面站接收信号再从卫星转输信号从而使录音作品可能为公众了解,而不论受众是否实际接收。

(3)有线广播,即借助于电缆、导线、光纤或类似手段通过电台或电视向公众播放(包括转播)录音作品。

(4)用任何人从任何地点和任何时间和根据自己的选择均可以接收的方式发布录音作品(发布作品)。

(5)复制即制作录音作品或部分作品的一份或更多份复制件。在这种情况下,在电子载体上记录录音作品,包括记入电子计算机内存,也视为复制,但录音为暂时的或者构成以合法使用为目的或合法将演出公众公开的工艺流程不可分割的一部分的情形除外。

(6)通过出售或转让录音作品原件或其任何物质载体上的复制件的行为传播录音作品。

(7)为传播目的进口录音作品或其复制品,包括经权利持有人许可制作的复制品。

(8)出租录音作品的原件或复制品。

(9)加工录音作品。

3. 合法对录音作品进行加工的人,取得被加工作品的邻接权。

4. 在非制作人使用录音作品时,相应地适用本法典第1323条第2款的规则。

第1325条 传播已经发表的录音作品的原件或复制品

如果合法发表的录音作品的原件或复制品在俄罗斯联邦境内通过出售或其他转让行为已经进入民事流转,则录音作品原件或复制品的继续传播允许不经录音作品专属权持有人的同意,也不给付报酬。

第1326条 使用为商业目的而发表的录音作品

1. 对于为商业目的而发表的录音作品,允许不经录音作品专属权持有人和该录音作品所录制的节目演出人员的同意而进行公开演出以及进行无线或有线广播,但必须向他们给付报酬。

2. 从使用人那里收取本条第1款规定报酬和报酬的分配,由具有从事相关种类活动的国家委托的著作权集体管理组织进行。

3. 本条第1款规定的报酬,按下列比例在权利持有人中间进行分配:演出人员——50%,制作人——50%。具体演出人员、制作人之间报酬的分配按相应录音作品的实际使用比例进行。收取、分配和给付报酬的办法由俄罗斯联邦政府规定。

4. 录音作品的使用人应该向著作权集体管理组织提交录音作品使用情况的报告以及收取和分配报酬必需的其他信息材料和文件。

第 1327 条 录音作品专属权的有效期、该权利向权利继受人的移转和录音作品转变为社会财富

1. 录音作品专属权有效期为 50 年,自录制下一年的 1 月 1 日起算。在发表录音作品的情况下,专属权有效期为 50 年,自发表下一年的 1 月 1 日起算,但录音作品的公布必须是在录制后的 50 年内。

2. 以本条第 1 款规定的剩余有效期内,录音作品专属权移转给录音作品制作人的继承人或其他权利继受人。

3. 录音作品专属权有效期届满后,录音作品即成为社会财富。对已经成为社会财富的录音作品相应地适用本法典第 1282 条的规则。

第 1328 条 录音作品专属权在俄罗斯联邦境内的效力

在下列情况下,录音作品专属权在俄罗斯联邦境内有效:

制作人是俄罗斯联邦公民或法人的;

录音作品或其复制品初次在俄罗斯联邦境内传播的;

在俄罗斯联邦签署的国际条约规定的其他情况下。

第四节 无线和有线广播组织的权利

第 1329 条 无线或有线广播组织

无线或有线广播组织是从事声音和(或)图像或其信号总和的无线或有线广播或电视播出的法人。

第 1330 条 广播或电视节目的专属权

1. 无线或有线广播组织对其依照本法典第 1229 条以不与法律相抵触的任何方式,包括本条第 2 款规定的方式合法进行的或已经进行的无线或有线广播节目享有专属权。无线或有线广播组织可以处分广播或电视节目的专属权。

2. 广播或电视节目的使用是:

(1) 广播或电视节目的录制,即借助于技术手段用可以多次重复播放、复制或播放的物质形式将声音和(或)图像或其信号固定下来;

(2) 复制广播或电视节目,即制作广播或电视节目或部分节目的一份或多份复制品。在这种情况下,将广播或电视节目记录到电子载体上或写入电子计算机内存,也视为复制,但录制为暂时的或者构成以合法使用为目的或合法将广

播或电视节目向公众公开的工艺流程不可分割的一部分的情形除外；

（3）通过出售或其他转让广播或电视节目原件或复制品的方式传播广播或电视节目；

（4）转播，即一个无线或有线广播组织在接收另一组织节目的同时进行该节目的无线（包括通过卫星）或有线播出；

（5）以任何人均可以从任何地点在任何时间根据自己的选择接收广播或电视节目的方式播放广播或电视节目（向公众公开）；

（6）公开演出，即借助于技术手段收费公开播放广播或电视节目，而不论在是播放地点或同时在其他地点被接收。

3. 对无线广播组织的节目，无论是进行无线转播或者有线广播，均视为使用。

对有线广播组织的节目，无论是有线转播或者无线广播，均视为使用。

4. 对无线或有线广播节目的使用权，相应地适用本法典第1317条的规则。

5. 无线和有线广播组织行使自己的权利时，必须遵守作品作者的权利、演出人员的权利，而在有关情况下，还必须遵守录音作品权利持有人的权利和其他无线和有线组织对广播电视节目的权利。

6. 无线和有线广播组织的权利，无论著作权、演出人员的权利以及录音制品的权利是否存在和有效，均得到承认并且有效。

第1331条 广播或电视节目专属权的有效期、该权利向权利继受人的移转和广播电视节目成为社会财富

1. 广播电视节目专属权的有效期为50年，自节目进行无线或有线广播下一年的1月1日起算。

2. 广播或电视节目专属权在本条第1款规定的剩余期限内移转给无线或有线广播组织的权利继受人。

3. 广播或电视节目专属权有效期届满后，即成为社会财富。对已经成为社会财富的广播或电视节目，相应地适用本法典第1282条的规则。

第1332条 广播电视节目专属权在俄罗斯联邦境内的效力

有下列情形之一的，广播或电视节目的专属权在俄罗斯联邦境内有效：无线或有线广播组织在俄罗斯有所在地并借助于设置在俄罗斯联邦境内的转发器进行播出，以及在俄罗斯联邦签署的国际条约规定的其他情况下。

第五节 数据库制作人的权利

第1333条 数据库的制作人

1. 数据库的制作人是组织数据库的创作和搜集、加工和配置构成数据库的材料等工作的人。如果没有不同证据,数据库的制作人是以通常方式在数据库或其包装上署名的公民或法人。

2. 数据库的制作人享有如下权利:

数据库制作人的专属权;

在数据库和(或)其包装上署名的权利。

第1334条 数据库制作人的专属权

1. 如果数据库的创作(包括相应材料的加工或提交)需要重大财政上、物质上的花费或组织上及其他方面的工作,则数据库的制作人享有从数据库中提取材料以及随后以任何方式使用这些材料的专属权(数据库制作人的专属权)。数据库制作人可以处分上述专属权。如果没有不同证据,数据库包含不少于2万个独立的构成数据库的信息成分(材料)的是需要重大花费的数据库(第1260条第2款第2项)。

除本法典规定的情形外,非经权利持有人的同意,任何人均无权从数据库提取材料和随后进行使用。从数据库提取材料是指将数据库的内容或构成数据库材料的相当大的部分使用任何技术手段以任何形式移植到另一信息载体上。

2. 无论数据库制作人和其他人对数据库材料以及他们对数据库作为汇编作品整体上的著作权和其他专属权是否存在或有效,数据库制作人的专属权均应承认和有效。

3. 合法使用数据库的人,有权不经数据库制作人的许可而从数据库中提取材料并随后用于个人、科学、教育和其他非商业目的,使用量应符合上述目的,以行为不侵犯数据库制作人和其他人的著作权为限。

使用从数据库中提取的材料时,如预定有不限范围的人需要接触数据库材料,则应该指出这些材料的来源。

第1335条 数据库制作人专属权的有效期

1. 数据库制作人专属权产生于完成数据库的创作之时,有效期为15年,自创作后下一年的1月1日起计算。在上述期限内公布数据库的,数据库制作人专属权在15年内有效,自公布下一年的1月1日起计算。

2. 本条第 1 款规定的期限，随着数据库每次更新而重新计算。

第 1336 条 数据库制作人专属权有效期在俄罗斯联邦境内的效力

1. 下列情况下，数据库制作人专属权在俄罗斯联邦境内有效：

数据库制作人是俄罗斯联邦公民或法人的；

数据库制作人是外国公民或外国法人，而有关外国在其境内对制作人为俄罗斯联邦公民或俄罗斯法人的数据库制作人专属权提供保护的；

在俄罗斯联邦签署的国际条约规定的其他情况下。

2. 如果数据库制作人是无国籍人，则视该人的住所地在俄罗斯联邦还是在外国而相应地适用本条第 1 款中涉及俄罗斯联邦公民或外国公民的规则。

第六节 科学、文学或艺术作品发表人的权利

第 1337 条 发表人

1. 发表人是合法地将此前未发表过的、未成为社会财富（第 1282 条）的或者由于著作权不再受保护而成为社会财富的科学、文学或艺术作品公之于众或组织公之于众的公民。

2. 发表人的权利适用于依照本法典第 1259 条被视为著作权客体的作品，而与作品的创作时间无关。

3. 本节的规定不适用于国家和自治地方档案馆收藏的作品。

第 1338 条 发表人的权利

1. 发表人享有如下权利：

（1）对其公之于众的作品的发表人专属权（第 1339 条第 1 款）；

（2）在将作品公之于众时，在作品上和作品使用的其他场合，包括在翻译作品或进行作品加工时署名。

2. 在将作品公之于众时，发表人必须遵守本法典第 1268 条第 3 款规定的条件。

3. 发表人在发表人专属权有效期内对作品享有本法典第 1266 条第 1 款规定的权限。作品发表人的权利继受人享有同样的权限。

第 1339 条 发表人对作品的专属权

1. 作品的发表人享有依照本法典第 1229 条以本法典第 1270 条第 2 款第 1 项至第 8 项和第 11 项规定的方式使用作品的专属权（发表人对作品的专属权）。发表人可以处分上述专属权。

2. 在作品以翻译形式或其他加工形式发表时,亦承认作品发表人的专属权。不论发表人和其他人对翻译作品或其他加工作品的著作权是否得到承认和有效,作品发表人的专属权均应承认和有效。

第1340条　作品发表人专属权的有效期

作品发表人的专属权的有效期产生于作品发表之时,为25年,自发表下一年的1月1日起算。

第1341条　作品发表人专属权在俄罗斯联邦境内的效力

1. 发表人的专属权适用于以下作品:

(1) 在俄罗斯联邦境内发表的作品,而不论发表人的国籍;

(2) 俄罗斯联邦公民在俄罗斯联邦境外发表的作品;

(3) 外国公民或无国籍人在俄罗斯联邦境外发表的作品,但作品发表地国的立法对俄罗斯联邦公民作为发表人的专属权在其境内提供保护的;

(4) 在俄罗斯联邦签署的国际条约规定的其他情况下。

2. 在本条第1款第3项规定的情况下,作品发表人专属权的有效期不得超过产生作品发表人专属权的法律事实发生地国规定的发表人专属权的有效期。

第1342条　发表人专属权有效期的提前终止

如果在使用作品时,权利持有人违反了本法典对作者身份权、作者姓名权或作品不受侵犯权的要求,可以根据利害关系人的请求通过司法程序提前终止作品发表人的专属权。

第1343条　作品原件的转让和作品发表人的专属权

1. 在作品原件(手稿、绘画、雕塑作品类似作品的原件)由所有权人进行转让,而所有权人对被转让作品享有发表人专属权时,这一专属权亦转让给作品原件的取得人,但合同有不同规定的除外。

2. 如果作品发表人专属权未移转给作品原件的取得人,则取得人有权不经发表人专属权持有人的同意而以本法典第1291条第1款第2段规定的方式使用作品原件。

第1344条　受发表人专属权保护的作品原件和复制品的传播

如果依照本节的规定已经公之于众的作品的原件或复制品已经通过出售或其他转让方式合法地进入民事流转,则作品原件或复制品的继续传播可以不经发表人的同意,也无须向他给付报酬。

第七编 智力活动成果和个别化手段的权利

第七十二章 专利法

第一节 一般规定

第1345条 专利权

1. 发明、实用新型、外观设计的智力权利是专利权。
2. 发明、实用新型或外观设计的作者享有下列权利：
（1）专属权；
（2）作者身份权。
3. 在本法典规定的情况下，发明、实用新型或外观设计的作者还享有其他权利，包括取得专利证书的权利、职务发明、实用新型或外观设计使用时的报酬权。

第1346条 发明、实用新型或外观设计专属利权在俄罗斯联邦境内的效力

在俄罗斯联邦，承认联邦知识产权行政管理机关颁发的专利证书所证明的或者依照俄罗斯联邦签署的国际条约在俄罗斯联邦境内有效的专利证书所证明的发明、实用新型或外观设计的专属权。

第1347条 发明、实用新型或外观设计的作者

发明、实用新型或外观设计的作者是以创造性劳动创作相应智力活动成果的公民。如果没有相反证明，发明、实用新型或外观设计的专利申请书中作为作者指出的人，视为发明、实用新型或外观设计的作者。

第1348条 发明、实用新型或外观设计的合作者

1. 以共同劳动创造发明、实用新型或外观设计的公民，是合作者。

2. 每位合作者均有权按照自己的意志使用发明、实用新型或外观设计,但他们的协议有不同规定的除外。

3. 对合作者涉及分配发明、实用新型或外观设计使用收益和处分发明、实用新型或外观设计专属权的关系,相应地适用本法典第1229条第3款的规则。

取得发明、实用新型或外观设计专利证书的权利由合作者共同行使。

4. 每位合作者均有权独立采取措施维护自己对发明、实用新型或外观设计的权利。

第 1349 条 专利权的客体

1. 专利权是科学技术领域内符合本法典对发明和实用新型要求的智力活动成果以及符合本法典对外观设计规定要求的工业品艺术设计领域内智力活动成果。

2. 对含有构成国家机密的发明(机密发明)适用本法典的规定,但本法典和依照本法典颁布的其他法律文件有专门规定的除外。

3. 含有构成国家机密的信息材料的实用新型和外观设计,不依照本法典提供法律保护。

4. 不得成为专利权客体的有:
(1) 克隆人的方式;
(2) 改变人类胚胎组织基因完整性的方式;
(3) 将人类胚胎用于工业和商业目的;
(4) 违反公共利益、人道原则和道德的其他决策。

第 1350 条 发明的专利能力条件

1. 任何领域涉及产品(包括涉及装置、物质、微生物菌株、植物或动物组织培育)或方式(借助于物质手段对物质客体实施作用的过程)的技术决策均作为发明受到保护。

如果发明具有新颖性并具有发明水平和工业实用性,则发明受到法律保护。

2. 如果发明是现有技术水平中所没有的,则发明具有新颖性。

如果对于专业人员而言,发明不是来自于现有技术水平,则发明具有发明水平。

现有技术水平包括截至发明优先权之日为止世界上已经普及的任何信息材料。

在确定发明的新颖性时,现有技术水平也包括在其更早优先权的条件下其他人在俄罗斯联邦提出的发明和实用新型的专利申请,这些发明和实用新型的文件任何人均有权依照本法典第1385条第2款或第1394条第2款进行了解，以及包括已经在俄罗斯获得专利证书的发明和实用新型。

3. 发明人、专利申请人披露与发明有关的信息以及从他们那里直接或间接获得信息的任何人披露此信息，从而使关于发明实质的信息材料为公众所知晓，并不妨碍承认发明的专利能力，但条件是发明的专利申请是在披露信息之日起的6个月内向联邦知识产权行政管理机关提出的。关于致使信息被披露的情况的发生不妨碍发明的专利能力的证明责任由申请人承担。

4. 如果发明可以在工业、农业、卫生、其他经济领域或某一专门领域使用，则发明是具有工业实用性的。

5. 不是发明的有：

（1）发现；

（2）科学理论和数学方法；

（3）仅涉及产品外观和旨在满足美学需要的决策；

（4）游戏、智力活动和经济活动的规则和方法；

（5）电子计算机程序；

（6）仅为提供信息的决策。

只有在发明的专利申请涉及这些客体时，才依照本款排除将这些客体列为发明的可能性。

6. 对以下各项均不作为发明提供法律保护：

（1）植物品种、动物品种和获得动、植物品种的生物学方法，但以此种方法获得的微生物方法和产品除外；

（2）集成电路布局设计。

第1351条 实用新型的专利能力条件

1. 涉及装置的技术决策作为实用新型受到保护。

如果实用新型具有新颖性和工业实用性，则对实用新型提供法律保护。

2. 如果实用新型的要件的总和是现有技术水平中所没有的，则实用新型具有新颖性。

现有技术水平包括世界上已经发表的关于与提出专利申请的实用新型相同用途方法的信息材料，以及关于它们在俄罗斯的应用情况的信息材料，如果这些信息材料在实用新型优先权之日前已经为公众所知晓。现有技术水平也包括在其更早优先权的条件下其他人在俄罗斯联邦提出的发明和实用新型的专利申请，这些发明和实用新型的文件任何人均有权依照本法典第1385条第2款或第

1394 条第 2 款进行了解；现有技术水平还包括已经在俄罗斯获得专利证书的发明和实用新型。

3. 实用新型的作者、专利申请人披露与发明实用新型有关的信息以及从他们那里直接或间接获得信息的任何人披露此信息，从而使关于实用新型实质的信息材料为公众所知晓，并不妨碍承认实用新型的专利能力，但条件是实用新型的专利申请是在披露信息之日起的 6 个月内向联邦知识产权行政管理机关提出的。关于致使信息被披露的情况的发生不妨碍实用新型的专利能力的证明责任，由申请人承担。

4. 如果实用新型可以在工业、农业、卫生、其他经济领域或某一专门领域使用，则实用新型是具有工业实用性的。

5. 以下各项均不得作为实用新型提供法律保护：
（1）仅涉及产品外观和旨在满足美学需要的决策；
（2）集成电路布局设计。

第 1352 条　外观设计的专利能力条件

1. 决定工业产品、手工业产品外观的艺术设计决策作为外观设计受到保护。

如果外观设计在其本质要件方面具有新颖性和独创性，则外观设计受到法律保护。

外观设计的本质要件包括决定产品美学和（或）人类工程学特点的特征，包括形式、轮廓、图案、颜色组合。

2. 如果外观设计反映在产品图案中的和外观设计本质要件清单（第 1377 条第 2 款）中列举的本质要件的总和是直至外观设计优先权之日已经在世界上普及的信息所没有的，则外观设计具有新颖性。

在确定外观设计的新颖性时，还要考虑在其更早优先权的条件下其他人在俄罗斯联邦提出的外观设计的专利申请，这些外观设计的文件任何人均有权依照本法典第 1394 条第 2 款进行了解；在确定外观设计的新颖性时，还应考虑包括已经在俄罗斯获得专利证书的外观设计。

3. 外观设计如果其本质要件具有反映产品特点的创造性，则具有独创性。

4. 外观设计的作者、专利申请人披露与外观设计有关的信息以及从他们那里直接或间接获得信息的任何人披露此信息，从而使关于外观设计实质的信息材料为公众所知晓，并不妨碍实用新型专利能力的承认，但条件是实用新型专利申请的是信息披露之日起的 6 个月内向联邦知识产权行政管理机关提出的。关于导致信息被披露的情况的发生并不妨碍承认外观设计的专利能力的证明责任,由申请人承担。

5. 下列各项不得作为外观设计受到保护:
(1) 仅受产品技术功能制约的决策;
(2) 建筑艺术客体(小建筑艺术形式除外)、工业构筑物、水利构筑物和其他固定构筑物;
(3) 用液体、气体、粉末状物质或类似物质制造的无固定形式的客体。

第1353条 发明、实用新型和外观设计的国家注册

发明、实用新型或外观设计的专属权在相应发明、实用新型或外观设计进行国家注册的条件下得到承认与保护。根据国家注册,联邦知识产权行政管理机关颁发发明、实用新型或外观设计的专利证书。

第1354条 发明、实用新型或外观设计的专利证书

1. 发明、实用新型或外观设计的专利证书证明发明、实用新型或外观设计的优先权、作者身份权和发明、实用新型或外观设计的专属权。

2. 根据专利证书并在专利证书所包含的发明公式或相应实用新型公式规定的范围内以发明或实用新型的智力权利提供保护。为了解释发明公式或实用新型公式可以使用描述和图纸(本法典第1375条第2款和第1376条第2款)。

3. 外观设计智力权利的保护根据其专利证书提供,保护范围根据专利证书中反映在产品图案的和外观设计本质要件清单中列举的本质要件的总和决定(第1377条第2款)。

第1355条 对发明、实用新型或外观设计的创造和利用的国家奖励

国家鼓励发明、实用新型或外观设计的创造和利用,向其作者以及专利持有人和利用有关发明、实用新型或外观设计的被许可人依照俄罗斯联邦的立法提供优惠。

第二节 专 利 权

第1356条 发明、实用新型或外观设计的作者身份权

作者身份权,即被承认是发明人、实用新型和外观设计的创作者的权利,是不可转让的和不可移转的,包括在其发明、实用新型或外观设计的专属权转让或移转给他人时以及向他人提供发明、实用新型或外观设计的使用权时均不得转让或移转。对这一权利的放弃自始无效。

第 1357 条 取得发明、实用新型或外观设计专利证书的权利

1. 取得发明、实用新型或外观设计专利证书的权利原始地属于发明人和实用新型及外观设计的创作者。

2. 取得发明、实用新型或外观设计专利证书的权利可以移转给他人(权利继受人)或者在法律规定的情况下和依照法律规定的根据进行转让,包括通过概括权利继受程序或根据合同(包括劳动合同)进行转让的情况。

3. 转让取得发明、实用新型或外观设计专利证书的权利应该以书面形式签订。不遵守书面形式的,合同一律无效。

4. 如果转让取得发明、实用新型或外观设计专利证书权利的合同双方当事人未有不同协议,发明、实用新型或外观设计不具有专利能力的风险由权利取得人承担。

第 1358 条 发明、实用新型或外观设计的专属权

1. 专利持有人依照本法典第 1229 条的规定享有以任何不与法律相抵触的方式,包括以本条第 2 款和第 3 款规定的方式利用发明、实用新型或外观设计的权利(发明、实用新型或外观设计的专属权)。专利持有人可以处分发明、实用新型或外观设计的专属权。

2. 发明、实用新型或外观设计的利用包括:

(1) 将利用发明、实用新型或外观设计的产品输入俄罗斯联邦、制造、应用、提供出售、出售、以其他方式进入民事流转或为以上目的保管这些产品。

(2) 对直接取得专利证书的产品实施本款第 1 项规定的行为。以取得专利的方式获得的产品是具有新颖性的,如果没有相反的证明,则相同产品视为通过使用取得专利的方式获得的产品。

(3) 对按照其用途运行(使用)时自动实现取得专利的方式的装置实施本款第 2 项规定的行为。

(4) 应用使用了发明的方式,包括通过采用该方式而进行应用。

3. 如果产品含有该要件发明和实用新型专利证书中公式独立条款列举的每一要件,而方式采用了这种要件,或者与之等同的要件在对该产品或方式实施本条第 2 款规定之行为前已经在该技术领域被知晓,则发明或实用新型被认为已经得到利用。

如果产品含有反映在产品图案和外观设计本质要件清单中列举的外观设计全部本质要件(第 1377 条第 2 款),则外观设计视为在产品中被利用。

如果在利用发明或实用新型时还利用了专利证书关于另一发明或另一实用

新型公式的独立条款中所列举的所有本质要件,以及在利用外观设计时利用了另一外观设计的所有本质要件,则该另一发明、另一实用新型或另一外观设计也视为被利用。

4. 如果一项发明、一项实用新型或一项外观设计的专利持有人是两个以上的人,则对他们之间的关系适用本法典第 1348 条第 2 款和第 3 款的规则,而不论专利持有人中是否有一位是该智力活动成果的作者。

第 1359 条 不属于侵犯发明、实用新型或外观设计专属权的行为

下列行为不属于侵犯发明、实用新型或外观设计专属权的行为:

(1)将利用了发明、实用新型或外观设计的产品用于外国交通工具(水上运输、航空运输、公路和铁路运输)或航天技术的设计、辅助设备或使用,条件是这些交通工具或航天技术暂时或偶然处于俄罗斯联邦境内并且上述产品的应用仅为了交通工具或航天技术的需要。如果外国也对在俄罗斯注册的交通工具或航天技术提供相同的权利,则上述行为对该外国的交通工具或航天技术交通工具或航天技术也不视为侵犯专属权。

(2)对利用了发明、实用新型或外观设计的产品或方式进行科学研究,或者对产品、方法等进行科学试验。

(3)在非常情况下(自然灾害、浩劫、事故)利用发明、实用新型或外观设计,在最短期限内将利用情况通知专利持有人并随后向他给付相应的补偿。

(4)为满足个人、家庭、居家或其他与经营活动无关的需要而利用发明、实用新型或外观设计,只要利用的目的不是获得利润或收益。

(5)药房根据医生处方一次性利用发明制作药品。

(6)将利用发明、实用新型或外观设计的产品输入俄罗斯联邦,应用、提供出售、出售、以其他方式进入民事流转或为以上目的保管这些产品,如果该产品之前曾由专利持有人或经专利持有人许可由其他人在俄罗斯联邦境内投入民事流转。

第 1360 条 为国防安全而利用发明、实用新型或外观设计

俄罗斯联邦政府有权为了防卫和安全允许不经专利持有人同意而利用发明、实用新型或外观设计,但应在最短期限内通知专利持有人并向他给付相应的补偿。

第 1361 条 发明、实用新型或外观设计的先用权

1. 在发明、实用新型或外观设计优先权日期(第 1381 条和第 1382 条)之前在俄罗斯联邦境内善意使用了与并非作者创造的相同决策或对此做了必要的准

备的人,保留在不扩大使用范围的情况下继续无偿使用相同决策的权利(先用权)。

2. 只有与使用相同决策或对此做了必要准备的企业一起转让才能将先用权转让给他人。

第 1362 条　发明、实用新型或外观设计的强制许可

1. 如果发明或外观设计在专利证书颁发之日起的 4 年内,而实用新型在专利证书颁发之日起的 3 年内没有被专利持有人利用或足够地利用,从而导致不能向市场提供足够的相关商品、工作或服务,希望利用或准备利用发明、实用新型或外观设计的任何人,在专利持有人拒绝按实践中形成的条件同该人签订许可合同的情况下,均有权在法院向专利持有人提起要求提供在俄罗斯联邦境内利用发明、实用新型或外观设计的普通(非排他)强制许可的诉讼。在诉讼请求中,该人应该指出向他提供许可的条件,包括发明、实用新型或外观设计的利用范围、金额、支付的程序和期限。

如果专利持有人不能证明,发明、实用新型或外观设计的不利用或不足够利用是由于正当原因所致,法院应作本款第 1 项所指的提供许可的裁判以及提供的条件。许可的总价应该在法院裁判中规定,不得低于可比情况下决定的许可价格。

如果提供普通(非排他)强制许可的情况不复存在或者不可能再产生,则这种许可的效力可以根据专利持有人的诉讼请求通过司法程序予以终止。

1. 如果专利持有人不能利用他享有专属权的发明,同时也不侵犯发明或实用新型另一专利(第一专利)持有人的权利,第一专利持有人拒绝按实践中形成的条件签订许可合同,则专利(第二专利)持有人有权在法院对第一专利的持有人提起要求提供在俄罗斯联邦境内得用第一专利持有人的发明或实用新型的普通(非排他)强制许可的诉讼。在诉讼请求中,应该说明第二专利持有人提出的向他提供许可的条件,包括发明或实用新型的利用范围、金额、支付的程序和期限。

如果对这种附属发明享有专属权的专利持有人能够证明发明是重要的技术成就,较之第一专利持有人的发明或实用新型有重大的经济优越性,则法院应作出向他提供普通(非排他)强制许可的裁判。根据许可取得的利用受第一专利保护的发明的权利,不得转让给其他人,但转让第二专利的情况除外。

普通(非排他)强制许可的总金额应该在法院裁判中规定,并不得低于可比条件下决定的许可价格。

在依照本款提供的普通(非排他)强制许可的情况下,发明和实用新型使用权的专利持有人,如根据上述许可提供了利用权,则也有权取得利用附属发明的普通(非排他)强制许可,对此按照实践中形成的条件颁发普通(非排他)强制许可。

2. 如果专利持有人不能利用他享有专属权的发明,同时也不侵犯发明或实用新型另一专利(第一专利)持有人的权利,第一专利持有人拒绝按实践中形成的条件签订许可合同,则专利(第二专利)持有人有权在法院对第一专利的持有人提起要求提供在俄罗斯联邦境内得用第一专利持有人的发明或实用新型的普通(非排他)强制许可的诉讼。在诉讼请求中,应该说明第二专利持有人提出的向他提供许可的条件,包括发明或实用新型的利用范围、金额、支付的程序和期限。

如果对这种附属发明享有专属权的专利持有人能够证明发明是重要的技术成就,较之第一专利持有人的发明或实用新型有重大的经济优越性,则法院应作出向他提供普通(非排他)强制许可的裁判。根据许可取得的利用受第一专利保护的发明的权利,不得转让给其他人,但转让第二专利的情况除外。

普通(非排他)强制许可的总金额应该在法院裁判中规定,并不得低于可比条件下决定的许可价格。

在依照本款提供的普通(非排他)强制许可的情况下,发明和实用新型使用权的专利持有人,如根据上述许可提供了利用权,则也有权取得利用附属发明的普通(非排他)强制许可,对此按照实践中形成的条件颁发普通(非排他)强制许可。

3. 根据本条第 1 款和第 2 款规定的法院裁判,联邦知识产权行政管理机关对普通(非排他)强制许可进行国家注册。

第 1363 条　发明、实用新型和外观设计专属权的有效期

1. 发明、实用新型和外观设计专属权和证明此项权利的专利证书的有效期,在遵守本法典规定要求的条件下,自向联邦知识产权行政管理机关提出最初的专利申请之日起计算,分别为:

发明——20 年;

实用新型——10 年;

外观设计——15 年。

专利证书所证明的专属权的保护,只有在发明、实用新型和外观设计进行国家注册并颁发专利证书之后才能受到保护(第 1393 条)。

2. 涉及需要按法定程序取得许可证方能应用的药品、杀虫剂或农用化学制剂的发明,如果自提出专利申请之日直至取得应用的初次许可已经过去5年,则相应发明专属权和证明此项权利的专利证书的有效期可以根据专利持有人的申请由联邦知识产权行政管理机关予以延长。上述有效期延长的时间为自提出专利申请书之日直至取得应用发明的许可之日的时间,但要扣除5年。在这种情况下,发明专利证书的有效期延长的时间不得超过5年。

权利持有人提出延长专利证书有效期的申请应在专利证书有效期内,而在取得发明应用许可之日或颁发专利证书之日起的6个月期限届满之前,以其中日期在后的为准。

3. 实用新型专属权和证明此项权利的专利证书的有效期根据专利持有人的申请由联邦知识产权行政管理机关延长,但延长的时间不得超过3年,而外观设计的专属权和证明此项权利的专利证书的有效期可以延长申请书要求的时间,但不得超过10年。

4. 延长发明、实用新型和外观设计专利证书有效期的程序,由在知识产权领域进行规范性法律调整的联邦行政机关规定。

5. 发明、实用新型和外观设计专属权和证明此项权利的专利证书的效力,根据本法典第1398条和第1399条规定的理由和程序认定为无效或提前终止。

第1364条 发明、实用新型和外观设计转变为社会财富

1. 专属权有效期届满后,发明、实用新型和外观设计即成为社会财富。

2. 对已经成为社会财富的发明、实用新型和外观设计,任何人均可以自由利用,无须任何人的同意或许可,也无须给付使用报酬。

第三节 发明、实用新型和外观设计专属权的处分

第1365条 发明、实用新型和外观设计专属权转让合同

根据发明、实用新型和外观设计专属权转让合同(专利转让合同),一方(专利持有人)向另一方即专属权取得人(专利取得人)全部转让或承担义务全部转让属于他的相应智力活动成果的专属权。

第1366条 签订发明专利转让合同的公开要约

1. 作为发明人的申请人,在提出发明的专利申请时,可以在申请文件上附具一份声明,说明在颁发专利证书时他承担义务按照实践中形成的条件同任何第一个表示希望取得发明利用权并将此情况通知专利持有人和联邦知识产权行

政管理机关的俄罗斯联邦公民或俄罗斯法人签订转让专利的合同。在作出上述声明时,对提出专利申请和颁发专利证书均不向申请人收取本法典规定的专利费。

联邦知识产权行政管理机关在官方通报上公布有关声明的信息材料。

2. 根据本条第1款中专利持有人的声明同专利持有人签订了发明专利转让合同的人,必须交纳专利持有人被免交的全部专利费。以后的专利费按规定程序交纳。

专利转让合同在联邦知识产权行政管理机关进行注册时,应该附具证明已经交纳申请人(专利持有人)被免交的全部专利费的凭证。

3. 如果专利申请附有本条第1款所指的声明,而在公布颁发发明专利证书信息材料之日起的2年内,联邦知识产权行政管理机关没有收到希望签订专利转让合同的书面通知,则专利持有人可以向上述联邦机关提出撤回声明的请求。在这种情况下,应该交纳原先申请人(专利持有人)被免交的本法典规定的专利费。以后的专利费按规定程序交纳。

联邦知识产权行政管理机关应在官方公报中公布撤回本条第1款声明的信息材料。

第1367条 发明、实用新型或外观设计利用权许可合同

根据许可合同,一方,即专利持有人(许可人)向另一方(被许可人)转让或承担义务转让在合同规定的范围内利用专利证书所证明的发明、实用新型或外观设计的利用权。

第1368条 发明、实用新型或外观设计的开放许可

1. 专利持有人可以向联邦知识产权行政管理机关提出申请,可以向任何人提供发明、实用新型或外观设计的利用权(开放许可)。

在这种情况下,发明、实用新型或外观设计专利的年费自联邦知识产权行政管理机关公布开放许可的信息材料的下一年开始减半。

专利持有人应将向任何人提供利用权的发明、实用新型或外观设计的许可条件报告联邦知识产权行政管理机关,该机关应公布关于开放许可的相关信息材料,费用由专利持有人负担。专利持有人必须同表示愿意利用发明、实用新型或外观设计的人按照普通(非排他)许可条件签订许可合同。

2. 如果专利持有人在公布开放许可之日起的2年内没有收到按照他申请书的条件签订许可合同的书面要约,则在2年期满后他可以向联邦知识产权行政管理机关提出撤回开放许可的申请。在这种情况下,专利持有人应补齐公布

开放许可之日起的维护专利效力的费用,以后应全额交纳。上述联邦机关应在官方公报公布关于撤回开放许可的信息材料。

第1369条 发明、实用新型或外观设计专属权处分合同的形式和国家登记

专利转让合同、许可合同以及其他处分发明、实用新型或外观设计专属权的合同,应以书面形式签订并应在联邦知识产权行政管理机关进行国家登记。

第四节 因履行职务或完成合同工作而完成的发明、实用新型、外观设计

第1370条 职务发明、职务实用新型和职务外观设计

1. 工作人员因履行劳动职责或雇主布置的具体任务而完成的发明、实用新型或外观设计,分别是职务发明、职务实用新型和职务外观设计。

2. 职务发明、职务实用新型和职务外观设计的作者身份权属于工作人员(作者)。

3. 职务发明、职务实用新型或职务外观设计的专属权和取得专利证书的权利属于雇主,但劳动合同或工作人员与雇主之间的其他合同有不同规定的除外。

4. 如果工作人员与雇主之间的合同中没有不同约定(本条第3款),则工作人员应把由于执行劳动职责或雇主布置的具体工作任务而完成的可以得到法律保护的成果的事项书面通知雇主。

如果雇主在工作人员通知之日起的4个月内没有对相关职务发明、职务实用新型或职务外观设计向联邦知识产权行政管理机关提出专利申请,也不向他人转让取得职务发明、职务实用新型或职务外观设计专利的权利或者通知工作人员对有关智力活动成果的信息保密,则取得发明、实用新型或外观设计专利的权利属于工作人员。在这种情况下,雇主在专利证书的有效期内享有在自己的生产中按普通(非排他)许可条件利用职务发明、职务实用新型或职务外观设计的权利,同时向专利持有人给付补偿金,补偿金的数额、给付的条件和程序由工作人员与雇主的合同规定,如有争议,则由法院确定。

如果雇主取得职务发明、职务实用新型或职务外观设计的专利,或者作出决定对有关发明、实用新型或外观设计的信息进行保密并将此决定通知工作人员,或者将取得专利的权利转让给分阶段,或者虽提出专利申请但由于意志以外的原因没有取得专利,则工作人员有权取得报酬。报酬的数额、给付的条件和程序由工作人员与雇主的合同规定,如有争议,则由法院确定。

俄罗斯联邦政府有权规定职务发明、职务实用新型或职务外观设计的最低报酬标准。

5. 工作人员使用雇主的资金、机械设备或其他物质手段完成的但与劳动职责或雇主布置的具体任务无关的发明、实用新型或外观设计,不是职务发明、职务实用新型或职务外观设计。取得专利的权利和这种发明、实用新型或外观设计专利的专属权属于工作人员。在这种情况下,雇主有权根据自己选择要求在专属权整个有效期内向他提供利用智力活动成果的普通(非排他)许可用于其需要,或者要求赔偿因完成这种发明、实用新型或外观设计而花费的开支。

第1371条 履行合同工作而完成的发明、实用新型或外观设计

1. 如果发明、实用新型或外观设计是在履行承揽合同或科学研究、试验设计或技术工作合同时完成的,合同又未规定发明、实用新型或外观设计的完成,则取得发明、实用新型或外观设计专利的权利属于承揽人(执行人),但承揽人与定作人之间的合同有不同规定的除外。

在这种情况下,如果合同未有不同规定,定作人有权在整个专利有效期内按照普通(非排他)许可的条件将发明、实用新型或外观设计用于签订相关合同的目的,而不再为利用给付额外的报酬。在承揽人(执行人)将取得专利的权利转让他人或将自己的专利转让他人时,定作人仍然有权按照上述条件利用发明、实用新型或外观设计。

2. 如果依照承揽人(执行人)与定作人的合同取得发明、实用新型或外观设计专利的权利或者发明、实用新型或外观设计的专属权属于定作人或他所指定的第三人,则承揽人(执行人)有权在整个专利有效期内将完成的发明、实用新型或外观设计按照无偿普通(非排他)许可用于自己的需要,但合同有不同规定的除外。

3. 本条第1款所列发明、实用新型或外观设计的作者,如果不是专利持有人,则应该依照本法典第1370条第4款取得报酬。

第1372条 根据定作完成的外观设计

1. 如果合同标的为创作外观设计,则根据合同完成的外观设计的专属权和取得专利的权利属于定作人,但承揽人(执行人)与定作人之间的合同有不同规定的除外。

2. 依照本条第1款外观设计的专属权和取得专利的权利属于定作人的,如果合同没有不同规定,则承揽人(执行人)有权在专利整个有效期内按照无偿普通(非排他)许可的条件将外观设计用于自己的需要。

3. 如果依照承揽人与定作人之间的合同取得外观设计专利的权利和专属权属于承揽人(执行人)的,则定作人有权在专利整个有效期内按照无偿普通(非排他)许可的条件将外观设计用于自己的需要。

4. 根据定作完成的外观设计的作者,如果不是专利持有人,应依照本法典第1370条第4款取得报酬。

第1373条 在履行国家或自治地方工程合同时完成的发明、实用新型或外观设计

1. 对于在履行国家或自治地方工程合同时为了国家或自治地方的需要而完成的发明、实用新型或外观设计,取得专利的权利和专属权属于执行国家或自治地方合同的组织(执行人),只要国家或自治地方合同没有规定此项权利属于国家或自治地方定作人所代表的俄罗斯联邦、俄罗斯联邦主体或地方自治组织,或者属于执行人与俄罗斯联邦主体以及执行人与地方自治组织共同所有。

2. 如果根据国家或自治地方合同发明、实用新型或外观设计的专属权和取得专利的权利属于俄罗斯联邦、俄罗斯联邦主体或地方自治组织,则国家或自治地方定作人可以在执行人书面通知取得能够受到法律保护的发明、实用新型或外观设计等智力活动成果之日起的6个月内提出专利申请。如果在上述期限内国家或自治地方定作人不提出申请,则取得专利的权利属于执行人。

3. 如果发明、实用新型或外观设计的专属权和取得专利的权利根据国家或自治地方合同属于俄罗斯联邦、俄罗斯联邦主体或地方自治组织,则执行人必须同自己的工作人员和第三人签订相应的协议而取得所有的权利或保证取得所有的权利,以便将权利移转给俄罗斯联邦、俄罗斯联邦主体和地方自治组织。在这种情况下,执行人有权要求赔偿因向第三人取得相关权利而发生的开支。

4. 如果为国家或自治地方需要在履行国家或自治地方工程合同时完成的发明、实用新型或外观设计的专利权依照本条第1款不属于俄罗斯联邦、俄罗斯联邦主体或地方自治组织,则专利持有人必须根据国家或自治地方定作人的请求为国家或自治地方的需要而向定作人指定的人提供发明、实用新型或外观设计使用权的无偿普通(非排他)许可。

5. 如果履行国家或自治地方工程合同时为了国家或自治地方的需要而完成的发明、实用新型或外观设计的专利权以执行人和俄罗斯联邦、执行人与俄罗斯联邦主体或执行人与自治地方共同的名义取得,则国家或自治地方定作人在通知执行人后,有权为了国家和自治地方的需要完成工作或者实现产品供货而提供利用它种发明、实用新型或外观设计的普通(非排他)许可。

6. 如果依照本条第 1 款以自己的名义取得发明、实用新型或外观设计的专利并决定提前终止专利证书的效力,则执行人必须将此情况通知国家或自治地方定作人并根据定作人的要求将专利证书无偿转让给俄罗斯联邦、俄罗斯联邦主体或地方自治组织。

如果决定提前终止依照本条第 1 款以俄罗斯联邦、俄罗斯联邦主体或地方自治组织的名义取得的专利证书的效力,则国家或自治地方定作人必须将此情况通知执行人并根据执行人的请求无偿向他转让专利证书。

7. 本条第 1 款所列发明、实用新型或外观设计的作者,不是权利持有人的,可以依照本法典第 1370 条第 4 款取得报酬。

第五节 专利的取得

第 1 小节 专利申请 申请的变更和撤回

第 1374 条 发明、实用新型或外观设计专利申请的提出

1. 发明、实用新型或外观设计专利申请应由依照本法典的规定享有专利申请权的人(申请人)向联邦知识产权行政管理机关提出。

2. 发明、实用新型或外观设计的专利申请书应该用俄文提交。申请的其他文件用俄语或其他语言提交。申请文件用其他文件提交,申请书应附具文件的俄语译文。

3. 发明、实用新型或外观设计的专利申请由申请人签字,在专利申请通过专利代理人或其他代理人提交时,应由申请人或提交申请书的代理人签字。

4. 对发明、实用新型或外观设计专利申请书的要求由在知识产权领域从事规范性法律调整的联邦行政机关根据本法典规定。

5. 发明、实用新型或外观设计专利申请书应附具证明已经按规定数额交纳专利费的凭证,或者附具证明免交、减交或缓交专利费理由的文件。

第 1375 条 发明专利申请书

1. 要求颁发发明专利证书的申请(发明专利申请)应该涉及一项发明或几项相互联系并构成统一发明创意的一组发明(发明统一性要求)。

2. 申请书应该包含以下内容:

(1)申请颁发发明专利证书,并指明发明人和所要求的专利证书持有人,以及他们每个人的住所地或所在地;

(2)对发明的描述,描述应完整到足以实现发明;

(3) 发明公式,公式应表达发明的实质并完全依据对发明的描述;
(4) 为理解发明实质所必需的图纸或其他材料;
(5) 简介。

3. 联邦知识产权行政管理机关收到包括发明专利申请、对发明的描述和图纸(如果发明描述中存在对图纸的援引)的申请书之日视为提出专利申请之日,而如果上述文件并非同时提交,则最后文件收到之日视为提出发明专利申请之日。

第1376条　实用新型的专利申请

1. 要求颁发实用新型专利证书的申请(实用新型专利申请)应该涉及一项实用新型或几项相互联系并构成统一创意的一组实用新型(实用新型统一性要求)。

2. 实用新型专利申请书应该包括以下内容:

(1) 申请颁发实用新型专利证书,并指明实用新型完成人和要求的专利证书持有人,以及他们每个人的住所地或所在地;

(2) 对实用新型的描述,描述应完整到足以实现实用新型;

(3) 实用新型公式,公式应表达实用新型的实质并完全依据对实用新型的描述;

(4) 图纸,如果图纸为理解实用新型实质之必需;

(5) 简介。

3. 联邦知识产权行政管理机关收到包括实用新型专利申请、对实用新型的描述和图纸(如果实用新型描述中存在对图纸的援引)的申请书之日视为提出专利申请之日。而如果上述文件并非同时提交,则最后文件收到之日视为提出实用新型专利申请之日。

第1377条　外观设计的专利申请

1. 要求颁发外观设计专利证书的申请(外观设计专利申请)应该涉及一项外观设计或几项相互联系并构成统一创意的一组外观设计(外观设计统一性要求)。

2. 外观设计专利申请书应该包括以下内容:

(1) 申请颁发外观设计专利证书,并指明外观设计完成人和要求的专利证书持有人,以及他们每个人的住所地或所在地;

(2) 产品全套图像,图像应能提供产品外观的完整的细部概念;

(3) 产品全貌图纸,以及为揭示外观设计实质之必需的人类工程学图表,成型图；

(4) 对外观设计的描述；

(5) 外观设计本质要件清单。

3. 联邦知识产权行政管理机关收到包括外观设计专利申请、产品全套图像、对外观设计的描述和外观设计本质要要件清单的申请书之日视为提出专利申请之日。而如果上述文件并非同时提交，则最后文件收到之日视为提出外观设计专利申请之日。

第 1378 条 对发明、实用新型或外观设计专利申请文件的修改

1. 在有关机关对发明、实用新型或外观设计的专利申请作出颁发或拒绝颁发专利证书的决定之前，申请人均有权对专利申请书进行修改和说明以及提交补充材料，但这些修改和说明不得改变申请专利的发明、实用新型或外观设计的实质。

补充材料如果含有应该写入发明公式或实用新型公式的要件，而这些要件截至优先权之日均未在作为优先权根据的文件中揭示，而在专利申请书包含发明公式或实用新型公式时，截至优先权之日也未在发明公式或实用新型公式中揭示，则补充材料视为变更申请专利的发明或实用新型的实质。

补充材料如果含有应列入外观设计实质要件清单而且截至提交外观设计专利申请书之日也不存在，则补充材料视为变更申请专利的外观设计的实质。

2. 在发明、实用新型或外观设计注册之前，均可以对专利申请文件进行如下变更：变更关于申请人的信息材料，包括将取得专利的权利转让给他人或者变更申请人的姓名或名称，以及更正明显的和技术性错误。

3. 如果修改专利申请文件是申请人在提交申请书之日起的 2 个月内主动提出的，则对修改不再加收专利费。

4. 申请人对专利申请文件的修改，如果修改已经在提交专利申请书之日起的 12 个月内提交给联邦知识产权行政管理机关，则在公布关于专利申请的信息材料时应该予以考虑。

第 1379 条 发明或实用新型申请书的变更

1. 直至公布关于发明申请的信息材料（第 1385 条），在于颁发专利证书的决定作出之前，申请人有权向知识产权联邦行政管理机关提出申请，将发明专利申请变更为实用新型专利申请，但如果专利申请书附具本法典第 1366 条第 1 款规定的关于签订专利转让合同的公开要约的情况除外。

2. 在颁发专利证书的决定作出之前，允许将实用新型专利申请变更为发明

专利申请,而在作出驳回专利申请的情况下,则允许在本法典规定的对该决定提出异议的可能性全部消失之前将实用新型专利申请变更为发明专利申请。

3. 在依照本条第1款或第2款变更了发明或实用新型的专利申请的情况下,发明或实用新型的优先权和专利申请日期仍然有效。

第1380条 发明、实用新型或外观设计专利申请的撤回

在发明、实用新型或外观设计记入相应注册簿之前,申请人有权撤回发明、实用新型或外观设计的专利申请。

第2小节 发明、实用新型和外观设计的优先权

第1381条 发明、实用新型或外观设计优先权的确定

1. 发明、实用新型或外观设计的优先权按照向联邦知识产权行政管理机关递交发明、实用新型或外观设计专利申请书的日期确定。

2. 如果申请人收到联邦知识产权行政管理机关关于因补充材料改变了所申请项目的实质而不能作出接受补充材料的通知之日起的3个月期限届满以后,申请人补充材料作为独立申请提交,则申报发明、实用新型或外观设计的优先权可以按照收到补充材料的日期确定,条件是截至提交独立申请之日,包含补充材料的申请未被撤回或未视为被撤回。

3. 发明、实用新型或外观设计的优先权可以按照同一申请人原先向联邦知识产权行政管理机关提出这些发明、实用新型和外观设计的申请书的日期确定,条件是截至申请提出之日原先提交的申请未被撤回或未视为被撤回,而要求确定优先权的申请书于原先的发明专利申请书提交之日起的12个月内提交或者原先的实用新型或外观设计专利申请书提交之日起的6个月内提交。

在提交要求确定优先权的申请书时,原先的申请书视为被撤回。

优先权不得按照提交要求确定更早优先权的申请书的日期确定。

4. 在提交分立申请时,发明、实用新型或外观设计的优先权按照同一申请人向联邦知识产权行政管理机关提交揭示发明、实用新型或外观设计的原始申请书的日期确定,而如果有权根据原始申请确定更早的优先权,则按照该优先权的日期确定,条件是截至分立申请提交之日,原始的发明、实用新型或外观设计专利申请未被撤回或未视为被撤回,而分立申请是在本法典规定的对驳回原始专利申请的决定提出异议的可能性全部消失之前,或者在对原始申请已经作出颁发专利申请书的情况下在发明、实用新型或外观设计注册日期之前提交的。

5. 发明、实用新型或外观设计的优先权可以根据原先提交的几个申请或补充材料确定,但必须遵守本条第 2 款、第 3 款和第 4 款以及本法典第 1382 条分别规定的条件。

第 1382 条 发明、实用新型或外观设计的公约优先权

1. 发明、实用新型或外观设计的优先权可以按照在《巴黎知识产权公约》缔约国之一第一次提交申请发明、实用新型或外观设计专利申请的日期确定(公约优先权),其条件是向联邦知识产权行政管理机关提出发明或实用新型专利申请在上述日期后的 12 个月内,而提出外观设计申请的,应是上述日期后的 6 个月内。如果由于申请人意志以外的情况不能在上述期限内提交申请,则该期限可以由联邦知识产权行政管理机关延长,但延长的时间不得超过 2 个月。

2. 申请人如希望对实用新型或外观设计专利申请享有公约优先权,应在提出专利申请之日起的 2 个月内将此情况通知联邦知识产权行政管理机关,并在向联邦机关提出公约优先权申请之日起的 3 个月内向上述联邦机关提交经过认证的本条第 1 款所列之第一个申请书的复印件。

3. 申请人如希望对发明专利申请享有公约优先权,应该在向《巴黎知识产权保护公约》缔约国专利主管机关提交的第一次申请之日起的 16 个月内将此情况通知联邦知识产权行政管理机关并向该机关提交经过认证的第一个申请书的复印件。

如果不在规定期限内提交经过认证的申请书的复印件,但在该期限届满之前向联邦知识产权行政管理机关提出申请的,该联邦机关仍然可以根据申请人的请求确定其优先权,其条件是自第一次申请书提交之日起的 14 个月内向专利主管机关要求取得第一次申请的复印件并在申请人取得该复印件之日起的 2 个月内提交给联邦知识产权行政管理机关。

只有当发明优先权申请是否真实存在的审查与发明的专利能力有关时,联邦知识产权行政管理机关才有权要求申请人提交第一个专利申请书的俄文翻译文本。

第 1383 条 发明、实用新型或外观设计优先权日期重合的后果

1. 如果在鉴定过程中确认不同专利申请人提交了相同发明、实用新型或外观设计的专利申请,而这些申请有相同的优先权日期,则发明、实用新型或外观设计的专利证书只能根据其中一个申请发给一个人,该人由申请人之间的协议确定。

自收到联邦知识产权行政管理机关相关通知之日起的 12 个月内，申请人应该向该联邦机关报告他们之间达成的协议。

在根据一项申请颁发专利证书时，该申请中所列所有作者，均被认为是相同发明、实用新型或外观设计的合作者。

如果同一申请人对具有相同优先权日期的相同发明、实用新型或外观设计提交了专利申请，则专利证书根据申请人所选择的一个申请颁发。申请人应按照本款第 2 项规定的程序或期限报告自己的选择。

如果在规定期限内联邦知识产权行政管理机关没有收到申请人的上述报告或依照本法典第 1386 条延长规定期限的申请，则申请书被视为已经撤回。

2. 如果同一申请人要求颁发专利证书的发明和与之相同的实用新型的优先权日期重合，而根据其中一项申请已经颁发了专利证书，则只有在相同发明或相同实用新型专利持有人向联邦知识产权行政管理机关申请终止该专利证书的效力时才能根据另一申请颁发专利证书。在这种情况下，原先颁发的专利证书的效力自依照本法典 1394 条公布另一专利申请颁发专利证书的信息材料之日起终止。关于颁发发明或实用新型的专利证书的信息材料和关于终止原先颁发的专利证书效力的信息材料应同时公布。

第 3 小节　专利申请的鉴定发明、实用新型或外观设计的临时法律保护

第 1384 条　发明专利申请书的形式鉴定

1. 对向联邦知识产权行政管理机关收到的发明申请应进行形式鉴定，在鉴定过程中审查是否具备本法典第 1375 条第 2 款规定的文件以及这些文件是否符合要求。

2. 如果申请人对发明专利申请书提交了补充材料，应依照第 1378 条第 1 款审查补充材料是否变更了发明的实质。

对补充材料中变更发明实质的部分，在审查专利申请时应予以注意，但不得由申请人作为独立申请提出。联邦知识产权行政管理机关应将此事通知申请人。

3. 关于形式鉴定的肯定结果和提交发明专利申请的日期，联邦知识产权行政管理机关应在结束形式鉴定后立即通知申请人。

4. 如果发明专利申请不符合对申请书文件的规定要求，联邦知识产权行政管理机关应向申请人发出函询，建议在他收到函询之日起的 2 个月内提交经过修改或补充的文件。如果申请人在规定期限内未提交函询涉及的文件或者未申请延长该期限，则专利申请书视为被撤回。该期限可由联邦行政机关延长，但延长的时间不得超过 10 个月。

5. 如果发明专利申请的提出违反了发明统一性原则（第 1375 条第 1 款），联邦知识产权行政管理机关应建议申请人在他收到有关通知之日起的 2 个月内报告应该审查的是提出申请的哪一个发明,并在必要时对专利申请文件进行修改。对该申请书中提出的其他发明可以分开申请的方式提出专利申请。如果申请人有规定期限内不报告必须审查提出申请的哪一个发明,在必要时也不提交相应的文件,则审查发明公式中列为第一项的发明。

第 1385 条　发明专利申请信息材料的公布

1. 联邦知识产权行政管理机关在收到发明专利申请之日起的 18 个月内,在进行了发明专利申请的形式鉴定并得出肯定结论后,应在官方通报上公布关于专利申请的信息材料。应公布的信息材料的构成,由在知识产权领域进行规范性法律调整的联邦行政机关确定。

发明人有权拒绝在公布的关于发明专利申请的信息材料中被提及。

申请人如在提交发明专利申请之日起的 12 个月内提出请求,则联邦知识产权行政管理机关可根据申请人的该请求在发明专利申请提出之日起的 18 个月内公布关于发明专利申请的信息材料。

如果在发明专利申请提出之日起的 12 个月内申请被撤回或被视为撤回,或者已经根据该申请进行了发明注册,则信息材料不予公布。

2. 在关于发明专利申请的信息材料公布后,如果截至信息材料公布之日申请未撤回或未被视为已经撤回,则任何人均有权了解申请书的文件。了解申请书文件的程序和发给这些文件复印件的办法由在知识产权领域进行规范性法律调整的联邦行政机关规定。

3. 在公布关于发明专利申请信息材料而在截至公布之日申请被撤回或者被视为已经撤回,则该信息材料对于同一申请人公布发明专利申请信息材料之日起的 12 个月期限届满之前又向联邦知识产权行政管理机关提交的发明专利申请而言,不得列入现有技术水平。

第 1386 条　发明专利申请的实质鉴定

1. 申请人或第三人可以在提交发明的专利申请时或者在提交专利申请之日起的 3 年内向联邦知识产权行政管理机关提出请求,而在对发明专利申请完成了形式鉴定的条件下,根据该请求可以对发明专利申请进行实质鉴定。联邦知识产权行政管理机关收到第三人的请求时,应将有关情况通知申请人。

提出进行发明专利实质鉴定的请求的期限可以由联邦知识产权行政管理机

关根据在该期限届满前提出的申请予以延长,但延长的时间不得超过2个月,而且必须同时提交证明已经交纳专利费的凭证。

如果未在规定期限内提交要求延长发明专利申请实质鉴定期限的申请,则发明专利申请视为已经撤回。

2. 发明专利申请的实质鉴定包括:

对申请专利的发明进行信息检索,以便确定现有技术水平,与现有技术水平进行比较评价发明的新颖性和发明水平;

审查申请专利的发明是否符合本法典第1350条规定的专利能力条件。

对涉及本法典第1349条第4款和第1350条第5款和第6款所列客体的发明专利申请不进行信息检索,联邦知识产权行政管理机关应将此情况在开始进行发明专利申请实质鉴定的6个月内通知申请人。

进行信息检索的程序和提交检索报告的程序由在知识产权领域进行规范性法律调整的联邦行政机关确定。

3. 自开始进行发明专利实质鉴定之日起的6个月内,联邦知识产权行政管理机关应将信息检索报告送交申请人,如果该专利申请未要求比提交申请更早的优先权以及进行发明专利申请实质鉴定的请求在提交专利申请之时提出。

如果发现必须向其他机构查询信息来源,或者申请专利的发明表述得无法按规定程序进行信息检索,则联邦知识产权行政管理机构可以延长向申请人送交信息检索报告的期限。关于延长向申请人送交信息检索报告的期限和延长的原因,联邦机关应通知申请人。

4. 申请人和第三人有权要求对已经通过形式鉴定的发明申请进行信息检索,以便确定可以用来评估发明新颖性和发明水平的现有技术水平。进行这种信息检索以及提交检索结果信息材料的程序和条件由在知识产权领域进行规范性法律调整的联邦行政机关确定。

5. 在对发明专利申请进行实质鉴定的过程中,联邦知识产权行政管理机关可以要求申请人提交进行鉴定不可缺少的补充材料(包括经过修改的发明公式)。在这种情况下,不改变发明实质的补充材料应该在申请人收到询函之日起的2个月内提交,如果申请人在收到联邦机关上述函询之日起的1个月内要求联邦机关提供对抗发明申请的材料复印件,则补充材料可以在收到对抗发明申请之日起的2个月内提交。如果申请人在规定期限内不提交所要求的材料,也不提出延长期限的请求,则发明申请视为已经被撤回。申请人提交有关材料的期限可以由联邦机关延长,但延长的时间不得超过10个月。

第 1387 条　关于颁发专利证书或拒绝颁发专利证书的决定

1. 如果通过对发明专利申请的实质鉴定确认,申请人提出的用公式表述的发明符合本法典第 1350 条规定的专利能力条件,则联邦知识产权行政管理机关应作出颁发具有该公式的发明专利证书的决定。决定中应指出发明优先权日期。

如果在发明专利申请实质鉴定过程中确认,申请人提出的用公式表述的发明不符合本法典第 1350 条规定的专利能力条件,则联邦知识产权行政管理机关应作出拒绝颁发专利证书的决定。

在作出关于颁发专利证书或拒绝颁发专利证书的决定之前,联邦知识产权行政管理机关应向申请人送交发明专利能力审查结果的通知,并建议申请人对通知中的理由提交自己的意见。如果申请人在收到通知之日起的 6 个月内提交了自己的意见,则在作出决定时应该考虑申请人的意见。

2. 依照本章的规定,根据联邦知识产权行政管理机关的决定,发明专利申请视为已经撤回,但由申请人撤回的情形除外。

3. 对联邦知识产权行政管理机关拒绝颁发发明专利证书的决定和关于认定发明专利申请已经被撤回的决定,申请人可以在收到上述联邦机关对抗发明申请的材料复印件和拒绝颁发发明专利的决定之日起的 6 个月内向专利争议局提出异议,其条件是申请人在收到关于拒绝颁发发明专利证书的决定之日起的 2 个月内要求取得这些材料的复印件。

第 1388 条　申请人了解专利材料的权利

申请人有权了解函询、报告、决定、通知或他从联邦知识产权行政管理机关收到的其他材料中援引的涉及发明专利申请的材料。申请向上述联邦机关要求的材料的复印件应在提出要求之日起的 2 个月内送交申请人。

第 1389 条　恢复迟误的进行发明专利申请鉴定的期限

1. 申请人如果迟误了根据联邦知识产权行政管理机关函询或补充材料的基本期限或延长期(第 1384 条第 4 款和第 1386 条第 5 款)、提出进行发明专利申请实质鉴定的期限(第 1386 条第 1 款)和向专利争议局提出异议的期限(第 1387 条第 3 款),如果申请人提交证据说明有正当原因致使他未遵守有关期限并提交证明已经交纳专利费的凭证,则上述期限可以由联邦知识产权行政管理机关恢复。

2. 要求恢复期限的请求可以由申请人在规定期限届满之日起的 12 个月内提出。应与申请书一起向联邦知识产权行政管理机关提交:

恢复期限必需的文件或补充材料,或者关于缓交这些文件或材料的申请;

或者要求进行发明专利申请实质鉴定的申请；

或者向专利争议局提出的异议。

第 1390 条　实用新型专利申请的鉴定

1. 对联邦知识产权行政管理机关收到的实用新型专利申请应进行鉴定，在鉴定过程中审查是否具备本法典第 1376 第 2 款条规定的文件、这些文件是否符合规定要求和遵守实用新型统一性原则（第 1376 条第 1 款），以及确定申请专利的实用新型是否与作为实用新型受到保护的技术决策有关。

申请专利的实用新型是否符合本法典第 1351 条第 1 款规定的专利能力条件，在鉴定过程中不予审查。

对实用新型专利申请进行审查，分别适用本法典第 1384 条第 2 款、第 4 款和第 5 款、第 1387 条第 2 款和第 3 款、第 1388 条和第 1389 条的规定。

2. 申请人和第三人有权提出对申请专利的实用新型进行信息检索的请求，以便确定与之对比从而评价实用新型专利能力的现有技术水平。进行信息检索以及提交信息检索结果信息材料的程序和条件，由在知识产权领域进行规范性法律调整的联邦行政机关规定。

3. 如果申请人提交的实用新型公式中含有截至提出专利申请之日在实用新型描述中所没有的要件和实用新型公式所没有的要件（如果实用新型专利申请截至提交之日包含这样的公式），则联邦知识产权行政管理机关应向申请人发出函询并建议申请人将上述要件从公式里排除。

4. 如果通过对实用新型专利申请的鉴定确认，专利申请是对作为实用新型受到法律保护的技术决策提出的，而申请书文件符合规定的要求，则联邦知识产权行政管理机关应作出颁发实用新型专利证书的决定并指出提交实用新型专利证书的日期和优先权日期。

如果通过鉴定确认，专利申请是对不作为实用新型受到法律保护的技术决策提出的，则联邦知识产权行政管理机关应作出拒绝颁发专利证书的决定。

5. 如果联邦知识产权行政管理机关在审查实用新型专利申请时确认，申请书中所包含的信息材料构成国家机密，则申请书文件应该依照国家机密法规定的程序加密。在这种情况下，应通知申请人可以撤回实用新型专利申请或者将申请改为机密发明。对这种专利申请的审查中止，直至收到申请人的相关申请或直至申请脱密。

第 1391 条　外观设计专利申请的鉴定

1. 对联邦知识产权行政管理机关收到的外观设计专利申请应进行形式鉴

定,在鉴定过程中审查是否具备本法典第 1377 条第 2 款规定的文件以及这些文件是否符合规定要求。

如果形式鉴定的结果是肯定的,则对外观设计专利申请进行实质鉴定,实质鉴定包括审查申请专利的外观设计是否符合本法典第 1352 条规定的专利能力条件。

2. 对外观设计专利申请的形式审查和实质审查,分别适用本法典第 1384 条第 2 款至第 5 款、第 1386 条第 5 款、第 1387 和第 3 款、第 1388 条和第 1389 条的规定。

第 1392 条　发明的临时法律保护

1. 对已经向联邦知识产权行政管理机关提交了专利申请的发明,自公布申请信息材料(第 1385 条第 1 款)之日至公布颁发专利证书(第 1394 条)期间,按照已经公布的发明公式的范围提供临时法律保护,但不得超过上述联邦行政机关关于颁发发明专利证书的决定中公式的范围。

2. 如果发明专利申请被撤回或视为被撤回,或者对发明专利申请作出了拒绝颁发专利证书的决定以及本法典规定的对该决定提出异议的可能性完全消失,则临时法律保护视为没有发生。

3. 在本条第 1 款规定期间利用已经申请专利的发明的人,应该在专利持有人取得专利证书后向专利持有人给付金钱补偿。补偿的数额由双方协商,达不成协议的,由法院决定。

第 4 小节　发明、实用新型或外观设计的注册与专利证书的颁发

第 1393 条　发明、实用新型或外观设计的国家注册程序与专利证书的颁发

1. 根据颁发发明、实用新型或外观设计专利证书的决定,联邦知识产权行政管理机关将发明、实用新型或外观设计列入相应的国家登记簿——《俄罗斯联邦发明国家登记簿》、《俄罗斯联邦实用新型国家登记簿》和《俄罗斯联邦外观设计国家登记簿》,并颁发发明、实用新型或外观设计的专利证书。

以数人名义申请颁发专利证书的,仅向他们发一份专利证书。

2. 发明、实用新型或外观设计进行国家注册和颁发专利证书应交纳相应的专利费。如果申请人未按规定程序提交证明已经交纳专利费的凭证,则不进行发明、实用新型或外观设计的注册和不颁发专利证书,而相应的专利申请视为被撤回。

3. 发明、实用新型或外观设计专利证书的格式和专利证书内容由在知识产权领域进行规范性法律调整的联邦行政机关规定。

4. 联邦知识产权行政管理机关应将对错误和技术性错误的修改写入颁发的发明、实用新型或外观设计专利证书和(或)相应的国家登记簿。

5. 联邦知识产权行政管理机关应在官方通报上公布关于对国家登记簿记载项目的任何修改事项。

第1394条 关于颁发发明、实用新型或外观设计专利证书的信息材料的公布

1. 联邦知识产权行政管理机关在官方通报上公布关于颁发发明、实用新型或外观设计专利证书的信息材料,材料内容包括作者的姓名(如果作者不拒绝公开自己的姓名)、专利持有人的姓名或名称以及发明、实用新型的名称和公式或外观设计实质要件清单及其图像。

公布的信息材料内容由在知识产权领域进行规范性法律调整的联邦行政机关规定。

2. 在依照本条规定公布了关于颁发发明、实用新型或外观设计的信息材料之后,任何人均有权了解专利申请文件的信息检索报告。

了解专利申请文件和信息检索报告的程序由在知识产权领域进行规范性法律调整的联邦行政机关规定。

第1395条 发明和实用新型在外国和国际组织申请专利

1. 在俄罗斯联邦完成的发明或实用新型可以在向联邦知识产权行政管理机关提交专利申请后的6个月期限届满后向外国或国际组织申请专利,如果在上述期限内申请人没有被告知专利申请书包含构成国家机密的信息材料。发明或实用新型专利申请可以早于上述期限提出,但必须在根据申请人的请求审查专利申请是否包含构成国家机密的信息材料之后。进行这种审查的程序由俄罗斯联邦政府规定。

2. 依照《专利合作条约》或《欧亚专利公约》,允许在俄罗斯联邦完成的发明或实用新型申请专利,而不必事先向联邦知识产权行政管理机关提交相关申请,只要依照《专利合作条约》向作为受理局的俄罗斯联邦知识产权行政管理机关提出而申请书将俄罗斯联邦作为申请人意欲取得专利权的指定国家(国际申请),而欧亚申请则通过联邦知识产权行政管理机关提交。

第1396条 具有本法典中申请效力的国际申请和欧亚申请

1. 国际申请如将俄罗斯联邦作为申请人意欲取得发明或实用新型专利权的指定国家,则联邦知识产权行政管理机关在国际申请所需优先权日起的31个月期限届满后开始依照《专利合作公约》审查的发明或实用新型专利的国际申请。如果申请是用俄语提交的,或者申请人在上述期限届满之前将其他语言的

国际申请中发明或实用新型专利申请书的俄语译文提交联邦知识产权行政管理机关,则根据申请人的请求,在上述期限届满前进行国际专利申请的审查。

向联邦知识产权行政管理机关提交国际申请中颁发发明或实用新型专利证书的申请可以改为提交本法典规定的颁发专利证书的申请。

如果上述文件未在规定期限内提交,则国际申请对俄罗斯联邦的效力依照《专利合作条约》而终止。

本法典第1378条第3款规定的修改申请文件的期限,自联邦知识产权行政管理机关开始依照本法典审查国际申请之日起计算。

2. 发明或实用新型专利的欧亚申请,如依照《欧亚专利公约》具有本法典规定的发明专利申请的效力,则自联邦知识产权行政管理机关从欧亚专利局收到经过认证的欧亚专利申请副本之日起开始审查。本法典第1378条第3款规定的修改专利申请文件的期限亦自该日起计算。

3. 世界知识产权组织国际局依照《专利合作条约》公布国际申请或者欧亚专利局依照《欧亚专利公约》公布欧亚申请取代本法典第1385条规定的专利申请信息材料的公布。

第1397条　相同发明的欧亚专利证书与俄罗斯联邦专利证书

1. 如果对相同发明或相同发明和实用新型颁发的欧亚专利证书和俄罗斯联邦的专利证书具有相同的优先权日期又属于不同的专利持有人,则这种发明或发明和实用新型必须在尊重所有专利持有人权利的情况下才能利用。

2. 如果对相同发明或相同发明和实用新型颁发的欧亚专利证书和俄罗斯联邦的专利证书具有相同的优先权日却属于同一人,则该人可以根据这些专利证书签订的许可合同向任何人提供发明或发明和实用新型的使用权。

第六节　专利证书效力的终止和恢复

第1398条　认定发明、实用新型或外观设计专利证书无效

1. 有下列情形之一的,发明、实用新型或外观设计的专利证书在其有效期内可以被认定完全无效或部分无效:

(1) 发明、实用新型或外观设计不符合本法典规定的专利能力条件;

(2) 列入专利证书的发明或实用新型公式中或外观设计实质要件清单中存在截至专利申请书提交之日发明或实用新型描述和发明或实用新型公式(如果发明或实用新型专利申请截至其提交之日含有这种公式)或产品图形中所不存

在的要件；

(3) 对具有相同优先权日期的相同发明、实用新型或外观设计颁发专利证书违反了本法典第 1383 条规定的条件；

(4) 专利证书所指出的作者或专利持有人依照本法典不具有作者或专利持有人资格,或者专利证书没有指出依照本法典具有作者或专利持有人资格的作者或专利持有人。

2. 任何人知悉存在违反本条第 1 款第 1 项至第 3 项的事实,均有权向专利争议局提出异议,要求撤销专利证书。

任何人知悉存在违反本条第 1 款第 4 项的事实,均可以通过司法程序工求撤销发明、实用新型或外观设计的专利证书。

3. 发明、实用新型或外观设计专利证书根据联邦知识产权行政管理机关依照本法典第 1248 条第 2 款和第 3 款作出的决定或依照已经生效的法院判决而被认定全部或部分无效。

在发明、实用新型或外观设计专利证书被认定部分无效时,应颁发新的专利证书。

4. 被认定完全或部分无效的发明、实用新型或外观设计专利证书自专利证书颁发之日起撤销。

根据专利证书签订的许可合同,如专利证书后来被认定无效,在关于专利证书无效的决定作出之前已经履行的部分仍然有效。

5. 认定专利证书无效意味着撤销联邦知识产权行政管理机关关于颁发发明、实用新型或外观设计专利证书的决定(第 1387 条)并废除在相应国家登记簿中的记载(第 1393 条第 1 款)。

第 1399 条 提前终止发明、实用新型或外观设计专利证书的效力

发明、实用新型或外观设计专利证书效力分别在下列情况下提前终止：

专利持有人向联邦知识产权行政管理机关提出申请的,自收到申请之日起终止。如果专利证书是对一组发明、实用新型或外观设计颁发的,而专利持有人提出的申请并不是针对该组发明、实用新型或外观设计中所有的专利权客体,则专利证书的效力仅对申请书中指明的发明、实用新型或外观设计终止；

不在规定期限交纳发明、实用新型或外观设计专利证书效力年费的,专利证书的效力自交纳年费规定期限届满之日起终止。

第 1400 条 恢复发明、实用新型或外观设计专利证书的效力　后用权

1. 发明、实用新型或外观设计专利证书的效力由于未在规定期限内交纳专

利年费而提前终止的,可以根据专利持有人的申请由联邦知识产权行政管理机关予以恢复。要求恢复专利证书效力的申请可以在专利年费交纳期限届满之日起的3年内交纳,但必须是在本法典规定的专利证书的有效期内。申请书应附具证明已经按规定数额交纳专利证书效力恢复费用的凭证。

2. 联邦知识产权行政管理机关应在官方通报中公布关于恢复发明、实用新型或外观设计专利证书效力的信息材料。

3. 在发明、实用新型或外观设计专利证书终止效力之日与联邦知识产权行政管理机关官方通报公布关于恢复专利证书效力之日期间,已经开始发明、实用新型或外观设计的利用或者在上述期间内已经为此做了必要的准备,则该人在不扩大利用范围的条件下保留继续无偿利用的权利(后用权)。

第七节 机密发明法律保护与利用的特点

第1401条 机密发明专利的申请与审查

1. 提交请求颁发机密发明专利证书的申请(机密专利申请)、申请的审查和处理必须遵守国家机密法。

2. 机密发明,如果对之规定了机密等级为"机要"或"绝密"的,以及属于武器和军事技术以及属于情报活动、反间谍活动和刑事侦缉活动领域的方法和手段,如果确定为"机密"等级的,其专利申请应根据其专题属性而向俄罗斯联邦政府授权的联邦行政机关(被授权机关)提出。其他机密发明的专利申请向联邦知识产权行政管理机关提出。

3. 如果联邦知识产权行政管理机关在审查发明专利申请时确定,申请含有构成国家机密的信息材料,则应依照国家机密法对该申请加密,该申请即视为机密发明申请。

对外国公民或外国法人提出的专利申请,不允许进行加密。

4. 在审查机密发明专利申请时,相应地适用本法典第1384条、第1386条至第1389条的规定。在这种情况下不公布关于专利申请的信息材料。

5. 在确定机密发明的新颖性时,现有技术水平(第1350条第2款)还应包括在俄罗斯联邦提出了专利申请的机密发明、苏联颁发了著作权证明的机密发明,只要这些机密发明的机密等级不高于正在确定其新颖性的发明的机密等级。

6. 对被授权机关就机密发明专利申请作出的决定提出的异议,按照该机关规定的程序进行审议,而对异议审议后作出的决定,可以向法院提出告诉。

7. 对机密发明专利申请,不适用本法典第1379条关于发明专利申请改变为实用新型专利申请的规定。

第 1402 条 机密发明专利的国家注册和专利证书的颁发机密发明信息材料的传播

1. 机密发明在俄罗斯联邦《发明国家注册簿》的登记和机密发明专利证书的颁发由联邦知识产权行政管理机关进行,如果颁发机密发明专利证书的决定是由被授权机关作出的,则由该机关进行。被授权机关在对机密发明进行注册和颁发专利证书后,应将此情况通知联邦知识产权行政管理机关。

被授权机关在对机密发明进行注册和颁发专利证书后,应将对明显的或技术错误的修改列入机密发明专利证书和(或)《俄罗斯联邦发明国家登记簿》。

2. 关于机密发明专利申请的信息材料,以及关于《俄罗斯发明国家登记簿》中涉及机密发明的修改的信息材料不予公布。关于这种专利证书信息材料的移交依照国家机密法进行。

第 1403 条 机密等级的变更和发明的脱密

1. 机密等级的变更和发明的脱密,以及机密发明专利申请文件和专利证书消除机密标志,均按国家机密法规定的程序进行。

2. 在提高发明的机密等级时,联邦知识产权行政管理机关应根据专利申请文件的技术属性将这些文件移送相应的被授权机关。如果在提高机密等级时该机关尚未完成专利申请的审查,则对专利申请的审查由被授权机关继续进行。在发明降低机密等级时,专利申请的审查由原审查机关继续进行。

3. 在发明脱密时,被授权机关应将该发明的脱密文件移送联邦知识产权行政管理机关。被授权机关在文件脱密前尚未完成的审查,由上述联邦机关继续进行。

第 1404 条 认定机密发明专利证书无效

根据本法典第 1398 条第 1 款第 1 项至第 3 项规定的理由对被授权机关颁发机密发明专利证书提出的异议,应按规定程序送交被授权机关。被授权机关对异议作出的决定,由该机关领导人批准并自批准之日起生效,对决定不同意的,可以向法院提出告诉。

第 1405 条 机密发明的专属权

1. 机密发明的利用和专属权的处分应遵守国家机密法。

2. 转让机密发明的专利以及机密发明利用许可合同均应在颁发机密发明专利证书的机关或其权利继受机关进行注册,没有权利继受机关的,应在联邦知识产权行政管理机关注册。

3. 对机密发明不允许进行本法典第1366条第1款和第1368条第1款规定的签订专利转让合同的公开要约和开放许可申请。

4. 对机密发明,不提供本法典第1362条规定的强制许可。

5. 本法典第1359条规定的行为,以及不知悉也不可能根据合法理由知悉存在机密发明专利的人利用机密发明,均不构成对机密发明专利持有人权利的侵犯。在发明脱密后或专利持有人通知该人存在该发明的专利之后,该人应该终止发明利用或同专利持有人签订许可合同,但存在先用权的情形除外。

6. 不允许对机密发明专属权进行追索。

第八节 作者和专利持有人权利的保护

第1406条 与保护专利权有关的争议

1. 与专利权保护有关的争议由法院审查。与专利权保护有关的争议包括:

(1) 关于发明、实用新型或外观设计作者身份权的争议;

(2) 关于确定专利持有人的争议;

(3) 关于侵犯发明、实用新型或外观设计专属权的争议;

(4) 关于发明、实用新型或外观设计专属权转让(专利转让)合同和利用许可合同的签订、履行、变更和终止的争议;

(5) 关于先用权的争议;

(6) 关于后用权的争议;

(7) 关于依照本法典向发明、实用新型或外观设计的作者给付报酬的数额、期限和程序的争议;

(8) 关于给付本法典规定的补偿金的数额、期限和程序的争议。

2. 在本法典第1387条、第1390条、第1391条、第1398条、第1401条和第1404条规定的情况下,专利权的保护依照本法典第1284条第2款和第3款通过行政程序进行。

第1407条 法院关于专利侵权案件的判决的公布

专利持有人有权要求在联邦知识产权行政管理机关的官方通报上公布法院关于非法利用发明、实用新型、外观设计或其他侵权行为案件的判决。

第七编 智力活动成果和个别化手段的权利

第七十三章 育种成果的权利

第一节 一般规定

第1408条 育种成果上的权利

1. 育种成果符合本法典规定的提供法律保护条件(育种成果)的,其完成人享有下列权利:
(1) 专属权;
(2) 育种人身份权。
2. 在本法典规定的情况下,育种人也享有其他权利,包括申请专利的权利、育种成果的名称权、利用职务育种成果的报酬权。

第1409条 育种成果专属权在俄罗斯联邦境内的效力

在俄罗斯联邦境内,承认联邦育种成果行政管理机关颁发的专利证书或依照俄罗斯联邦签署的国际条约在俄罗斯联邦有效的专利证书所证明的育种成果的专属权。

第1410条 育种人

育种人是以创造性劳动完成、提取和发现育种成果的公民。如果没有相反的证明,育种成果专利申请中提出的完成人,即为育种人。

第1411条 育种成果的合作育种人

1. 以共同的创造性劳动创造、提取和发现育种成果的公民,是共同育种人。
2. 每个合作育种人均有权按照自己的意志利用育种成果,但他们之间的协议有不同规定的除外。

3. 对共同育种人之间涉及育种成果利用收益的分配和育种成果专属权处分的关系,相应地适用本法典第 1229 条第 3 款的规则。

取得育种成果专利证书权的处分,由共同育种人共同进行。

4. 每个共同育种人均有权独立采取措施维护自己的权利。

第 1412 条 育种成果智力权利客体

1. 育种成果智力权利的客体是在《受保护的育种成果国家登记簿》注册的植物和动物品种,如果这些智力活动成果符合本法典对育种成果规定的要求。

2. 植物品种是指一组植物,其说明基因类型或该基因组的特征有一个或几个特征不同于同一生物学分类的其他植物组,而与植物是否被保护无关。

品种可以由一株或几株植物、一株植物的一部分或几部分代表,条件是该部分或这些部分能够被用来进行该品种植物的再生产。

受保护的植物品种是第一代植物的克隆、品系、第一代杂交、种群。

3. 动物品种是具有基因决定的生物学和形态学特性和特征的一组动物,而且其中的某些特性特征是该组动物所特有的而且使之区别于其他动物,动物品种或以由一个雌性个体或雄性个体代表,或者由育种物质所代表,而育种物质则是用于使用动物(良种动物)、动物配子或动物合子(胚胎)进行品种再生产的物质。

4. 受保护的动物品种是类型和杂交系。

第 1413 条 育种成果的保护条件

1. 育种成果如符合保护标准并属于在农业领域进行规范性法律调整的联邦行政机关规定清单内的植物学和动物学种类,则可以对育种成果颁发专利证书。

2. 育种成果的保护条件是新颖性(本条第 3 款)、特异性(本条第 4 款)、一致性(本条第 5 款)和稳定性(本条第 6 款)。

3. 如果截至专利申请之日育种人、育种人的权利继受人或经他们同意没有在下列区域内以利用育种成果为目的向其他人出卖过也没有以任何方式转让过该育种成果的种子或育种材料,则植物品种或动物品种被认为具有新颖性:

(1) 在俄罗斯联邦境内,于上述日期前 1 年之内;

(2) 在其他国家的,于上述日期前 4 年内,涉及葡萄品种、观赏植物品种、种子实作物和林木品种的,为上述日期前 6 年内。

4. 育种成果应该明显区别于截至专利申请之时已为大众所知的其他任何育种成果。

为大众所知的育种成果是资料在官方目录或查询资料库中存在的或在一种出版物上有准确描述的育种成果。

提出专利申请也使育种成果为大众所知,其条件是该育种成果取得专利证书。

5. 一个植物品种或一个动物品种的特征应该具有足够的一致性,同时要考虑因繁殖特点可能发生的变异。

6. 如果育种成果的基本特征在几代繁殖之后保持不变或者在特殊繁殖链情况下每一繁殖周期结束后基本特征保持不变的,育种成果被认为具有稳定性。

第 1414 条 育种成果的国家注册

如果育种成果在《受保护的育种成果国家登记簿》中注册,联邦育种成果行政管理机关为育种成果颁发专利证书,则育种成果的专属权被承认和受到保护。

第 1415 条 育种成果的专利证书

1. 育种成果的专利证书证明育种成果的优先权、育种人身份和育种成果的专属权。

2. 根据专利证书提供的育种成果智力权利的保护范围,取决于育种成果描述中确认的本质特征的总和。

第 1416 条 育种人身份证明书

育种人有权取得育种人身份证明书,该证明书由联邦育种成果行政管理机关颁发并证明育种人身份。

第 1417 条 国家对完成和利用育种成果的鼓励

国家鼓励育种成果的完成和利用,依照俄罗斯联邦的立法向育种人以及育种成果其他专属权持有人(专利持有人)和利用育种成果的被许可人提供优惠。

第二节 育种成果的智力权利

第 1418 条 育种人身份权

育种人身份权,即被承认是育种成果完成人的权利,是不可转让的和不可移转的,包括在向他人转让或向他人移转育种成果专属权或向他人提供利用权时,此项权利均不可转让的和不可移转。对此项权利的放弃自始无效。

第 1419 条 育种成果的名称权

1. 育种人享有种成果的名称权。

2. 育种成果的名称应该能够确定育种成果,应该简短,不同于同一植物学或动物学分科的育种成果实质特征的名称。名称不得仅用数字表示,不得使人对其特性、产地、育种成果意义、育种人身份产生误会,也不得违反人道主义与道德原则。

3. 育种人提出的或经育种人同意由他人(专利申请人)提出的育种成果名称,应该取得联邦育种成果行政管理机关的批准。

如果提出的名称不符合本条第2款的要求,申请人应根据联邦机关的要求在30日内提出其他名称。

如果上述期限届满后申请人仍未提出其他符合要求的名称,也不通过司法程序对不批准名称的决定提出异议,则联邦育种成果行政管理机关有权对育种成果不予注册。

第1420条 取得育种成果专利的权利

1. 取得育种成果专利的权利原始地属于育种人。

2. 取得育种成果专利的权利可以转让给他人(权利继受人)或者依照法定根据,包括通概括权利继受或根据合同(包括劳动合同)移转给他人。

3. 关于转让取得育种成果专利的权利的合同,应该以书面形式签订。不遵守书面形式的合同一律无效。

4. 如果转让取得育种成果专利的权利的合同双方当事人未有不同约定,则育种成果不受保护的风险由权利取得人承担。

第1421条 育种成果专属权

1. 依照本法典第1229条,以本条第3款规定的方式利用育种成果的专属权属于专利持有人。专利持有人可以处分育种成果专属权。

2. 育种成果的专属权也适用于植物材料,即用于品种繁殖之外的目的的植物及其部分,也适用于繁育动物品种之外的目的的动物。这些植物或动物分别从种子或种畜获得,而进入民事流转未经专利持有人的许可。这里的种子是指用于繁殖品种的植物或植物的一部分。

3. 育种成果的利用是利用育种成果的种子或育种材料实施以下行为:

(1)生产和再生产;

(2)为下一次繁殖进行播种准备;

(3)提供出售;

(4)出售或以其他方式进入民事流转;

(5)从俄罗斯联邦输出;

（6）输入俄罗斯联邦；

（7）为本款第 1 项至第 6 项的目的而进行保管。

4. 育种成果专属权也适用于以下种子和育种材料：

继承了其他受保护的动、植物品种（源品种）的本质特征，如果这些受保护品种本身并不是育种成果，而是继承了其他育种成果的本质特征；

与受保护的动、植物品种没有明显差异的；

需要多次将受保护的动、植物品种用于育种的。

继承另一受保护品种（源品种）本质特征的育种成果是在与源品种有明显差异时会发生以下情况的：

本质地继承另一源育种成果的或本身继承了育种成果的本质特征或本身继承了源育种成果本质特征的育种成果的本质特征，同时保留反映源育种成果基因类型或基因组的基本特征；

与源育种成果基因类型或基因组相一致，但由于使用对源动植物品种进行个体筛选、个体突变种筛选、回交、基因工程等方法引起的变异除外。

第 1422 条 不属于侵犯育种成果专属权的行为

下列行为不是侵犯育种成果的专属权：

（1）为满足个人、家庭、居家或其他与经营活动无关的需要而实施的，其目的也不是获取利润或收益的行为；

（2）为科学研究和试验目的而实施的行为；

（3）为了创造另一动、植物品种而作为源材料的利用受保护的育种成果，以及这些创造的品种实施对本法典第 1421 条第 3 款规定的行为的，但本法典第 1421 条第 4 款规定的情形除外；

（4）为在农场区域内从俄罗斯联邦政府规定了种、属的植物品种中培育植物品种而利用农场获得的植物材料的；

（5）为在畜牧场进行利用而繁殖商用动物；

（6）对专利持有人或经他同意由其他人投入民事流转的种子、植物材料、育种材料和商用动物实施的任何行为，但下列行为除外：

继续繁殖动、植物品种；

将可以用来繁殖动、植物品种的植物材料或商用动物从俄罗斯联邦输出到不对该种、属进行保护的国家，但为了消费而进行加工而输出的情况除外。

第 1423 条 育种成果的强制许可

1. 自颁发育种成果专利证书之日起满 3 年以后，任何希望或准备利用育种成果的人,即使专利持有人拒绝按照实践通行的条件签订生产或销售种子、育种材料的许可合同,均有权向法院提出请求诉讼,要求专利持有人提供在俄罗斯联邦境内利用育种成果的强制普通(非排他)许可。在诉讼请求中该人应该说明他提出的向他提供这种许可的条件,包括利用育种成果的范围以及付款的金额、程序和期限。

如果专利持有人不能证明存在妨碍向申请人提供有关育种成果的利用权的正当理由,则法院应作出关于提供许可和提供条件的判决。法院判决应规定提供许可的付款总金额,而且不得低于可比条件下确定的提供许可的价格。

2. 根据本条第1款规定的法院判决,联邦育种成果行政管理机关对强制普通(非排他)许可进行国家注册。

3. 根据法院关于提供强制普通(非排他)许可的判决,专利持有人必须按照判决提出的条件向许可证持有人提供足以利用强制普通(非排他)许可的种子或者育种材料,同时取得付款。

4. 如果许可证持有人违反提供许可的条件,或者允许提供许可的情况发生重大变化,而假如这些情况在提供许可之时存在就根本不会提供许可或者提供许可的条件会有重大不同,则强制普通(非排他)许可的效力可以根据专利持有人提起的诉讼通过司法程序予以终止。

第1424条 育种成果专属权的有效期

1. 育种成果专属权和证明此种专利的专利证书的有效期,自育种成果记入受保护育种成果国家登记簿之日起计算,为30年。

2. 对葡萄、观赏植物、果实作物和林木品种,包括它们的砧木,育种成果专属权和育种权利的专利证书的有效期为35年。

第1425条 育种成果成为社会财富

1. 育种成果专属权有效期届满后即成为社会财富。

2. 已经成为社会财富的育种成果,可以采取任何方式自由利用,无需任何人的同意或许可,也不给付任何报酬。

第三节 育种成果专属权的处分

第1426条 育种成果专属权转让合同

根据育种成果专属权转让合同(专利转让合同),一方(专利持有人)向另一方即专属权取得人(专利取得人)完全转让或承担义务完全转让属于他的相应育种成果专属权。

第 1427 条　签订育种成果专利转让合同的公开要约

1. 专利申请人如果是育种人,在提出育种成果的专利申请时可以在申请文件上附具一份声明,说明在颁发专利时他承担义务按照实践中形成的条件,与任何第一个表示希望取得育种成果专利并将此情况通知专利持有人和联邦育种成果行政管理机关的俄罗斯联邦公民或俄罗斯法人签订专利转让合同。在作出该声明时,对提出育种成果专利申请和对颁发专利证书,均不收取申请人的专利费。

联邦育种成果行政管理机关应在官方通报中公布关于上述声明的信息材料。

2. 根据本条第 1 款中专利持有人的声明同专利持有人签订了专利转让合同的人,必须交纳申请人(专利持有人)被免交的所有专利费。以后的专利费按规定程序交纳。

专利转让合同在联邦育种成果行政管理机关进行国家注册时,注册申请应该附具证明已经交纳申请人(专利持有人)被免交的所有专利费的凭证。

3. 如果专利申请附有本条第 1 款所指的上述声明,而在公布关于颁发专利证书信息材料之日起的 2 年内联邦育种成果行政管理机关没有收到希望签订专利转让合同的书面通知,则专利持有人可以向上述联邦机关提出撤回声明的请求。在这种情况下,应交纳原先申请人(专利持有人)被免交的本法典规定的专利费。以后的专利费按规定程序交纳。

联邦育种成果行政管理机关应在官方通报上公布关于撤回上述声明的信息材料。

第 1428 条　育种成果使用权许可合同

根据许可合同,一方即专利持有人(许可人)向另一方即使用人(被许可人)提供或承担义务提供在合同规定的范围内利用专利证书所证明的相关育种成果的权利。

第 1429 条　育种成果的开放许可

1. 专利持有人可以向联邦育种成果行政管理机关提出申请,向任何人提供育种成果的利用权(开放许可)。

在这种情况下,专利年费自联邦育种成果行政管理机关在官方通报上公布开放许可信息材料的下一年开始减半。

可以向任何人提供育种成果利用权的条件,应报告联邦育种成果行政管理机关,而该机关应在官方通报上公布关于开放许可的信息材料,费用由专利持有人负担。专利持有人必须同表示愿意利用上述育种成果的人按照普通(非排他)许可条件签订许可合同。

2. 自联邦育种成果行政管理机关在官方通报上公布开放许可之日起的2年后,专利持有人可以向联邦育种成果行政管理机关提出撤回开放许可的申请。在这种情况下,专利持有人应补齐公布开放许可之日起的维护专利效力的费用,以后应全额交纳。上述联邦机关应在官方公报公布关于撤回开放许可的信息材料。

如果在撤回开放许可之前,任何人均未表示希望利用育种成果,则专利持有人必须补交自关于开放许可的信息材料公布之日起的期间的专利年费。以后的年费按全额交纳。

如果在开放许可撤回之前已经签订了相关的许可合同,则被许可人在合同整个有效期内保留自己的权利。在这种情况下专利持有人必须交纳自撤回开放许可之日起的专利年费。

联邦育种成果行政管理机关应在官方通报上公布关于撤回开放许可申请的信息材料。

第四节 因履行职务或完成合同工作而完成、提取和发现的育种成果

第1430条 职务育种成果

1. 工作人员因完成劳动职责或雇主布置的具体任务而完成、提取或发现的育种成果是职务育种成果。

2. 职务育种成果的育种人身份权属于工作人员(育种人)。

3. 育种成果专属权和取得专利的权利属于雇主,但劳动合同或工作人员与雇主之间的其他合同有不同规定的除外。

4. 如果工作人员与雇主之间的合同中没有不同约定(本条第3款),则工作人员应把由于履行劳动职责或雇主布置的具体任务而完成、提取或发现可以得到法律保护的育种成果的事项书面通知雇主。

如果雇主在工作人员通知其完成、提取或发现的可能作为育种成果受到法律保护的成果之日起的4个月内没有向联邦育种成果行政管理机关提出专利申请,也不向他人转让取得职务育种成果专利的权利或者也未通知工作人员对相关成果的信息保密,则取得该项育种成果专利的权利属于工作人员。在这种情

况下,雇主在专利证书有效期内有权在自己的生产中按照普通(非排他)许可条件利用职务育种成果,同时向专利持有人给付补偿金。补偿金的数额、给付条件和程序由工作人员与雇主的合同规定,如有争议,则由法院确定。

5. 工作人员对职务育种成果被利用有权从雇主那里取得报酬,报酬的金额和条件由他们之间的协议规定,但不得少于利用育种成果的年收入(包括提供许可的收入)的20%。雇主因利用职务育种成果而向工作人员给付报酬的数额、程序或条件的争议,由法院审理解决。

在利用育种成果的每一年之后的6个月内向工作人员给付报酬。

6. 工作人员使用雇主的资金、机械设备或其他物质手段完成的但与劳动职责或雇主布置的具体任务无关的育种成果,不是职务职务育种成果。取得育种成果专利的权利和育种成果专属权均属于工作人员。在这种情况下,雇主有权根据自己的选择要求在专属权整个有效期内向他提供利用育种成果的无偿普通(非排他)许可用于自己的需要,或者要求赔偿因完成、提取或发现育种成果而花费的开支。

第1431条 根据定作而完成、提取或发现的育种成果

1. 如果合同标的为完成、提取或发现育种成果,而根据合合完成、提取或发现(根据定作而完成)的育种成果的专属权属于定作人,但承揽人(执行人)与定作人之间的合同有不同规定的除外。

2. 依照本条第1款育种成果专属权和取得专利的权利属于定作人的,如果合同没有不同规定,则承揽人(执行人)有权在专利整个有效期内按照无偿普通(非排他)许可的条件将育种成果用于自己的需要。规定完成工作的合同,可以规定不同种类的许可。

3. 如果依照承揽人(执行人)和定作人之间的合同取得育种成果专利的权利和育种成果的专属权属于承揽人,则定作人有权在专利整个有效期内按照无偿普通(非排他)许可的条件将育种成果用于自己的需要。

4. 本条第1款所列育种人,如果不是专利持有人的,应依照本法典第1430条第5款取得报酬。

第1432条 在履行国家或自治地方工程合同而完成、提取或发现的育种成果

对在履行国家或自治地方工程合同而完成、提取或发现的育种成果,相应地适用本法典第1373条的规则。

第五节　育种成果专利的取得　育种成果专利证书效力的终止

第1433条　育种成果的专利申请

1. 要求颁发育种成果专利证书的申请(育种专利申请),由依照本法典有权取得专利权的人(申请人)向联邦育种成果行政管理机关提出。

2. 专利申请书应该包含以下内容:

(1) 要求颁发专利证书的申请,并指出育种人和专利持有人,以及他们每个人的住所地或所在地;

(2) 育种成果说明书;

(3) 证明已经按规定数额交纳专利费的凭证或者证明免交、缓交或减少专利费的文件。

3. 对专利申请文件的要求由在农业领域从事规范性法律调整的联邦行政机关根据本法典规定。

4. 一项专利申请应涉及一项育种成果。

5. 本条第2款所列文件用俄文或其他文字提交。如果用其他文字提交的,申请书应附具其俄语译文。

第1434条　育种成果的优先权

1. 育种成果的优先权根据联邦育种成果行政管理机关收到专利申请书的日期确定。

2. 如果联邦育种成果行政管理机关在同一天收到两份以上对同一育种成果的专利申请书,则优先权按照先发出的一份申请书确定。如果鉴定确认这些申请书于同一日期发出,则专利证书应该根据联邦育种成果行政管理机关授予的注册号在先的申请书颁发,其条件是申请人未有不同的约定。

3. 如果在联邦育种行政管理机关收到专利申请之前,申请人已经在外国提出专利申请,而俄罗斯联邦同该外国已经签订了育种成果保护条约,则申请人在自提出申请之日起的12个月内享有第一申请的优先权。

在送交联邦育种成果行政管理机关的专利申请书中,申请人应该指出第一申请的优先权日期。在联邦育种成果行政管理机关收到申请书之日起的6个月内申请人必须提交经过有关外国主管机关认证的第一申请书的复印件以及它的俄语译文。符合以上条件时,申请人在提交第一申请书之日起的3年内有权不再提交补充文件和试验必需的材料。

第 1435 条　专利申请的事前鉴定

1. 在专利申请的事前鉴定中确定优先权日期，审查是否具备本法典第 1433 条第 2 款规定的文件，以及这些文件是否符合规定要求。专利申请的事前鉴定应在 1 个月内进行。

2. 在进行事前鉴定期间，申请人有权主动补充、说明或更正申请文件。

联邦育种成果行政管理机关可以要求提交暂缺的文件或补充说明的文件，申请人必须在规定期限内提交这些文件。

如果申请书收到之日不具备的文件没有在规定期限内提交，则专利申请不予受理，对此应通知申请人。

3. 关于事前鉴定的肯定结果和专利申请提出日期的事项，联邦育种成果行政管理机关应在完成事前鉴定后立即通知申请人。

关于已接受的专利申请的信息材料，应在上述机关的官方通报中公布。

4. 如果申请人不同意联邦育种行政管理机关就专利申请事前鉴定结果所作的决定，他在收到该决定之日起的 3 个月内有权通过司法程序要求撤销该决定。

第 1436 条　育种成果的临时法律保护

1. 对已经向联邦育种成果行政管理机关提出专利申请的育种成果，在提交申请之日至育种成果专利证书颁发之日的期间内，提供临时法律保护。

2. 如果有人不经申请人的许可在育种成果临时法律保护期间实施了本法典第 1421 条第 3 款指出的行为，则专利持有人在收到育种成果专利证书后有权要求该人进行金钱补偿。补偿的数额由双方协商，达不成协议的，由法院决定。

3. 在育种成果临时法律保护期间，仅允许申请人为了科学研究目的而出售或以其他形式转让种子、育种材料。如果出售或转让涉及转让取得育种成果专利的权利或者根据申请人的定作为种子或育种材料的储备而进行生产，也允许出售或转让种子、育种材料。

4. 如果专利申请未被受理（第 1435 条）或者对申请作出了拒绝颁发专利证书的决定并且对本法典规定的该决定提出异议的可能性已经完全消失，以及在申请人违反本条第 3 款要求的情况下，育种成果的临时法律保护视为没有发生。

第 1437 条　育种成果新颖性的鉴定

1. 任何利害关系人在关于专利申请的信息材料公布之日起的 6 个月内均可以向联邦育种成果行政管理机关提出进行该育种成果新颖性鉴定。

关于收到上述申请的事宜,联邦育种成果行政管理机关应通知申请人并说明申请的实质。申请人有权在收到通知之日起的 3 个月内向联邦育种成果行政管理机关送交对该申请的说明理由的答辩书。

2. 联邦育种成果行政管理机关根据现有材料作出决定并将决定通知利害关系人。如果育种成果不符合新颖性标准,则作出拒绝颁发育种成果专利证书的决定。

第 1438 条 育种成果的特异性、一致性、稳定性试验

1. 育种成果的特异性、一致性和稳定性试验按照在农业领域从事规范性法律调整的联邦行政机关规定的方法和期限进行。

申请人必须按照联邦育种成果行政管理机关指定的地址和期限提交进行试验所必需数量的种子和育种材料。

2. 联邦育种成果行政管理机关为了本条第 1 款所列目的,有权利用签订了有关条约的其他国家主管机关进行试验的结果,以及其他俄罗斯组织根据同上述联邦机关签订的合同所进行试验的结果以及利用申请人提交的数据。

第 1439 条 育种成果国家注册程序与专利证书的颁发

1. 如果育种成果符合保护条件(第 1413 条第 2 款)而且育种成果的名称符合本法典第 1419 条的要求,联邦育种成果行政管理机关应作出颁发育种成果专利证书的决定,并制作育种成果说明书以及将育种成果列入《受保护育种成果国家登记簿》。

2. 《受保护育种成果国家登记簿》应记载下列内容:

（1）植物、动物的种、属;

（2）植物或动物品种的名称;

（3）育种成果国家注册日期和注册号;

（4）专利持有人的姓名或名称,他的住所地或所在地;

（5）良种人的姓名及住所地;

（6）育种成果说明书;

（7）向他人转让育种成果专利的事实,并指出其姓名或名称、住所地或所在地;

（8）关于已签订许可合同的信息材料;

（9）专利效力终止的日期并说明终止的原因。

3. 育种成果专利证书发给申请人。如果专利申请中指出了几个申请人,则专利证书发给申请中的第一位申请人,而所有申请人根据其约定共同利用专利

证书。

第 1440 条 育种成果的维护

1. 专利持有人在整个专利有效期内维护育种成果，使列入《受保护育种成果国家登记簿》的动、植物品种说明书所列举的特征得以保持。

2. 根据联邦育种成果行政管理机关的函件，专利持有人必须提交进行监督试验的种子或育种材料并使之有可能就地进行检查，费用由专利持有人负担。

第 1441 条 认定育种成果的专利证书无效

1. 如果确认下列情况之一的，育种成果专利证书在其有效期内可以被认定为无效：

（1）专利证书的颁发所依据的是申请人提交的关于育种成果一致性和稳定性的未经证实的数据；

（2）截至专利证书颁发之日，育种成果不符合新颖性或特异性标准；

（3）专利申请书中所列专利持有人没有取得专利的法定理由。

2. 任何知悉本条第 1 款所列违法行为的人，均可以向联邦育种成果行政管理机关提出申请，对育种成果专利证书的颁发提出异议。

联邦育种成果行政管理机关应将上述申请书的副本送达专利持有人，专利持有人应在收到副本之日起的 3 个月内提交说明理由的答辩状。

联邦育种成果行政管理机关应该在收到上述申请书之日起的 6 个月内对申请作出决定，但要求补充试验的情形除外。

3. 被认定无效的育种成果专利证书，自提出专利申请之日起撤销。在这种情况下，根据在专利证书被认定无效之前签订的许可合同，保留截至被认定无效之日已经履行的部分。

4. 认定专利证书无效意味着撤销联邦育种成果行政管理机关颁发专利证书的决定（第 1439 条）和撤销《受保护育种成果国家登记簿》中的相应记载。

第 1442 条 提前终止育种成果专利证书的效力

有下列情形之一的，育种成果专利证书的效力提前终止：

（1）育种成果不再符合一致性和稳定性标准；

（2）专利持有人在 12 个月内没有根据联邦育种成果行政管理机关的请求提交检验育种成果维护情况所必需的种子或育种材料，不提交文件或信息，或者不提供为此目的就地进行育种成果检验的可能性；

（3）专利持有人向联邦育种成果行政管理机关申请提前终止专利证书的效力；

(4)专利持有人不在规定期限内交纳专利年费。

第1443条 育种成果信息材料的公布

1. 联邦育种成果行政管理机关出版官方通报,官方通报中应公布下列信息材料:

（1）所收到的专利申请,并指出育种成果优先权日期、申请人的姓名或名称、育种成果的名称,在育种人不拒绝公布其育种人身份的情况下还要公布育种人的姓名;

（2）就专利申请所作的决定;

（3）育种成果名称的变更;

（4）认定育种成果专利证书无效;

（5）涉及育种成果保护的其他信息材料。

2. 在关于育种成果专利申请和就该申请所作出决定的信息材料公布之后,任何人均有权了解申请书的材料。

第1444条 育种成果的利用

1. 在俄罗斯联邦销售的种子和育种材料应该附有证明其品种属性和品系起源的文件。

2. 对列入《受保护育种成果国家登记簿》的育种成果,本条第1款所列文件只能由专利持有人或被许可人发给。

第1445条 育种成果在外国申请专利

育种成果可以在外国提出专利申请。与在国外保护育种成果有关的费用,由申请人负担。

第六节 育种人和其他专利持有人权利的保护

第1446条 侵犯育种人或其他专利持有人权利的行为

侵犯育种人和其他专利持有人权利的行为包括:

（1）违反本法典第1421条第3款的规定利用育种成果;

（2）给生产和(或)出售的种子、育种材料冠以与有关注册育种成果不同的名称;

（3）对生产和(或)出售的不是育种成果种子、育种材料的种子或育种材料冠以有关注册育种成果的名称;

（4）对生产和(或)出售的种子或育种成果冠以与注册育种成果雷同的

名称。

第 1447 条　公布关于侵犯育种成果专属权的法院判决

　　育种人或其他专利持有人有权要求联邦育种成果行政管理机关在官方通报上公布法院依照本法典第 1252 条作出的关于非法利用育种成果或其他侵犯专利持有人权利的行为的判决。

第七编 智力活动成果和个别化手段的权利

第七十四章 对集成电路布局设计的权利

第1448条 集成电路布局

1. 集成电路布局设计是在物质载体上固定下来的集成电路元件和元件互连线路的空间几何布局。集成电路是为执行电子功能而制造的中间产品或最终产品,其元件和互连线路不可分割地布局于制造该产品的基片之内和(或)基片之上。

2. 本法典提供的法律保护仅适用于通过设计人的创造性劳动而完成的和(或)截至完成之日尚不为集成电路布局设计研制领域专家所知悉的独特的集成电路布局设计。如果没有相反的证明,集成电路的布局设计即视为独特布局设计。

对由元件组成的集成电路,如果元件是截至完成之日已为集成电路布局设计研制领域专家所知悉的,而这些元件的总和整体上符合独特性要求,则提供法律保护。

3. 本法典提供的法律保护,不适用于集成电路布局设计所体现的思想、方式、体系、工艺或代码信息。

第1449条 对集成电路布局设计的权利

1. 符合本法典规定的法律保护条件的集成电路布局的设计人享有下列权利:
（1）专属权;
（2）设计人身份权。

2. 在本法典规定的情况下,集成电路布局的设计人还享有其他权利,包括因利用职务布局设计而取得报酬的权利。

第 1450 条 集成电路布局的设计人

集成电路布局的设计人是以创造性劳动完成该布局设计的人。如果没有相反的证明,要求颁发集成电路布局设计国家注册证书的申请书中提出的设计人即为集成电路布局的设计人。

第 1451 条 集成电路布局的共同设计人

1. 以共同的创造性劳动完成集成电路布局设计的公民是共同设计人。

2. 每个共同设计人均有权按照自己的意志利用集成电路布局设计,但他们之间的协议有不同规定的除外。

3. 对共同设计人之间涉及利用集成电路布局设计收益的分配以及集成电路布局设计专属权处分有关的关系,相应地适用本法典第 1229 条第 3 款的规则。

取得集成电路布局国家注册证书权利的处分由共同设计人共同进行。

第 1452 条 集成电路布局设计的国家注册

1. 在集成电路布局设计专属权的整个有效期内(第 1457 条),权利持有人可以根据自己的意愿在联邦知识产权行政管理机关进行集成电路布局设计的国家注册。

含有构成国家机密信息的集成电路布局设计,不得进行国家注册。提出集成电路布局设计注册申请的人(申请人)对泄露关于含有国家机密的集成电路布局设计的信息材料依照俄罗斯联邦的立法承担责任。

2. 如果在提出集成电路布局设计国家注册申请(注册申请)之前已经发生了集成电路布局设计的利用,则申请可以在其第一次被利用之日起的 2 年内提出。

3. 注册申请应针对一项集成电路布局设计,申请书书应包括下列内容:

(1)申请进行集成电路布局设计的国家注册,指出所要求的注册权利人以及在设计人不拒绝提及其姓名时指出设计人,他们每个人的住所地或所在地,如果集成电路被利用,则还要指出第一次利用集成电路布局的日期;

(2)说明集成电路布局设计的交存材料,包括简介;

(3)证明已经按规定数额交纳申请费的凭证或证明免交、缓交或减少申请费的根据的文件。

4. 办理集成电路布局设计国家注册的规则由在知识产权领域从事规范性法律调整的联邦行政机关规定。

5. 根据注册申请,联邦知识产权行政管理机关审查是否具备必要的文件和这些文件是否符合本条第3款的要求。在得到肯定结果时,上述联邦机关应将集成电路布局设计列入《集成电路布局设计国家登记簿》,向申请人颁发集成电路布局设计国家注册证书,并在官方通报上公布关于已经注册的集成电路布局设计的信息材料。

根据联邦知识产权行政管理机关的函询或自己主动,申请人有权在官方通报公布有关信息材料之前对注册申请材料进行补充、说明和更正。

6. 集成电路布局设计的国家注册办法、注册证书的格式、注册证书的内容以及联邦知识产权行政管理机关应在官方通报上公布的信息材料的内容,均由在知识产权领域从事规范性法律调整的联邦行政机关规定。

7. 转让和抵押集成电路布局设计专属权的合同、提供已经注册集成电路布局设计使用权的许可合同和不订立合同而向他人移转集成电路布局设计专属权等,均应在联邦知识产权行政管理机关进行国家注册。

关于变更权利持有人和对集成电路布局设计专属权设定负担等均应根据已经注册合同或其他确立权利的文件在上述官方通报上公布。

8. 如果没有相反证明,列入《集成电路布局设计国家登记簿》的信息材料视为真实可靠。申请人对提交注册的信息材料和真实可靠性负责。

第 1453 条 集成电路布局设计人身份权

集成电路布局设计人的身份权,即被承认为集成电路布局设计作者的权利,是不可转让的和不可移转的,包括在向他人转让或移转集成电路布局设计专属权或向他人提供集成电路布局设计利用权的情况下亦不可转让和不可移转。对此项权利的放弃自始无效。

第 1454 条 集成电路布局设计的专属权

1. 权利持有人享有依照本法典第1229条以任何不与法律相抵触的方式,包括本条第2款所列方式,利用集成电路布局设计的权利(集成电路布局设计专属权)。权利持有人可以处分集成电路布局设计的专属权。

2. 集成电路布局设计的利用是旨在取得利润的行为,包括:

(1) 通过写入集成电路或以其他方式整体或局部复制集成电路布局设计,但仅复制不具有独特性的那部分布局设计的除外;

(2) 将集成电路布局设计、含有该布局设计的集成电路或者含有该集成电路布局设计的产品输入俄罗斯联邦、进行出售或以其他形式进入民事流转。

3. 独立完成与其他布局设计相同的集成电路布局设计的人,享有该布局设计的专属权。

第 1455 条 集成电路布局设计的保护标志

权利持有人为表示自己对集成电路布局设计的专属权,有权在包含该布局设计的产品上使用保护标志。该标志由三部分组成:字母 T(Ⓣ或 Ⓣ)标志、集成电路布局设计专属权有效期以及权利持有人的识别信息。

第 1456 条 不属于侵犯集成电路布局设计专属权的行为

不属于侵犯集成电路布局设计专属权的行为包括:

(1) 对非法复制布局设计的集成电路以及对任何非法复制这种集成电路的任何产品实施本法典第 1454 条第 2 款所列行为,如果实施行为的人不知悉和不应该知悉集成电路含有非法复制的布局设计。在收到关于非法复制布局设计的通知后,上述人可以利用包含非法复制布局设计的集成电路的库存产品,以及在知悉有关情况前定作的产品。在这种情况下,上述人必须向权利持有人给付利用布局设计的补偿金,补偿金的数额应与可比情况下利用类似布局设计应给付的报酬相当。

(2) 个人不以营利为目的利用集成电路布局设计,以及为了评估、分析、研究和教学而利用布局设计。

(3) 享有集成电路布局设计专属权的人或其他人经权利持有人的同意传播含有已进入民事流转的布局设计的集成电路。

第 1457 条 集成电路布局设计专属权的有效期

1. 集成电路布局设计专属权的有效期为 10 年。

2. 集成电路布局设计专属权的有效期自第一次利用布局设计之日起计算,而该日期为该布局设计、含有该布局设计的集成电路或含有这种集成电路的产品最早以文件形式固定下来的在俄罗斯联邦或任何外国进入民事流转的日期;或者自集成电路布局设计在联邦知识产权行政管理机关进行注册之日起计算,以上两种情况以在先发生的为准。

3. 如果另一设计人独立完成相同的具有独特性的集成电路布局设计,则两个布局设计的专属权均自第一个专属权产生之日起的 10 年后终止。

4. 专属权有效期届满之后,集成电路布局设计即成为社会财富,即任何人不经任何人同意或许可也不给付报酬均可以自由利用。

第 1458 条 集成电路布局设计专属权转让合同

根据集成电路布局设计专属权转让合同,一方(权利持有人)向另一方即布局设计专属权取得人完全转让或承担义务完全转让属于他的集成电路布局设计专属权。

第 1459 条 提供集成电路布局设计利用权的许可合同

根据许可合同,一方即集成电路布局设计专属权持有人(许可人)向另一方(被许可人)转让或承担义务转让在合同规定范围内利用该布局设计的权利。

第 1460 条 集成电路布局设计专属权转让合同和许可合同的形式和国家注册

1. 集成电路布局设计专属权转让合同和许可合同应该以书面形式签订。
2. 如果集成电路布局设计已经注册(第 1452 条),则布局设计专属权转让合同和利用许可合同应在联邦知识产权行政管理机关进行国家注册。

第 1461 条 职务集成电路布局设计

1. 工作人员因履行劳动职责或雇主布置的具体任务而完成的集成电路布局设计,是职务集成电路布局设计。
2. 职务布局设计的设计人身份权属于工作人员。
3. 职务集成电路布局设计的专属权属于雇主,但雇主与工作人员之间的合同有不同规定的除外。
4. 如果布局设计专属权属于雇主或雇主转让给了第三人,则工作人员有权从雇主那里取得报酬。报酬的数额、给付条件和程序由工作人员与雇主之间的合同确定,有争议的,则由法院决定。
5. 工作人员利用雇主的金钱、技术设备或其他物质手段,但不是履行劳动职责或雇主布置的具体任务而完成的集成电路布局设计,不是职务布局设计。这种布局设计的专属权属于工作人员。在这种情况下雇主有权根据自己的选择要求在布局设计专属权整个有效期内提供为自己的需要而利用布局设计无偿普通(非排他)许可,或者要求赔偿与完成该布局设计有关的开支。

第 1462 条 执行合同完成的集成电路布局设计

1. 如果集成电路布局设计是在完成承揽合同或进行科学研究、试验设计或技术工作时完成的,而合同又未明确规定其完成,则布局设计的专属权属于承揽人(执行人),但承揽人与定作人之间的合同有不同规定的除外。

在这种情况下,如果合同没有不同规定,则定作人有权为达到合同订立之目的,在布局设计专属权整个有效期内,根据普通(非排他)许可条件利用布局设计,而不再给付报酬。当承揽人(执行人)将布局设计专属权转让给他人时,定作人保留按上述条件使用布局设计的权利。

2. 如果布局设计的专属权根据承揽人(执行人)与定作人的合同转让给定作人或定作人指定的第三人,则承揽人(执行人)有权在专属权整个有效期内按照无偿普通(非排他)许可条件为了自己的需要而利用布局设计,但合同有不同规定的除外。

3. 本条第 1 款所列集成电路布局的设计人,如果不享有集成电路布局设计的专属权,则有权依照本法典第 1461 条第 4 款取得报酬。

第 1463 条 根据定作完成的集成电路布局设计

1. 如果合同的标的是集成电路布局设计,则根据合同(根据定作)完成的集成电路布局设计的专属权属于定作人,但承揽人(执行人)与定作人的合同有不同规定的除外。

2. 如果集成电路布局设计的专属权依照本条第 1 款属于定作人或他指定的第三人,则如果合同未有不同规定,承揽人(执行人)有权在专属权整个有效期内按照无偿普通(非排他)许可条件将布局设计用于自己的需要。

3. 如果依照定作人与承揽人(执行人)的合同,集成电路布局设计专属权属于承揽人(执行人),则定作人有权在专属权整个有效期内按照无偿普通(非排他)许可条件将布局设计用于自己的需要。

4. 根据定作完成布局设计的设计人,如果不是权利持有人的,应依照本法典第 1461 条第 4 款取得报酬。

第 1464 条 根据国家与自治地方合同而完成的集成电路布局设计

对根据国家与自治地方合同而完成的集成电路布局设计,相应地适用本法典第 1298 条的规则。

第七编 智力活动成果和个别化手段的权利

第七十五章 生产秘密(Know-How)权

第 1465 条 生产秘密(Know-How)

任何性质的(生产的、技术的、经济的、组织的和其他的)关于科学技术领域智力活动成果的信息材料,以及关于从事职业活动的信息材料,如果这些信息材料由于不为第三人所知而具有现实的或潜在的价值,而第三人又没有合法自由了解的可能,信息材料持有人对这些信息材料作为商业秘密加以保护的,是生产秘密。

第 1466 条 生产秘密的专属权

1. 依照本法典第1229条以任何不与法律相抵触的方式利用(包括用于制造产品和实现经济和组织决策)生产秘密的专属权(生产秘密专属权)属于生产秘密的持有人。生产秘密持有人可以处分上述专属权。

2. 如果他人善意占有构成受保护的生产秘密内容的信息材料,且此种占有与生产秘密其他持有人无关,则该人即取得该生产秘密的专属权。

第 1467 条 生产秘密专属权的效力

生产秘密专属权在构成其内容的信息材料得以保密的情况下有效。自有关信息材料丧失机密性之时起,生产秘密所有权持有人的专属权一律终止。

第 1468 条 生产秘密专属权转让合同

1. 根据生产秘密专属权转让合同,一方(权利持有人)向另一方即该生产秘密专属权取得人全部转让或承担义务转让属于他的生产秘密专属权。

2. 在转让生产秘密专属权时,处分其权利的人必须对生产秘密保守秘密,直至生产秘密专属权效力终止。

第 1469 条 生产秘密利用权的许可合同

1. 根据生产秘密利用权许可合同,一方即生产秘密专属权持有人(许可人)向另一方(被许可人)提供或承担义务提供在合同规定范围内利用相关生产秘密的权利。

2. 许可合同既可以指出,也可以不指出其有效期。如果许可合同未指出其有效期,则任何一方均有权在 6 个月以前通知另一方之后的任何时间废止合同,但合同规定更长期限的情形除外。

3. 在提供生产秘密使用权时,权利处分人必须在许可合同整个有效期内对生产秘密保守秘密。

根据许可合同取得有关权利的人,必须对生产秘密保守秘密,直至生产秘密专属权有效期终止。

第 1470 条 职务生产秘密

1. 工作人员因履行劳动职责或雇主布置的具体任务而完成生产秘密(职务生产秘密)的,其专属权属于雇主。

2. 因履行劳动职责或雇主布置的具体任务而知悉生产秘密的人,必须对所获得的信息材料保守秘密,直至生产秘密专属权有效期终止。

第 1471 条 履行合同时获得的生产秘密

如果生产秘密在履行承揽合同、科学研究、试验设计或工艺工程合同时获得或者是在为国家或自治地方需要而履行国家或自治地方合同时获得的,则该生产秘密的专属权属于承揽人(执行人),但合同有不同规定的除外。

如果合同是在预算资金的主要处分人或处分人与联邦国家机构签订的,在履行合同时所获得的生产秘密的专属权应属于承揽人(执行人),但合同规定该权利属于俄罗斯联邦的情形除外。

第 1472 条 侵犯生产秘密专属权的责任

1. 侵犯生产秘密专属权的人,包括非法取得、泄露或利用构成生产秘密的信息材料的人,以及依照本法典第 1468 条第 2 款、和 1469 条第 3 款和第 1470 条第 2 款有义务对生产秘密保守秘密的人,如果法律或与该人的合同未规定其他责任,则必须赔偿侵犯生产秘密专属权所造成的损失。

2. 利用生产秘密而不知悉也不应该知悉该利用属于非法,包括偶然或错误地了解到生产秘密的人,不依照本条第 1 款承担责任。

第七编 智力活动成果和个别化手段的权利

第七十六章 法人、商品、工作、服务和企业个别化手段的权利

第一节 商业名称权

第1473条 商业名称

1. 作为商业组织的法人，以在其设立文件中确定的并在注册时列入统一的法人国家注册簿的商业名称参加民事流转。

2. 法人的商业名称应该指出其组织法形式和法人名称本身。商业名称不得仅由表示其活动种类的词语组成。

3. 法人应该有俄语的商业全称或商业简称。法人还有权拥有用俄罗斯联邦民族语言和(或)外国语言表示的商业全称和(或)商业简称。

法人的商业俄语名称或俄罗斯联邦民族语言商业名称可以包含用俄语拼写的外来语或用俄罗斯联邦民族语言拼写的外来语，但不得用来表示法人的组织法形式及其缩略语。

4. 法人的商业名称不得包含：

（1）俄罗斯联邦、外国国家的正式全称或简称，以及由这些名称派生出来的词语；

（2）联邦国家权力机关、俄罗斯联邦各主体的国家权力机关和地方自治机关的正式全称或简称；

（3）国际组织和政府间组织的正式全称或简称；

（4）社会团体的全称或简称；

（5）违背公共利益以及违反人道主义与道德原则的名称。

国有单一制企业的正式名称可以指出该企业从属于俄罗斯联邦或俄罗斯联邦主体。

如果股份公司超过 75% 的股票属于俄罗斯联邦,则经俄罗斯联邦政府批准,允许将俄罗斯联邦正式名称以及由该名称派生的词语列入股份公司的正式名称。政府批准不指明有效期,而在发放许可的情况不复存在时可以撤销。颁发和撤销的程序由法律规定。

在撤销将俄罗斯联邦正式名称或由派生词语列入股份公司正式名称的批准时,股份公司必须在 3 个月内在其章程中作相应的变更。

5. 如果法人的商业名称不符合本条第 3 款或第 4 款的要求,进行法人国家注册的机关有权对该法人提起强制变更商业名称的诉讼。

第 1474 条　商业名称的专属权

1. 法人享有以任何不与法律相抵触的方式利用自己商业名称这一个别化手段的权利(商业名称专属权),包括在展览会、表格、账单和其他文件、布告和广告以及商品和商品包装上使用商业名称的权利。

商业名称的简称以及用俄罗斯民族语言和外国语表示的商业名称,在其列入统一的法人国家注册簿的条件下,均受到商业名称专属权保护。

2. 不允许对商业名称进行处分(包括向他人转让或提供商业名称的使用权)。

3. 如果法人从事类似的活动,其中一个法人的商业名称已经先于其他法人商业名称列入统一的法人国家注册簿,则不允许再使用与该法人商业名称相同或雷同的商业名称。

4. 法人如违反本条第 3 款的规则,必须根据权利持有人的请求在与权利持有人从事的类似活动中终止使用与权利持有人商业名称相同或雷同的商业名称,并向权利持有人赔偿所造成的损失。

第 1475 条　商业名称专属权在俄罗斯联邦境内的效力

1. 商业名称列入统一的法人国家注册簿的,其专属权在俄罗斯联邦境内有效。

2. 商业名称专属权自法人国家注册之日起产生,于商业名称因法人终止或变更商业名称而从统一的法人国家注册簿删除之时起终止。

第 1476 条　商业名称权与商业标识权、商标权和服务标志权的相互关系

1. 商业名称或商业名称的个别元素可以被权利持有人用在属于他的商业标识中。

包括在商业标识中的商业名称应该受到保护,而与商业标识是否受到保护无关。

2. 商业名称或商业名称的个别元素可以被权利持有人用在属于他的商标和服务标志中。

包括在商标或服务标志中的商业名称应受到保护,而与商标或服务标志是否受到保护无关。

第二节 商标权和服务标志权

第 1 小节 基 本 规 定

第 1477 条 商标与服务标志

1. 商标,即用于表示法人或个体经营者商品个别化的标志,对商标适用商标证书(第 1481 条)所证明的专用权。

2. 服务标志是用于表示法人或个体经营者所完成工作或提供服务的个别化的标志,对服务标志相应地适用本法典关于商业的规则。

第 1478 条 商标专用权人

商标专用权人可以是法人或个体经营者。

第 1479 条 商标专用权在俄罗斯联邦境内的效力

商标已经在联邦知识产权行政管理机关进行注册的,以及在俄罗斯联邦签署的国际条约规定的其他情况下,其专用权在俄罗斯联邦境内有效。

第 1480 条 商标的国家注册

商标由联邦知识产权行政管理机关依照本法典第 1503 条和第 1505 条规定的程序在《俄罗斯联邦商标和服务标志国家注册簿》(《商标注册簿》)进行国家注册。

第 1481 条 商标证书

1. 对已经在《商标注册簿》注册的商标,发给商标证书。

2. 商标证书证明证书所列商标的优先权和商标专用权。

第 1482 条 商标的种类

1. 可以作为商标注册的有文字的、图案的、立体的或其他的标识或标识组合。

2. 商标可以用任何颜色或颜色组合进行注册。

第 1483 条 对商标不予国家注册的根据

1. 不具有识别性特点的或由下列元素组成的识别标志不允许注册：

（1）表示某类商品的通用名称的；

（2）为公认象征和术语的；

（3）说明商品性质，包括指出其种类质量、数量、属性、用途、价值以及商品生产或销售时间、地点和方式的；

（4）作为仅仅或主要为商品的属性或用途所决定的商品形式的。

如果上述元素在商标中不占据主要位置，则可以作为不受保护的元素包括在商标中。

本款的规则不适用于因为使用而获得了识别性特点的标志。

2. 依照俄罗斯联邦签署的国际条约，不允许由下列元素组成的标志作为商标进行注册：

（1）国徽、国旗和其他国家象征和标志；

（2）国际组织和政府间组织的全称或简称、它们的徽标、旗帜、其他象征和标志；

（3）官方的监督、保证或检验标记、印章、奖章和其他优胜标志；

（4）与本款第 1 项至第 3 项所列元素雷同的标识。

如果有关主管机关同意，则上述元素可以作为不受保护的成分包括在商标中。

3. 不允许表示或含有下列的元素标识作为商标进行注册：

（1）虚假的、可能使消费者对商品或商品制造者产生误解的；

（2）违背公共利益、人道主义和道德原则的。

4. 不允许作为商标进行注册的还有：与俄罗斯联邦各族人民特别珍贵文化遗产客体正式名称或图案相同或雷同的标识；与收藏的文化珍品的图案相同或雷同的标识，如果要求将上述标识作为商标注册的具名人不是所有权人、未经所有权人或所有权人授权的人同意，则不允许上述标识作为商标进行注册。

5. 依照俄罗斯联邦签署的国际条约，如果商标将用于葡萄酒或酒精饮料的标识，该商标本身或其元素是国际条约某一缔约国作为认证葡萄酒或酒精饮料系源自其境内（系在该国地理客体范围内生产）并具有特殊品质、信誉或其他主要取决于产地的特征的标志加以保护的，商标所要标识的葡萄酒或酒精饮料并非产自该缔约国地理客体范围内，则不允许该商标进行注册。

6. 与以下列商标相同或雷同的标识不得予以注册：

（1）同类商品的商标，他人已提出注册申请（第 1492 条）和具有更早优先

权,而商标的国家注册未被拒绝也未被撤回的;

(2) 在俄罗斯联邦,包括依照俄罗斯联邦签署的国际条约受到保护的他人商标,对同类商品的或具有更早优先权的;

(3) 依照本法典规定的程序被认定为俄罗斯联邦的驰名商标,对同类商品的。

对同类商品,只有经权利持有人的同意,才允许注册雷同的标识作为商标。

7. 对任何种类的商品,均不允许注册与依照本法典受到保护的商品产地名称雷同的标识作为商标,但是该标识作为不受保护的元素包括在商标之中,该商标注册人对产地名称已经享有专属权,而注册商标与已经注册的产地名称都是为了相同商品的个别化而进行的,不受此限。

8. 对同类商品,不得注册与在俄罗斯联邦受到保护的商业名称或商业标识(这种名称或标识的元素)相同或雷同的标识作为商标;如果育种成果专属权在俄罗斯联邦的产生先于正在申请注册的商标,则不允许注册与已在《受保护的育种成果登记簿》注册的育种成果名称雷同的标识作为商标。

9. 不得注册与下列各项相同的标识作为商标:

(1) 截至商标注册申请之日(第1492条)在俄罗斯联邦已知的科学、文学或艺术作品的名称、这种作品中的人物或摘录;艺术作品或其片断,如果有关作品优先权的产生先于正在申请注册的商标又未经权利持有人的同意的;

(2) 截至商标注册申请之日俄罗斯联邦已知人物的姓名(第19条)、化名(第1265条第1款)或由它们派生的标识、肖像或真迹复制品,未经本人或其继承人同意的;

(3) 外观设计、识别标志、域名,其相关权利的产生先于正在申请注册商标优先权日期的。

10. 存在本条规定的根据的,对于依照俄罗斯联邦签署的国际条约承认为商标的标识,也不提供法律保护。

第 2 小节　商标的利用与商标专用权的处分

第 1484 条　商标的专用权

1. 以自己的名义注册了商标的人(权利持有人),享有依照本法典第1229条以任何不与法律相抵触的方式,包括以本条第2款所列方式,利用商标的专属权(商标专用权)。权利持有人可以处分商标专用权。

2. 商标专用权可以用于对商标注册时所指定的商品、工作、服务进行个别化。使用商标的方式包括:

（1）在商品生产、准备出售、出售、展览和展卖或以其他方式在俄罗斯联邦境内进入民事流转或为此而进行保管或运输以及输入俄罗斯联邦时在商品上、商品标签上、商品包装上使用；

（2）在完成工作、提供服务时使用；

（3）在与商品进入民事流转有关的文件上使用；

（4）在出售商品、完成工作和提供服务的要约中使用，以及在宣传、招牌和广告中使用；

（5）在互联网，包括在域名和其他编址方式中使用。

3. 不经权利持有人许可，任何人均无权将与权利持有人用于商品个别化的商标近似的标识用于同类商品的商标，只要使用的结果可能产生混淆。

第1485条　商标保护标志

权利持有人为了宣告自己的商标专用权，有权使用商标保护标志。该标志置于商标旁，为拉丁字母 R 或 ®，或使用标志"商标"或"注册商标"等文字标志，同时指出所使用的标志为在俄罗斯联邦境内受保护的商标。

第1486条　不使用商标的后果

1. 如果商标在其国家注册后的任何时间内连续 3 年不使用，则商标的法律保护可以对该商标个别化的所有商品或部分商品提前终止。因为商标不使用而要求终止商标法律保护的申请可以由利害关系人在上述 3 年期限届满后向专利争议局提出，条件是直至提出上述申请时商标仍未使用。

2. 本条中的商标使用，是指权利持有人或根据许可合同依照本法典第1489条取得使用权的人以及在权利持有人监督下使用商标的人使用商标，并且商标的使用是依照本法典第1484条第2款进行的，但有关行为与商品进入民事流转无直接关系的情形除外。改变商标的个别元素，如这种改变不影响其识别性也不限制对商标的法律保护，则商标的使用亦为本条所指的使用。

3. 使用商标的证明责任在权利持有人。

在解决商标由于未使用而提前终止其法律保护的问题时，应注意权利持有人提出的商标由于其意志以外的原因而未使用的情况。

4. 商标法律保护的终止即表示该商标专用权的终止。

第1487条　商标专用权的穷竭

对于已在俄罗斯联邦境内直接由权利持有人或经权利持有人同意而投入民事流转的商品，其他人使用对该商品该商标的，不是侵犯商标的专用权。

第 1488 条　商标专用权转让合同

1. 根据商标专用权转让合同,一方(权利持有人)向另一方即专用权取得人全部转让或承担义务全部转让有关商标对用以注册的所有商品或部分商品的专用权。

2. 如果商标专用权的转让可能成为误导消费者对商品或商品制造者的认识的原因,则不允许转让商标专用权。

3. 如果该商品产地名称作为不受保护的元素包括在商标中,而该产地名称在俄罗斯联邦境内已经享有法律保护(第1483条第7款),则只有在权利持有人对该产地名称享有专属权时才允许转让商标专用权。

第 1489 条　商标使用权许可合同

1. 根据商标使用权许可合同,一方即该商标专用权持有人(许可人)向另一方(被许可人)提供在合同规定范围内使用商标的权利,同时针对一定经营活动领域指明或者不指明允许使用该商标的地域。

2. 被许可人必须保证所生产和销售的加添被许可商标的商品符合许可人规定的质量要求。许可人有权对上述条件的遵守进行监督。如果被许可人是商品制造者的,许可人和被许可人对上述要求承担连带责任。

3. 如果商品产地名称作为不受保护的元素包含在商标中,而该产地名称在俄罗斯联邦境内已经享有法律保护(第1483条第7款),则只有在被许可人对该产地名称享有专属权时才允许提供商标使用权。

第 1490 条　商标专用权处分合同的形式和国家注册

1. 商标专用权转让合同、许可合同以及对商标专用权进行处分的其他合同,均应以书面形式签订,并应在联邦知识产权行政管理机关进行国家注册。

2. 本条第 1 款所列合同的国家注册程序,由在知识产权领域从事规范性法律调整的联邦行政机关规定。

第 1491 条　商标专用权的有效期

1. 商标专用权自向联邦知识产权行政管理机关提出商标注册申请之日起的 10 年有效。

2. 商标专用权的有效期可以根据权利持有人在该有效期的最后一年提出的申请再续展 10 年。

续展商标专用权有效期的次数不限。

根据权利持有人的申请,可以在商标专用权有效期届满后提供 6 个月的延长宽展期,但必须交纳续展申请费。

3. 联邦知识产权行政管理机关应将商标专用权有效期续展事项记入《商标注册簿》和商标证书。

第 3 小节　商标的国家注册

第 1492 条　商标注册申请

1. 要求进行商标国家注册的申请（商标注册申请）由法人或个体经营者（申请人）向联邦知识产权行政管理机关提出。

2. 一个商标的注册申请应仅涉及一种商品。

3. 商标注册申请书应该包含以下内容：

（1）申请人，申请人的住所地或所在地；要求将标识作为商标进行国家注册的申请；

（2）申请注册的标识；

（3）使用申请注册商标的和根据国际商品、服务分类等级分类的商品清单；

（4）对申请注册的商标的描述。

4. 商标注册申请书应由申请人签字，在通过专利代理人或其他代理人提出申请时，应由申请人或提出申请的代理人签字。

5. 商标注册申请书应该附具：

（1）证明已经按规定数额交纳申请费的凭证；

（2）申请集体商标（第 1511 条第 1 款）的，还应附具集体商标章程。

6. 商标注册申请用俄语提交。

商标注册申请所附具的文件用俄语或其他语言提交。如果这些文件是用其他语言提交的，则商标注册申请还应附具这些文件的俄语译文。俄语译文可以由申请人在联邦知识产权行政管理机关向他送交必须完成上述要求的通知之日起的 2 个月内提交。

7. 对商标注册申请书中的文件和申请书附具的文件提出的要求，由在知识产权领域从事规范性法律调整的联邦行政机关规定。

8. 联邦知识产权行政管理机关收到本条第 3 款第 1 项至第 3 项所规定文件的日期视为提出商标注册申请的日期，如果上述文件未同时提交，则以最后一份文件收到的日期为准。

第 1493 条　了解商标注册申请文件的权利

1. 在商标注册申请提交联邦知识产权行政管理机关以后，任何人均有权了解截至申请提出之日提交的文件。

2. 了解商标注册申请文件和发给上述文件复印件的程序由在知识产权领域从事规范性法律调整的联邦行政机关规定。

第 1494 条 商标的优先权

1. 商标的优先权根据向联邦知识产权行政管理机关提交商标注册申请的日期确定。

2. 申请人依照本法典第 1502 条第 2 款根据该申请人的另一商标注册申请（原始申请）对同一标识提出的商标注册申请（分立申请）的优先权根据向联邦知识产权行政管理机关提出原始申请的日期确定，而如果根据原始申请存在更早的优先权，则按照该优先权确定，其条件是截至分立申请提出之日原始申请并未被撤回也未被认定为撤回，而分立申请的提出又先于对原始申请决定的作出。

第 1495 条 商标的公约优先权与展览优先权

1. 商标的优先权可以按照在《巴黎工业产权公约》缔约国提出第一个商标注册申请的日期确定（公约优先权），如果在上述日期后的 6 个月内向联邦知识产权行政管理机关提出商标注册申请。

2. 《巴黎工业产权公约》缔约国之一组织的官方的或官方承认的国际展览会所展出商品的商标的优先权，可以按照展品在展览会公开展示的日期确定（展览优先权），如果在上述日期后的 6 个月内向联邦知识产权行政管理机关提出商标注册申请。

3. 申请人如果希望享有公约优先权或展览优先权，必须在商标注册申请中指出这一点或者在向联邦知识产权行政管理机关提出商标注册申请之日起的 2 个月内附具证明该请求合法性的文件，或者在商标注册申请提出之日起的 3 个月内向上述联邦机关提交这些文件。

4. 依照俄罗斯联邦签署的国际条约，商标优先权可以按照商标国际注册的日期确定。

第 1496 条 商标优先权日期重合的后果

1. 如果不同申请人对完全相同或部分相同商品名目提出了相同的优先权日期，则相同名目商品的商标，只能根据申请人的协议注册在一个申请人的名下。

2. 如果相同申请人对完全相同或部分相同商品名目提出了相同的优先权日期，则相同名目商品的商标只能根据申请人所选择的一个申请进行注册。

3. 如果不同申请人提出相同商标的注册申请（本条第 1 款），则申请人应在收到联邦知识产权行政管理机关有关通知之日起的 6 个月内向该机关报告他们就商标应注册到何人名下达成的协议。同一人提出相同商标注册申请的,亦应在相同期限内将自己的选择报告上述机关(本条第2款)。

如果在规定期限内联邦知识产权行政管理机关没有收到上述报告或关于延长规定期限的申请,则商标注册申请根据该联邦机关的决定视为已经撤回。

第 1497 条　商标注册申请的鉴定和申请文件的修改

1. 商标注册申请的鉴定由联邦知识产权行政管理机关进行。

商标注册申请的鉴定包括形式鉴定和申请作为商标的标识(申请标识)的鉴定。

2. 在商标注册申请鉴定期间,直至对申请作出决定之前,申请人有权对申请材料进行补充、说明或修改,也可以提交补充材料。

如果补充材料中含有截至提出申请之日申请书中没有的商品名目,或者申请的商标标识有重大改变,则对这样的补充材料不予受理。这些补充材料应该由申请人办理手续作为独立的商标注册申请提出。

3. 商标注册申请中关于申请人的信息材料的改变,包括在由于申请人名称或姓名的变更而发生转让或移转商标注册权的情况下发生上述改变,以及对注册申请文件中明显的或技术性的错误进行更正,均可以在商标国家注册(第1503条)之前进行。

4. 在进行商标注册申请的鉴定期间,联邦知识产权行政管理机关有权向申请人函询鉴定所必需的补充材料。

申请人应该在收到有关函询之日起的2个月内提交补充材料。如果申请人在收到联邦知识产权行政管理机关函询之日起的1个月内要求发给材料复印件,则申请人在收到该材料复印件之日起的2个月内应该提交补充材料。如果申请人在上述期限内不提交补充材料也不提出延长提交材料的期限,则商标注册申请根据联邦知识产权行政管理机关的决定视为已经撤回。根据申请人的申请,提交补充材料的期限可以由上述联邦机关延长,但延长的时间不得超过6个月。

如果补充材料中含有截至提出申请之日申请书中没有的商品名目,或者申请的商标标识有重大改变,则对这样的补充材料适用本条第2款的规则。

第 1498 条　商标注册申请的形式鉴定

1. 商标注册申请的形式鉴定在向联邦知识产权行政管理机关提出申请之日起的1个月内进行。

2. 在进行商标注册申请的形式鉴定时,应审查是否具备必要的文件和这些文件是否符合规定的要求。根据形式鉴定的结果,对申请予以受理或作出拒绝受理的决定。关于形式鉴定的结果,联邦知识产权行政管理机关应通知申请人。

如果形式鉴定的结果是肯定的,在将鉴定结果通知申请人的同时,还应通知依照本法典第 1492 条第 8 款确定的提出申请日期。

第 1499 条 作为商标申请的标识的鉴定

1. 作为商标申请的标识的鉴定(标识鉴定)根据已经被受理的商标注册申请的结果进行。

在进行鉴定的过程中应审查标识是否符合本法典第 1477 条和第 1483 条第 1 款至第 7 款的要求,并确定商标优先权。

2. 根据标识鉴定的结果,联邦知识产权行政管理机关作出商标国家注册的决定或不予注册的决定。

3. 在根据标识鉴定结果作出决定之前,可以向申请人发出关于标识是否符合本条第 1 款第 2 项要求鉴定结果的书面通知,同时建议申请人对通知提出的问题说明理由。如果这些理由是向申请人送交上述书面通知之日起的 6 个月内提出的,则就标识鉴定结果作出决定时应考虑申请人说明的理由。

4. 有下列情形之一的,关于商标国家注册的决定可以在商标注册之前由联邦知识产权行政管理机关进行复议:

(1)收到相同和或雷同的同类商品标识的注册申请,而依照本法典第 1494 条、第 1495 条和第 1496 条该申请具有更早优先权;

(2)与注册决定中所列商标相同或雷同的标识注册为产地名称;

(3)发现注册申请包含相同的商标,发现受保护的相同商标,而该商标所涉及的商品名目与具有更早优先权的商标完全相同或部分相同;

(4)在所申请标识作为商标注册可能误导消费者对商品或商品制造者的认识的情况下变更申请人。

第 1500 条 对关于商标注册申请的决定提出异议

1. 对于联邦知识产权行政管理机关关于拒绝受理商标注册申请的决定、关于进行商标国家注册的决定、关于对商标不予注册的决定以及认定商标注册申请已被撤回的决定,申请人均可以在收到有关决定之日起的 3 个月内向专利争议局提出异议。如果申请人曾在收到有关决定之日起的 1 个月内向上述联邦机关要求取得对申请不利的材料的复印件,则申请人可以在收到上述复印件之日起的 3 个月内向专利争议局提出异议。

2. 在专利争议局审议异议期间,如果修改能排除商标不能注册的唯一理由，而修改之后就有可能作出商标注册的决定，则申请人可以对商标注册申请进行本法典第 1497 条第 2 款和第 3 款允许的修改。

第 1501 条　与进行商标注册申请鉴定有关的期限迟误后的恢复

本法典第 1497 条第 4 款和第 1500 条第 1 款规定的期限，被申请人迟误的，如果能证明期限的迟误具有正当理由并且已经交纳了有关费用，则可以根据申请人的请求由联邦知识产权行政管理机关予以恢复。申请人应在提交依照本法典第 1497 条第 4 款函询的材料的同时，或者在提出延长提交材料时间的申请的同时，或者在根据本法典第 1500 条向专利争议局提出异议的同时提交恢复迟误期限的申请。

第 1502 条　商标注册申请的撤回和从申请中分出另一申请

1. 商标注册申请可以在其审查的任何阶段撤回，但不得迟于商标国家注册日期。

2. 在进行商标注册申请鉴定的期间，直至就申请作出决定之前，申请人有权向联邦知识产权行政管理机关就同一标识提出分立申请。申请应该包含原始申请中截至向联邦机关提出申请之日所列商品的名目以及与原始申请所列商品名目中原始申请仍然有效的不同类商品的名目。

第 1503 条　商标的国家注册程序

1. 根据商标国家注册决定（第 1499 条第 2 款），联邦知识产权行政管理机关在收到交纳注册申请费和商标证书费凭证之日起的 1 个月内在《商标注册簿》中对商标进行国家注册。

列入《商标注册簿》的有商标、关于权利持有人的信息材料、商标优先权日期、注册商标个别化的商品名目、商标国家注册日期、涉及商标国家注册的其他信息材料，以及以后对上述信息材料的变更。

2. 如果不按规定程序提交本条第 1 款中所列交纳费用的凭证，则商标的国家注册不予进行，而有关商标注册申请视为根据联邦知识产权行政管理机关的决定被撤回。

第 1504 条　商标证书的颁发

1. 商标证书由联邦知识产权行政管理机关于商标在《商标注册簿》注册之日起的 1 个月内颁发。

2. 商标证书的格式和内容由在知识产权领域从事规范性法律调整的联邦行政机关规定。

第1505条 《商标注册簿》和商标证书中的变更

1. 权利持有人对有关商标国家注册的任何变更，包括权利持有人的名称或姓名、商标个别化的商品名目的缩减、商标个别元素的变化（不得改变商标实质）等，均必须通知联邦知识产权行政管理机关。

2. 如果有人对国家注册中商标的法律保护提出异议（第1512条），而该商标对几种商标有效，则可以根据权利持有人的申请将一类商品的商标或部分商品从原始注册中分立出来另行注册，而不同种类商品的清单仍然留在原始注册中。权利持有人可以在有关商标的争议审理结果作出之前提出此种申请。

3. 涉及商标国家注册的变更，均应列入《商标注册簿》和专利证书，但必须交纳相应的费用。

4. 联邦知识产权行政管理机关为了修改明显的和技术性的错误，可以主动地在事先通知权利持有人以后将更正列入《商标注册簿》和专利证书。

第1506条 关于商标国家注册的信息材料的公布

在商标进行国家注册或将有关变更列入《商标注册簿》之后，联邦知识产权行政管理机关应立即将关于商标进行国家注册的信息材料和依照本法典第1503条列入《商标注册簿》的信息材料在官方通报上公布。

第1507条 商标在外国注册和商标的国际注册

1. 俄罗斯的法人和俄罗斯联邦公民有权在外国进行商标注册或进行商标的国际注册。

2. 商标国际注册申请通过联邦知识产权行政管理机关提出。

第4小节 驰名商标法律保护的特点

第1508条 驰名商标

1. 如果权利持有人提出申请，认为自己所使用的商标或作为商标使用的标识在俄罗斯联邦属于驰名商标或标识，而商标在俄罗斯联邦境内因其国家注册或依照俄罗斯联邦签署的国际条约而受到保护，或标识虽作为作为商标使用，但在俄罗斯联邦境内并不享有该法律保护，商标和或标识由于频繁使用而截至申请之日在俄罗斯联邦已为申请人商品的有关消费者所广泛知晓，则该商标或作为商标使用的标识可以由联邦知识产权行政管理机关作出决定被认定为驰名商标。

商标或作为商标使用的标识如果在他人用于同类商标的相同或雷同的商标的优先权日期之后才被人广泛知晓，则不得被认定为驰名商标。

2. 驰名商标享有本法典对商标规定的法律保护。

对驰名商标提供法律保护即承认驰名商标的专用权。

驰名商标受到无限期法律保护。

3. 驰名商标的法律保护也及于与使用该驰名商标的商品不同类的商品,如果他人对上述商品使用该商标可能使消费者联想到驰名商标专用权持有人并可能因此损害权利持有人的合法利益。

第 1509 条　驰名商标的法律保护

1. 对驰名商标,根据联邦知识产权行政管理机关依照本法典第 1508 条第 1 款所作的决定而给予法律保护。

2. 被认定为驰名商标的,应由联邦知识产权行政管理机关列入《俄罗斯联邦驰名商标名目》(《驰名商标名目》)。

3. 联邦知识产权行政管理机关于将商标列入《驰名商标名目》之日起的 1 个月内颁发驰名商标证书。

驰名商标证书的格式和内容由在知识产权领域从事规范性法律调整的联邦行政机关规定。

4. 关于驰名商标的信息材料,联邦知识产权行政管理机关应在商标列入《驰名商标名目》之后立即在官方通报中公布。

第 5 小节　集体商标法律保护的特点

第 1510 条　集体商标权

1. 只要团体的成立和活动不与设立国的立法相抵触,则该团体可以在俄罗斯联邦注册集体商标。

集体商标是用以标识加入该团体的人所生产的并具有统一质量品质特点或其他共同特点的商品的商标。

集体商标可以被该团体的每个成员使用。

2. 集体商标权不得转让,也不得成为许可合同的标的。

3. 如果团体注册了集体商标,则加入该团体的人还有权在使用集体商标的同时使用自己的商标。

第 1511 条　集体商标的国家注册

1. 向联邦知识产权行政管理机关提出的集体商标注册申请应该附具集体商标章程,该章程的内容包括:

(1) 有权在自己名下注册集体商标的团体(权利持有人)的名称;

(2) 有权使用该集体商标的人的名单；

(3) 注册商标的目的；

(4) 集体商标所标识的商品所具有的统一品质特点或其他共同特点；

(5) 集体商标的使用条件；

(6) 对集体商标使用情况的监督办法；

(7) 违反集体商标章程的责任。

2. 作为对本法典第1503条和第1504条所规定信息材料的补充，关于有权使用集体商标的人的信息材料，应列入《商标注册簿》和集体商标证书。这些信息材料，以及集体商标章程中关于使用该集体商标的商品所具有的统一品质特点或其他共同特点的信息材料摘录，亦应由联邦知识产权行政管理机关在其官方通报上公布。

关于集体商标章程的修订，权利持有人应通知联邦知识产权行政管理机关。

3. 如果使用集体商标的商品不具有统一的品质特点或其他共同特点，则根据任何利害关系人的请求，经法院作出判决，集体商标的法律保护可以完全或部分提前终止。

4. 集体商标和集体商标注册申请可以分别变更为商标和商标注册申请，反之，商标和商标注册申请也可以变更为集体商标和集体商标注册申请。变更办法由在知识产权领域从事规范性法律调整的联邦行政机关规定。

第6小节　商标专用权的终止

第1512条　对商标法律保护提出异议和认定商标法律保护无效的根据

1. 对商标的法律保护提出异议表示对联邦知识产权行政管理机关的商标注册决定（第1499条第2款）和对根据该决定而产生的商标专用权（第1477条和第1481条）提出争议。

认定商标法律保护无效的后果是撤销联邦知识产权行政管理机关关于商标注册的决定。

2. 有下列情形之一的，可以分别在下列期限内对商标法律保护提出异议或认定商标完全或部分无效：

（1）商标的法律保护违反了本法典第1483条第1款至第5款、第8款和第9款的要求的，在商标专用权整个有效期内提出，要求完全或部分无效；

（2）商标的法律保护违反本法典第1483条第6款和第7款的要求的，在关于商标国家注册的信息材料在官方通报公布（第1506条）之日起的5年内提出，要求完全或部分无效；

(3) 商标的法律保护违反本法典第1478条的要求的,在商标专用权整个有效期内提出,要求完全无效;

(4) 在他人的驰名商标依照本法典第1508条第3款享有保护法律保护的情况下,享有法律保护的商标具有比该驰名商标更晚的优先权的,在法律保护的整个有效期限内提出,要求完全无效;

(5) 在《巴黎工业产权公约》一缔约国的商标专用权持有人,其代理人名下的商标的法律保护违反了该公约的,在商标专用权整个有效期内提出,要求完全无效;

(6) 与权利持有人的商标国家注册有关的行为被法定程序认定为滥用权利或不正当竞争的,在商标专用权整个有效期内提出,要求完全或部分无效。

3. 如果驰名商标通过在俄罗斯联邦注册而取得的法律保护违反了本法典第1508条第1款的要求,则可以在驰名商标专用权整个有效期内对其法律保护提出异议并要求认定完全或部分无效。

第1513条 对商标法律保护提出异议和认定法律保护无效的程序

1. 对商标的法律保护有异议的,可以按照本法典第1512条规定的根据和期限向专利争议局或联邦知识产权行政管理机关提出异议。

2. 按照本法典第1512条第2款第1项至第4项和第3款规定的根据对商标法律保护的异议,可以由利害关系人向专利争议局提出。

3. 按照本法典第1512条第2款第5项规定的根据对商标法律保护的异议,可以由有利害关系的《巴黎工业产权公约》一缔约国内的商标专用权持有人向专利争议局提出。

按照本法典第1512条第2款第6项规定的根据对商标法律保护的异议,由利害关系人向联邦知识产权行政管理机关提出。

4. 联邦知识产权行政管理机关关于认定商标法律保护无效的决定或拒绝认定商标法律保护无效的决定,依照本法典第1248条的规则生效,对上述决定可以向法院提出异议。

5. 在认定商标法律保护完全无效的情况下,专利证书和《商标注册簿》的记载应予以作废。

如果认定商标法律保护部分无效,则应颁发新的商标证书和将相应变更记入《商标注册簿》。

6. 在作出认定商标法律保护无效的决定前签订的许可合同,作出该决定之前已经履行的部分仍然有效。

第1514条　商标法律保护的终止

1. 商标法律保护在下列情况下终止：

（1）商标专用权有效期届满；

（2）根据法院依照本法典第1511条第3款因不具有统一品质特点或其他共同特点的商品使用集体商标而作出提前终止商标法律保护的判决；

（3）依照本法典第1486条因商标不使用而作出的关于提前终止商标法律保护的决定；

（4）根据联邦知识产权行政管理机关因作为商标权利持有人的法人终止或个体经营者经营活动终止而作出的关于提前终止商标法律保护的决定；

（5）权利持有人放弃商标权；

（6）联邦知识产权行政管理机关根据利害关系人的申请因商标成为特定种类商标的标识而被普遍使用而作出提前终止商标法律保护的决定。

2. 驰名商标的法律保护因本条第1款第3项至第6项规定的根据而终止，在驰名商标丧失本法典第1508条第1款第1项规定的特征时，还可以根据联邦知识产权行政管理机关的决定而终止。

3. 在未同权利持有人签订合同而移转商标专用权（第1241条）的情况下，如果能够证明，此种移转可能误导消费者对商品或商品制造者的认识，则商标的法律保护可以根据利害关系人提起的诉讼，由法院判决而终止。

4. 商标法律保护的终止表示该商标专用权的终止。

第7小节　商标权的保护

第1515条　非法使用商标的责任

1. 商品、商品标签、商品包装上非法使用商标或使用与商标雷同的标识的，是侵犯商标权行为。

2. 权利持有人有权要求非法使用商标或使用与商标雷同的标识的侵犯商标权的商品、商品标签和商品包装退出流通并予以销毁，费用由侵权人负担。如果这种商品为了公共利益而必须流通，则权利持有人有权要求从侵权商品、商品标签、商品包装上去除非法使用的商标或与商标雷同的标识，费用由侵权人负担。

3. 在完成工作和提供服务时侵犯商标专用权的人，必须从完成工作或提供服务有关的材料上，包括从文件、广告、标牌上去除商标或与商标雷同的标识。

4. 权利持有人有权根据自己的选择要求侵权人用支付补偿金代替赔偿损失，补偿金数额如下：

（1）由法院根据侵权行为的性质裁量，数额为 1 万卢布至 500 万卢布；

（2）非法使用商标的商品价值的 2 倍。或商标使用权价值的 2 倍，而商标使用权价值按照可比情况下合法使用商标通常应收取的价格计算。

5. 对未在俄罗斯联邦注册的商标生产警示性标识的人，依照俄罗斯联邦的立法承担责任。

第三节　商品产地名称权

第 1 小节　基 本 规 定

第 1516 条　商品产地名称

1. 受法律保护的商品产地名称是本身即为或含有国家、城市或乡村、地区或其他地理客体的现代名称或历史名称、正式名称或非正式名称、全称或简称的标识，以及由上述名称派生出来的标识，这些标识由于用于其特殊品质仅取决于或主要取决于该地理客体所特有的自然条件和（或）人文因素的商品而驰名。可以承认这种商品的生产者使用该名称的专属权（第 1229 条和第 1519 条）。

2. 如果标识虽然本身就是或者含有地理客体名称，但在俄罗斯被普遍使用是作为一定商品的标识，却并不与其产地相联系的标识，则不得视为商品产地名称。

第 1517 条　商品产地名称的专用权在俄罗斯联邦境内的效力

1. 联邦知识产权行政管理机关注册的商品产地名称，以及在俄罗斯联邦签署的国际条约规定的其他情况下，商品产地名称的专用权在俄罗斯联邦有效。

2. 如果位于外国的地理客体的名称在商品生产国作为商品产地名称受到保护，则允许该名称作为商品产地名称进行国家注册。商品产地名称专属权持有人只能是其商品名称使用权在商品产地国受到保护的人。

第 1518 条　商品产地名称的国家注册

1. 商品产地名称因该名称的国家注册而被承认和受到保护。

商品产地名称可以由一个或几个公民或法人进行注册。

2. 注册商品产地名称的人，如果该人生产的商品符合本法典第 1516 条第 1 款的要求，则享有商品产地名称证书所证明的该名称的专用权。

对同一名称的商品产地名称专用权可以提供给在该地理客体范围内生产具有相同特殊品质的商品的任何人。

第 2 小节 商品产地名称的使用

第 1519 条 商品产地名称的专用权

1. 权利持有人依照本法典第 1229 条享有以任何不与法律相抵触的方式,包括以本条第 2 款规定的方式使用商品产地名称的专用权(商品产地名称专用权)。

2. 商品产地名称的使用包括：

(1) 在生产、投入销售、销售、展销会上展示或以其他方式在俄罗斯联邦境内进入民事流转时,或者在为此目的而进行保管或运送商品时,或者在输入俄罗斯联邦境内时,在商品、商品标签、商品包装上使用；

(2) 在与商品进入民事流转有关的表格、账单、其他文件和出版物上使用；

(3) 在出售商品的建议书以及在布告、招牌和广告中使用；

(4) 在互联网上使用,包括在域名中或其他编址方式中使用。

3. 不允许没有相关证书的人使用商品产地名称,即使指出商品的真正产地或使用产地名称的译文,同时加上"类"、"类型"、"仿"等字样,以及在任何商品上使用近似的可能误导消费者对商品产地和商品特殊品质的认识等(非法使用商品产地名称)情况下,均不允许使用产地名称。

商品、商品标签、商品包装上非法使用商品产地名称的或与商品产地名称雷同的标识的,是假冒商品。

4. 不允许以向他人转让或提供使用权的方式处分商品产地名称的专用权。

第 1520 条 商品产地名称的保护标志

持有商品产地名称证书的人为了表示自己的专用权,可以在使用商品产地名称的同时再使用"注册商品产地名称"字样的文字标识或"注册 НМПТ"字样,说明所使用的标识是在俄罗斯联邦注册的商品产地名称。

第 1521 条 商品产地名称法律保护的效力

1. 商品产地名称在有可能生产其特殊品质仅取决于或主要取决于有关地理客体所特有的自然条件和(或)人文因素的商品(第 1516 条)的整个期间均受到保护。

2. 商品产地名称专用权证书的有效期和延长该期限的程序由本法典第 1531 条规定。

第3小节　商品产地名称的国家注册和商品产地名称专用权的提供

第1522条　商品产地名称的注册申请

1. 商品产地名称国家注册和商品产地名称专用权的申请,以及对以前已经注册的产地名称专用权的申请(商品产地名称注册申请)向联邦知识产权行政管理机关提出。

2. 商品产地名称注册申请应该针对一个商品产地名称。

3. 商品产地名称注册申请书应该包括以下内容:

(1)要求进行商品产地名称国家注册、提供名称的专用权或仅要求对以前已经注册的商品产地名称提供专用权的申请,同时说明申请人、申请人的住所地或所在地;

(2)申请注册的标识;

(3)要求进行国家注册的商品产地名称及提供商品产地名称专用权或仅要求对以前已经注册的商品产地名称提供专用权等申请所涉及的商品;

(4)指出商品的产(生产)地(地理客体疆界)、而商品的特殊品质仅取决于或主要取决于该地理客体的自然条件和(或)人文因素;

(5)商品特殊品质描述。

4. 商品产地名称注册申请书应由申请人签字,而在通过专利代理人或其他代理人提出申请的情况下,应由申请人或提出申请的代理人签字。

5. 如果申请作为商品产地名称的地理客体位于俄罗斯联邦境内,则申请书应附具俄罗斯联邦政府授权的机关的结论,说明在该地理客体疆界内申请人生产的商品所具有的特殊品质仅取决于或主要取决于该地理客体所特有的自然条件和(或)人文因素。

如果申请要求对以前已经注册的俄罗斯联邦境内的商品产地名称提供专用权,则申请书应该附具按照俄罗斯联邦政府规定的程序确定的主管机关的结论,说明申请人在该地理客体疆界内生产的商品具有《俄罗斯联邦商品产地名称注册簿》(《产地名称注册簿》)(第1529条)所指出的特殊品质。

如果申请人作为商品产地名称申请注册的地理客体位于俄罗斯联邦境外,则申请书应附具证明申请人在商品产地国对所申请的商品产地名称享有权利的文件。

申请书还应附具证明已经按规定数额交纳申请费的凭证。

6. 商品产地名称注册申请应该用俄文提出。

申请书所附具的文件可以用俄语或其他语言。如果这些文件用其他语言提交,则申请书应附具文件的俄语译文。申请人可以在联邦知识产权行政管理机关向他送交执行上述要求之日期起的2个月内提交俄语译文。

7. 对商品产地名称注册申请所包含或附具文件(申请文件)的要求,由在知识产权领域从事规范性法律调整的联邦行政机关规定。

8. 联邦知识产权行政管理机关收到本条第3款所列文件的日期视为提出商品产地名称注册申请的日期,如果上述文件不是同时提交的,则收到最后文件之日为商品产地名称注册申请的日期。

第1523条 商品产地名称申请的鉴定和申请文件的修改

1. 商品产地名称申请的鉴定由联邦知识产权行政管理机关进行。

申请鉴定包括形式鉴定和作为商品产地名称申请的标识(所申请标识)的鉴定。

2. 在商品产地名称注册申请鉴定期间,直至关于注册申请的决定作出之前,申请人有权对申请材料进行补充、说明或更正。

如果补充材料变更注册申请的实质,则材料不予受理,申请人可以作为独立申请办理。

3. 在商品产地名称注册申请鉴定期间,联邦知识产权行政管理机关有权向申请人函询,要求提供进行鉴定所必需的补充材料。

申请人应在收到有关函询之日起的2个月内提交补充材料。根据申请人的请求,该期限可以延长,但延长期限的申请应在该期限内提出。如果申请人违反上述期限或者对要求补充材料的函询不予回答,则注册申请根据联邦知识产权行政管理机关的决定视为已经撤回。

第1524条 商品产地名称注册申请的形式鉴定

1. 商品产地名称注册申请的形式鉴定在联邦知识产权行政管理机关收到申请之日起的2个月内进行。

2. 在商品产地名称注册鉴定的过程中,审查是否具备必要的申请文件以及申请文件是否符合规定的要求。根据形式鉴定的结果作出受理还是不受理注册申请的决定。鉴定结果应通知申请人。

在将形式鉴定的肯定结果通知申请人的同时,应通知他本法典第1522条第8款规定的申请日期。

第1525条 对申请作为商品产地名称的标齐全进行的鉴定

1. 对申请作为商品产地名称的标识进行的鉴定(申请标识鉴定),在注册申请受理后进行,审查该标识是否符合本法典第1516条的要求。

在标识鉴定过程中,还要审查指出俄罗斯联邦境内该商品产地名称是否有根据。

如果要求提供以前注册的商品产地名称的专用权的申请已经受理,则根据该申请进行标识鉴定,审查该标识是否符合本法典第1522条第5款第2项的要求。

2. 在对注册申请鉴定结果作出决定之前,如果可能驳回商品产地名称国家注册申请和(或)提供商品产地名称专用权的申请,则应以书面形式通知申请人,说明所申请标识是否符合本法典第1516条的要求,同时建议申请人对上述通知提出自己的理由。如果申请人的理由是在上述通知送交申请人之日起的6个月内提出的,则在对该标识鉴定结果作出决定时应考虑申请人提出的理由。

第1526条 就申请标识鉴定结果作出的决定

根据对标识的鉴定结果。联邦知识产权行政管理机关作出商品产地名称进行国家注册的决定、提供商品产地名称专用权的决定,或者作出拒绝进行商品产地名称国家注册的决定和(或)拒绝提供商品产地名称专用权的决定。

如果申请是要求对以前注册的商品产地名称提供专用权,则联邦知识产权行政管理机关应作出提供还是拒绝提供专用权的决定。

第1527条 商品产地名称注册申请的撤回

商品产地名称注册申请可以在审查的任何阶段直至相应商品产地名称和(或)提供商品产地名称专用权的信息材料列入《产地名称注册簿》之前,均可以由申请人撤回。

第1528条 对关于商品产地名称注册申请的决定提出异议迟误期限的恢复

1. 对联邦知识产权行政管理机关拒绝受理商品产地名称注册申请的决定、认定注册申请已经撤回的决定以及关于该机关就标识鉴定结果作出的决定(第1526条),申请人可以在收到有关决定之日起的3个月内向专利争议局提出异议。

2. 本法典第1523条第3款和本条第1款规定的期限如被申请人迟误,申请人可以在该期限届满之日起的2个月内提出请求,如果能证明期限的迟误具有正当理由,并交纳有关费用,则可以由联邦知识产权行政管理机关予以恢复。

要求恢复迟误期限的申请由申请人向联邦知识产权行政管理机关提出,同时提交依照523条第3款函询的补充材料,或者同时提出要求延长期限的申请或同时根据本条第1款向联邦知识产权行政管理机关提出异议。

第1529条 商品产地名称国家注册程序

1. 根据对标识鉴定结果作出的决定(第1526条),联邦知识产权行政管理机关在《产地名称注册簿》中对商品产地名称进行国家注册。

2. 列入《产地名称注册簿》的项目包括:商品产地名称、商品产地名称专用权证书持有人的信息材料、商品产地名称予以个别化的商品所具有的特殊品质描述、涉及商品产地名称注册和专用权、延展证书有效期的其他信息材料,以及这些信息材料以后的变更。

第1530条 商品产地名称专用权证书的颁发

1. 商品产地名称专用权证书由联邦知识产权行政管理机关在收到交纳商品产地名称专用权证书费凭证之日起的1个月内颁发。

不提交证明已经交纳规定费用的凭证的,不发给证书。

2. 商品产地名称专用权证书的格式和项目由在知识产权领域从事规范性法律调整的联邦行政机关规定。

第1531条 商品产地名称专用权证书的有效期

1. 商品产地名称专用权证书的有效期在向联邦知识产权行政管理机关提出注册申请之日起的10年内有效。

2. 商品产地名称专用权证书的有效期可以根据证书持有人的申请延长,条件是主管机关依照俄罗斯联邦政府规定的程序作出结论认为,证书持有人在相应地理客体范围内生产的商品具有《产地名称注册簿》中所指出的特殊品质。

商品产地名称是位于俄罗斯联邦境外的地理客体名称的,证书持有人不提交本条第1项所说的鉴定,而提交能证明证书持有人截至证书有效期延长申请提出之日在商品生产国享有商品产地名称权的文件。

延长证书有效期的申请应在有效期的最后一年内提出。

根据证书持有人的申请,可以在证书有效期届满后向他提供6个月的时间提出延长证书有效期的申请,但必须额外交纳费用。

证书有效期每次延长10年。

3. 关于商品产地名称专用权证书有效期延长事项,应记入《产地名称注册簿》和证书。

第1532条 《产地名称注册簿》和商品产地名称专用权证书记载事项的变更

1. 商品产地名称专用权持有人应将自己姓名或名称的变更以及涉及商品产地名称国家注册和商品产地名称专用权的其他变更事项(第1529条第2款)通知联邦知识产权行政管理机关。

要求变更记入《产地名称注册簿》和证书时,必须交纳相关的费用。

2. 联邦知识产权行政管理机关可以在事先通知证书持有人后,主动将变更事项记入《产地名称注册簿》和商品产地名称专用权证书以便更正明显的和技术性的错误。

第 1533 条 关于商品产地名称国家注册信息材料的公布

关于商品产地名称国家注册和提供该名称专用权的信息材料,以及依照本法典第 1529 条和第 1532 条列入《产地名称注册簿》的信息材料,均应由联邦知识产权行政管理机关在它们列入《产地名称注册簿》后立即在官方通报中予以公布,但包含商品特殊品质描述的信息材料除外。

第 1534 条 商品产地名称在外国的注册

1. 俄罗斯法人和俄罗斯联邦公民有权在外国注册商品产地名称。

2. 要求在外国注册商品产地名称的申请可以在该名称和名称专用权在俄罗斯联邦注册以后通过联邦知识产权行政管理机关提出。

第 4 小节 商品产地名称法律保护和商品产地名称专用权有效期的终止

第 1535 条 对商品产地名称法律保护和商品产地名称专用权提出异议和认定无效的根据

1. 对商品产地名称的法律保护提出异议即表示对联邦知识产权行政管理机关关于商品产地名称国家注册和提供其专用权的决定提出异议,也是对颁发商品名称专用权证书提出异议。

对于向以前注册的商品产地名称提供专用权提出异议,表示对关于向以前注册的商品产地名称提供专用权的决定和颁发商品产地名称专用权证书提出异议。

认定商品产地名称法律保护无效的后果是撤销关于商品产地名称的国家注册的决定和提供专用权的决定,废除商品产地名称的《产地名称注册簿》中的的记载并撤销商品产地名称专用权证书。

认定以前注册的商品产地名称专用权无效的后果是撤销关于向以前注册的商品产地名称提供专用权的决定,废除该商品产地名称的《产地名称注册簿》中的的记载以及撤销商品产地名称专用权证书。

2. 如果商品产地名称的法律保护违反了本法典的要求,则可以在整个保护期内对商品产地名称的法律保护提出异议和认定无效,对以前注册的商品产地名称的专用权,可以在商品产地名称专用权证书整个有效期内(第 1531 条)提出异议和认定无效。

如果商品产地名称的使用由于存在具有更早优先权的商标而可能误导消费者对商品或商品生产者的认识,则可以在官方通报公布商品产地名称国家注册信息材料之日起的5年内提出异议和认定无效。

3. 利害关系人可以依照本条第2款规定的根据向联邦知识产权行政管理机关提出异议。

第1536条　商品产地名称法律保护和商品产地名称证书效力的终止

1. 有下列情形之一的,商品产地名称的法律保护终止:

(1) 该地理客体所特有的条件消失,因而不可能生产具有《产地名称注册簿》对该商品产地名称所指出的特殊品质的商品;

(2) 外国法人、外国公民和无国籍人在商品产地国丧失对该商品产地名称的权利。

2. 有下列情形之一的,商品产地名称证书的效力终止:

(1) 证书持有人生产的商品丧失《产地名称注册簿》对该商品产地名称指出的特殊品质;

(2) 商品产地名称的法律保护按照本条第1款的根据终止;

(3) 作为证书持有人的法人清算或个体经营者终止经营活动;

(4) 证书有效期届满;

(5) 商品产地名称证书持有人向联邦知识产权行政管理机关提出有关申请。

3. 任何人依照本条第1款和第2款第1项和第2项规定的根据可以向联邦知识产权行政管理机关提出申请,要求终止商品产地名称的法律保护和商品产地名称专用权证书的效力,而依照本条第2款第3项规定的根据,可以提出申请,要求终止商品产地名称证书的效力。

商品产地名称的法律保护和商品产地名称专用权证书的效力根据联邦知识产权行政管理机关的决定予以终止。

第5小节　商品产地名称的保护

第1537条　非法使用商品产地名称的责任

1. 权利持有人有权要求非法使用商品产地名称或与该名称雷同的标识的假冒商品、商品标签、商品包装退出流通并予以销毁,费用由侵权人负担。如果这种商品为了公共利益而必须流通,则权利持有人有权要求从侵权商品、商品标签、商品包装上去除非法使用的商品产地名称或与商品产地名称雷同的标识,费用由侵权人负担。

2. 权利持有人有权根据自己的选择要求侵权人用支付补偿金代替赔偿损失,补偿金数额如下:

(1) 由法院根据侵权行为的性质裁量,数额为 1 万卢布至 500 万卢布;

(2) 非法使用商品产地名称的商品价值的 2 倍。

3. 对未在俄罗斯联邦注册的商品产地名称的标识生产警示性标识的人,依照俄罗斯联邦的立法承担责任。

第四节 商业标识权

第 1538 条 商业标识

1. 从事经营活动的法人(包括其设立文件依法规定有权从事经营活动的非商业组织),以及个体经营者可以利用商业标识来对商业企业、工业企业和其他企业(第 132 条)进行个别化,该商业标识不是商业名称,也不必列入设立文件和统一的法人国家注册簿。

2. 商业标识可以被权利持有人用来对一个或几个企业个别化。为了对一个企业个别化,不得同时使用两个以上的商业标识。

第 1539 条 商业标识的专用权

1. 权利持有人对作为其所属企业个别化手段的商业标识享有以任何不与法律相抵触的方式的专用权(商业标识专用权),包括在招牌、表格、账单和其他文件中,在宣传和广告上,在商品或商品包装上使用商业标识,只要该标识具有足够的识别特征,而权利持有人将它用作本企业个别化手段在一定地域内具有知名度。

2. 不允许使用可能误导对企业属于某人的认识的标识,包括不得使用与商业名称、商标或属于他人的并受保护的、其专用权产生更早的商业标识雷同的标识。

3. 违反本条第 2 款规定的人,必须按照权利持有人的要求终止使用商业标识并赔偿给权利持有人造成的损失。

4. 商业标识专用权只能与其个别化的企业一起转让给他人(包括通过合同、以权利概括继受方式和法律规定的根据)。

如果商业标识被权利持有人用作几个企业的个别化,则商业标识在与一个企业一起向他人转让时,权利持有人即丧失将该商业标识用于其余企业个别化的权利。

5. 权利持有人可以依照企业租赁合同(第 656 条)和商业特许合同(第 1027 条)向他人提供商业标识的使用权。

第 1540 条 商业标识专用权的效力

1. 用作俄罗斯联邦境内的企业个别化的商业标识在俄罗斯联邦境内有效。

2. 如果权利持有人不在 1 年中不间断地使用商业标识,则商业标识专用权终止。

第 1541 条 商业标识权与商业名称权和商标权的关系

1. 商业标识如果包括权利持有人的商业名称或商业名称的个别元素,其专用权的产生和有效与商业名称专用权无关。

2. 商业标识或该名称的个别元素可以被权利持有人用在属于他的商标之中。商标中的所包含的商业标识的保护与商标的保护无关。

第七编 智力活动成果和个别化手段的权利

第七十七章 统一技术中的智力活动成果权

第1542条 技术权

1. 本章中的统一技术是指以客观形式表现出来的,以某种结合的方式包含依照本编的规则应该受到保护的发明、实用新型或外观设计、电子计算机程序或其他智力活动成果并可能成为民用或军事领域内一定实践活动的工艺基础的科学技术活动成果(统一技术)。

统一技术还可以包含根据本编规则不受保护的智力活动成果,其中包括技术数据和其他信息。

2. 包括在统一技术中的智力活动成果的专属权,依照本法典得到承认与保护。

3. 统一技术作为复杂客体(第1240条),它所包含的智力活动成果的使用权属于依照与统一技术中所含智力活动成果专属权持有人的合同而组织统一技术的完成的人(技术权)。统一技术还可以包括组织统一技术完成的人本人所完成的智力活动成果。

第1543条 技术权的适用范围

本章的规则适用于与民用、军用、专用或两用技术权有关的关系,如果这种技术是使用或吸收联邦预算或俄罗斯联邦主体预算为支付国家合同、其他合同价款而划拨的资金或为收支预算而拨款的资金以及作为补贴而划拨的资金完成的。

上述规则不适用于采取有偿预算贷款方式而使用或吸收联邦预算资金或俄罗斯联邦主体预算资金而在完成统一技术时产生的关系。

第 1544 条 组织完成统一技术的人对统一技术所包含的智力成果的权利

1. 使用或吸收联邦预算资金或俄罗斯联邦主体预算资金完成统一技术的人(执行人)对所完成的技术享有权利,但该权利依照本法典第 1546 条第 1 款属于俄罗斯联邦或俄罗斯联邦主体的情形除外。

2. 依照本条第 1 款享有技术权的人,如果在完成技术之前或完成过程中没有采取措施,则必须立即采取俄罗斯联邦立法规定的措施认定和取得统一技术中智力活动成果的专属权(提出专利申请,智力活动成果国家注册,对相关信息实行保密,与有关智力活动成果专属权持有人签订统一技术中所包含智力活动成果专属权转让合同和许可合同)。

3. 在本法典允许对统一技术中的智力活动成果采用各种不同方式进行法律保护的情况下,统一技术权利持有人应选择最大限度符合其利益和最能保障统一技术实际应用的法律保护方式。

第 1545 条 实际应用统一技术的义务

1. 依照本法典第 1544 条享有统一技术权的人,有义务实际应用统一技术。依照本法典的规则取得该权利的任何人,均负有此项义务。

2. 应用统一技术的义务的内容、履行该项义务的期限、其他条件和程序由俄罗斯联邦政府规定。

第 1546 条 俄罗斯联邦和俄罗斯联邦主体对统一技术的权利

1. 有下列情形之一的,使用或吸收联邦预算资金而完成的技术的权利,属于俄罗斯联邦:

(1) 统一技术与保障俄罗斯联邦的国防和安全有直接关系;

(2) 俄罗斯联邦在统一技术完成之前或之后承担了将统一技术推进到实际应用阶段工作的拨款;

(3) 执行人未保证在完成统一技术后的 6 个月内实施所有行为,以认定与取得统一技术所包含的智力活动成果的专属权。

2. 有下列情形之一的,使用或吸收俄罗斯联邦主体预算资金完成的技术的权利,属于俄罗斯联邦主体:

(1) 俄罗斯联邦主体在统一技术完成之前或之后承担了将统一技术推进到实际应用阶段工作的拨款;

(2) 执行人未保证在完成统一技术后的 6 个月内实施所有行为,以认定与取得统一技术所包含的智力活动成果的专属权。

3. 如果技术权依照本条第 1 款和第 2 款属于俄罗斯联邦或俄罗斯联邦主

体,则执行人依照本法典第1544条第2款有义务采取措施认定和取得相关智力活动成果的专属权,以便以后将这些权利分别转让给俄罗斯联邦和俄罗斯联邦主体。

4. 对属于俄罗斯联邦的技术权的管理,依照俄罗斯联邦政府规定的程序进行。

对属于俄罗斯联邦主体的技术权的管理,依照有关俄罗斯联邦主体的行政机关规定的程序进行。

5. 属于俄罗斯联邦或俄罗斯联邦主体的技术权的处分,应遵守本编的规则。

属于俄罗斯联邦的技术权的处分特点,由联邦技术转让法规定。

第1547条 属于俄罗斯联邦或俄罗斯联邦主体的技术权的转让

1. 在本法典第1546条第1款第2项和第3项以及第2款规定的情况下,在俄罗斯联邦或俄罗斯联邦主体取得实际应用统一技术中智力活动成果所必需的智力成果专属权之日起的6个月内,技术权可以转让给希望实际应用并有现实可能实际应用该技术的人。

在本法典第1546条第1款第1项规定的情况下,技术权可以在俄罗斯联邦丧失保守该项权利和必要性之后立即转让给希望实际应用并有现实可能实际应用该技术的人。

2. 俄罗斯联邦或俄罗斯联邦主体向第三人转让技术权按照一般规则根据招标结果有偿进行。

如果属于俄罗斯联邦或俄罗斯联邦主体的技术权不可能通过招标进行转让,则该项权利根据拍卖结果进行转让。

俄罗斯联邦或俄罗斯联邦主体转让技术权的招标或拍卖程序,以及俄罗斯联邦或俄罗斯联邦主体不进行招标或拍卖而转让技术权的情况和程序,由技术转让法规定。

3. 在同等条件下,组织统一技术中智力成果完成的执行人享有与俄罗斯联邦或俄罗斯联邦主体订立技术权取得合同的优先权。

第1548条 技术权报酬

1. 在本法典第1544条和第1546条第3款规定的情况下技术权无偿提供。

2. 在技术权通过合同转让的情况下,包括根据招标或拍卖结果转让的情况下,技术权报酬的数额、给付条件和程序由双方当事人的协议规定。

3. 如果技术的应用具有重要的社会经济意义或者对于俄罗斯联邦的国防

或安全具有重要意义,而技术的实际应用的耗费数额巨大,致使技术权的有偿取得没有经济效益,则俄罗斯联邦、俄罗斯联邦主体或其他已经无偿取得该项技术的权利持有人可以无偿转让技术权。哪些情况下允许无偿转让技术权,由俄罗斯联邦政府规定。

第 1549 条　数人共有的技术权

1. 吸收预算资金和其他投资人的资金完成的技术,权利可以同时属于俄罗斯联邦、俄罗斯联邦主体、其他完成技术的项目投资人、执行人和其他权利持有人。

2. 如果技术权属于数人共同共有,则他们共同行使此项权利。

属于几人共同共有的技术权的处分,按照共同的合意进行。

3. 对技术权享有共同共有权的人之一处分技术权实施的法律行为,如果实施法律行为的人没有必要的权限,并且能够证明法律行为另一方当事人知道或显然应该知道该人无此权限,则可以根据其余权利持有人的请求被认定为无效。

4. 技术权属于数人共同共有的,使用该技术所得的收益,以及处分该项权利的收益,由权利持有人根据他们之间的协议进行分配。

5. 技术权属于数人共同共有的,如其中一部分技术可能具有独立意义,则权利持有人的协议可以规定哪一部分技术的权利属于每个权利持有人。如果一部分技术可以不依赖于其他部分而独立使用,则该部分技术具有独立的意义。

每个权利持有人均有权根据自己的意志使用具有独立意义的相关部分的技术,但他们的协议有不同规定的除外。在这种情况下,技术权在整体上以及技术权的处分仍由所有权利持有人共同行使。

使用部分技术的收益,归对该部分技术享有权利的人所有。

第 1550 条　技术权转让条件

如果本法典和其他法律未有不同规定,技术权持有人要根据自己的意志,采用技术权转让合同、许可合同或包括技术权转让合同或许可合同内容的其他合同,通过向他人完全或部分转让此项权利的方式处分此项权利。

技术权的转让作为统一整体,同时也转让统一技术中包含的所有智力活动成果。只有在统一技术中的一部分依照本法典第 1549 条第 5 款的规定具有独立意义时,才允许转让上述成果中的个别成果(部分技术)上的的权利。

第 1551 条　统一技术出口条件

1. 统一技术应优先在俄罗斯联邦境内实际应用。

须经政府定作人或预算支配人的同意,方能依照外贸活动立法的规定为了在外国境内使用统一技术而转让技术权。

2. 规定的俄罗斯联邦境外应用统一技术的法律行为,应在联邦知识产权行政管理机关进行国家注册。

不遵守国家注册规定的法律行为一律无效。

俄罗斯联邦总统　B.普京

莫斯科,克里姆林宫

2006 年 12 月 18 日

第 230 号联邦法律

译后记

读者面前的这部《俄罗斯联邦民法典》是一部完整的、包括了它所有四个组成部分的俄罗斯联邦法律文件。

《俄罗斯联邦民法典》第一部分于 1994 年 10 月通过,1995 年 1 月 1 日起生效;第二部分于 1995 年 12 月通过,1996 年 3 月 1 日起生效;第三部分于 2001 年 11 月通过,2002 年 3 月 1 日起生效。在相当长的时间里,人们期待最多的是民法典对知识产权关系的调整。然而,民法典第四部分到了 2006 年 12 月才得以通过,它将于 2008 年 1 月 1 日生效。在长达 12 年的时间里,俄罗斯社会和民事法律关系发生了巨大的变革,这部民法典必然反映这些发展变化。

第一部分和第二部分的翻译是我的同事李永军和鄢一美与我共同完成的,那差不多是十年前的事了。第三部分原计划包括继承、国际私法和知识产权等内容,可是到它颁布的时候却令人失望地没有调整知识产权的内容,虽然译者早已在其撰稿人那里看到过文本草案。第三部分篇幅很小,所以翻译完了一直放着等待第四部分问世。第四部分迟迟不能通过的原因是多方面的,但主要是来自国外的干预。《俄罗斯联邦民法典》第四部分的通过确实也反映了近年来俄罗斯国家力量的增强和地位的提高。

翻译一部完整的《俄罗斯联邦民法典》一直是译者的理想,也是译者对俄罗斯法学界朋友们的承诺。第四部分于 2006 年底通过,从今年 1 月起译者即着手进行翻译,并把手头第三部分译稿进行了整理,同时,将 1999 年初大百科全书出版社出版的第一、二部分的译文逐条进行了重新校订甚至是重新翻译,修改了不少的疏漏甚至错误。回想当年,译者们工作也是非常用心的,然而受水平和条件的限制,还是有愧于读者。今天依然如此,虽然译者总是试图把工作做得尽可能完美一些,但每本书出版以后,译者自己都会发现不少错误,都会留下遗憾。在此敬请各位专家及广大读者不吝赐教。

还是那句老话：理想的翻译永远只是一种理想，这种理想正是译者毕生追求而永不可及的境界。

黄道秀
2007 年 8 月 8 日